国家社科基金
后期资助项目

《资本论》的俄国传播史

(1867—1899)

张静 著

中央编译出版社
Central Compilation & Translation Press

图书在版编目（CIP）数据

《资本论》的俄国传播史：1867—1899 / 张静著.
北京：中央编译出版社，2025.5. -- ISBN 978-7-5117-
4905-5

Ⅰ．A811.23

中国国家版本馆CIP数据核字第2025AX1818号

《资本论》的俄国传播史：1867—1899

责任编辑	彭永强
责任印制	李　颖
出版发行	中央编译出版社
网　　址	www.cctpcm.com
地　　址	北京市海淀区北四环西路69号（100080）
电　　话	（010）55627391（总编室）　（010）55627308（编辑室）
	（010）55627320（发行部）　（010）55627377（新技术部）
经　　销	全国新华书店
印　　刷	佳兴达印刷（天津）有限公司
开　　本	710毫米×1000毫米　1/16
字　　数	310千字
印　　张	19.5
版　　次	2025年5月第1版
印　　次	2025年5月第1次印刷
定　　价	108.00元

新浪微博：@中央编译出版社　　　微信：中央编译出版社(ID: cctphome)
淘宝店铺：中央编译出版社直销店（http://shop108367160.taobao.com）　（010）55627331

本社常年法律顾问：北京市吴栾赵阎律师事务所律师　闫军　梁勤
凡有印装质量问题，本社负责调换。电话：（010）55627320

国家社科基金后期资助项目
出版说明

　　后期资助项目是国家社科基金设立的一类重要项目，旨在鼓励广大社科研究者潜心治学，支持基础研究多出优秀成果。它是经过严格评审，从接近完成的科研成果中遴选立项的。为扩大后期资助项目的影响，更好地推动学术发展，促进成果转化，全国哲学社会科学工作办公室按照"统一设计、统一标识、统一版式、形成系列"的总体要求，组织出版国家社科基金后期资助项目成果。

全国哲学社会科学工作办公室

序　言

十月革命前马克思主义在俄国的传播对于国内学界而言是一个既熟悉又陌生的领域，一方面这是一百多年以来国内外几代学者研究的课题，另一方面还有很多文献尚未充分解读。本书以《资本论》19 世纪下半期在俄国的译介与传播为线索分析《资本论》与 19 世纪下半期俄国的思想的关系，主要以 1867—1899 年俄文报刊和著作为研究对象，论证《资本论》的俄国解读不仅是俄国各派知识分子论争的中心问题，而且是马克思主义俄国化的思想路径。

1867 年，《资本论》第一卷德文第 1 版在德国汉堡出版，与西欧学界保持沉默的情况不同，俄国知识分子不仅积极着手出版《资本论》俄译本，而且在报刊上热烈讨论《资本论》的理论问题。根据目前查到的资料，俄国关于《资本论》最早的一篇评论文章是俄国哲学家叶·德罗贝尔蒂在《实证哲学》1869 年第 3 期上发表的《政治经济学评论》。1872 年，《资本论》第一卷第 1 版俄文版在圣彼得堡出版，俄国成为世界上第一个出版《资本论》外文译本的国家。1885 年和 1896 年《资本论》第二卷、第三卷俄文版相继在圣彼得堡出版，俄国成为世界上第一个完整出版《资本论》三卷本外文译本的国家。

19 世纪 70 年代，俄国学界对《资本论》的研究可以分为两个阶段。一是 19 世纪 70 年代上半期关于《资本论》的评论，这个阶段主要是以尼·伊·季别尔和伊·伊·考夫曼为代表。1871 年，季别尔在《基辅大学学报》上发表《李嘉图的资本和价值理论及其最新的补充和解释》，首次在俄国研究马克思和英国古典政治经济学的关系。1872 年，考夫曼在《欧洲通报》上发表《马克思的政治经济学批判的观点》，首次在俄国提出《资本论》方法论的问题。1873 年，马克思在《资本论》第一卷第2版"跋"中对季别尔和考夫曼做出回应,这篇"跋"成为马克思论述《资本论》方法论的经典篇章。二是19世纪70年代下半期关于《资本论》的辩论。这场辩论的正方是尼·康·米海洛夫斯基和尼·伊·季别尔,他们的理论阵地是《祖国记事》和《言论》杂志,反方是尤·茹科夫斯基和波·契切林,他们的理论阵地是《欧洲通报》和《国务知识汇编》。这场论战以茹科夫斯基在《欧洲通报》1877年第9期上的文章为开端,以米海洛夫斯基和季别尔在《祖国纪事》上的长篇回应为高潮,以契切林1877年在《国务知识汇编》上的文章和季别尔1879年在《言论》杂志上的文章为尾声。马克思、恩格斯及其俄国友人在通信中多次提到这场关于《资本论》的激烈论战。

19世纪80年代,俄国知识分子不再局限于讨论《资本论》的经济理论和方法论,而是运用《资本论》研究俄国资本主义的发展趋势。俄国各派知识分子纷纷对俄国资本主义问题著书立说,再次引发一场持续20年的论战。1880年,俄国自由民粹派代表尼·弗·丹尼尔逊在马克思的鼓励下发表文章《改革后俄国经济发展概况》,另一位代表瓦·沃·沃龙佐夫在1882年出版文集《俄国资本主义的命运》。俄国第一位马克思主义者普列汉诺夫在1883年出版小册子《社会主义与政治斗争》,在1885年出版专著《我们的意见分歧》,集中阐明了马克思主义与俄国民粹主义的根本分歧,回答了资本主义在俄国能否发展以及俄国农村公社能否成为社会主义的生长基础的问题。

19世纪90年代,俄国自由民粹派、俄国合法马克思主义和俄国革命的马克思主义就俄国资本主义发展趋势问题展开了激烈的论战,这不仅体现在各个派别的著作中,也体现在他们与晚年恩格斯的通信中。1893年,俄国自由民粹派代表丹尼尔逊在与恩格斯长期通信的基础上出版专著《改革后俄国经济发展概况》。1894年,俄国合法马克思主义代表彼·司徒卢威出版《俄国经济发展问题的评述》一书,在该书中批判俄国自由民粹派对资本主义的拒斥,宣扬资本主义的进步意义。1894—1895年,以普列汉诺夫和列宁为代表的俄国马克思主义者在《论一元论历史观之发展》《什么是"人民之友"以及他们如何攻击社会民主党人》《民粹主义的经济内容及其在司徒卢威先生的书中受到的批评》等著作中批判俄国自由民粹主义和俄国合法马克思主义对资本主义的错误认识。

1895—1899年,列宁历经四年的时间完成《俄国资本主义的发展》,这本著作不仅在一定程度上可以称为"俄国的《资本论》"①,而且在俄国确定了马克思主义的资本主义观,也标志着列宁主义的初步形成。

  本书在立体的时空中描绘俄国各个派别的思想交锋和交融,探究马克思主义俄国化的思想源起,揭示马克思主义俄国化的思想路径,不仅对推进《资本论》的世界传播史和俄国思想史的研究有意义,而且对深化俄国马克思主义发展史和列宁主义形成史的研究也有一定意义。

---

① 张静:《〈资本论〉的传播与列宁资本主义观的形成》,载《马克思主义研究》,2020年第9期,第127页。

目 录

导 论 ·· 1

第一章 《资本论》三卷本的第一个外文译本 ······································ 10
  第一节 《资本论》第一卷第1版俄文版 ·· 10
    一、《资本论》第一卷第1版俄文版的译介 ···································· 11
    二、《资本论》第一卷第1版俄文版的出版 ···································· 14
  第二节 《资本论》第二卷俄文版 ·· 16
    一、丹尼尔逊与《资本论》第二卷的写作 ······································ 17
    二、丹尼尔逊与《资本论》第二卷的出版 ······································ 20
  第三节 《资本论》第三卷俄文版 ·· 24
    一、19世纪80年代的初步整理 ··· 24
    二、19世纪90年代的重新整理 ··· 26

第二章 《资本论》与19世纪70年代的俄国 ····································· 29
  第一节 俄国学界对《资本论》的早期研究 ·· 29
    一、俄国报刊关于《资本论》的早期评论 ···································· 30
    二、季别尔与《资本论》的经济理论 ·· 33
    三、考夫曼与《资本论》的方法论 ·· 38
  第二节 俄国关于《资本论》的思想辩论 ·· 43
    一、茹科夫斯基与米海洛夫斯基的辩论 ·· 43
    二、茹科夫斯基与季别尔的辩论 ·· 48

		三、契切林与季别尔的分歧 …………………………………… 51
	第三节　马克思对俄国辩论的回应 …………………………………… 54
		一、《资本论》的适用范围 ……………………………………… 54
		二、马克思恩格斯对俄国辩论的回应 ………………………… 57
		三、《资本论》俄国辩论的影响 ……………………………… 62

第三章　《资本论》与19世纪下半期的俄国民粹派 ……………… 68
	第一节　《资本论》与俄国革命民粹派 ……………………………… 68
		一、俄国革命民粹派的三大派别 ……………………………… 69
		二、《资本论》与俄国革命民粹派 …………………………… 74
	第二节　《资本论》与俄国自由民粹派 ……………………………… 79
		一、俄国自由民粹主义的代表人物 …………………………… 79
		二、俄国自由民粹派与《资本论》的传播 …………………… 83
	第三节　俄国自由民粹派的资本主义观 ……………………………… 88
		一、米海洛夫斯基的主观主义历史观 ………………………… 88
		二、丹尼尔逊的"俄国资本主义避免论" …………………… 92
		三、沃龙佐夫的"俄国资本主义不可能论" ………………… 103

第四章　《资本论》与19世纪90年代的俄国合法马克思主义 …… 109
	第一节　俄国合法马克思主义者与《资本论》的传播 ……………… 109
		一、俄国合法马克思主义的代表人物 ………………………… 110
		二、俄国合法马克思主义者与《资本论》的传播 …………… 116
	第二节　俄国合法马克思主义者的资本主义观 ……………………… 120
		一、司徒卢威的"资本主义必然论" ………………………… 120
		二、俄国合法马克思主义者的市场理论 ……………………… 129
	第三节　俄国合法马克思主义者的土地理论 ………………………… 133
		一、马克思主义土地理论对俄国的影响 ……………………… 133
		二、俄国合法马克思主义者的土地理论 ……………………… 137

第五章　《资本论》与普列汉诺夫的一元论历史观 ……………… 141
	第一节　普列汉诺夫在19世纪下半期的思想活动 …………………… 141
		一、普列汉诺夫的生平和主要活动 …………………………… 141

二、普列汉诺夫在19世纪80年代初的思想转向 ……… 149
  第二节　普列汉诺夫在19世纪下半期对俄国民粹主义的
　　　　　批判 ……………………………………………… 154
　　一、普列汉诺夫对俄国革命民粹派的批判 …………… 154
　　二、普列汉诺夫对俄国自由民粹派的批判 …………… 162
  第三节　普列汉诺夫的一元论历史观 ………………………… 167
　　一、普列汉诺夫的俄国资本主义发展观 ……………… 167
　　二、普列汉诺夫的一元论历史观 ……………………… 172
　　三、普列汉诺夫对无政府主义的批判 ………………… 180

第六章　《资本论》与列宁的俄国资本主义发展观 …………… 187
  第一节　列宁早期对《资本论》的研究 ……………………… 187
　　一、列宁关于《资本论》的批注 ……………………… 187
　　二、列宁早期对市场问题的研究 ……………………… 193
  第二节　列宁对俄国自由民粹派的批判 ……………………… 196
　　一、列宁对俄国自由民粹派主观社会学的批判 ……… 196
　　二、列宁对俄国自由民粹派资本主义观的批判 ……… 202
  第三节　列宁对俄国合法马克思主义的批判 ………………… 209
　　一、列宁与司徒卢威在19世纪90年代初期的短暂联合 … 209
　　二、列宁对俄国合法马克思主义的批判 ……………… 212
　　三、关于俄国资本主义发展的论战及其影响 ………… 219
  第四节　列宁的俄国资本主义发展观 ………………………… 224
　　一、列宁对俄国资本主义发展状况的研究 …………… 224
　　二、列宁的俄国资本主义发展观 ……………………… 227
　　三、列宁与"俄国的《资本论》" …………………… 231

第七章　《资本论》与19世纪下半期的俄国工人运动 ………… 235
  第一节　《资本论》与俄国进步知识分子 …………………… 235
　　一、《资本论》对俄国知识分子的影响 ……………… 235
　　二、劳动解放社与《资本论》的传播 ………………… 239
  第二节　《资本论》与俄国工人阶级 ………………………… 243

一、《资本论》：工人阶级的圣经 …………………………… 243

二、《资本论》与俄国先进工人 …………………………… 246

参考文献 ………………………………………………………… 256

附录一　本书相关研究成果 …………………………………… 263

附录二　《资本论》第一个外文译本封面 …………………… 293

附录三　《资本论》的俄国传播者 …………………………… 297

导 论

《资本论》作为马克思主义的重要著作,在十月革命前的俄国已经有了相当广泛的传播和较为深入的研究。因此,本书作者以《资本论》在19世纪下半期俄国的译介与传播为研究对象揭示马克思主义俄国化的思想历程。

一、选题意义

国内学界大多是从哲学、经济学和政治学等角度研究《资本论》的方法论、经济理论、正义思想和伦理思想等,在对《资本论》的世界传播史的研究中,主要是研究《资本论》在中国的传播。本书是国内学界首次专门研究《资本论》在19世纪下半期俄国的传播史。

本书通过收集、整理和翻译俄国学界在19世纪下半期关于《资本论》的文章和著作,其中主要以1867—1899年俄文报刊和著作为分析对象,尤其是季别尔、考夫曼、米海洛夫斯基在《欧洲通报》《祖国纪事》上关于《资本论》的辩论,以及沃龙佐夫、丹尼尔逊、司徒卢威、普列汉诺夫、列宁关于俄国资本主义命运的论战,阐明《资本论》在19世纪下半期俄国的传播路径,分析《资本论》与19世纪下半期俄国的思想关系。本选题的意义主要表现在四个方面:

第一,《资本论》在19世纪下半期俄国的翻译和出版,使俄国成为世界上第一个出版《资本论》外文译本的国家,也使俄国成为世界上最早完整翻译《资本论》三卷本的国家。《资本论》在俄国的翻译和出版不仅促进俄国知识分子和工人阶级了解《资本论》,而且成为马克思主义在俄国传播的主要路径。

第二,19世纪70年代俄国学界关于《资本论》的热烈讨论,不仅促进《资本论》在俄国思想界的传播,而且开创了对《资本论》的经济理论和方法论的研究。马克思与伊·伊·考夫曼、尼·伊·季别尔等俄国学者关于《资本论》的对话本身已经成为《资本论》学说的一部分，这些文章客观上成为马克思主义史以及《资本论》研究史上珍贵的历史文献。

第三，19世纪八九十年代俄国各派知识分子根据对《资本论》的不同理解形成三种资本主义观，即俄国自由民粹主义的资本主义观，俄国合法马克思主义的资本主义观和俄国革命的马克思主义的资本主义观。普列汉诺夫和列宁在批判其他派别错误理解的基础上确立马克思主义的资本主义观，为探索俄国社会发展道路奠定了思想基础。俄国各派知识分子关于《资本论》和俄国资本主义发展趋势的论战不仅是19世纪下半期俄国各派知识分子的思想辩论史，而且成为马克思主义俄国化的思想源起。

第四，《资本论》在19世纪下半期俄国的传播与解读不仅是俄国各派知识分子论争的中心问题，也是俄国知识分子和工人阶级的马克思主义接受史。《资本论》作为工人阶级的圣经，在俄国工人学校和工人运动中发挥了重要作用。《资本论》成为俄国知识分子探索俄国社会发展道路的理论武器。

本书力图从马克思主义发展史和俄国思想史的双重视角说明《资本论》在19世纪下半期的俄国的传播与解读是马克思主义俄国化的思想路径，也是马克思主义俄国化的思想来源。《资本论》是俄国马克思主义者探索俄国社会发展道路的科学方法，也是世界各国马克思主义者研究当代资本主义的理论来源。

二、国内外研究述评

从目前国内外学界的研究成果来看，还没有出版《资本论》的俄国传播史的相关专著。但是国内外学界围绕《资本论》19世纪下半期在俄国的传播这一课题从不同方面展开了一定的研究，并取得了丰硕的成果。

苏联学界从经济学、历史学和哲学视角研究《资本论》在19世纪下半期俄国的传播历程，主要以苏联经济学家列乌埃勒、苏联历史学家萨拉利耶娃和苏联哲学家普斯达尔那科夫的成果为代表。苏联经济学家列乌埃勒（Реуэль. А. Л）深入研究了马克思主义与19世纪下半期俄国的思想关系，在20世纪30年代和50年代分别出版了两本专著，即1939年出版的《马克思的〈资本论〉与19世纪70年代的俄国》①和1956年出版的《19世纪六七十年代的俄国经济思想与马克思主义》②。列乌埃勒特别肯定了尼·伊·季别尔在传播《资本论》经济理论方面做出的突出贡献，通过分析《资本论》与马克思主义的思想关系说明《资本论》在俄国的传播是马克思主义俄国化的重要表现。苏联哲学家普斯达尔那科夫（В. Ф. Пустарнаков）对十月革命前的俄国哲学有着极其深入和系统的研究。1974年，他出版专著《马克思的〈资本论〉与俄国的哲学思想（19世纪末20世纪初）》。③ 该书通过研究《资本论》与19世纪下半期俄国哲学的关系把普列汉诺夫的一元论历史观视为俄国马克思主义者对《资本论》方法论的第一次尝试运用。苏联历史学家萨拉利耶娃（З. Х. -М. Саралиева）比较深入地研究了19世纪90年代至十月革命前《资本论》与俄国工人运动的关系。1975年，萨拉利耶娃出版专著《马克思的〈资本论〉与俄国工人运动（1895—1917）：传播与宣传》④。该书通过研究工人星期日学校和夜校对工人运动的影响强调《资本论》是俄国和世界工人阶级的理论武器。

1991年以来，当代俄罗斯学者从经济学和哲学的视角研究了19世纪下半期俄国关于《资本论》的思想论战，主要以圣彼得堡大学经济学系列·希罗科拉德教授（Л. Д. Широкорад）为代表。2018年，希罗科拉德教授在俄罗斯杂志《经济学问题》第4期上发表文章《十月革命前俄国经济思想史中的尼·季别尔和卡尔·马克思》。⑤ 该文通过研究19世纪70年代俄国知识分子关于《资本论》的评论文章，强调尼·季别尔是最早专门研究《资本论》的俄国学者（2018）。此外，三位俄罗斯青年学者在《农业经济学》《经济学问题》等杂志上也发表了相关文章，主要有亚·尼·杜别扬斯基（А. Н. Дубянский）在《农业经济学》2016

---

① Реуэль. А. Л. "Капитал" Карла Маркса в России 1870-х гг. 1939.
② Реуэль. А. Л. "Русская экономическая мысль 60 – 70-х гг. 19 века и марксизм". 1956.
③ В. Ф. Пустарнаков, "Капитал" К. Маркса и философская мысль в России (Конец XIX-начало XX в). М. URSS. 1974.
④ З. Х. -М. Саралиева. "Капитал" К. Маркса и рабочее движение России (1895—1917 гг.)：Распространение и пропаганда. М.：Мысль, 1975.
⑤ Л. Д. Широкорад. Н. Зибер и К. Маркс в истории дореволюционной российской экономической мысли. 2018. No. 4. С. 95 – 110.

年第 4 期上发表的《季别尔和沃龙佐夫论俄国资本主义发展道路》①、弗朗索瓦·阿里斯逊（Франсуа Аллиссон）在《农业经济学》2016 年第 4 期发表的《季别尔——一位有影响力但孤独的学者》②、达·叶·拉斯科夫在《经济学问题》2018 年第 4 期上发表的《谁是季别尔？主要思想介绍》③ 等。这些文章通过研究 19 世纪八九十年代俄国各个派别关于俄国资本主义问题的论战，说明《资本论》成为俄国各派知识分子分析俄国社会发展趋势的科学方法。

欧美学界没有专门研究《资本论》的俄国传播史这一课题，但是对 19 世纪下半期俄国不同派别知识分子的资本主义观进行了深入的研究，主要以德国革命家罗莎·卢森堡，美国学者理查德·派普斯为代表。1912 年，德国革命家罗莎·卢森堡在《资本积累论》中研究了 19 世纪八九十年代俄国不同派别知识分子的资本主义观，批判俄国合法马克思主义者对《资本论》的错误理解，说明《资本论》的科学价值。美国学者理查德·派普斯（Richard Pipes）专门研究了司徒卢威思想，分析了司徒卢威从马克思主义者经自由主义转向保守主义者的思想历程，把 1870 至 1905 年作为司徒卢威的左翼思想阶段。这些著作从不同方面涉及《资本论》与 19 世纪下半期俄国的思想关系，但是缺乏专门且系统的研究。

国内学界主要从马克思主义发展史的视角研究《资本论》与俄国的思想关系，主要以丁堡骏、刘怀玉等为代表。2009 年，刘怀玉、刘维春、陈培永出版《马克思主义理解史》第三卷《苏俄马克思主义的资本主义观》。该书深入研究了 19 世纪下半期的俄国至 20 世纪 90 年代的苏联对资本主义的理解和研究。在该书第一章分析了俄国各个派别的资本主义发展观，主要涵盖了以沃龙佐夫、丹尼尔逊和尤沙柯夫为代表的俄国民粹派的资本主义观、普列汉诺夫的俄国资本主义发展观、列宁的俄国资本主义发展观。2014 年，中央编译出版社出版的《马克思主义研究资料》第八卷《〈资本论〉版本及传播研究》一书对《资本论》在英、法、德、苏联和美国的传播有较为深入的研究，但是没有研究《资本

---

① А. Н. Дубянский. *Зибел и Воронцов о капиталистическом пути развития России*. Terra Economicus. 2016. No. 4. C. 107 – 118.

② Франсуа Аллиссон. *Н. И. Зибер—влиятельный ученый-одиночка*. Terra economicus. 2016. No. 4. pp. 85 – 91.

③ Д. Е. Расков. *Кем был Н. И. Зибер? Контекст интеллектуальной биографии*. Вопросы экономии. 2018. No. 4.

论》19世纪下半期在俄国的传播。2018年，徐芹出版专著《列宁早期俄国资本主义发展思想及对错误思潮的批判》。该书从"俄国资本主义的命运"问题之争出发分析列宁的俄国资本主义发展观的思想背景，以及列宁早期俄国资本主义发展思想的演进，总结了列宁的俄国资本主义发展观的基本特点，从社会经济的现实、历史的观点和无产者的立场出发论证俄国资本主义的必然性、进步性和矛盾性。2018年，丁堡骏在《当代经济研究》第4、5、6期发表长篇论文《论〈资本论〉俄国化与中国化——兼议中国特色社会主义新时代的本质》，从《资本论》的俄国化与中国化的比较研究中说明《资本论》是世界各国探索本国发展道路的科学方法。

国内研究取得了一些进展，但存在以下局限：一是从研究视角来看，国内学界现有的研究成果比较分散，还没有形成以《资本论》的俄国传播史为主线的系统研究。二是从研究资料来看，国内学界对19世纪七八十年代俄国学界《资本论》研究文献尚未充分收集和整理。因此，本书着重研究19世纪下半期俄国学界《资本论》研究的原始文献，以一手俄文文献的梳理、考证和解读为基础推进和深化国内学界的研究。

三、研究框架及价值

本书运用逻辑和历史相统一的研究方法，即运用逻辑分析方法进行关联整合，运用历史分析方法进行纵向梳理，在立体的思想空间中系统研究《资本论》与19世纪下半期俄国的思想关系，一方面以《资本论》在19世纪下半期俄国的译介与传播为时间线索，阐释《资本论》在俄国的思想影响；另一方面以俄国各派知识分子对《资本论》的不同解读为空间线索，揭示马克思主义俄国化的思想进程。因此，本书的研究框架包括以下七个部分：

第一部分是《资本论》在19世纪下半期俄国的译介和出版。丹尼尔逊、洛帕庭等人从1868年着手翻译《资本论》第一卷第1版，到1872年春在圣彼得堡出版俄文版，这是《资本论》在世界上的第一个外文译本。在马克思写作《资本论》第二卷和第三卷期间，以及恩格斯整理出版《资本论》第二卷和第三卷期间，丹尼尔逊提供了大量的俄文资料，并在与马克思恩格斯的通信中探讨俄国土地问题和俄国社会问题。1885

年,丹尼尔逊在圣彼得堡出版《资本论》第二卷俄文版。1896 年,丹尼尔逊在圣彼得堡出版《资本论》第三卷俄文版。俄国成为世界上最早完整翻译《资本论》三卷本的国家。

第二部分是 19 世纪 70 年代俄国思想界关于《资本论》的论战。19 世纪 70 年代上半期,以尼·季别尔和伊·考夫曼为代表的俄国学者开创了对《资本论》的经济理论和方法论的研究。19 世纪 70 年代下半期,以茹科可夫斯基、季别尔、米海洛夫斯基、契切林关于《资本论》的辩论,以及马克思对这场辩论的回应《给〈祖国纪事〉编辑部的信》,不仅促进《资本论》在俄国的传播,而且推动俄国各派知识分子运用《资本论》研究俄国现实问题。

第三部分是俄国民粹派在 19 世纪下半期对《资本论》的传播和运用。以巴枯宁、拉甫罗夫、特卡乔夫为代表的俄国革命民粹派在与马克思恩格斯的对话和论战中传播《资本论》。巴枯宁曾短暂翻译《资本论》第一卷第 1 版,拉甫罗夫为《资本论》提供俄文资料,特卡乔夫与恩格斯关于俄国革命道路展开论战。以丹尼尔逊为代表的俄自由民粹派为翻译和出版《资本论》俄译本做出了巨大的贡献,但是他们没有正确理解和运用《资本论》的理论,他们拒斥资本主义,希望俄国通过农村公社避免资本主义,丹尼尔逊提出"俄国资本主义避免论",沃龙佐夫提出"俄国资本主义不可能论"等。

第四部分是俄国合法马克思主义对《资本论》的传播和运用。司徒卢威编辑出版《资本论》第一卷第 2 版。以司徒卢威为代表的俄国合法马克思主义者通过对《资本论》的研究批判俄国自由民粹派,但是错误地美化资本主义,提出资本主义必然论。杜冈—巴拉诺夫斯基和布尔加科夫提出市场理论。布尔加科夫否认农业大生产对小生产的优越性,用土地肥力递减规律代替无产阶级贫困化理论,试图修正马克思主义土地理论。

第五部分是普列汉诺夫运用唯物主义历史观批判俄国民粹派对资本主义的拒斥,根据《资本论》阐明资本主义的历史进步性。普列汉诺夫通过批判俄国革命民粹派完成思想转向,通过批判俄国自由民粹派发展唯物主义历史观,成为俄国第一位马克思主义者。

第六部分是列宁运用《资本论》和唯物史观批判俄国自由民粹派和俄国合法马克思主义,确立马克思主义的资本主义观。列宁在 19 世纪 80

年代末就开始阅读《资本论》，对《资本论》三卷本做了大量的笔记。列宁一方面运用《资本论》批判俄国自由民粹派对资本主义的拒斥，另一方面批判俄国合法马克思主义者对资本主义的美化，通过研究俄国农业资本主义和工业资本主义的发展阶段和基本特点，形成马克思主义的俄国资本主义发展观。

第七部分是《资本论》在俄国的传播对俄国知识分子和俄国工人阶级的影响。马克思恩格斯与丹尼尔逊、拉甫罗夫、柯瓦列夫斯基、查苏利奇等俄国政治活动家关于《资本论》的通信，促进俄国知识分子接受《资本论》的经济理论和方法论。《资本论》不仅是世界工人阶级的"圣经"，也在19世纪下半期的俄国工人学校中发挥了重要作用，尤其是俄国马克思主义者创办的工人夜校、星期日学校等。《资本论》促使俄国知识分子和俄国工人阶级接受和学习马克思主义，有力地推动19世纪下半期俄国进步运动的发展。

本书在研究过程中运用原始文献研究法收集、整理和研究俄文文献资料，尤其是注重挖掘19世纪70年代俄国学界关于《资本论》的文献资料，与国内以往的研究成果相比较而言，本书在原始文献上有一定的突破，尤其是19世纪70年代俄国学界关于《资本论》的十篇文章。

作者	俄文文章和著作	俄文刊物	马克思恩格斯的回应
叶·德罗贝尔蒂	Политико-экономические этюд 《政治经济学评论》	《实证哲学》1869年第3期	马克思与洛帕廷1870年12月的书信
彼·雅科比和亚·扎伊采夫	О состоянии здоровья пролетариата в Западной Европе 《论西欧无产阶级的卫生状况》	《法医学文库》1870年第3期	马克思与迈耶尔1871年1月的书信
尼·季别尔	Теория ценности и капитала Д. Рикардов связи с позднейшими дополнениями и разъяснениями 《李嘉图的资本和价值理论及其最新的补充和解释》	1871年《基辅大学学报》	马克思在《资本论》第1卷第2版《跋》中回应

(续表)

作者	俄文文章和著作	俄文刊物	马克思恩格斯的回应
伊·考夫曼	Точка зрения политико-экономической критики у К. Маркса 《马克思的政治经济学批判的观点》	《欧洲通报》1872年5月号	马克思在《资本论》第1卷第2版《跋》中的回应
尼·康·米海洛夫斯基	По поводу русского издания книги Карла Маркса 《关于马克思一书俄译本的出版》	《祖国纪事》1872年第4期	马克思与丹尼尔逊1872年的书信
尤·茹科夫斯基	Карл Маркс и его книга о капитале 《卡尔·马克思和他的〈资本论〉一书》	《欧洲通报》1877年第9期	马克思与丹尼尔逊1877年的书信
尼·康·米海洛夫斯基	Карл Маркс перед судом Ю. Жуковского 《卡尔·马克思在尤·茹科夫斯基先生的法庭上》	《祖国纪事》1877年第10期	《给〈祖国纪事〉编辑部的信》
尼·季别尔	Несколько замечаний по поводу статьи Г. Ю. Жуковского 《Карь Марксиего книга о капитале》 《对于尤·茹科夫斯基先生〈卡尔·马克思和他的资本论〉一书的若干意见》	《祖国纪事》1877年第11期	马克思与拉甫罗夫1878年的书信
波·契切林	Немецкие социалисты. Ч. 2. Карл Маркс 《德国的社会主义者：Ⅱ马克思》	《国务知识汇编》(1878)	马克思1878年11月与丹尼尔逊的信

需要说明的是，本书所收集的俄文文献主要是19世纪下半期俄国研究《资本论》的著作，以及《欧洲通报》《祖国纪事》等俄国主要报刊评论《资本论》的文章，尤其是马克思恩格斯著作、文章和书信中所提到的《资本论》俄文文献。由于条件所限，在收集原始文献资料时无法做到穷尽，在解读文献时也有不全面和不完善之处。

《资本论》在俄国的传播与解读不仅是19世纪下半期俄国各派知识

分子的思想交锋与交融，还是俄国知识分子和工人阶级接受马克思主义的思想进程。本书的学术价值主要体现在三个方面：

第一，《资本论》的俄国传播史是《资本论》世界传播史和马克思主义发展史的重要内容。国内外学界对19世纪下半期俄国研究《资本论》的文献尚未展开充分的梳理、考证和解读，本书的研究将在一定程度上弥补学界的不足。

第二，《资本论》的俄国传播史是马克思主义俄国化的重要路径。本课题以《资本论》在俄国的传播与解读为线索研究19世纪下半期俄国各派知识分子关于《资本论》与俄国资本主义命运的论战，揭示马克思主义俄国化的思想源起，探究马克思主义俄国化的思想路径。

第三，《资本论》的俄国传播史是列宁主义形成史的重要内容。本课题通过研究列宁对俄国其他派别资本主义观的批判，论证《资本论》的传播和解读在列宁形成和确立马克思主义的资本主义观中的重要作用，丰富和深化列宁主义形成史的研究。

本书通过对《资本论》的俄国传播史的研究，说明《资本论》不仅是世界各国研究资本主义的科学真理，而且是俄国工人运动和国际工人运动的理论武器。

第一章 《资本论》三卷本的第一个外文译本

19世纪中叶的俄国是一个政治专制、经济落后、思想禁锢的庞大的封建军事帝国。1861年的农奴制改革虽然促进俄国资本主义生产关系的发展，但是仍然保留着大量的封建农奴残余，并且远远落后早已进入资本主义发展道路的西欧国家。"但恰恰是在这块横跨欧洲大陆、幅员辽阔的丰饶而寒冷的土地上，成长起来了世界上第一批用马克思的古典资本主义理论来思考与解决西欧之外的社会历史发展问题的革命知识分子。"① 俄国成为世界上最早传播与介绍《资本论》的国家与地区之一，甚至在西欧对马克思的《资本论》保持沉默的情况下，俄国民粹派首先在1872年翻译和出版《资本论》第一卷第1版俄文版，在《资本论》第二卷（1884）和《资本论》第三卷（1894）德文版出版后就分别于1885和1896年出版俄文版，成为世界上最早翻译和出版《资本论》三卷本外文译本的国家。

第一节 《资本论》第一卷第1版俄文版

1867年，马克思在汉堡出版《资本论》第一卷。普列汉诺夫曾这样描述德国学界对《资本论》出版时的反应："如果德国某部分官方的科学祭司开始时曾用沉默对待《资本论》，那么这未必能够用想'避而不提'马克思的著作来解释。比较正确的假定是，沉默的动机在于因疑惑而犹豫，与此同时迅速增长的既有热烈的反对，也有达到极限的尊敬，其结果，《资本论》的理论部分很迅速地在公认的科学中已经无可争辩

---

① 刘怀玉、刘维春、陈培永：《资本主义理解史》第三卷《苏俄马克思主义的理解史》，南京：江苏人民出版社2009年版，第2页。

地占住了很高的位置。"① 与西欧学界的沉默和抵制不同，俄国这样一个政治专制、经济落后且无产阶级力量还很薄弱的国家却以极快的速度率先组织翻译《资本论》，这不能不说是一个"奇迹"。《资本论》在19世纪下半期俄国的翻译和出版经历了三个阶段：一是19世纪70年代以丹尼尔逊为代表的俄国民粹派对《资本论》第一卷第1版的翻译和出版；二是19世纪80年代丹尼尔逊对《资本论》第二卷的翻译和出版；三是19世纪90年代丹尼尔逊对《资本论》第三卷的翻译和出版。

一、《资本论》第一卷第1版俄文版的译介

《资本论》第一卷第1版的翻译是由俄国政治活动家尼·弗·丹尼尔逊②和格·亚·洛帕廷③等卢布协会的成员积极推动的。1866年，洛帕廷从彼得堡大学毕业后与一些志同道合的青年建立了革命小组卢布协会，丹尼尔逊在俄国第一家独立的信用机构——互助信贷协会（ОВК）工作时加入了卢布协会。丹尼尔逊、洛帕廷等卢布协会的成员是马克思著作在俄国的第一批读者。小组成员积极研究工人运动、社会和经济等问题，非常关注马克思的著作，在普鲁士找到了马克思的《政治经济学批判》《哲学的贫困》《共产党宣言》等著作。1867年《资本论》第一卷德文版在德国汉堡出版后，卢布协会立即决定将《资本论》译成俄文。与协会成员有着密切联系的出版商尼·彼·波利亚科夫（Н. П. Поляков）④承担了出版事宜。1868年8月，波利亚科夫在《圣彼得堡新闻报》上刊登了一份即将翻译出版《资本论》的公告。从1868年9月至1872年3月，在《资本论》第一卷第1版俄文版翻译和出版的过程中，马克思与丹尼尔逊、洛帕廷密切通信，一方面探讨《资本论》的翻译和修改，另一方面俄国知识分子向马克思提供了大量俄文资料，为马克思写作

---

① 普列汉诺夫：《论一元论历史观的发展问题》，王荫庭译，北京：商务印书馆2012年版，第226页。

② 尼·弗·丹尼尔逊（1844—1918）：俄国经济学家、政论家和民粹派思想家，马克思和恩格斯的朋友，《资本论》的译者。——参阅《马克思恩格斯文集》第十卷，北京：人民出版社2009年，第850页。

③ 格·亚·洛帕廷（1845—1918）：俄国革命家，国际总委员会委员（1870），马克思《资本论》第一卷俄译者之一，马克思恩格斯的朋友。——参阅《马克思恩格斯文集》第十卷，北京：人民出版社2009年，第883页。

④ 尼·彼·波利亚科夫（Н. П. Поляков，1843—1905）：俄国进步出版商，民粹主义运动的参加者。

《资本论》第二卷提供资料,也为马克思恩格斯研究俄国问题奠定了基础。

1868年9月,小组成员丹尼尔逊、尼·尼·柳巴文①给马克思寄去了第一封信,他们在信中写道:"您的新作《资本论·政治经济学批判》的意义促使这里的一个出版商(尼·彼·波利亚科夫)着手把这一著作译成俄语。"② 10月7日,马克思在回信中积极支持丹尼尔逊翻译《资本论》第一卷,并向他们详细介绍了自己从1842年到1867年的文章、著作和主要活动。1868年10月12日,马克思在致路·库格曼的信中以诙谐的语气说明他与俄国的关系:"二十五年以来我不仅用德语而且用法语和英语不断地同俄国人进行斗争,他们却始终是我的'恩人'。……第一个翻译《资本论》的外国又是俄国。"③

在积极准备翻译《资本论》第一卷的同时,丹尼尔逊还向马克思提供写作《资本论》其余卷本的资料。1869年10月12日,丹尼尔逊第一次向马克思推荐了俄国学者弗列罗夫斯基的著作《俄国工人阶级的状况》,他希望这本书为"《资本论》的以下几部分提供必要的材料"④。1870年3月5日,马克思在致劳拉·拉法格和保尔·拉法格⑤的信中谈到了弗列罗夫斯基的这本著作《俄国工人阶级状况》一书⑥,同时第一次表明了自己对俄国公社所有制和俄国革命前景的看法。与此同时,马克思在1870年开始学习俄语,借助字典已经可以比较顺畅地阅读俄文著作,他称赞弗列罗夫斯基的这本书是卓越的,因为它第一次描述了俄国的整个经济状况,但是也指出了弗列罗夫斯基的不足,"他对俄罗斯民族的无限的完善能力和俄国式的公社所有制的天意性质还抱有一些幻想"⑦。

---

① 尼·尼·柳巴文(Н. Н. Любавин,1845—1918):俄国化学专家,莫斯科大学教授。
② 《马克思恩格斯与俄国政治活动家通信集》,北京:人民出版社1983年版,第16—17页。
③ 《马克思恩格斯全集》第三十二卷,北京:人民出版社1975年版,第554页。
④ 《马克思恩格斯与俄国政治活动家通信集》,北京:人民出版社1983年版,第47—48页。
⑤ 保尔·拉法格(1842—1911):法国和国际工人运动活动家,法国工人党与第二国际的主要创建者之一。他的妻子劳拉·拉法格是马克思的女儿。
⑥ 这是尼·弗·丹尼尔逊在1869年10月寄给马克思的。——参阅《丹尼尔逊致马克思的信1869年9月30日(10月12日)》。
⑦ 《马克思恩格斯文集》第十卷,北京:人民出版社2009年版,第325页。

最初，在尼·尼·柳巴文的提议下，协会决定将翻译《资本论》的任务交给米·亚·巴枯宁①。但是巴枯宁几个月之后放弃了翻译工作。因此，丹尼尔逊和柳巴文不得不重新寻找合适的译者。洛帕廷建议丹尼尔逊把翻译工作转交给俄国经济学家尤·茹柯夫斯基②，但是丹尼尔逊坚决反对。最终，洛帕廷在了解马克思的思想之后决定自己翻译《资本论》，并且在国外旅居期间与马克思恩格斯联系密切。1870年，洛帕廷和恩格斯同时被选为第一国际总委员会委员。马克思高度评价洛帕廷的自我牺牲和大无畏的精神，他在1870年7月5日致恩格斯的信中回忆了与洛帕廷的第一次见面："他头脑很清楚，有批判力，性格开朗，坚毅，像一个俄国农民一样知足"③。洛帕廷在翻译过程中向马克思提出了不少的建议和补充，完成了《资本论》第一卷德文第1版第二章至第五章的翻译，大约占该书的三分之一，相当于第一卷第2版的第二篇至第六篇。由于洛帕廷的建议，马克思在《资本论》俄文版中增加了许多说明和补充。但是三个月后洛帕廷为了营救车尔尼雪夫斯基（Н. Г. Чернышевский）④回到了俄国，不得已暂停翻译工作，他在1870年12月15日给马克思的信中说明了这一情况，并把他的译稿交给了丹尼尔逊，请求丹尼尔逊完成后面的翻译工作。

1871年6月至7月，马克思虽然在两封回信中表达乐于整理第一章，但是由于工作繁忙，始终未能完成对第一章的细微修改。1871年下半年，丹尼尔逊和小组成员完成《资本论》第一卷第1版的翻译工作。10月，丹尼尔逊决定不再等第一章的修订稿，因为他觉得"使俄国读者失去了解这一章的精辟阐述的机会，是很可惜的"，而且"如果撇开它的抽象性，这一章便是本书中最精彩的篇章之一"⑤，于是开始付印第一卷俄文版。

1871年11月9日，马克思以阿·威廉斯的笔名给丹尼尔逊回信，随

---

① 米·亚·巴枯宁（М. А. Бакунин）：俄国无政府主义和民粹主义创始人和理论家，曾参加德国1848—1849年革命，1861年从流放地逃往西欧，成立社会主义民主同盟，与马克思在第一国际进行公开斗争，后被开除第一国际。
② 尤·加·茹柯夫斯基（1822—1907）：俄国资产阶级庸俗经济学家和政论家。——参阅《马克思恩格斯文集》第十卷，人民出版社2009年版，第895页。
③ 《马克思恩格斯全集》第三十二卷，北京：人民出版社1975年版，第505页。
④ 尼·加·车尔尼雪夫斯基（Н. Г. Чернышевский，1828—1889）：俄国革命家、哲学家、作者和批评家。俄国革命民粹主义的创始人之一。
⑤ 《马克思恩格斯与俄国政治活动家通信集》，北京：人民出版社1987年版，第118页。

信附上了第一章的修改意见,这份勘误表是马克思关于《资本论》第一卷第1章的最明确的修改意见。马克思对第68页、第83页、第192页、第201页、第288页、第307页、第309页、第319页、第376页、第593页的脚注和内容作了详细的校订。① 1872年1月23日,马克思委托女儿爱琳娜·马克思给丹尼尔逊写信,请丹尼尔逊"不要以任何方式拖延俄文版的工作,而要尽快地继续下去"②。

二、《资本论》第一卷第1版俄文版的出版

1872年3月27日(俄历4月8日),《资本论》第一卷第1版俄文版正式出版,印量3000册,这是《资本论》在世界上的第一个外文译本③。丹尼尔逊立即给马克思写信,并将俄译本寄给马克思。"《资本论》俄译本的出版工作终于结束,现在我可以寄一册给您。"④ 马克思对俄译本的评价是"这本书装订得很美观。翻译得很出色"⑤,并准备送给英国博物馆一本。大多数俄国杂志和报纸刊登了对《资本论》的评论。1872年4月20日的《圣彼得堡消息报》说:"除了少数太专门的部分以外,叙述的特点是通俗易懂,明确,尽管研究对象的科学水平很高却非常生动。"⑥

1872年5月23日(俄历6月4日),丹尼尔逊在给马克思的信中详细阐述了俄国书报检查委员会对《资本论》俄译本的审查过程,"该书按照法律规定送交书报检查机关审查三天,两名检查官对它作了审查,已将审查结论呈报检查委员会。还在审查之前,原则上已决定:不要仅仅为了作者的名字而不准该书出版,不过仍然要极其仔细地研究全文,查查书中有无颠覆或动摇经济制度基础的地方。"⑦ 丹尼尔逊在信中完整摘录了检查委员会一致通过并由出版事务管理总局裁决的决定:"尽管

---

① 参见《马克思恩格斯与俄国政治活动家通信集》,北京:人民出版社1987年版,第119页。
② 《马克思恩格斯与俄国政治活动家通信集》,北京:人民出版社1987年版,第127—128页。
③ Карл Маркс. Капитал. Критика политической экономии. Том первый. Процесс производства капитала. —Издание Н. П. Полякова, СПб., 1872 г., 692 стр. Тир. 3000 экз.
④ 《马克思恩格斯与俄国政治活动家通信集》,北京:人民出版社1987年版,第129页。
⑤ 《马克思恩格斯与俄国政治活动家通信集》,北京:人民出版社1987年版,第138页。
⑥ 《马克思恩格斯文集》第五卷,北京:人民出版社2009年版,第19页。
⑦ 《马克思恩格斯与俄国政治活动家通信集》,北京:人民出版社1987年版,第142页。

作者就其信仰来说完全是一个社会主义者,而且全书具有十分明显的社会主义性质,对此,以下几页可以作证(我不知道是哪几页),然而,鉴于该书的论述绝对不能称之为通俗易懂的,而另一方面,作者论证的方法又处处具有严谨的数学科学形式,本委员会(可以设想,委员会完全满足于上述理由,而且总的来说已经变成了一个社会主义俱乐部),认为不能对该著作提出司法上的追究,因此决定准许该书出版。"①

根据当时的情况,检查委员会之所以批准该书,主要是认为没有人会读它。实际上,恰恰相反,许多俄国杂志和报纸刊登了对该书的评论,如《彼得堡新闻报》《祖国纪事》等。1872 年 6 月 21 日,马克思在致弗·阿·左尔格②的信中写到:"关于我的这本书的俄译本(翻译得很好),……3 月 27 日,在俄国开始发售,到 5 月 15 日,已售出一千册"③。苏联学者柯托夫(В. Н. Котов)强调了俄国出版《资本论》第一卷的意义:"马克思《资本论》第一卷俄文译本的出版,乃是在俄国传播马克思主义的事业中一个重大的事件。"④南斯拉夫马克思主义哲学家雷德拉格·弗兰尼茨基特别强调了《资本论》俄译本的意义:"马克思的《资本论》的俄译本比欧洲其他国家都出得早,而且许多民粹派分子都和马克思保持着个人接触或通信联系(特别是彼·拉甫罗夫和尼·丹尼尔逊)。"⑤

1872 年 8 月初,丹尼尔逊从圣彼得堡给马克思寄来了一些资料,其中包括《俄国社会问题》汇编、俄国思想界关于《资本论》的几篇评论以及车尔尼雪夫斯基的《没有收信人的信》。由于《资本论》第一卷第 1 版俄文版在 1872 年年底前就会售完,丹尼尔逊想在这之前完成第 2 版的准备工作,包括翻译和修改等,他希望马克思能尽快修改第 2 版。但是马克思要对照德文版和法文版来修改《资本论》第一卷第 2 版,有许多

---

① 《马克思恩格斯与俄国政治活动家通信集》,北京:人民出版社 1987 年版,第 142 页。
② 弗·阿·左尔格(1828—1906),国际工人运动、美国工人运动和社会主义运动的活动家。国际工人协会会员,国际美国各支部的组织者,马克思和恩格斯的朋友和战友。——参阅《马克思恩格斯文集》第十卷,北京:人民出版社 2009 年,第 911 页。
③ 《马克思恩格斯全集》第三十三卷,北京:人民出版社 1975 年版,第 493 页。
④ 〔苏〕柯托夫:《马克思主义在俄国的传播》,于深译,北京:时代出版社 1955 年版,第 14 页。
⑤ 〔南斯拉夫〕普雷德拉格·弗兰尼茨基:《马克思主义史》第一卷,北京:人民出版社 2015 年版,第 417 页。

地方要补充和修改，而这一时期马克思的主要精力用在与巴枯宁的斗争上，因此对《资本论》的修改进度比较缓慢。

1873年1月，马克思出版了《资本论》第一卷德文第2版。之后，丹尼尔逊与马克思积极讨论《资本论》第一卷俄文第2版的翻译工作。1878年10月，丹尼尔逊写信告诉马克思，《资本论》第一卷已经脱销了，考虑出版《资本论》第一卷俄文第2版，询问马克思是否对该书做新的修改。11月15日，马克思在给丹尼尔逊的信中明确说明了《资本论》第一卷第2版的修改意见，他希望译者把德文第2版和法文版进行对照，章节按照第一卷法文第1版，但是要重视第2版的修改和补充的地方。11月28日，马克思在致丹尼尔逊的信中建议"商品和货币"和"货币转化为资本"这两篇根据德文版进行翻译，并对德文版第86页和法文版第222页做出了具体的修改。但是丹尼尔逊为了尽快翻译《资本论》第二卷和第三卷，没有能完成《资本论》第一卷第2版的翻译和出版工作，这个任务在19世纪90年代由叶·阿·古尔维奇、彼·司徒卢威等人完成。

马克思逝世后，恩格斯在马克思的遗物中发现了《资本论》第一卷第3版的德文本和法文本，1883年11月恩格斯在伦敦出版了《资本论》第一卷德文第3版，并且把第3版寄给了丹尼尔逊。1884年4月，丹尼尔逊在给马克思的回信中称赞"这本书是新思想的取之不尽、用之不竭的源泉"[①]。按照丹尼尔逊最初的计划，完成《资本论》三卷本的翻译之后再翻译《资本论》第一卷第2版，但是他在生前没有完成。

第二节 《资本论》第二卷俄文版

丹尼尔逊通过翻译《资本论》与马克思保持着密切的书信往来，成为马克思在俄国的"通讯员"。丹尼尔逊在信中向马克思详细讲述俄国自1861年改革以来的社会发展状况，多次寄给马克思大量的俄文资料，对马克思研究俄国问题发挥了重要的作用。他十分关心马克思写作《资本论》第二卷的进度，希望马克思一边写一边把原文寄给他，以便于更

---

① 《马克思恩格斯与俄国政治活动家通信集》，北京：人民出版社1987年，第471—472页。

快地完成翻译工作，与此同时，在马克思写作和修改《资本论》第二卷的过程中，丹尼尔逊向马克思提供了上百本俄国资料和书籍。

一、丹尼尔逊与《资本论》第二卷的写作

与《资本论》第一卷不同的是，马克思在《资本论》第二卷中打算研究俄国的土地所有制。1872年12月12日，马克思在给丹尼尔逊的信中第一次提到将在《资本论》中研究俄国的土地所有制形式："在《资本论》第二卷关于土地所有制那一篇中，我打算非常详尽地探讨俄国的土地所有制形式。"① 丹尼尔逊给马克思寄去了斯克列比茨基的著作和戈洛瓦乔夫的《改革的十年》，并且着手收集研究俄国土地关系的文献，如米柳亭的《论俄国宗教界的土地占有》、索洛维约夫的《关于农村公社问题》、帕纳也夫的《公社》、伊凡尼晓夫的《论俄国西南部的古代农村公社》等著作，以及《国家银行报告》《税务委员会汇报》等内部资料等。1873年4月1日，丹尼尔逊再次给马克思寄去了研究俄国土地问题的资料："当我知道您要描述俄国的土地关系后，我就着手从俄国文献中收集有关这一问题的材料"②，他把这一问题的全部图书目录以及小册子都寄给了马克思。

1873年3月22日，马克思在致丹尼尔逊的信中更为深入地讨论俄国公社土地占有制的问题，已经注意到俄国公社土地占有制与西方公社土地制度的不同："这个制度在所有其他国家是自然地产生的，是各个自由民族发展的必然阶段，而在俄国，这个制度怎么会是纯粹作为国家的措施而实行，并作为农奴制的伴随现象而发生的呢？"③ 1873年5月22日，丹尼尔逊在给马克思的回信中从三个方面详细回答了这个问题。他首先向马克思介绍了俄国土地的划分：一是官地，即直接属于公社的土地；二是世袭领地，即贵族、大主教或高级僧侣、修道院世袭的领地；三是地主的私有土地。虽然农村公社最初的宗旨是保护公社的成员，但是现在无法抵制新原则的发展。其次是契切林与别利亚耶夫关于俄国农民问题的研究及其争论。1856年，契切林在《俄罗斯通报》上发表《俄国农

---

① 《马克思恩格斯与俄国政治活动家通信集》，北京：人民出版社1987年版，第185页。
② 《马克思恩格斯与俄国政治活动家通信集》，北京：人民出版社1987年版，第193—194页。
③ 《马克思恩格斯与俄国政治活动家通信集》，北京：人民出版社1987年版，第196页。

村公社历史发展述评》，认为19世纪的公社与中世纪的公社没有共同之处，中世纪的公社没有土地公有制，没有土地重分，没有限制迁徙权，而19世纪的公社是把农民固定在土地上并强迫他们纳税服役的公社，是由政府建立起来的制度。契切林的观点又引起了斯拉夫派的反击，因此俄国公社之间没有继承关系。别利亚耶夫反对契切林的观点，随后在《俄罗斯言论》杂志发表《也谈农村公社致契切林》一文。别利亚耶夫认为俄国公社历史悠久，公社的土地占有和土地重分的原则起源于古代，甚至在留里克王朝①建立之前就已经存在了。由此开启了契切林和别利亚耶夫关于俄国公社的论战。1860年，别利亚耶夫出版《罗斯的农民》一书，被认为是俄国第一部研究农民问题的专著，别利亚耶夫也被称为俄国第一位农民史学家。丹尼尔逊承认别利亚耶夫的这本书是研究俄国农民社会状况的最好的著作，但是认为这本书不是研究农民的历史，而是研究农奴制的历史。丹尼尔逊分析了这本书的不足之处：别利亚耶夫的斯拉夫主义使他无法认清社会关系的实质，他在叙述历史时基本上只谈事实，而没有把事实同其他社会现象联系起来，没有说明产生这种或那种后果的原因。在契切林与别利亚耶夫关于农村公社的这场争论中，丹尼尔逊赞同契切林的观点，因为农奴制度下的公社依赖国家，社会出现的新现象和新原则使公社无法联合起来，政府试图用强制的力量巩固摇摇欲坠的公社。但是公社的成员之所以联结在一起是由于共同的利益，一旦没有共同的利益，公社就显得软弱无力，濒临崩溃。现在公社还没有丧失力量的地方就是劳动组合，它不仅能够保护自己成员的利益，而且在没有外界力量的介入下保存了下来。俄国公社同其他公社不同之处在于它不是由于经济压力产生的，而是为了保障成员的共同利益。三是鞑靼人的统治对公社以及对俄国人生活的各个方面产生的重要影响。由于鞑靼人两百年的奴役，俄国人已经习惯于俯首听命，农民的处境就像奴隶，他们负担着沉重的捐税，却没有基本的社会地位。中央集权制在俄国得到极大的发展，越来越强大，不仅镇压拉辛起义，而且用沉重的枷锁维持公社。在各种不利的条件下，公社原则失去了进一步发展的可能性。1861年农奴制改革使富裕的公社成员逐渐向公社赎买土地，并退出公社，这对大多数农民产生极其不利的影响，随着资本主义的发展，

---

① 留里克王朝：公元862或882年至1598年，是统治东斯拉夫人的古罗斯国家的第一个王朝，因其首领名为留里克，故称为留里克王朝。公元882年定都于基辅，又称基辅罗斯。

他们的经济地位进一步降低。

1873年7月，丹尼尔逊寄给马克思一些重要的资料，包括别利亚耶夫给契切林的复信，以及米柳亭的《论俄国宗教界的土地占有》、索洛维约夫的《关于农村公社问题》、帕纳也夫的《公社》、伊凡尼晓夫的《论俄国西南部的古代农村公社》。马克思也给丹尼尔逊寄来了《资本论》第一卷的德文本和法文本。丹尼尔逊在写给马克思的信中询问何时出版《资本论》第二卷。丹尼尔逊在1874年3月7日、1877年3月19日、1878年11月9日写给马克思的信中多次询问《资本论》第二卷的进展："(1) 有关《资本论》第一卷俄译本第2版的事，因为书店里已经一本也没有了。同时我曾问您，您是否同意对法文版和德文版作一些修改。(2) 有关第二卷的事，如果已经在印的话，我极为诚恳地请您随着印刷的进程把原文陆续寄给我。"① 此外，丹尼尔逊不断地给马克思寄去研究俄国经济状况和农业问题的资料和俄国最新出版的几部经济学著作。

1872年，英国爆发工业危机，这次危机与以往不同，在这场危机之前，美国、德国和奥地利等地从没出现这样严重的几乎持续五年之久的危机。在英国的工业危机还没有达到顶峰之前，资本主义的研究者和理论家需要仔细观察这次危机，马克思也要进一步研究这些不断变化的特殊现象，因此暂时不能出版《资本论》第二卷。他在1879年4月10日给丹尼尔逊的信中说明了出版第二卷所遇到的困难及其原因："只要那里现行的制度仍然像现在这样严格，我的第二卷就不可能出版。"②

丹尼尔逊一边向马克思提供研究俄国问题的资料，另一方面在与马克思的通信中深入探讨俄国农村公社问题和俄国资本主义问题。在马克思的鼓励下，1880年10月，丹尼尔逊以笔名尼古拉·一逊在《言论》③杂志第10期上发表文章《我国改革时期社会经济概况》④。1881年2月，马克思怀着极大的兴趣读完了丹尼尔逊的文章，称赞"这篇文章的确是极富于'独创性的'"，并对丹尼尔逊的工作提出了建议："您下一步首

---

① 《马克思恩格斯与俄国政治活动家通信集》，北京：人民出版社1987年版，第280页。
② 《马克思恩格斯与俄国政治活动家通信集》，北京：人民出版社1987年版，第311—314页。
③ 《言论》杂志（《Слово》）是俄国自由民粹派刊物，1878年在彼得堡创刊，1881年停刊。
④ Даниельсон. Н. Ф.（Николай-он）. Очерки нашего пореформенного общественногохозяйства. Слово. 1880. No. 10. С. 77 – 142.

先要研究的问题,就是上层阶级在农业中的代表,地主们的债务的惊人增长,并且要指出,他们是怎样在'新的社会支柱'的监督下在社会蒸馏器里面'结晶'的"①。

1881—1882 年马克思编写了一份书目《我的藏书中的俄国书籍》②,显然,这些书是马克思当时手头拥有的,不包括那些他看完并寄还给丹尼尔逊的书。马克思非常准确地列出了 150 多种的俄国书籍,大部分书籍是论述俄国 1861 年改革后的社会经济和政治发展情况。马克思逝世后,恩格斯对马克思遗留下来的书籍做出了说明,"其中有一大批俄文藏书,这是依仗丹尼尔逊收集起来的,里面有关于俄国当代社会状况的很重要的材料"③。恩格斯把这些书交给俄国革命流亡者的代表、马克思的老朋友彼·拉甫罗夫④管理,并且建议以这些书为核心建立俄国革命流亡者的图书馆。

二、丹尼尔逊与《资本论》第二卷的出版

马克思逝世后,俄国流亡国外的革命者十分关心《资本论》第二卷的出版工作。1883 年 11 月查苏利奇就在致恩格斯的信中询问《资本论》第二卷的翻译事宜,并提出如果俄国禁止传播可以在国外翻译和出版的建议。1884 年,《资本论》第一卷第 3 版出版后,恩格斯开始整理《资本论》第二卷,他在 1 月致俄国革命流亡者彼·拉甫罗夫的信中说,"关于第二册即《资本的流通》,……我们有 1875 年写的和后来写的稿本。……至于第二册的中间部分,至少有 1870 年以前写的四种稿本;唯一的困难就在这里。关于第三册即《资本主义生产的总过程》,有 1869 年以前写的两种稿本;……特别重要的是,我所出的应当是马克思的真正著作。"⑤

1885 年 2 月 11 日,恩格斯准备寄给丹尼尔逊《资本论》第 2 卷校

---

① 《马克思恩格斯与俄国政治活动家通信集》,北京:人民出版社 1987 年版,第 380—381 页。
② 《马克思恩格斯全集》第五十卷,北京:人民出版社 1985 年版,第 372—380 页。
③ 《马克思恩格斯全集》第三十六卷,北京:人民出版社 1975 年版,第 96 页。
④ 彼·拉甫罗夫(1823—1900):俄国社会学家和政论家,民粹派思想家,第一国际会员,巴黎公社参加者,主要代表作《历史信札》,创立《前进!》杂志和《前进!》报纸。——参阅《马克思恩格斯文集》第十卷,北京:人民出版社 2009 年,第 875 页。
⑤ 《马克思恩格斯与俄国政治活动家通信集》,北京:人民出版社 1987 年版,第 459 页。

样时写道:"我很乐意将第二卷的校样寄给您,……在收到您的复信时,我这里能为您准备好两三个印张。"①2月12日,恩格斯在致拉甫罗夫的信中也谈到了《资本论》第2卷的校对工作:"《资本论》第二卷正在印刷,昨天我校对了第四印张。"②3月9日,丹尼尔逊在给恩格斯回信时表明已经收到4个印张,希望尽快收齐《资本论》第2卷的其他印张。与此同时,丹尼尔逊在回信中向恩格斯介绍了尼·季别尔的新作《大卫·李嘉图和卡尔·马克思的社会经济研究》,并根据俄国工厂的情况说明马克思在《资本论》中提出的工人工资同劳动量成反比的经济规律,以及俄国当前经济发展现状对农村公社的破坏和俄国雇佣工人的迅速发展过程。丹尼尔逊不仅向恩格斯提供一些重要的俄文书籍,而且帮助恩格斯整理马克思的手稿,向恩格斯提供马克思写给俄国政治活动家的重要书信,为出版马克思全集和完整地理解马克思的思想做出了贡献。

此后恩格斯一边校对,一边把校对好的印张寄给丹尼尔逊,大约每隔三周寄5个印张,他们在通信中讨论《资本论》手稿的编排、校对和出版工作。丹尼尔逊收到后就立即进行翻译,因此他的翻译工作与恩格斯的校对工作基本同步。从1885年3月至1885年6月,丹尼尔逊与恩格斯的通信十分密切和频繁。1885年3月,丹尼尔逊在致恩格斯的信中写到:"您寄来的开头四个印张,我已及时收到,它们完好无损,非常感谢。"③1885年4月丹尼尔逊在致恩格斯的信中写到:"我于3月31(19)日才收到第5—9印张,对此十分感谢。大约7个印张已经译好。"④1885年4月27日恩格斯在致丹尼尔逊的信中写到:"大约三个星期以前(3月27日)我给您寄去了第5—9印张,昨天又寄去了第10—14印张。……第二卷全部约有三十七印张,将在5月底出齐。"1885年5月6日丹尼尔逊在致恩格斯的信中写到:"对您亲切的来信及寄来的第9—20印张谨表感谢。……获悉马克思的著作将以如此卓越的形式完成,非常高兴,……我将以十分焦急的心情等待这一部分的发表,因为这是整个著作的圆满结束。"⑤此外,丹尼尔逊还在这封信中表达了对《资本

---

① 《马克思恩格斯与俄国政治活动家通信集》,北京:人民出版社1987年版,第478页。
② 《马克思恩格斯与俄国政治活动家通信集》,北京:人民出版社1987年版,第481页。
③ 《马克思恩格斯与俄国政治活动家通信集》,北京:人民出版社1987年版,第483页。
④ 《马克思恩格斯与俄国政治活动家通信集》,北京:人民出版社1987年版,第485页。
⑤ 《马克思恩格斯与俄国政治活动家通信集》,北京:人民出版社1987年版,第492—493页。

论》研究俄国问题的关注："我很想知道，有关俄国经济生活的资料编进这本书没有。"① 马克思非常重视这些资料，因为俄国经济生活的条件非常简单，而且经济生活中各种因素的相互影响，并且这种影响不会因为各种外部影响而变得模糊。虽然恩格斯在《资本论》第二卷和第三卷的手稿中没有发现对俄国经济状况的研究，但是在丹尼尔逊看来，无论马克思是否运用了俄国的资料，马克思的观点对俄国都具有特殊的意义。1885 年 6 月 3 日恩格斯给丹尼尔逊寄去了第二卷的最后几个印张："5 月 13 日给您寄去的第 21—26 印张，谅您也已收到。今天又给您寄去了结尾部分——第 27—33 印张。"② 1885 年 6 月 11 日，丹尼尔逊在致恩格斯的回信中写到："在这部巨著中作者没有利用有关我国土地制度的大量统计材料。作者对这些材料的公布曾经感到极大兴趣……这对于俄国读者来说是一个双重的损失……"③ 恩格斯在《资本论》第二卷序言中阐述了马克思在经济学中的地位和贡献，也提到了马克思与洛贝尔图斯的论战，由于洛贝尔图斯在俄国影响不大以及书刊检查机关的审查，丹尼尔逊在 1885 年 6 月 25 日的信中建议恩格斯对《资本论》第二卷俄文版的序言做一些修改。恩格斯在 8 月 8 日的回信中建议丹尼尔逊把序言中的第二部分删去，并且授权给丹尼尔逊全权处理第二部分，即批判洛贝尔图斯的这部分，但是恩格斯没有专门为《资本论》第二卷俄文版写序言。丹尼尔逊没有对译文做太多删节，仅仅删去那些可能被利用来作为禁书的借口的句子，保留了序言的历史性的论战特征。

1885 年 7 月，恩格斯完成整理工作，在汉堡出版《资本论》第二卷。丹尼尔逊在 8 月也完成了翻译工作，称读这本书是一种享受，认为马克思"按其思想的独创性和深刻性来说，可与查理·达尔文媲美"④。在丹尼尔逊看来，马克思和达尔文的理论有着同样的遭遇，都曾被人批评没有新东西，例如拉马克⑤批评达尔文的理论，洛贝尔图斯⑥批评马

---

① 《马克思恩格斯与俄国政治活动家通信集》，北京：人民出版社 1987 年版，第 492 页。
② 《马克思恩格斯与俄国政治活动家通信集》，北京：人民出版社 1987 年版，第 493—494 页。
③ 《马克思恩格斯与俄国政治活动家通信集》，北京：人民出版社 1987 年版，第 495 页。
④ 《马克思恩格斯与俄国政治活动家通信集》，北京：人民出版社 1987 年版，第 498 页。
⑤ 拉马克（1744—1829）：法国博物学家，生物学伟大的奠基人之一。他最先提出生物进化的学说，是进化论的倡导者和先驱。
⑥ 洛贝尔图斯（1805—1875）：德国庸俗经济学家和政治活动家，普鲁士容克的"国家社会主义"理论家。

思的理论。马克思在这方面受到的攻击，恰恰说明真理占了上风，说明现在引起争论的问题不是这个理论是否正确的问题，而是这个理论的创始人是谁的问题，由此可见，这个理论的影响很大。

丹尼尔逊还为《资本论》第二卷俄译本写了一篇序言，在序言中援引了马克思在1878年、1879年、1880年写给他的信的部分内容，并且指出第二卷的重大科学意义，并对马克思在19世纪70至80年代的经济学著作作了简短的概述。马克思在1879年4月10日致丹尼尔逊的信中谈到了1873年以来持续五年之久的世界经济危机、潜伏着的农业危机和资本的国际意义。"它给资本的积聚以一种从未预料到的推动力，而且也加速了和大大扩大了借贷资本的世界性活动，从而使整个世界陷入财政欺骗和相互借贷……"①马克思在1880年9月12日致丹尼尔逊的信中主要谈到了19世纪70年代末扩展到英国的经济危机和农业危机。与以往的危机相比，这次危机不仅时间最长、规模最大，程度最强，而且结局最为特殊。虽然苏格兰等地的一些地方银行破产，但是没有出现以往大规模周期性危机的结局，即伦敦的金融破产，而是表现为农业危机的逐渐加剧，以及引起土地所有制关系的革命。

1885年11月13日，恩格斯在致丹尼尔逊的信中称赞马克思的《资本论》第二卷："第二卷也会使您像我一样感到高兴。在这一卷里，理论阐发得确实是精辟高深……"② 1885年12月，丹尼尔逊完成了第二卷的翻译工作，认为"第二卷是极卓越的"，并将由检查机关审查，12月底在彼得堡出版了《资本论》第二卷俄译本，印张3030册③。1886年2月，恩格斯收到了丹尼尔逊寄来的四本第二卷俄译本，并且在回信中写到："一本转给了英国博物馆，一本给了上校④，还有一本给了你很熟识的女士⑤，她也把作者的某些著作译成了俄文。"恩格斯仔细阅读了俄译本，并发现了一处疏漏："我十分高兴地读了您的出色的序言，为了证明我是仔细读了的，我可以向您指出，在第 X 页第17行，看来排字工人漏

---

① 《马克思恩格斯全集》第三十四卷，北京：人民出版社1975年版，第347页。
② 《马克思恩格斯与俄国政治活动家通信集》，北京：人民出版社1987年版，第509页。
③ Карл Маркс. Капитал. Критика политической экономии. Том второй. Процесс обращения капитала. Издание под редакцией Фридриха Энгельса. —СПб., 1885 г. Тир. 3030 экз.
④ 指的是拉甫罗夫。
⑤ 指的是查苏利奇。

了一个词。那里是否应该是这样：资本价值的可变部分也如何如何。"①拉甫罗夫和查苏利奇在收到恩格斯寄来的第二卷俄译本后，纷纷写信对恩格斯表达感谢之情。

第三节 《资本论》第三卷俄文版

恩格斯对《资本论》第三卷的整理从1885年持续至1894年，期间因整理《资本论》第一卷第3版和第4版的出版工作而暂时中断，丹尼尔逊对《资本论》第三卷的翻译也从1885年持续至1896年，期间与恩格斯通信讨论，并且向恩格斯提供马克思的书信。

一、19世纪80年代的初步整理

根据恩格斯在1885年6月致丹尼尔逊的信，马克思在1864—1866年就写好了第三卷的手稿。1885年4月27日，恩格斯在校对《资本论》第2卷时向丹尼尔逊提到了第三卷的校对工作："现在我正在搞第三卷，这是圆满完成全著的结束部分……这个第三卷是我所读过的著作中最惊人的著作，极为遗憾的是作者未能在生前把这项工作做完，亲自出版并看到此书必定会产生的影响。"②

1885年8月，恩格斯开始整理第三卷。为了帮助恩格斯写序言，丹尼尔逊整理了马克思寄给他的信③，将与《资本论》有关的内容做了摘录，在9月寄给了恩格斯："因您现在正忙于准备出版第三卷，所以我把我曾收到的作者给我的来信中的几段摘录寄给您，您也许会发现这些摘录对您写序言是有用的。"④ 这些摘录是马克思对英国等国家的经济危机和农业危机的研究。1885年11月，恩格斯在信中对丹尼尔逊的摘录表达感谢，并认为马克思与丹尼尔逊的信件是最重要的书信。此外，恩格斯还谈到了校对第三卷的进度："至于第三卷，我已经初步把原稿誊写清

---

① 《马克思恩格斯与俄国政治活动家通信集》，北京：人民出版社1987年版，第516页。
② 《马克思恩格斯与俄国政治活动家通信集》，北京：人民出版社1987年版，第487页。
③ 即马克思在1872年12月12日、1878年11月15日和28日、1879年4月10日、1880年9月12日、1880年9月12日、1881年2月19日和12月13日写给丹尼尔逊的信。
④ 《马克思恩格斯与俄国政治活动家通信集》，北京：人民出版社1987年版，第502页。

楚，其中四分之三几乎都可以按照现在这个样子拿去出版；但是，最后的四分之一，也许是三分之一，还要花费大量的劳动……这一卷也许分两册出版，因为它大约将有一千页。"①

1886年2月，恩格斯开始审校《资本论》第一卷英译本②，被迫暂时中断第三卷的校对工作。他在1886年2月8日给丹尼尔逊的信中写到："我终于收到了第一卷的全部英译稿，下星期就开始校订；……只要译稿付印的工作充分准备好，我就重新着手第三卷，一直搞到底，不分心做任何其他工作。"③ 1886年11月，恩格斯对英译本的校对接近尾声，只剩下最后十个印张的二校样和三校样，11月5日恩格斯为英文版写了序言。1887年初，英文版分两册由英国出版商威·斯·桑南夏恩在伦敦出版，2月恩格斯给丹尼尔逊寄去了一本。

恩格斯在1886年11月给丹尼尔逊的信中提到了即将处理第三卷："该卷的大部分不需要大加校订，但是关于剩余价值率转化为利润率的那一章、关于银行资本的那一章以及（在某种程度上）关于地租的那一章④，还需要花不少工夫。"⑤ 丹尼尔逊在1887年2月的回信中非常期待第三卷的出版，并且打算根据马克思的理论来研究俄国经济生活中的各种现象以及回答俄国向何处去的问题。之后，他们在通信中一方面谈论《资本论》英文版、德文版、俄文版的出版情况以及关于这些译本的评论文章，另一方面谈论俄国农民村社土地占有制、银行、剩余价值率、利润率和工人收入等问题。1889年7月4日，恩格斯在致丹尼尔逊的信中谈到了《资本论》第三卷的进展："由于这最后一卷是一部如此出色而绝对不容置辩的学术著作，我认为我有责任在出版这一卷时，要使全部论据都十分清楚而明确。"⑥

此外，恩格斯从1889年12月开始校对《资本论》第一卷第四版，在这个版本中有两三个根据法文版所作的新的补充，引文根据英文版核对后补充了几个注释，1890年6月25日恩格斯为第四版写了序言。这一

---

① 《马克思恩格斯与俄国政治活动家通信集》，北京：人民出版社1987年版，第510页。
② 《资本论》第一卷的英文版由赛·穆尔和爱·艾威林根据德文第三版翻译，经恩格斯审校定稿。
③ 《马克思恩格斯与俄国政治活动家通信集》，北京：人民出版社1987年版，第517页。
④ 指《资本论》第三卷第一、五、六篇。
⑤ 《马克思恩格斯与俄国政治活动家通信集》，北京：人民出版社1987年版，第521页。
⑥ 《马克思恩格斯与俄国政治活动家通信集》，北京：人民出版社1987年版，第536页。

期间，恩格斯还根据原始社会史的新材料，着手准备出版《家庭、私有制以及国家的起源》第四版，对原文作了许多修改和订正，特别是用考古学和民族学的最新材料对《家庭》一章作了重要补充，1891年底在斯图加特出版。与此同时，他在1891—1892年与丹尼尔逊就俄国资本主义问题进行了深入的探讨。因此，这一期间他没有抽出时间整理《资本论》第三卷。

二、19世纪90年代的重新整理

1892年下半年，恩格斯重新开始《资本论》第三卷的工作，并深信可以完成此项工作。1893年2月24日恩格斯在给丹尼尔逊的信中说，已经结束了第五篇（银行和信用）的校订工作，并努力争取尽快完成第三卷。"现在只剩下两篇，约占全卷三分之一，其中的一篇——关于地租——内容也很困难……"① 1893年4月，恩格斯答应寄给丹尼尔逊《资本论》第三卷的校样，并且是随印随寄。

1894年1月，在恩格斯的不懈努力下，《资本论》第三卷的三分之一（二十章）已经付印，其余的在做最后的校订，预计9月份可以出书。拉甫罗夫立即将这一消息刊登在《前进》报上。1894年3月20日，恩格斯给丹尼尔逊寄去了第三卷的第一至六印张（第九十六页以前的都在内），包括第一篇的大部分。1894年5月，恩格斯给丹尼尔逊寄去了《资本论》第三卷第七至十六印张，并在6月1日的信中说明了《资本论》第三卷的校对工作："您可以从送给您的印张中找到下列问题的答案：各种剩余价值率是怎样向一种平均利润率平衡的；还可以看到论述这种利润率不断趋于下降的规律以及商业资本借以参加剩余价值分配的方式。……为了结束第三卷的工作，我不得不断然搁下一切不是绝对必要的事情。"② 但是丹尼尔逊没有收到这份校样，猜测是被当局扣压了。他在1894年6月7日给恩格斯的回信中写到："二十五年多以来，我迫切地期待着这部著作的出版；当这一期望终于实现时，当局却夺走了我体会研究这一著作而得到的喜悦的机会，也夺走了我把这一机会提供给

---

① 《马克思恩格斯与俄国政治活动家通信集》，北京：人民出版社1987年版，第651页。
② 《马克思恩格斯与俄国政治活动家通信集》，北京：人民出版社1987年版，第716—717页。

我国读者的可能性。也许，他们会把这些校样退回给您……"① 1894 年 10 月，丹尼尔逊收到了第 7—28 印张和第 1 印张的校样，并在 11 月的信中写到："我在反复阅读校样，从而在研究这样一部意义极为重大的著作时所感受到的喜悦，我还找不到合适的话来加以表达。"②

1894 年 11 月底 12 月初左右，恩格斯完成整理工作，出版了《资本论》第三卷。1895 年 1 月恩格斯将第三卷分别寄给拉甫罗夫、丹尼尔逊等俄国政治活动家。丹尼尔逊对《资本论》第三卷的评价是："我刚刚读完第三卷的（上）、（下）两个部分。完全正确，在这一卷中许多章节的重要性并不亚于第一卷中的章节。很难指出最重要的是哪些篇。但是，依我看，第三卷（上）中最重要、最新颖的是探讨平均利润率的各章；而第三卷（下）中则是探讨地租规律的各章。总而言之，所有的章节都非常有意义，非常有益。"③丹尼尔逊非常希望能在《资本论》第三卷中发现马克思对俄国问题的研究，因此，他在信中询问恩格斯："当我们这些俄国读者从序言中了解到：作者曾打算根据俄国的资料来加工地租这一篇时，再来读这一篇，使我们感到伤心和遗憾。"④ 但是遗憾的是，恩格斯在第三卷中没有找到马克思对俄国土地问题的论述，他在 1895 年 3 月 5 日给丹尼尔逊的信中写到："我们的作者生前没有留下任何可供俄文译者使用的他对俄国土地所有制状况的看法以及他对这个问题的结论的笔记。"⑤

1896 年，丹尼尔逊完成第三卷的翻译工作，他为俄译本写了序言，但是没有在译本上注明序言的作者是丹尼尔逊。1896 年，丹尼尔逊在圣彼得堡出版了《资本论》第三卷俄译本，印张 3020 册⑥。由于《资本论》在俄国的传播，丹尼尔逊最初出版的三卷本译本很快售光。1898 年，丹尼尔逊根据德文第 4 版对《资本论》第一卷第 1 版俄译本做出了

---

① 《马克思恩格斯与俄国政治活动家通信集》，北京：人民出版社 1987 年版，第 717—718 页。
② 《马克思恩格斯与俄国政治活动家通信集》，北京：人民出版社 1987 年版，第 735 页。
③ 《马克思恩格斯与俄国政治活动家通信集》，北京：人民出版社 1987 年版，第 742 页。
④ 《马克思恩格斯与俄国政治活动家通信集》，北京：人民出版社 1987 年版，第 742 页。
⑤ 《马克思恩格斯与俄国政治活动家通信集》，北京：人民出版社 1987 年版，第 755 页。
⑥ Карл Маркс. Капитал. Критика политической экономии. Том третий. Процесс капиталистического производства, взятый в целом. Издание под редакцией Фридриха Энгельса. —1896 г. СПб. Тир. 3020 экз.

补充和修正,在圣彼得堡第二次印刷出版《资本论》第一卷第 1 版①。1898 年,在圣彼得堡第三次印刷出版《资本论》第一卷第 1 版②。从 1868 年丹尼尔逊给马克思写第一封信到 1898 年《资本论》第一卷第 1 版第三次印刷,丹尼尔逊用 30 年的时间完成了《资本论》三卷本的翻译、出版和再版,这成为他生命的意义。因为在他看来,《资本论》将引起理论政治经济学上的革命。

《资本论》俄文版在 19 世纪下半期的出版情况

《资本论》第一卷第 1 版(丹尼尔逊和洛帕廷译本)	Капитал: Критика полит. экономии: Пер. с нем. Т. 1/Соч. Карла Маркса. [Пер. Г. Лопатина и Н. Даниельсона]. Санкт-Петербург: Н. П. Поляков, 1872.
《资本论》第二卷(丹尼尔逊译本)	Капитал: Критика полит. экономии: Пер. с нем. Т. 2/Под ред. [и с предисл.] Фридриха Энгельса; [Пер. и изд. Н. Даниельсона]. 1885.
《资本论》第三卷(丹尼尔逊译本)	Капитал: Критика полит. Экономии. Под ред. [и с предисл.] Фридриха Энгельса; [Пер. и изд. Н. Даниельсона]. 1896
《资本论》第一卷第 1 版再版(丹尼尔逊和洛帕廷译本)	Капитал: Критика полит. экономии/Соч. Карла Маркса. -2-е изд., испр. и доп. по 4-му нем. изд. Т. 1. Санкт-Петербург: [Н. Даниельсон], 1898. [Процесс производства капитала/[Пер. Н. Даниельсона и Г. Лопатина]

---

① Карл Маркс. Капитал. Критика политической экономии. Том первый. —Процесс производства капитала. Издание второе, исправленное и дополненное по четвёртому немецкому изданию. —СПб., 1898 г.

② Карл Маркс. Капитал. Критика политической экономии. Том первый. —Издание третье, СПб., 1898 г.

第二章 《资本论》与19世纪70年代的俄国

19世纪70年代，尼·伊·季别尔①和伊·伊·考夫曼②对《资本论》的经济理论和方法论的解读，以及尤·茹科夫斯基、米海洛夫斯基、季别尔、契切林围绕《资本论》的辩论，不仅在俄国思想界引发强烈反响，而且得到西欧思想界的关注。更重要的是，俄国关于《资本论》的热烈讨论引起了马克思的回应。

第一节 俄国学界对《资本论》的早期研究

在丹尼尔逊等人翻译《资本论》第一卷第1版的同时，俄国学界开始了对《资本论》的专门研究，这就是尼·伊·季别尔和伊·伊·考夫曼分别在1871年和1872年发表的论文。他们的研究引起了马克思的关注，他在《资本论》第一卷第2版"跋"中特别回应了季别尔和考夫曼的研究。季别尔不仅用其一生研究《资本论》的经济理论，而且用其一生为《资本论》辩护，多次赢得了马克思、普列汉诺夫和列宁的肯定。考夫曼关注《资本论》的方法论，虽然在他的一生当中只有一篇研究《资本论》的论文，但是这篇论文的核心观点不仅在《资本论》第一卷第2版"跋"中被长篇援引，而且成为《资本论》方法论研究的开山之作。

---

① 尼·伊·季别尔（Н. И. Зибер，1844—1888）：俄国经济学家，俄国第一批马克思经济学著作的通俗化作家之一。——参阅《马克思恩格斯文集》第十卷，北京：人民出版社2009年版，第866页。

② 伊·伊·考夫曼（И. И. Кафман，1848—1916）：俄国经济学家，彼得堡大学教授，写有关货币流通和信贷问题的著作。——参阅《马克思恩格斯文集》第十卷，北京：人民出版社2009年版，第871页。

一、俄国报刊关于《资本论》的早期评论

19世纪五六十年代，马克思的《政治经济学批判》一书已经在俄国流传。1860年5月10日，俄国人尼·伊·萨宗诺夫在写给马克思的信中称赞马克思"赐给学术界一部杰出的著作"——《政治经济学批判》，非常高兴这本书在俄国得到广泛传播。① 伊·康·巴布斯特教授在莫斯科举行了关于政治经济学的公开演讲，第一次演讲就是介绍马克思的这本书。1860年9月15日，马克思在致拉萨尔的信中也说，"我的书在俄国引起了轰动……我还从俄国人和懂德语的法国人那里收到许多封关于这本书的友好信件"。② 1867年，《资本论》第一卷第1版在德国汉堡出版后，德国学界对此保持沉默，正如马克思在《资本论》第一卷第2版《跋》中所说，德国资产阶级的代言人企图"用沉默置《资本论》于死地"③，但是《资本论》在德国工人阶级中迅速获得广泛理解。与德国学界相反，俄国知识分子在各种报刊上热烈讨论《资本论》。苏联学者柯托夫指出，"根据不完全的资料，19世纪70年代，俄国报刊一共登载了一百五十篇关于《资本论》的评论。这些评论发表在各个著名的报纸和杂志上……"④

1868年11—12月，俄国实证主义哲学家叶·德罗贝尔蒂⑤在《实证哲学。评论》杂志⑥第3期发表了一篇关于《资本论》第一卷的文章《政治经济学短评》⑦。苏联经济学家列乌埃勒在《俄国19世纪六七十年代的经济思想与马克思主义》一书中认为德罗贝尔蒂是第一个对《资本论》做出专门评论的俄国学者。德罗贝尔蒂把马克思视为"温和社会主义者"学派的代表，认为这个学派"在科学理论的基础上改变社会主

---

① 《马克思恩格斯与俄国政治活动家通信集》，北京：人民出版社1987年版，第34页。
② 《马克思恩格斯全集》第三十卷（下），北京：人民出版社1975年版，第563页。
③ 《马克思恩格斯文集》第五卷，北京：人民出版社2009年版，第18页。
④ 〔苏〕柯托夫：《马克思主义在俄国的传播》，于深 译，北京：时代出版社1955年版，第19页。
⑤ 〔俄〕叶·瓦·德罗贝尔蒂（Евгений де Роберти，1843—1915）：俄国社会学家、哲学家、经济学家。法国哲学家奥·孔德实证论哲学的门徒。
⑥ 《实证哲学评论》杂志是1867—1883年在巴黎出版的杂志。
⑦ Евгений де Роберти, Политико-экономические этюд, СПб. 1869.

的声誉，在公共认知的基础上恢复这个思潮的声誉"①。在他看来，方法是科学性的标准。"我们在方法中寻找这样的标准。马克思在这个方面是蒲鲁东的忠诚学生。他的辩证法比普鲁东更加精细，更加混乱，但是更加深奥，更加冗长。"显然，他还没有区分马克思和蒲鲁东在方法上的根本区别。他也不理解辩证法，认为"辩证法是一系列复杂费解的概念，不是以现实的事实、生动的生活为依据，而仅仅以研究者先验的理论为根据"。他承认在《资本论》中有许多事实资料，汲取了一系列官方资料。但是批评者断言，大量的事实和报道没有得到论证。特别是德罗贝尔蒂攻击马克思的剩余价值理论，污蔑它是人为臆想的概念游戏，没有严格的历史基础。

德罗贝尔蒂在这篇文章中还提到了美国经济学家亨利·凯里②的经济观点，试图在价值和有用性概念中找到马克思和亨利·凯里的相似性。1852年3月5日，马克思在给魏德迈的信中对亨利·凯里的观点做出了评价，认为凯里是北美唯一有影响力的经济学家，出色地说明了美国资本主义社会还不成熟以及阶级斗争还没有充分发展的现状，试图通过批判李嘉图的思想证明地租、资本和雇佣劳动不是斗争的条件，而是联合的条件。③

1870年12月，洛帕廷将德罗贝尔蒂的这篇文章寄给了马克思。他在12月15日致马克思的信中写到："我给您寄上几页刊有对《资本论》评论的《实证哲学》。……我们谈到过的德罗贝尔蒂的《探讨》，连同车尔尼雪夫斯基的几篇有关农民问题的文章已在几天前给我寄到伦敦去了。"④1872年1月23日，马克思的女儿爱琳娜·马克思在致丹尼尔逊的信中说，马克思已经看到德罗贝尔蒂在《实证评论》上的文章，但是他没有收到这本书，光靠文章还没有进行深入的批驳。

19世纪60年代末70年代初，俄国民粹主义政论家在《祖国纪事》等期刊上的一些文章多有提及《资本论》，有的是简单介绍，有的是援

---

① А. Л. Реуэл. Русская экономическая мысль 60－70-х годов ⅩⅨ века и марксизм. М. 1956. С. 215.

② 亨利·凯里·查尔斯（1793—1879）：美国经济学家和社会学家，古典政治经济学派的批评者，拥护资本和劳动利益的调和。主要著作《论工资率》等。

③ 《马克思恩格斯全集》第二十八卷下，北京：人民出版社1973年版，第508—509页。

④ 《马克思恩格斯和俄国政治活动家通信集》，北京：人民出版社1987年版，第67页。本书作者根据俄文原文对这段话的中译文略有改动。

引其中的观点，有的是运用《资本论》分析俄国社会现状。1868 年，俄国民粹主义政论家格·扎·叶利谢耶夫①就在《祖国纪事》第 3 期上发表了《俄国生产力》一文，运用了马克思的"生产力"概念。俄国统计学家和经济学家瓦·伊·波克罗斯基②在《祖国纪事》1870 年第 4 期上发表的《什么是工作日》③一文，俄国政治活动家亚·米哈伊洛夫（А. Михайлов）④在《事业》杂志 1870 年第 4 期发表的《生产联合会》⑤一文，都援引了《资本论》关于工作日的章节。

与此同时，马克思的《资本论》在俄国的影响还表现在公共卫生领域和社会学领域。1870 年，彼·伊·雅科比和华·亚·扎伊采夫以笔名 П. Я. 在《法医学文库》杂志第 3 期上发表《论西欧无产阶级的卫生状况》，这篇文章曾多次援引《资本论》。1870 年 12 月 15 日，洛帕廷在致马克思的信中提到了这篇文章，认为这篇研究西欧工人阶级状况的文章主要参考了马克思的《资本论》，但是引起了沙皇政府的不满，不仅杂志被完全没收，付之一炬，而且杂志的主编也被撤职。⑥ 1871 年 1 月 21 日，马克思在致齐格弗里德·迈耶尔⑦的信中再次提到这篇文章的作者对《资本论》的援引以及沙皇政府的干涉，"书报检查官受到内务大臣的严厉申斥，主编被撤职，那一期杂志，凡是他们能弄到手的，全部付之一炬"⑧。马克思在这封信中还谈到了自己学习俄语及阅读俄文著作的过程，"1870 年初我开始自学俄语，现在我可以相当自如地阅读了"，他是从阅读弗列罗夫斯基的《俄国工人阶级状况》一书开始的，之后打算阅读车尔尼雪夫斯基的经济学著作。⑨

---

① 格·扎·叶利谢耶夫（Г. З. Елисеев，1821—1891）：俄国新闻记者，政论家。
② 瓦·伊·波克罗斯基（В. И. Покровский，1838—1915）：俄国统计学家，经济学家和编辑。
③ В. Покровский. Что такое рабочий день. Отечественные записки. 1870. No. 4.
④ 亚·米哈伊洛夫（Шеллер-МихайловАлександр Константинович，Подп.：А. Михайлов，1838—1900）：俄国诗人，翻译家，政治活动家。
⑤ А. Михайлов. Производительные ассоциации, Дело. 1870. No. 4. C. 220 – 224.
⑥ 《马克思恩格斯和俄国政治活动家通信集》，北京：人民出版社 1987 年版，第 67 页。
⑦ 齐格弗里德·迈耶尔（Зигфрид Мейер，1840—1872）：德国社会主义者，全德工人联合会会员，国际柏林支部创建人之一，马克思和恩格斯的战友。
⑧ 《马克思恩格斯全集》第三十三卷，北京：人民出版社 1973 年版，第 177 页。
⑨ 《马克思恩格斯全集》第三十三卷，北京：人民出版社 1973 年版，第 177—178 页。

二、季别尔与《资本论》的经济理论

尼·伊·季别尔（Н. И. Зибер）① 是俄国著名经济学家，《资本论》在俄国最早的专门研究者，马克思经济学说在俄国最早的捍卫者和传播者之一。1871 年出版第一部研究李嘉图与马克思的专著，1876 至 1878 年连续发表 7 篇阐释《资本论》经济理论的论文，1877 至 1885 年三次为《资本论》辩护。马克思在《资本论》第 1 卷第 2 版《跋》，以及致俄国友人的书信中多次肯定季别尔对《资本论》经济理论的研究。季别尔对《资本论》的辩护与解读，不仅是《资本论》世界传播史的重要内容，也是 21 世纪俄罗斯经济学研究的重要问题。我国学者刘怀玉教授高度肯定季别尔的贡献："马克思恩格斯的经济思想开始在俄国著作中的系统传播，是同当时基辅大学经济学教授季别尔（1844—1888）的名字分不开的。他所著的《大卫·李嘉图的价值和资本理论的最新补充和解释》（1871）和《大卫·李嘉图和卡尔·马克思的社会经济研究》（1885）是普及宣传马克思《资本论》思想的最早的和非常成功的著作。"②

1844 年，尼·伊·季别尔生于俄罗斯帝国塔夫利省苏达克城（现属于乌克兰），他的父亲是瑞士人，1830 年移民到俄国，他的母亲国籍不详。季别尔在俄国接受教育，1864 年从辛菲罗波尔中学毕业后，考入基辅大学法律系，1871 年获得基辅大学硕士学位，他的硕士毕业论文《李嘉图的价值和资本理论的最新的补充和解释》为其带来很高的声誉。1873 年，成为基辅大学政治经济学副教授。1875 年，他从基辅大学离职，移民到瑞士，但是他的大部分工作仍然是为俄国杂志撰写文章，主要有《欧洲通报》《祖国纪事》《俄罗斯思想》《法律通报》以及《俄罗斯信息报》等。1877 年和 1880 年两次为《资本论》的经济理论辩护。1884 年他从瑞士搬到雅尔塔，1885 年出版最后一本专著《卡尔·马克思与大卫李嘉图的社会经济学说》。1888 年逝世。

1867 年，《资本论》第一卷第 1 版德文版在汉堡出版。1871 年，季

---

① 尼·伊·季别尔（1844—1888）：俄国经济学家，俄国第一批马克思经济学著作的通俗作家之一。参见《马克思恩格斯文集》第十卷，北京：人民出版社 2009 年版，第 866 页。
② 张一兵主编，刘怀玉、刘维春、陈培永著：《资本主义理解史》第三卷《苏俄马克思主义的资本主义观》，南京：江苏人民出版社 2009 年版，第 2 页。

别尔以论文《李嘉图的价值和资本理论的最新的补充和解释》①获得基辅大学政治经济学硕士学位,这篇论文连载刊登在《基辅大学学报》1871年第1期、第2期、第4期至第11期上,并在1871年单独出版,是他的第一本著作。他在这本著作中第一次研究了《资本论》的经济理论,特别是研究了马克思的经济学说与李嘉图的经济学说的继承关系。这本著作很快传到了西欧,并引起马克思的关注。1872年12月12日,马克思在致丹尼尔逊的信中特别提到了季别尔对《资本论》的研究,"我很希望看到基辅教授季别尔评论李嘉图等人的价值和资本学说的著作,那里也谈到了我的书"②,马克思指的正是季别尔的《李嘉图的价值和资本理论的最新补充和说明》。12月27日,丹尼尔逊给马克思寄去了季别尔的著作以及俄国土地所有制问题的材料。③

与此同时,马克思对《资本论》第一卷第1版的部分章节作了修改,特别是第1章。1873年1月,马克思在汉堡出版《资本论》第一卷第2版德文版。马克思在第2版的跋中特别提到了季别尔的这本著作,并给予了高度的评价。"1871年,基辅大学政治经济学教授尼·季别尔先生在他的《李嘉图的价值和资本理论》一书中就已经证明,我的价值、货币和资本的理论就其要点来说是斯密—李嘉图学说的必然的发展。"④针对当时西欧报刊上对《资本论》的批评,尤其是法国巴黎的《实证哲学评论》批评马克思形而上学地研究经济学,马克思在第2版的跋中援引了季别尔在其论文第4章《卡尔·马克思的价值和货币理论》中对《资本论》研究方法的正确评价,"就理论本身来说,马克思的方法是整个英国学派的演绎法,其优点和缺点是一切最优秀的理论经济学家所共有的。"⑤

1874年2月,丹尼尔逊在致马克思的信中特别提到季别尔将要发表一系列研究《资本论》经济理论的文章:"季别尔开始在《知识》杂志第一期上刊登一系列文章,标题是《马克思的经济理论》。写这些文章

---

① Н. И. Зибер. Теория ценности и капитала Д. Рикардо в связи с позднейшими дополнениями и разъяснениями. Киевские Университетские Известия. 1871, № 1–2, 4–11.
② 《马克思恩格斯与俄国政治活动家通信集》,北京:人民出版社1987年版,第185页。
③ 《马克思恩格斯与俄国政治活动家通信集》,北京:人民出版社1987年版,第186—187页。
④ 《马克思恩格斯文集》第五卷,北京:人民出版社2009年版,第19页。
⑤ 《马克思恩格斯文集》第五卷,北京:人民出版社2009年版,第19页。

的目的，在于通俗地阐述这个理论创始人的经济观点，并批评地加以分析。至于批判部分，我认为他在许多方面是正确的。"① 1876 至 1877 年，季别尔在《知识》杂志 1876 年第 10 期、第 11 期，1877 年第 2 期连载三篇研究马克思经济学说的论文《卡尔·马克思的经济理论》②。1878 年，季别尔在《言论》杂志第 1 期、第 3 期、第 9 期、第 12 期连载四篇论文《卡尔·马克思的经济理论》③。这些论文是俄国学界对《资本论》的最早的专门研究。

19 世纪 70 年代下半期，俄国思想界围绕《资本论》进行了一场激烈的辩论，季别尔两次为《资本论》辩护，即 1877 年批评俄国经济学家尤·茹柯夫斯基对《资本论》的错误理解，1879 年批评俄国著名政治家波·尼·契切林对马克思经济理论的错误认识。这场辩论推动了俄国知识分子对《资本论》的研究、解读和接受。俄国民粹派的思想旗手尼·康·米海洛夫斯基对季别尔的研究是极其称赞的，肯定季别尔是一位令人尊敬的学者以及他在关于俄国资本主义命运的论战中所使用的各种论据。米海洛夫斯基在《俄国思想》杂志上的文章中写到："我回忆了自己和已故的尼·伊·季别尔的谈话，并报道了这一尊敬的学者在关于俄国资本主义命运的谈话中使用了各种可能的论据，但是在最小的危险的情况下就藏在确定不移的和无可争论的三段式辩证法的保护之下。"④ 1879 年，普列汉诺夫在《社会经济发展的规律和俄国社会主义的任务》一文中也称季别尔是"马克思的一名最有才能的学生和普及者"⑤。

1881 年 1 月，季别尔特意去伦敦看望了马克思，马克思在 2 月致丹尼尔逊的信中提到了季别尔和卡布鲁柯夫上个月来家里做客的事情，并说"他们曾经整天地在英国博物馆里进行研究。"⑥ 俄国知识分子在 19 世纪 80 年代已经不再局限于研究《资本论》的经济理论，而是运用《资本论》研究俄国资本主义问题，试图在《资本论》中找到俄国资本主义命运和前途问题的答案。以瓦·沃龙佐夫、尼·弗·丹尼尔逊为代

---

① 《马克思恩格斯与俄国政治活动家通信集》，北京：人民出版社 1987 年版，第 227 页。
② «Экономическая теория Карла Маркса»，«Знание»，1876 No 10, 12，1877 No 2.
③ «Экономическая теория Карла Маркса»，«Слово» 1878 No 1, 3, 9, 12.
④ 转引《普列汉诺夫哲学著作选集》第一卷，北京：生活·读书·新知·三联书店 1962 年版，第 829 页。在这本译著中，Н. И. Зибер 被译成尼·伊·齐别尔。
⑤ 《俄国民粹派文选》，北京：人民出版社 1983 年版，第 488 页。
⑥ 《马克思恩格斯与俄国政治活动家通信集》，北京：人民出版社 1987 年版，第 383 页。

表的俄国自由民粹派提出拒斥资本主义，认为俄国应当避免资本主义道路。1882年左右，季别尔在流亡者报纸《自由言论》上连续发表三篇文章批评瓦·沃龙佐夫（В. П. Воронцов）的论文集《俄国资本主义的命运》。双方争论的实质在于，俄国应当根据客观规律沿着资本主义道路发展，还是俄国存在特殊的发展道路。季别尔反对沃龙佐夫关于俄国没有资本主义和没有资本主义发展的土壤的观点，在他看来，农村公社是过去的残余，是毫无意义的，是注定要灭亡的。他把俄国的经济、政治和任何进步与欧洲模式的资本主义发展相联系。2016年，圣彼得堡大学经济学副教授亚·尼·杜比亚斯基（А. Н. Дубянский）在《季别尔与沃龙佐夫论俄国资本主义发展道路》一文中称赞季别尔实质上是第一个了解马克思理论的复杂性和辨证性的俄国经济学家，同时研究了季别尔与沃龙佐夫的论争：后者主张俄国走非资本主义道路，希望保留农村公社，反对在俄国建立资本主义大工业生产；前者批驳沃龙佐夫等俄国民粹派关于俄国特殊道路的观点，捍卫马克思主义关于资本主义是社会发展的客观阶段以及资本主义是不可避免的思想。①

1885年3月，季别尔出版了最后一本专著《大卫·李嘉图和卡尔·马克思的社会经济研究》，这是他长期研究《资本论》的最后成果，也是他对1871年专著的修订。3月21日，丹尼尔逊在给恩格斯的信中特别强调了这本著作："几天前这里发表了尼·季别尔的新作《大卫·李嘉图和卡尔·马克思的社会经济研究》。这是他从前论述地租理论和评论《资本论》的著作的第二次增订版。"② 季别尔在这本专著中极有说服力地论证马克思的经济学说是独一无二的科学："鉴于货币交换本性的问题如此混乱的状况，马克思的思想上极为鲜明而深刻的关于这个主题的著作，无疑应当受到集中的关注。但是，令现代经济学惭愧的是，在整整四分之一个世纪里，随着这部著作（《政治经济学批判》1859年）的问世，在报刊上竟未表现出任何认真地估量其优点的意图，尽管当时几乎每天都在不断地对这个问题提出各种极其荒谬的观点。"③正如圣彼得堡大学经济学系教授希罗科拉德所说，"季别尔是19世纪70年代至80年

---

① А. Н. Дубянский. Зибер и Воронцов о капиталистическом пути развития России. [J]. Terraeconomicus. 2016. No. 4. C. 107－118.
② 《马克思恩格斯与俄国政治活动家通信集》，北京：人民出版社1987年版，第483页。
③ 《马克思主义研究资料》第八卷，北京：中央编译出版社2014年版，第214页。

代上半期的俄国最优秀的经济学家,他不仅熟知以前的经济学家的著作,而且在与马克思的反对者的辩论中善于运用它们"①。

苏联学界虽然没有重视季别尔对《资本论》的开创性研究,但是公认季别尔是俄国研究《资本论》的第一人。苏联经济学家亚·列乌埃勒（А. Л. Реуэль）在1956年出版的《19世纪六七十年代的俄国经济思想与马克思主义》一书中对季别尔的研究做出了充分的肯定："季别尔是马克思学说在俄国和乌克兰最早的传播者和阐释者。……在原始经济文化历史方面第一篇马克思主义文章的作者,第一个把李嘉图著作译成俄语的人,第一个用俄语发表洛贝尔图斯与马克思主义的文章的人,第一个向俄国读者介绍恩格斯的《反杜林论》和马克思的《政治经济学批判》的人,第一个从马克思主义立场评价亨利·乔治的思想的人,……他是以怀疑的态度看待公社的鼻祖"②。日本学界在20世纪80年代对季别尔也有一定的研究。1988年,为纪念尼·季别尔逝世100周年,日本爱知大学教授副岛种典在《杰出的俄国经济学家——尼·伊·季别尔》一文中特别分析了季别尔1871年和1885年两本著作之间的关系："毫无疑问,在这里他发展了马克思的货币理论。同时他根据马克思《政治经济学批判》（1859年）中的货币理论和其他一些材料对古典经济学和后来的庸俗经济学作了评注。我认为,这是第2版最重要的修订。"③

进入21世纪之后,俄罗斯学界重新兴起了马克思与季别尔的思想关系的研究。2007年《资本论》出版150周年时,俄罗斯和乌克兰发表了纪念性的文章,肯定了季别尔对《资本论》的开创性研究,再次强调季别尔是俄国研究《资本论》的第一人。2012年,俄罗斯URSS出版社第6次再版季别尔的著作《大卫·李嘉图和卡尔·马克思的社会经济研究》④。2016年,《农业经济学》（Terra economicus）杂志第14期连载三篇研究季别尔的文章：即弗朗索瓦·阿里斯逊（Франсуа Аллиссон）的

---

① Л. Д. Широкорад. *Н. Зибер и К Маркс в истории дореволюционной российской экономической мысли*, Вопросы экономики. 2018. № 4.

② РеуэльА. Л. *Русская экономическая мысль 60 – 70-хгг. 19 века и марксизм*. М.：Государственноеизд-вополитической лит. 1956. С. 141 – 142.

③ 《马克思主义研究资料》第八卷,北京：中央编译出版社2014年版,第214页。

④ Н. И. Зибер. *Давид Рикардо и Карл Маркс в их общественно-экономических исследованиях.* Изд. 6-е. Москва：URSS：ЛИБРОКОМ, 2012.

《季别尔——一位有影响力但孤独的学者》①，亚·尼·杜比亚斯基（А. Н. Дубянский）的《季别尔和沃龙佐夫论俄国资本主义发展道路》②，达·叶·拉斯科夫（Д. Е. Расков）的《季别尔：书斋里的经济学家—人类学家》③。2018 年，为纪念季别尔逝世 130 周年，俄罗斯权威杂志《经济学问题》（Вопросы экономики）连载两篇研究季别尔的文章，其中圣彼得堡大学经济学系教授希罗科拉德的文章《十月革命前俄国经济思想史中的季别尔和马克思》是代表性成果。正如希罗科拉德所说："可以说，在《资本论》第一卷出版十至十五年，季别尔成为《资本论》思想在俄国的主要宣传者，没有其他人像他那样对所有《资本论》的批评做出回应。季别尔的博学发挥了重要的作用。众所周知，马克思在自己时代是经济思想史的专家。季别尔是 19 世纪 70 年代至 80 年代上半期的俄国最优秀的经济学家，他不仅熟知以前的经济学家的著作，而且在与马克思的反对者的辩论中善于运用它们。"④

除了对《资本论》的深入研究外，季别尔还是《李嘉图全集》的俄文译者，他不仅专门研究了李嘉图的经济思想，而且还清楚地论证了马克思与李嘉图价值理论的思想关系。正是由于季别尔对《资本论》的开创性研究，从李嘉图到马克思的劳动价值论以及马克思的经济理论在俄罗斯经济学界产生了持久和重要的影响。

三、考夫曼与《资本论》的方法论

1872 年，俄国经济学家伊·伊·考夫曼（И. И. Кауфман）⑤ 在《欧洲通报》1872 年 5 月号上发表《卡尔·马克思的政治经济学批判的观点》，在世界上首次指出《资本论》的研究方法与叙述方法之间存在着矛盾。这也是他唯一一篇关于《资本论》的论文，他的其他著作主要是

---

① Франсуа Аллиссон. *Н. И. Зибер-влиятельный ученый-одиночка*. Terra economicus. 2016. No. 4. С. 85–91.

② А. Н. Дубянский. *Зибер и Воронцов о капиталистическом пути развития России*. Terra economicus. 2016. No. 4. No. 4. С. 107–118.

③ Д. Н. Расков. *Н. И. Зибер как кабинетный экономист-антрополог*. Terra economicus. 2016. No. 4. С. 92–106.

④ Л. Д. Широкорад. *Н. Зибер и К. Маркс в истории дореволюционной российской экономической мысли*. Вопросы экономики. 2018. No. 4. С. 110.

⑤ 伊·伊·考夫曼（И. И. Кауфман，1848—1915），俄国经济学家。

关于金融、货币和信贷问题①。1879年，考夫曼将《银行业的理论和实践》一书寄给了马克思。马克思对这本书的评价是："这本书即使完全从专业的角度来看……，在细节上也没有什么独到之处。其中最精彩的部分是反纸币的论战"。②

考夫曼首先从马克思在1859年出版的《政治经济学批判》谈起，认为马克思的《资本论》有三个目标：一是研究政治经济学从未来提出的新问题并得出新的结论；二是系统批判现代经济的基本原则；三是研究资本主义发展的历史文献和历史文化。他在文章中大段地摘引《政治经济学批判》和《政治经济学批判序言》，认为马克思政治经济学研究历程以及唯物主义历史观最重要的两个要点是：（1）生产力的发展及其在社会运动中的决定作用；（2）意识的从属作用。他赞同马克思对《资本论》结构计划的调整，马克思在《政治经济学批判》中曾经提出"资本、土地所有权、雇佣劳动、国家、国际贸易、世界市场"等六册写作计划，之后调整为《资本论》三卷结构。

考夫曼详细阐述了《资本论》的方法论，认为《资本论》方法论的总体特征是批判方法，这是理解《资本论》的关键：即"通过准确的科学研究来证明社会关系的一定秩序的必然性，同时尽可能完善地指出那些作为他的出发点和根据的事实"③。马克思把社会运动看做自然的历史的过程，社会运动的规律不仅不受人的意志的支配，而且决定人的意志、意识和意图。因此，马克思所说的批判"不是把事实和观念比较对照，而是把一种事实同另一种事实比较对照"④。《资本论》的批判方法的出发点是外部现象，不是观念；《资本论》的批判方法是比较事实和事实，而不是比较事实和观念。正如我国学者周嘉昕教授所说，"考夫曼的核心观点是，马克思《资本论》所提供的并非是一种超历史的永恒规律，而是资本主义生产方式产生、发展、消亡的特定历史规律。在资本主义条

---

① 主要有《俄国货币信用制度的形成：1861—1878年的规划概述》（1878）、《俄国金融统计学（1862—1884）》（1886）、《俄国期票行市五十年：1841—1890》（1892）、《英国的政府公债（1688—1890）》（1893）。
② 《马克思恩格斯文集》第十卷，北京：人民出版社2009年版，第436页。
③ 《马克思恩格斯文集》第五卷，北京：人民出版社2009年版，第21页。
④ 《马克思恩格斯文集》第五卷，北京：人民出版社2009年版，第21页。

件下,经济生活与有机世界呈现出相类似的特征。"①

考夫曼认为《资本论》的研究方法与叙述方法之间存在着矛盾:《资本论》的研究方法是严格的实在论,而叙述方法是德国的辩证法。《资本论》在俄国读者中仍然存在着一些误解和疑惑,这是因为马克思在《资本论》中并未阐述这一方法的基本特点,而且马克思对孔德等实证主义的批判,容易让读者误认为他是唯心主义者。虽然考夫曼对《资本论》的叙述方法提出了批评,但是他认为《资本论》的丰富内容远远超过蒲鲁东、威廉·罗雪儿②等同时代的经济学家,明确肯定了《资本论》的价值:"这种研究的科学价值在于阐明支配着一定社会有机体的产生、生存、发展和死亡以及为另一更高的有机体所代替的特殊规律。马克思的这本书确实具有这种价值"③。考夫曼总结了《资本论》的贡献,一是发现了资本主义生产方式的规律及其在社会生活中的表现,二是通过科学研究来证明社会关系的客观必然性,三是把社会历史的运动看作是不以人的意志为转移的自然历史过程。"马克思《资本论》比任何其他社会主义者的著作都难理解,要求它的读者不仅熟悉文化史和经济史,而且要掌握经济科学的新发现。"④

1873年1月,马克思在《资本论》第一卷第2版《跋》中用一千余字来援引考夫曼这篇文章的核心观点,这说明他在一定程度上认可考夫曼对《资本论》方法论的研究。关于考夫曼提出的《资本论》研究方法与叙述方法的问题,马克思承认叙述方法与研究方法在形式上是不同的,"研究必须充分地占有资料,分析它的各种发展形式,探寻这些形式的内在联系"⑤,而叙述是在观念上反映材料,因此在读者面前呈现出一个先验的结构。正是在对考夫曼的回应中,马克思回答了他的辩证法与黑格尔的辩证法的根本区别,"我的辩证方法,从根本上来说,不仅和黑格尔的辩证方法不同,而且和它截然相反"⑥。在黑格尔那里,辩证法是倒立

---

① 周嘉昕:《政治经济学批判中的唯物辩证法——读伊·伊·考夫曼〈卡尔·马克思的政治经济学批判的观点〉》,载《贵州师范大学学报(社会科学版)》2019年第5期,第10页。
② 威廉·罗雪儿(1817—1894):19世纪德国历史学派的创始人。其代表作《历史方法的国民经济学讲义大纲》,被称为"历史学派宣言"。
③ 《马克思恩格斯文集》第五卷,北京:人民出版社2009年,第21页。
④ И. И. Кауфман. Точка зрения политико-экономической критики у К. Маркса. Вестник Европы. 1872. Кн. 5 (Май). С. 427–436.
⑤ 《马克思恩格斯文集》第五卷,北京:人民出版社2009年版,第21页。
⑥ 《马克思恩格斯文集》第五卷,北京:人民出版社2009年版,第22页。

着的，也就是被神秘化，马克思要做的是发现辩证法神秘外壳中的合理内核。"辩证法，在其合理形态上，引起资产阶级及其空论主义的代言人的恼怒和恐怖，因为辩证法在对现存事物的肯定的理解中同时包含对现存事物的否定的理解，即对现存事物的必然灭亡的理解；辩证法对每一种既成的形式都是从不断的运动中，因而也是从它的暂时性方面去理解；辩证法不崇拜任何东西，按其本质来说，它是批判的和革命的"①。马克思的这段总结已经成为关于《资本论》方法论的经典表述，《资本论》第一卷第2版《跋》也成为马克思关于辩证法研究的经典篇章，一百五十年来被各种文字各种著作反复援引和解读。

马克思在《资本论》第一卷第2版《跋》中对《资本论》方法论的说明引起了俄国马克思主义者的关注，进而重视考夫曼这篇关于《资本论》方法论的评论文章。1907年，普列汉诺夫在纪念马克思逝世二十五周年的《马克思主义基本问题》一文中指出了辩证法在《资本论》中的集中体现："他在《资本论》第一卷第二版跋中关于唯物主义辩证法的表述——他的辩证法和黑格尔的唯心主义辩证法的区别。"② 1909年，柯瓦列夫斯基在《回忆卡尔·马克思》一文中高度评价考夫曼的这篇文章，指出马克思在俄国有关《资本论》的所有论文中最为重视考夫曼的文章，并且赞同考夫曼的观点。1914年，列宁在《卡尔·马克思》一文中也称赞考夫曼的这篇文章"颇为有名"③。1914至1915年，列宁对黑格尔的《逻辑学》《哲学史讲演录》和《历史哲学讲演录》做了大量的摘记，即著名的《哲学笔记》。列宁研究了黑格尔的辩证法与《资本论》的方法论的关系，并且提出辩证法、逻辑与认识论在《资本论》中三者同一的思想。1915年，布哈林在《食利者政治经济学》一书中批判奥地利学派的边际效用理论的主观主义方法论，论证马克思主义的客观主义方法论，赞同并援引考夫曼对马克思方法论的评价。布哈林认为，马克思特别突出强调经济理论的历史性和经济理论规律的相对性，并再次援引考夫曼对马克思《资本论》第一卷的评论，"每个历史时期都有它自己的规律。一旦生活经过了一定的发展时期，由一定阶段进入另一阶段

---

① 《马克思恩格斯文集》第五卷，北京：人民出版社2009年版，第21—22页。
② 《普列汉诺夫哲学著作选集》第三卷，北京：三联书店1984年版，第137页。
③ 《列宁全集》第二十六卷，北京：人民出版社2017年版，第94页。

时，它就开始受另外的规律支配"①。

苏联学者柯托夫曾说，在 19 世纪 70 年代俄国报刊关于《资本论》的评论中，最出色的是俄国经济学家考夫曼发表在《欧洲通报》上的文章，"这篇评论与众不同，它主要是分析马克思的方法"。科托夫公正地指出，"尽管考夫曼的评论在评价马克思的经济学说方面有种种错误，但它仍有可取之处，这就在于它叙述了马克思的唯物辩证法的特点。"② 进入 21 世纪之后，俄罗斯学界对考夫曼的研究有所增加，但仍然是在银行、信贷和货币领域，主要有《伊·伊·考夫曼和俄国的金融制度》（O. A. 德罗兹多夫，2000）、《伊·伊·考夫曼——彼得堡大学的学者和教授》（Ю. B. 巴足林，2002）等，其中比较重要的一篇是 A. B. 布戈洛夫在《考夫曼的理论遗产》（《俄罗斯银行通报》2011 年 9 月号），在这篇文章中对马克思与考夫曼的对话略有提及。我国学界在最近五年对考夫曼的这篇文章有所关注，在研究《资本论》的著作中多有提及考夫曼所带来的启发。我国学者白刚教授在《回到〈资本论〉：21 世纪的"政治经济学批判"》一书中提到了考夫曼的研究，不过误认为考夫曼是德国学者，"马克思本人也认可德国学者考夫曼对自己《资本论》的政治经济学批判所使用的'现象学方法'的评价"③。我国学者周嘉昕教授在研究马克思与考夫曼的对话的文章中指出，"马克思恩格斯在其理论生涯中，曾多次提到辩证法问题。……最为经典的表述是在《资本论》第 1 卷第 2 版跋给出的。在直接的意义上，这些表述同马克思对伊·考夫曼《卡尔·马克思的政治经济学批判的观点》一文的回应有关。"④ 我国学者王庆丰教授在《〈资本论〉的再现》一书肯定了考夫曼在研究《资本论》方法论中的贡献，"马克思以赞美的方式援引了一位俄国评论者对《资本论》的方法的解释。这段话可能会对我们理解黑格尔与马克思辩

---

① 〔俄〕尼·布哈林《食利者政治经济学——奥地利学派的价值和利润理论》，郭连成 译，北京：商务印书馆2002年版，第43页。
② 〔苏〕柯托夫：《马克思主义在俄国的传播》，于深 译，北京：时代出版社1955年版，第19页。
③ 白刚：《回到〈资本论〉：21 世纪的"政治经济学批判"》，北京：人民出版社2018年版，第140—141页。
④ 周嘉昕：《政治经济学批判中的唯物辩证法——读伊·伊·考夫曼〈卡尔·马克思的政治经济学批判的观点〉》，载《贵州师范大学学报（社会科学版）》，2019年第5期，第6页。

证法之间的差异有所助益。"① 正是通过马克思与考夫曼的对话,我们清楚认识到马克思的方法与黑格尔的方法的区别,黑格尔的辩证法是将"事实和观念"比较对照,也就是局限在思维和意识的统一性中,而马克思的辩证法则是一种事实与另一种事实的比较,也就是资本主义与共产主义的比较。可以说,考夫曼这篇文章是《资本论》方法论研究的开山之作。

第二节 俄国关于《资本论》的思想辩论

1877 至 1880 年,俄国经济学家、社会学家、哲学家围绕《资本论》的解读发生了一场激烈的辩论,不仅引起了俄国学者的广泛关注,而且引起了马克思的回应。俄国经济学家尤·茹科夫斯基、俄国自由主义代表波·尼·契切林批评《资本论》,俄国民粹派思想领袖尼·康·米海洛夫斯基、俄国经济学家尼·季别尔为《资本论》辩护,他们的论战不仅在俄国思想界激起巨大反应,而且引起了马克思的关注和回信,即著名的《给〈祖国纪事〉编辑部的信》。1878 年 8 月,拉甫罗夫在致恩格斯的信中特别提到了俄国思想界围绕《资本论》进行的激烈论战:《资本论》在俄国思想界引起的热烈反应超过了任何其他国家,"我看任何地方评论马克思著作的文章都没有这么多"②。

一、茹科夫斯基与米海洛夫斯基的辩论

尤·茹科夫斯基是俄国著名经济学家和文学家。1833 年生于圣彼得堡,1853 年毕业于法学院。长期担任国家公职,1889 至 1894 年曾任俄罗斯国家银行行长,1907 年逝世。他最主要的著作是 1871 年出版的《19 世纪政治文学史》,2015 年作为政治经济学思想经典丛书再版③。1860 至 1866 年他定期在《现代人》杂志上发表经济学和法学方面的文章。1870 至 1880 年,茹科夫斯基在《欧洲通报》上发表经济学方面的

---

① 王庆丰:《〈资本论〉的再现》,北京:中央编译出版社 2015 年版,第 117 页。考夫曼的这段话即本文第 6 页对考夫曼观点的援引。
② 《马克思恩格斯和俄国政治活动家通信集》,北京:人民出版社 1987 年版,第 279 页。
③ Ю. Г. Жуковский. История политической литературы XIX столетия. От преддверия до середины XIX века. —Изд. 2-е, [репр.]. —М.: URSS, 2015. —441 с.

文章。其中最著名的一篇就是发表在 1877 年第 9 期上的《卡尔·马克思和他的〈资本论〉一书》① 一文。

茹科夫斯基的这篇文章首先引起尼·康·米海洛夫斯基的回应。米海洛夫斯基出生于 1842 年，是俄国著名的批评家、社会学家和政论家，也是著名的民粹主义思想家。更重要的，他是既与马克思有文本对话又与列宁有文本对话的俄国思想家。他 18 岁就登上俄国文坛，1869 年至 1884 年在《祖国纪事》杂志担任编辑，之后在《北方通报》②、《俄罗斯思想》、《俄国通报》等杂志担任编辑。1884 年，《祖国纪事》被查封停刊后，米海洛夫斯基在 1892 年成为《俄国财富》杂志的编辑，继续发表研究《资本论》的文章。米海洛夫斯基在《祖国纪事》时期与马克思发生思想对话，在《俄国财富》时期与列宁发生思想论争，因此，他在马克思主义发展史和俄国思想史上占有举足轻重的位置。

1877 年 10 月，尼·康·米海洛夫斯基在《祖国纪事》第 10 期上发表《卡尔·马克思在尤·茹科夫斯基先生的法庭上》③，回应茹科夫斯基对《资本论》的批评。茹科夫斯基与米海洛夫斯基的辩论开启了 19 世纪 70 年代俄国的思想辩论，之后俄国经济学家尼·季别尔、俄国自由主义思想家鲍·契切林也加入其中，使俄国成为在当时世界上最热烈讨论《资本论》的国家。茹科夫斯基在《卡尔·马克思和他的〈资本论〉一书》中主要是批判马克思的经济理论，而米海洛夫斯基在文章《卡尔·马克思在尤·茹科夫斯基先生的法庭上》的上半部分全面地批驳茹科夫斯基对《资本论》的错误理解，在文章的下半部分提出了《资本论》的适用范围问题。茹科夫斯基与米海洛夫斯基的思想分歧主要是四个方面：

第一是形式主义的问题。茹科夫斯基在这篇文章中把社会科学划分为两个领域：研究形式的真理科学和研究物质的经济科学。这种劳动分工最初在科学的历史进程中具有自身的意义。真理科学比经济科学产生得早，因此首先寻找对社会生活形式的解释。真理科学对社会生活形式的这些解释实际上并不令人满意，与此同时，经济学产生。在经济学家

---

① Ю. Жуковский. Карл Маркс и его книга о капитале // Вестник Европы. 1877. No 9.
② 《北方通报》：俄国的一家文学、科学和政治月刊，1885—1898 年在彼得堡出版。——参阅《马克思恩格斯文集》第十卷，北京：人民出版社 2009 年版，第 950 页。
③ Н. К. Михайловский. *Карл Маркс перед судом г. Ю. Жуковского*. Отечественные записки. Том234.

中出现"容易激动的、没有耐性的"学派，也就是以亚当·斯密为代表古典经济学派。茹科夫斯基认为，马克思是这个学派的最后代表，但他没有克服这个学派的普遍缺点，"一方面他自己的研究确实受到形式方面的限制，另一方面物质方面也没有认真地研究。确实，他在这个方面比他们的前辈更加审慎，以至于没有完全忽视物质条件的意义，但是他同时回避直接研究"①。在茹科夫斯基看来，马克思虽然承认经济条件对于法律和政治形式的意义，但是以"形式主义的方式"回避对它们的研究。"《资本论》作者在自己的（就像现在人们所说的）猜测中仅仅依据形式上的彼此协调，他的论据只是不自觉的概念游戏。"② 因此，他批评马克思是"形式主义者"，认为马克思的研究受到形式方面的限制，虽然承认经济条件对于法律和政治形式的意义，但是没有直接研究法律关系的物质条件。

米海洛夫斯基反对茹科夫斯基指责马克思是形式主义者的观点，向他重申了马克思的观点："法律关系和政治关系不是独立现象，而是在经济关系的基础上产生；它们随着生产条件的变化而变化。一定的法律关系和政治关系不仅是现实，而且是意识，不能比在一定生产条件下产生它们的物质基础提前出现。马克思由此得出，如果我们在现代资产阶级社会中看到旧秩序与新秩序的斗争，如果在大多数人的意识中产生新的法律关系的需求，那么意味着产生它们的物质基础已经准备好"③。在米海洛夫斯基看来，马克思不是纯粹的黑格尔主义者，因为他不是在自己的精神深处建立历史规律；马克思也不是形式主义者，因为他不是在纯粹形式的原则中消解以前阶段的矛盾。茹科夫斯基先生关于马克思没有研究"物质条件"的说法是不正确的，因为《资本论》就是在分析生产条件和经济关系，《资本论》的目的就是揭示现代社会的经济运动规律。根据马克思的观点，资本的集中伴随着劳动的社会化，劳动的社会化构成经济和道德的基础，在此基础上产生新的法律和政治秩序。而茹科夫斯基完全避而不谈马克思赋予社会化进程的意义，对《资本论》中马克

---

① Н. К. Михайловский. *Карл Маркс перед судом г. Ю. Жуковского*. Отечественные записки. Том234. с332.

② 普列汉诺夫：《论一元论历史观点的发展问题》，王荫庭译，北京：商务印书馆2012年版，第246页。

③ Н. К. Михайловский. *Карл Маркс перед судом г. Ю. Жуковского*. Отечественные записки. Том234. с333.

思为了解决形式及其存在的物质条件的关系问题所深入研究的材料也熟视无睹。

第二是精神劳动的问题。在茹科夫斯基看来,资本家不是靠剥削劳动者获得财富,而是靠企业主的精神劳动获得财富。这种精神劳动在自然力量的参与下构成利润的来源。"精神劳动可能具有双重的方向:配合或直接利用自然力量,技术在科学上占主导,企业主和资本家在实践中占主导,配合或管理工人的劳动,这构成道德和政治科学的任务,一方面是立法者和管理者,另一方面是企业主和资本家。在这个广泛的意义上必须承认所有利润,是精神劳动的结果,是进行劳动的这些阶级活动的结果。"①因此,茹科夫斯基认为,精神劳动是他新发现的生产因素,全部生产的组织者、最高管理者和目标的建立者的精神劳动正是马克思所忽视的新因素。

米海洛夫斯基完全反对这种论调,并举出实例加以驳斥。他以出版诗集为例,出版商是组织者,挑选最好的诗歌结集出版,宣称诗集的价值就是自己的精神劳动,按照茹科夫斯基的观点,诗人只是被组织者,因此几乎没有参与创造利润,也就没有付出精神劳动。毫无疑问,这不符合事实,因为这些诗人才是创造诗歌的精神劳动的代表。因此,米海洛夫斯基认为,工厂主是资本的代表,却不是新出现的精神劳动的代表。没有资本,他也只是被组织的人之一,就像地主收租绝不是因为他从事精神劳动,而只是因为他是地主。茹科夫斯基所说的精神劳动不是独立的生产因素,"生产要求三个因素参与:首先,自然力量(自然能力),其次——生产资料,工具(知识),最终,第三——劳动(特别是精神劳动)"②。米海洛夫斯基还援引了《资本论》中的观点:"最蹩脚的建筑师从一开始就比最灵巧的蜜蜂高明的地方,是他在用蜂蜡建筑蜂房以前,已经在自己的头脑中把它建成了。"③ 因为劳动过程在开始之前就已经在劳动者的表象中存在了,他不仅使自然物在形式上发生变化,同时也在自然物中实现自己的目的。这个目的决定着他劳动的方式和方法,

---

① Н. К. Михайловский. *Карл Маркс перед судом г. Ю. Жуковского*. Отечественные записки. Том234. с344.

② Н. К. Михайловский. *Карл Маркс перед судом г. Ю. Жуковского*. Отечественные записки. Том234. с349.

③ 《马克思恩格斯文集》第五卷,北京:人民出版社2009年版,第208页。

他必须服从这个目的。"茹科夫斯基先生所臆想的作为利润的创造者的精神劳动是微风就能吹散的纸房子。既不是从生产的角度看,也不是从分配的角度看,既不是从理论的角度看,也不是实践的角度看——它不具有独立的意义,分解为不同的部分,向四周散开,淹没在科学的旧真理中。"①

第三是马克思与古典经济学家的关系。茹科夫斯基完全忽略了马克思与古典经济学家的关系,不愿意承认马克思与亚当·斯密和李嘉图之间的继承关系。因为古典主义者研究生产的物质条件,如果马克思是他们的后继者,那么说明马克思没有回避研究物质条件,说明马克思不是形式主义者。米海洛夫斯基认为马克思与古典经济学家的继承关系在于劳动是价值的源泉和价值的尺度。米海洛夫斯基在穆勒②的《政治经济学原理》第一卷中找到了马克思剩余价值理论的雏形:"利润产生的原因,是劳动生产出超过为维持其本身所必需的生产物。农业资本之所以产生利润,是因为人们生产的粮食数量,超过在其生长时期供应他们口粮所必需的数量。其结果是,如果一个资本家在生产物归其所有的情况下供养劳动者,那么,他的手里除了他收回的垫款之外,还会有若干剩余的产物。"③ 因此,马克思的经济理论具有深厚的基础。"一方面,他生长在已经形成的科学的土壤上,另一方面生长在社会趋势的土壤上。……马克思的许多理论在一定程度上是可靠的,在一定程度上是科学的,完全独立于任何实践结论。"④

第四是剩余劳动的问题。茹科夫斯基认为,劳动者赚多少不是因为他劳动多少,而是因为他使用现成的工具和未加工的原料,没有这些工具他完全不能生产这么多数量的产品。可是,没有未加工的原料、资本和其他工具以及体力劳动,"精神劳动"如何产生?因此,茹科夫斯基反对马克思关于剩余价值的总量等于一个工人生产的剩余价值乘以工人

---

① Н. К. Михайловский. *Карл Маркс перед судом г. Ю. Жуковского*. Отечественные записки. Том234. с349 – 350.

② 约翰·斯图亚特·穆勒(也译作约翰·斯图亚特·密尔)(1806—1873),英国著名哲学家和经济学家。主要著作有《政治经济学原理》(1848),《论自由》(1859)、《代议制政府》(1861)等。

③ [英] 约翰·穆勒著,赵荣潜等译,《政治经济学原理》,北京:商务印书馆1991年版,第465页。

④ Н. К. Михайловский. *Карл Маркс перед судом г. Ю. Жуковского*. Отечественные записки. Том234. с355.

数量的观点。他的根据是最后一个雇佣工人没有创造利润，而只是挣到自己的薪水，主人雇用他，是由于利润来自其他劳动者。茹科夫斯基还运用形式主义的方法理解地租，认为地租是由每个等级的土地的收入（在不同条件下）与没有地租的最差的土地的收入之间的差别决定，也就是说劳动者在最差的土地上没有创造地租，仅仅挣到自己的生活费。米海洛夫斯基指出，从生产力的角度看，没有最先雇用的工人，也没有最后雇用的工人——所有工人都使用同样的工具，同样未加工的原料劳动。最差的土地没有产生地租，但是最后一个工人创造了利润。茹科夫斯基的所有结论是以假设事实上不存在的和逻辑上不可能的最后一个雇用工人为基础，因此不具有任何意义。因此，马克思关于剩余价值等于一个工人的剩余价值乘以雇用工人的数量的观点是正确的。

米海洛夫斯基在文章的最后对茹科夫斯基的错误做出了总结，"（1）马克思对所有制形式的认识与茹科夫斯基先生的描述直接对立；（2）关于马克思没有研究物质生产条件以及没有考虑劳动者的发展条件的说法是与真理直接对立的；（3）马克思赋予劳动的社会化过程重要的意义，《欧洲公报》向读者隐瞒了这一点；（4）马克思与古典政治经济学家，也就是亚当·斯密和李嘉图的关系也同样被隐瞒；（5）'精神劳动'作为利润的唯一创造者（指的是自然力量）是无序的混合物，在生产和分配中不是完整的和独立的"。①

二、茹科夫斯基与季别尔的辩论

茹科夫斯基在1877年9月的文章也引起了尼·季别尔的回应，他反对茹科夫斯基对《资本论》的错误理解，在《祖国纪事》第11期上发表《对于尤·茹科夫斯基先生〈卡尔·马克思和他的资本论〉一书的若干意见》②，为《资本论》辩护。季别尔首先谈到了俄国学界对《资本论》的广泛关注："确实，最近一段时间出现了很多关于这本书的评论：季别尔、叶格尔（Егерь）、扎姆捷勒（Заммтерь）、卡尔贝拉（Кальберла）等人纷纷用自己的力量对马克思的著作做出评价。大部分评论说，《资本

---

① Н. К. Михайловский. *Карл Маркс перед судом г. Ю. Жуковского*. Отечественные записки. Т. 234. с356.

② Н. Зибер. *Несколько замеяаний по поводу статьи Г. Ю. Жуковского 《Карь Маркс и его книга о капитале》*, Отечественные записи. Т235. Современное обозрение. 1877. No. 11. с. 1－32.

论》的作者具有非凡的天赋、渊博的学识等其它一些极其重要的和引以为荣的特征……"①他的文章从六个方面批评了茹科夫斯基对《资本论》的错误理解,归纳起来主要是三个方面:一是马克思不是形式主义者,二是剩余价值理论,三是理论论证与结论的关系。

第一,马克思是否是形式主义者。茹科夫斯基指责马克思是形式主义者,错误地认为马克思的方法是形式主义的方法,批评马克思没有研究社会生活的物质方面的观点,季别尔从《资本论》的主要内容和研究方法等方面进行了反驳。他援引了马克思在《资本论》第1版序言的观点来说明马克思对社会的研究:"一个社会即使探索到了本身运动的自然规律……它还是既不能跳过也不能用法令取消自然的发展阶段。但是它能缩短和减轻分娩的痛苦。"②季别尔认为,马克思在《资本论》中非常直观地和清楚地阐述了自己的观点:法律的、政治的和精神的现象不是别的,正是物质或经济关系的上层建筑,这种关系不是人任意产生的,也不是人的精神产生的。因此,马克思根本没有用形式的方法回避事实。马克思对资本主义生产的真正起源、社会经济制度的最新发展过程的研究也足以说明马克思不是形式主义者。茹科夫斯基认为马克思虽然是黑格尔的学生,但是没有充分地论证实践关系中存在的矛盾,因此需要进一步论证矛盾产生的原因、本质和根源。

第二是剩余价值理论源泉的问题。茹科夫斯基批评了马克思的剩余价值理论,认为马克思把剩余价值的源泉归结为剩余劳动是徒然的,并不能揭示剩余价值和资本的源泉。季别尔发现,茹科夫斯基错误地把任何可以带来利润的商品,任何能够产生新的消费价值并且用于交换的东西都看作是剩余价值的源泉。茹科夫斯基还举例说,"如果一匹马的费用等于它劳动三个小时,而它却劳动了一整天,那么它创造了剩余价值;如果开垦土地的费用仅仅是它的一部分果实,那么剩余的那部分果实就构成它的剩余价值"③。季别尔认为茹科夫斯基观点是错误的,因为"一

---

① Н. Зибер. *Несколько замеяаний по поводу статьи Г. Ю. Жуковского «Карь Маркс и его книга окапитале»*, Отечественные записи. Т235. Современное обозрение. 1877. No. 11. с. 1.

② 《马克思恩格斯文集》第五卷,北京:人民出版社2009年版,第9—10页。

③ Н. Зибер. *Несколько замеяаний по поводу статьи Г. Ю. Жуковского «Карь Маркс и его книга окапитале»*, Отечественные записи. Т235. Современное обозрение. 1877. No. 11. с. 12.

切问题在于，土地、树、马不可能自己产生新的用于交换的消费价值"①。茹科夫斯基还分析了马克思剩余价值理论的其他要素，把劳动工具、物质资料等也作为剩余价值产生的因素。季别尔强调，马克思清楚论证了一切剩余价值都是由剩余劳动产生的，而包括劳动工具和物质资料的劳动仅仅是生产最终的产品。这个观点不仅非常鲜明，而且是劳动理论的自然逻辑结果。茹科夫斯基还提出了净利润从哪里获得的问题，他认为从劳动使用方式，劳动组织形式以及劳动者的知识、智力、心理和道德等都构成了生产的因素，因此它们都是净利润的来源。

第三是《资本论》的方法论问题。在茹科夫斯基看来，马克思对资本的整个过程的解释是从错误的理论得出错误的结论，"形式主义者觉得资本主义进程的原因是简单的，就像他们觉得改变这一进程的方法也是简单的一样。在马克思看来，一切问题就在于确认劳动者的利润权"②。季别尔认为，茹科夫斯基没有明白马克思的经济学说，马克思论证了机器劳动如何生产，人在社会上如何合作，但从来没有谈到劳动者的利润权，马克思预见到未来最重要的变化就是物质基础以及在其之上建立的生产方式。季别尔用这样一段话来结束这篇论文："马克思的著作描绘了资本主义生产进程的科学图景，如果从对它的审视中得出那些茹科夫斯基提到的结论，得出《资本论》的作者在很多情况下做出的结论，那么正如这句谚语——'别怨镜子……'③。这是正确的，每个人拿着铅笔在马克思的书上划出那些或多或少具有个人和主观特征的结论时，都相信这一点。那时剩下的就是纯粹的理论，在这个理论中不仅没有给怀疑或者反对留出任何位置，而且可以看到理论本身丝毫不能忍受这样的行为。"④

1877 年，丹尼尔逊将米海洛夫斯基和季别尔为《资本论》辩护的文章寄给了马克思。这场保卫《资本论》的思想辩论引起了俄国政论家们的广泛关注，也引起了马克思的重视，马克思立即写了回应的文章，即著名的《给〈祖国纪事〉编辑部的信》。

---

① Н. Зибер. *Несколько замеяаний по поводу статьи Г. Ю. Жуковского «Карь Маркс и его книга окапитале»*, Отечественные записи. Т235. Современное обозрение. 1877. No. 11. с. 13.

② Н. И. Зибер. *Несколько замеяаний по поводу статьи Г. Ю. Жуковского «Карь Маркс и его книга окапитале»*, Отечественные записи. Т235. Современное обозрение. 1877. No. 11. с. 32.

③ 这是俄罗斯的一句谚语，原话是"脸长得丑就别怨镜子"。

④ Н. Зибер. *Несколько замеяаний по поводу статьи Г. Ю. Жуковского «Карь Маркс и его книга окапитале»*, Отечественные записи. Т. 235. Современное обозрение. 1877. No. 11. с. 32.

三、契切林与季别尔的分歧

波·尼·契切林（Б. Н. Чичерин）是俄国著名的法学家、历史学家、哲学家、政论家。1828年生于俄国坦波夫省古老的贵族契切林家族，1893年成为彼得堡科学院荣誉院士，1900年成为莫斯科大学荣誉教授，俄国国家法学派的著名代表，俄国宪法的奠基人之一，1904年逝世。契切林一生著述丰富，主要有1869年至1902年历时三十年完成的《政治学说史》（5卷本），《财产和国家》（两卷本，1882年出版第1卷，1883年出版第2卷，2005年再版两卷本），《国家法教程》（3卷本，1894年出版第1卷，1896年出版第2卷，1898年出版第3卷）等。他在《私有制与国家》一文中指出，国家在推进人类社会向前发展的合力中发挥着最大的作用①。他不认可自由主义思想家关于国家是守夜人的观点，而是主张强大的中央政权，认为强大的国家政权是自由的保证。作为历史学家，契切林坚信，俄国与西欧的区别在于俄国是政权决定社会的发展，西欧是社会在政权组成中起决定作用。他把国家统治形式划分为四类：民主制、贵族制、专制制度和君主立宪制，认为建立在分权基础上的君主立宪制是最理想的国家制度。在他看来，君主立宪制是一种富有弹性和可塑性极强的国家治理模式，自由、法律和权力等各种不同的政治因素都可以在其中和解共生。契切林设想在俄国建立一个以法制为基础的宪政国家，他主张自上而下地改革，始终认为社会和国家发展的进化道路是唯一合法的。契切林的俄罗斯法制国家理论在俄国以及世界的哲学和社会政治思想中都有着重要作用。

1877年，茹科夫斯基、米海洛夫斯基、季别尔关于《资本论》的辩论引起了契切林的关注，随后契切林也加入了这场辩论。1878年，波·尼·契切林在《国务知识汇编》1878年第6卷上发表了《德国的社会主义者》②，这篇文章分为两部分：《Ⅰ拉萨尔》和《Ⅱ马克思》。虽然他与茹科夫斯基一样，对《资本论》持批评的态度，但是他承认《资本论》的价值："他的著作——《资本论》是德国社会主义学说的最高表现。虽然到目前为止仅仅出版了第一卷，但是理论体系完全展开了。……其重要

---

① 参阅《齐切林的政治观在当代俄罗斯社会中的体现》。
② Б. Н. Чичерин, *Немецкие социалисты. Ч. 2. Карл Маркс.* «Сборник Государственные знания», т. 6, 1878.

性在于促使我们对它进行充分的分析，研究这个学说的推论过程"①。契切林对《资本论》的批评大致包括以下几个方面：

第一是《资本论》的研究方法，尤其是详细阐述了马克思在《资本论》第一卷第 2 版序言中对辩证法的说明。但是在他看来，"辩证法是极端唯物主义和极端唯心主义的表现；一方面，它在现实中寻找自己的支撑点，把现实作为自己的真正基础，另一方面，它以人的头脑中的理想来否定这个现实本身"②。他反对马克思把唯物主义和社会主义相结合，认为这种结合是概念的混乱，而且被马克思冒充为经验的结果。他批评《资本论》中没有真正的论证过程，而是先入为主的结论。

第二是商品的价值理论。根据马克思的观点，商品是价值的基础，是最小的细胞。商品是对人有益的产品，是消费产品。交换价值表现商品之间的平等关系等。契切林提出了几个问题：如何确定商品是最小的细胞？有用性是否可以成为数量比较的基础？他认为，我们无法用实证的方法证明商品就是经济中最小的细胞。而有用性仅仅是交换的动机，商品的有用程度是由买方决定的，因此需求才是确定价值的重要因素。他也反对马克思关于商品价值是由社会必要劳动时间决定的观点，认为商品的价格绝不是由社会平均劳动时间决定，而是由个人之间的竞争决定，也就是昂贵的商品与低廉的商品在市场中间的竞争。

第三是货币转化为资本的理论。契切林分析了马克思的商品流通公式和资本流通公式，认为根据马克思的利润理论根本无法计算资本家付出的劳动的价值。根据这样的计算，除去各种麻烦，风险和补偿，资本家没有得到任何利润，因此不是资本家搞把戏，而是《资本论》的作者搞把戏。此外，大部分价值也不是由于改进技术和提高劳动生产率产生的，而是由于资本家把耗费资本的价值转移到生产中。因此，契切林提出了这样的问题：为什么劳动的消费价值可以成为商品的价值，而资本的消费价值不能？为什么前者不仅弥补自身的耗费，而且产生更多的价值，而后者只能弥补自己的价值，它所产生的价值就要白白贡献了？

第四是资本主义生产过程。根据马克思的观点，资产阶级的产生是

---

① Б. Н. Чичерин, *Немецкие социалисты. Ч. 2. Карл Маркс.* «Сборник Государственные знания», т. 6, 1878.

② Б. Н. Чичерин, *Немецкие социалисты. Ч. 2. Карл Маркс.* «Сборник Государственные знания», т. 6, 1878.

剥夺拥有土地的劳动者的过程，是暴力地从土地驱赶农民的过程。契切林反对马克思关于资本主义生产方式是剥夺过程的观点，在他看来，英国农场主成为真正的农业资本家，不是由于羊吃人的圈地运动，而是由于他们从土地获得了丰富的利润，他们并没有使用暴力的方式获得财富，工厂小生产者破产的原因也不是大生产者对小生产者的剥夺，而是小生产者竞争不过大生产者，因此，没有资本的任何剥夺。

马克思很快从他的俄国朋友那里知道了契切林的这篇文章。他在1878年11月28日给丹尼尔逊的信中对契切林批评道："我的一些俄国朋友事先已经给我打过招呼，契切林先生写出的只会是一篇很不像样的作品，然而事实上比我预料的还要糟糕。他显然对政治经济学缺乏起码的了解并且以为，巴师夏①学派的陈词滥调一经以他契切林的名义发表，就会变成独创的和无可争议的真理。"②

1879年2月，尼·季别尔在《言语》杂志上发表批评契切林的文章《波·契切林反对卡尔·马克思》③。针对契切林对《资本论》的错误理解，季别尔认为马克思以最准确的官方资料为基础来说明资本的集中、劳动的联合以及机器的运用对人的解放，并且预见到资本主义生产方式的终结。契切林反对马克思对消费价值的抽象，他认为对有用性进行简单的抽象不仅不能产生任何结果，而且会使价值消失，无法交换，因此他把商品交换的基础视为有用性，而不是劳动。季别尔对此观点的反驳是，首先，一切不是用劳动获得的东西根本不具有交换的基础，只能作为礼物来交换；第二，很多购买者为较少用处的东西支付更高的价格。在与契切林的辩论中，季别尔在许多问题上捍卫马克思的观点，如劳动的强化、自然因素参与价值构成，社会必要劳动的概念，相对价值形式和等价形式的辩证法，货币转化为资本等。尼·季别尔对这样的辩论是非常有经验的，他在为马克思的经济学说辩护时，表现出对于《资本论》的深厚知识以及卓越的辩论技巧。

为更清晰地说明这场关于《资本论》的辩论，我们用下图来表示：

---

① 弗·巴师夏（1801—1850）：法国庸俗经济学家，资产阶级社会阶级利益调和论的鼓吹者。
② 《马克思恩格斯全集》第三十四卷，北京：人民出版社1975年版，第335页。
③ Н. Зибер. Чичерин contra Маркс. Слово. 1879. № 2.

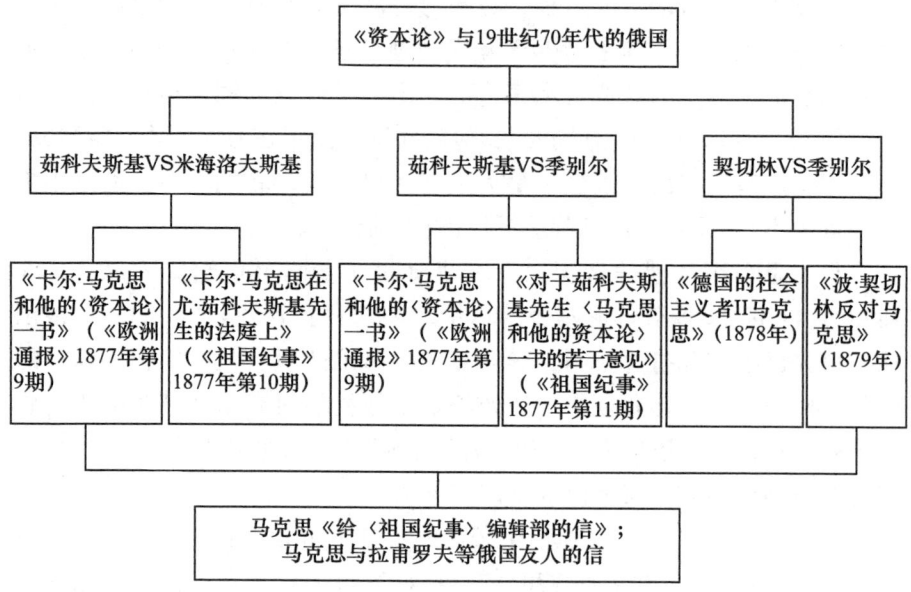

第三节 马克思对俄国辩论的回应

1877 至 1880 年，茹科夫斯基、米海洛夫斯基、季别尔、契切林围绕《资本论》的辩论产生了极其重要的影响。拉甫罗夫在致马克思的信中提到了这场辩论。洛帕廷将米海洛夫斯基和季别尔发表在《祖国纪事》上的文章寄给了马克思，于是马克思写了这封著名的信，即《给〈祖国纪事〉编辑部的信》。

一、《资本论》的适用范围

米海洛夫斯基在《卡尔·马克思在尤·茹科夫斯基先生的法庭上》一文除了批评茹科夫斯基对《资本论》的错误理解，更重要的是提出《资本论》的适用范围，而且尝试性地思考把《资本论》的理论运用到俄国。米海洛夫斯基的这篇文章使俄国成为最早对经典资本主义理论模式提出批评与挑战的国家之一，也使马克思在晚年不断回应俄国民粹派提出的难题，即"西欧式资本主义原始积累历史发展道路是否适用于俄国社会"。

米海洛夫斯基首先在文章里高度称赞马克思："卡尔·马克思是最难

懂的，甚至是以压倒性的方式影响读者的现代权威之一。甚至连他的反对者也承认，他具有严密的逻辑思维能力，丰富而广博的知识，这些促使人们毫无批评地接受他的理论，在这些理论面前完全敞开大门"①。米海洛夫斯基对《资本论》第一卷第24章"所谓原始积累"非常感兴趣，他在文章提出一个著名的观点，即"在《资本论》第六篇有一章的题目是'所谓原始积累'。在这里马克思指的是资本主义生产过程最初阶段的历史特征，但是给出了整个哲学—历史理论。它对于我们，特别是对于俄国人是非常新颖的"②。正是这个观点引起了马克思关于《资本论》的适用范围以及俄国资本主义道路的深入思考，并在回信中予以详细阐述。

米海洛夫斯基详细分析了《资本论》对资本主义生产进程的研究，以及资本主义生产进程要求实现和发展的两类人，第一类是生产资料和生活资料的所有者，他们购买他人的劳动力来增值自己的价值总额；第二类是自由劳动者，他们出卖自己的劳动力。原始积累就是生产者与劳动资料、生产资料和所有权分离的过程。在欧洲很多地方正在进行这一进程。资本主义生产采用暴力的形式或者议会的形式，打着"公有地圈围法"和"清扫领地"的名义，掠夺农民的土地，把农民驱逐出土地，因此出现了大批失去土地的流浪者，他们要么重新成为雇农，要么成为雇佣工人。资本主义生产也占领了国外市场，奴役美洲的土著居民，贩卖非洲的黑人奴隶，商业战争，国债制度，这些都促使劳动从一开始就与所有权异化，劳动者与生产资料异化。这一变革的结果是，封建贵族被消灭，教会及其代表的封建权力被消灭或减少，封建所有制变成绝对的私有制。"因此，原始积累只是形式上改变关系，也就是——从奴役奴隶和农奴到奴役雇佣工人，同时剥夺直接的生产者，也就是消灭建立在私人劳动基础上的私有制，这是一个困难的、艰苦的和长期的，同时又必要的过程。"③

米海洛夫斯基赞同《资本论》关于劳动社会化过程的描述，以及把

---

① Н. К. Михайловский. *Карл Маркс перед судом г. Ю. Жуковского*. Отечественные записки. Том234. c322.

② Н. К. Михайловский. *Карл Маркс перед судом г. Ю. Жуковского*. Отечественные записки. Том234. c322.

③ Н. К. Михайловский. *Карл Маркс перед судом г. Ю. Жуковского*. Отечественные записки. T. 234. c323 – 324.

个人的分散的生产资料转化为社会的生产资料和人民群众被剥夺土地的过程称为资本的前史。资本主义生产的内在规律将进一步产生劳动的社会化。在这个阶段不是劳动者被剥夺,而是资本家本身被剥夺。少数大资本家剥夺多数小资本家,生产资料越来越集中在少数资本家手中。随着那些掠夺而来的是贫困、压迫和奴役,以及不断联合和组织起来的工人阶级的反抗。最后,资本主义的外壳与"剥夺剥削者"这种社会化不能相容。"资本主义的私有制,是对个人的、以自己劳动为基础的私有制的第一个否定。但资本主义生产由于自然过程的必然性,造成了对自身的否定。这是否定的否定。这种否定不是重新建立私有制,而是……重新建立个人所有制。"① 这就是马克思的哲学历史观。马克思不是偶然地在《所谓原始积累》这一章中阐述,而是在《资本论》中多处论证。"想象一下俄国人,他们相信这一历史理论的真理性。这是非常可能的,因为马克思以自身的普遍的科学特征使人产生无限信任,包括援引他的历史理论,在实际事实方面内容丰富,在逻辑关系方面在任何情况下都是严密的和完整的,而且引人入胜。"②

米海洛夫斯基看到了资本主义变革过程在俄国和西欧出现的不同情况:"这个既有利又有弊的,既可怕又有益的,不可遏止的'劳动社会化'过程,或者更确切地说,马克思所阐述的这种社会化形式,在我们神圣的罗斯发展缓慢"③。他还分析了俄国与西欧不同的原因:"我们的农民在一定程度上根本不是'自由地'既没有土地也没有生产工具,而这对资本主义生产的蓬勃发展是必要的。相反,尽管他的不幸状况,作为农民和地主,除了他的本能外,许多情况仍然使他留在土地上。另一方面,与欧洲人相比较,我们的资本非常微小"④。也就是说,俄国农民既有土地也有生产工具,与欧洲农民相比,他们不能成为自由的雇农或者雇佣工人;与西欧相比,俄国的资本非常微小,没有大资本也就无法出现小资本被剥夺的过程。米海洛夫斯基与他的先辈赫尔岑、车尔尼雪

---

① 《马克思恩格斯文集》第五卷,北京:人民出版社2009年版,第874页。
② Н. К. Михайловский. *Карл Маркс перед судом г. Ю. Жуковского.* Отечественные записки. Т. 234. с325.
③ Н. К. Михайловский. *Карл Маркс перед судом г. Ю. Жуковского.* Отечественные записки. Т. 234. с325.
④ Н. К. Михайловский. *Карл Маркс перед судом г. Ю. Жуковского.* Отечественные записки. Т. 234. с325.

夫斯基以及他的同时代人特卡乔夫的观点一致，认为俄国应该寻找一条不同于西欧的发展道路。

米海洛夫斯基援引了《资本论》第一卷德文注释增补里的一段话："如果说在欧洲大陆上……破坏人类的资本主义生产的影响，将像迄今为止一样，同在扩大国民军、国债、赋税以及以优雅的方式进行战争等等方面的竞争手拉手地向前发展，那么，正像半个俄罗斯人但又是完全的莫斯科人赫尔岑……非常认真地预言的，欧洲也许最终将不可避免地靠鞭子和强行注入卡尔梅克人的血液来返老还童"。① 米海洛夫斯基认为，马克思的这段话是对赫尔岑的不友善的讥讽，也表明马克思反对俄国人为自己的国家寻找一条不同于西欧的发展道路。他在文章中向马克思提出了问题："深入这一评语的细节，这些'鞭子'和'卡尔梅克人的血液'，不难发现共同的语调，正如从自己的角度看，马克思应该如何看待俄国人寻找自己祖国发展道路的尝试，与西欧已经经历和正在经历的道路不同的道路，正如已经多次论证，这些尝试对于斯拉夫主义者或者神秘地相信俄国精神的特殊的民族特征的人是根本没有必要的：必须从欧洲历史中汲取教训"②。

正是因为米海洛夫斯基提出了《资本论》的适用范围和俄国道路的问题，他的文章引起了马克思的关注。在1877年至1879年关于《资本论》的俄国辩论中，马克思没有对茹科夫斯基、季别尔、契切林关于《资本论》的经济理论的辩论做出回应，而唯独对米海洛夫斯基的问题做出了回答。

二、马克思恩格斯对俄国辩论的回应

1877年9月27日，马克思在给弗·阿·佐尔格的信中写道："俄国——我曾经根据非官方的和官方的俄文原始材料……研究过它的情况——早已站在变革的门前，为此所必需的一切因素都已成熟了。……俄国社会的一切阶层目前在经济上、道德上和智力上都处于土崩瓦解的状态。这一次，革命将从一向是反革命安然无恙的堡垒和后备军的东方

---

① 《马克思恩格斯文集》第四卷，北京：人民出版社2009年版，第461—462页。
② Н. К. Михайловский. *Карл Маркс перед судом г. Ю. Жуковского.* Отечественные записки. Т. 234. с326.

开始。"① 1877年10月，丹尼尔逊将米海洛夫斯基和季别尔在《祖国纪事》上发表的文章寄给马克思。1877年10—11月左右，马克思用法文写了一封著名的回信，即《给〈祖国纪事〉杂志编辑部的信》，但是在他生前没有发表。马克思在这封信中主要回应两个问题：一是不应根据他对赫尔岑和车尔尼雪夫斯基的评价得出他反对俄国特殊道路的结论；二是说明《资本论》的适用范围。

马克思反对米海洛夫斯基根据《资本论》德文第1版的注释增补所得出的结论，认为这一段话并不能说明他反对俄国人探索自己的道路。马克思在回信中说，米海洛夫斯基在关于"原始积累"那一章没有找到支持他的结论的内容，因此不得不抓住马克思在《资本论》第一卷德文第1版注释增补材料里关于赫尔岑的批评意见。② 实际上，关于赫尔岑的"俄国共产主义"起源于何处的问题一直充满着争议，由于受当时文献的限制，马克思不完全确定他对于赫尔岑的评价是否正确，但是坚决反对根据他对赫尔岑的评价来判断他对俄国人寻找本国道路的看法。马克思虽然批评了赫尔岑，但是在《资本论》第一卷第2版的跋中也称赞了俄国思想家车尔尼雪夫斯基，"这宣告了'资产阶级'经济学的破产，关于这一点，俄国的伟大学者和批评家尼·车尔尼雪夫斯基在他的《穆勒济政治经济学概述》中已作了出色的说明"③。因此，不能根据马克思对赫尔岑的否定性评价来判断他反对俄国人探索自己的道路，也不能根据他对车尔尼雪夫斯基的肯定性评价来判断他赞同车尔尼雪夫斯基关于俄国可以不经过资本主义苦难的观点。

车尔尼雪夫斯基也提出过关于俄国道路的问题：俄国是摧毁农村公社然后过渡到资本主义制度，还是利用资本主义的全部成果但又不经受资本主义制度的苦难。车尔尼雪夫斯基赞同后一种办法。虽然马克思非常尊重车尔尼雪夫斯基，但是他并不完全赞同车尔尼雪夫斯基的观点。马克思自《资本论》出版后在俄国朋友的帮助下，阅读了大量的俄国官方资料和书籍，在深入研究俄国经济发展的基础上得出结论："如果继续

---

① 《马克思恩格斯全集》第三十四卷，北京：人民出版社1972年版，第275页。
② "假如他在我的关于'原始积累'的论述中能找到一个可以用来支持他的结论的地方，他就会加以引证了。因为找不到这样的地方，所以不得不抓住刊载的《资本论》德文第一版注释增补材料里面的一段针对一个俄国'文学家'的批评性插话。"——《马克思恩格斯文集》第三卷，北京：人民出版社2009年版，第463页。
③ 《马克思恩格斯文集》第五卷，北京：人民出版社2009年版，第17—18页。

它在1861年所开始走的道路，那它将会失去当时历史所能提供给一个民族的最好的机会，而遭受资本主义制度所带来的一切灾难性的波折"①。

马克思在回信的第二部分回应了米海洛夫斯基在文章中关于《资本论》适用范围的问题，他强调关于原始积累的那一章是对资本主义生产的概括性总结，它描述了西欧资本主义经济制度的产生途径，以及无产阶级和资产阶级的形成过程。因此，《资本论》是关于西欧资本主义起源的历史概述。为了批驳米海洛夫斯基把《资本论》看作一般历史哲学理论的错误观点，马克思在信中还强调了《资本论》对古代罗马平民命运的研究。古代罗马平民是独立经营小块土地的自由农民，在历史发展的过程中他们被迫与生产资料和生存资料分离，但是罗马的这些一无所有的自由人没有成为雇佣工人，而是成为无所事事的游民。这时的罗马也没有产生资本主义生产方式，而是产生了奴隶制生产方式。因此，《资本论》关于西欧资本主义起源的概述不是一般的历史哲学理论。

这个历史概述中的哪些东西可以应用到俄国呢？马克思认为，如果俄国想遵照西欧的先例成为一个资本主义国家，那么它就会和其他民族一样受到那些铁律的支配。虽然马克思没有明确指出俄国应该走什么样的道路，但他明确指出俄国不应该继续走1861年以来的资本主义道路，也就是说，马克思认为俄国应该利用当时的特殊条件，走一条与西欧不同的道路。因此，他反对米海洛夫斯基把他关于西欧资本主义起源的概述看成一般发展道路的历史哲学理论，也反对米海洛夫斯基把西欧道路看成一切民族都要走的道路。②

马克思在这封信的最后提出了社会历史研究中的科学方法的问题，强调相似的现象在不同的环境中会引起完全不同的结果，因此必须深入研究和比较分析不同历史环境中的历史现象，从而找到理解这种现象的钥匙。"如果把这些演变中的每一个都分别加以研究，然后再把它们加以比较，我们就会很容易地找到理解这种现象的钥匙；但是，使用一般历史哲学理论这一把万能钥匙，那是永远达不到这种目的，这种历史哲学理论的最大长处就在于它是超历史的。"③

---

① 《马克思恩格斯文集》第三卷，北京：人民出版社2009年版，第465页。
② 《马克思恩格斯文集》第三卷，北京：人民出版社2009年版，第466页。
③ 《马克思恩格斯文集》第三卷，北京：人民出版社2009年版，第466—467页。

1878年，马克思的俄国友人纷纷写信告诉马克思《资本论》在俄国引起的热烈辩论。1878年8月，拉甫罗夫在致恩格斯的信中写到："您有没有注意去年俄国报刊上围绕他的名字而进行的激烈的论战？……我看其他任何地方评论马克思著作的文章都没有这么多。"① 1878年11月15日，马克思在致丹尼尔逊的信中也描述了这场论战，"在此地的柯瓦列夫斯基②教授曾对我说，《资本论》引起了相当热烈的论战。"③ 马克思逝世后，恩格斯从他的文件中发现了这封写给《祖国纪事》编辑部的信，并抄写了几个副本。1883年，恩格斯把这封信转交给格·亚·洛帕廷④，洛帕廷回到俄国时通过丹尼尔逊将信转交给《祖国纪事》编辑部。米海洛夫斯基在1883年秋读到了马克思的信。米海洛夫斯基因马克思的信而洋洋得意，因为他认为在阅读他的文章之前，马克思认为俄国应该经过资本主义，而阅读了他的文章之后，马克思改变了自己的观点。"他（即米海洛夫斯基）说，马克思在读到他的文章《卡尔·马克思在尤·茹科夫斯基先生的法庭上》以前认为，俄国应该经过资本主义；但读了这篇杰出的文章以后，据说他就改变了自己的看法。"⑤

1884年3月，恩格斯在寄给查苏利奇的信中随信寄上了这封信的手抄副本，恩格斯说，马克思写了回应俄国这场辩论的文章⑥，本来准备在俄国发表，但是担心"光是他的名字就会使刊登他的这篇答辩文章的刊物的存在遭到危险"⑦。查苏利奇将这封信翻译成俄文，1885年在俄国用石印出版，出版时加了一条注："鉴于我们革命文学界也出现了一些比'马克思更马克思的人'，我们特把此信作为一份从未公布过的有意义的文件予以发表"⑧。12月，以胶版誊写版的形式再版，但是大部分落到了沙皇政府的警察手中。由于俄国很多杂志被沙皇政府查封，丹尼尔逊在拿到信后，一直未能在俄国国内公开发表。他在1885年8月致恩格斯的

---

① 《马克思恩格斯与俄国政治活动家通信集》，北京：人民出版社1987年版，第279页。
② 马·马·柯瓦列夫斯基（М. М. Ковалевский，1851—1916）：俄国社会学家、政治活动家、历史学家、民族学家和法学家。
③ 《马克思恩格斯全集》第三十四卷，北京：人民出版社1974年版，第333页。
④ 格·亚·洛帕廷（Г. Лопатин），俄国著名工人运动活动家，第一国际总委员会委员，《资本论》第一卷第一个俄文版的发起人和译者之一。
⑤ 《马克思恩格斯与俄国政治活动家通信集》，北京：人民出版社1987年版，第715页。
⑥ 即马克思的《给〈祖国纪事〉编辑部的信》。
⑦ 《马克思恩格斯与俄国政治活动家通信集》，北京：人民出版社198年版，第470页。
⑧ 《马克思恩格斯与俄国政治活动家通信集》，北京：人民出版社1987年版，第798页。

信中说明了这一情况：马克思在 1877 年对米海洛夫斯基的答复在当时是不可能发表的，因为"几种杂志一个接一个地被查封了"①。《北方通报》杂志本来答应可以在杂志第二期即 10 月号上发表，但最后未能成功。1886 年，马克思的《给〈祖国纪事〉编辑部的信》第一次用俄文发表在地下刊物《民意导报》第 5 期上。之后，在丹尼尔逊的不懈努力下，这封信首次正式公开发表在俄国合法刊物《司法通报》1888 年第 10 期上。

马克思的《给〈祖国纪事〉编辑部的信》的公开发表引起了俄国各个派别的争论。以丹尼尔逊为代表的俄国民粹派力图通过马克思的这封信证明俄国公社在俄国经济发展中的必要性，他坚信俄国公社包含社会主义生产方式的萌芽，因此俄国公社可以避免资本主义的可怕灾难。但是，俄国的马克思主义者对这封信的公开发表表达了不满。普列汉诺夫抱怨道，"当这封信为俄国革命者所熟知时，许多人认为，《资本论》的作者对俄国公社的观点与巴枯宁、特卡乔夫及其他社会主义—乌托邦主义者的观点几乎完全一样。"② 某些俄国革命者把马克思给《祖国纪事》编辑部的信错误地理解为马克思赞同俄国民粹主义的观点，这使俄国马克思主义者与俄国民粹主义者在 19 世纪八九十年代的论争更加复杂。从马克思恩格斯在 1882 年《共产党宣言》俄文版所写的序言来看，马克思恩格斯确实非常重视土地公社的重要性，但是他们在序言中没有对农村公社的命运做出绝对的预见，而是指出俄国公社有可能直接过渡到共产主义的土地所有制形式。因此，马克思给《祖国纪事》编辑部的信不能被理解为马克思支持俄国民粹主义的观点。

针对当时俄国革命者的论争，普列汉诺夫、查苏利奇等人请求恩格斯对当时争论的这些问题在俄国报刊上发表意见。1894 年 5 月，俄国人波·纳·克里切夫斯基在致恩格斯的信中提到了米海洛夫斯基与马克思的对话以及马克思主义与民粹主义的论战。"在如何估计俄国的形势这个问题上，马克思主义观点在革命者中日益排挤掉了陈旧的'民粹主义'。……《俄国财富》的编辑就尼·康·米海洛夫斯基站在最好战的'民粹派'的前列。"③ 1894 年，恩格斯在《〈论俄国的社会问题〉的

---

① 《马克思恩格斯与俄国政治活动家通信集》，北京：人民出版社 1987 年版，第 500 页。
② В. А. Твардовский, Б. С. Итенберг. Н. К. Михайловский и К. Маркс Диалог о "Русском пути". Отечественная история. 1996. 6. C57.
③ 《马克思恩格斯与俄国政治活动家通信集》，北京：人民出版社 1987 年版，第 694 页。

跋》中对这场论争做出回应:"这封信同所有出自马克思手笔的东西一样,在俄国各界人士中引起极大注意,并被作了极不相同的解释",明确表明马克思反对《祖国纪事》上的文章强加给他的观点①。米海洛夫斯基对《资本论》的解读以及马克思给《祖国纪事》编辑部的回信,成为俄国19世纪90年代关于俄国资本主义命运论战的重要篇章。普列汉诺夫、司徒卢威、列宁等俄国各个派别的代表纷纷对米海洛夫斯基与马克思关于《资本论》的对话做出了解读。

三、《资本论》俄国辩论的影响

米海洛夫斯基、季别尔为《资本论》的辩护以及马克思对这场辩论的回信对俄国合法马克思主义者、俄国革命的马克思主义者等不同派别的知识分子产生了重要的思想影响。

这场辩论对《资本论》的传播、俄国马克思主义的发展以及俄国社会主义道路产生重要的影响。虽然俄国经济学家茹科夫斯基、俄国思想家契切林等人反对《资本论》,批评《资本论》的经济理论和方法论,但是这场辩论毫无疑问极大地促进了《资本论》在俄国的传播。1883年,普列汉诺夫在《社会主义与政治斗争》中提到了19世纪70年代的俄国关于《资本论》的辩论,"已经不止有一个俄国哲学家,既不了解马克思,又不了解西欧历史,却奋起反对《资本论》的作者……"普列汉诺夫把反对《资本论》的人称为"堂吉诃德",因为他们不理解《资本论》,不明白马克思仅仅把西欧的历史看作是资本主义生产史的基础。马克思和恩格斯从来没有排除任何国家的经济特征,而是从它们里面寻求一切对它的社会—政治和精神运动的解释。1894年5月底,普列汉诺夫在致恩格斯的信中提到了米海洛夫斯与马克思关于俄国问题的对话,但并不赞同米海洛夫斯基关于《资本论》不适用于俄国的看法。1895年,普列汉诺夫在《论一元论历史观之发展》一书中详细分析了19世纪70年代的这场辩论,特别是茹科夫斯基与季别尔的辩论、米海洛夫斯基与马克思的对话。关于马克思是否是形式主义者的问题,普列汉诺夫反对茹科夫斯基指责马克思是形式主义者,赞同季别尔和米海洛夫斯基的观点。可以说,这场辩论成为19世纪八九十年代普列汉诺夫、司徒卢

---

① 《马克思恩格斯文集》第四卷,北京:人民出版社2009年版,第461页。

威、列宁等俄国各个派别代表论述俄国资本主义发展趋势的思想源头。

毫无疑问，米海洛夫斯基对茹科夫斯基的批判、对《资本论》的解读以及马克思对米海洛夫斯基的回信，是这场辩论中最为重要的部分，也是19世纪八九十年代俄国各派知识分子最为关注的内容，司徒卢威和普列汉诺夫在19世纪90年代的著作中对这场辩论做出了详细和深入的分析。

1894年，俄国著名经济学家、思想家，合法马克思主义者的代表司徒卢威在《俄国经济发展问题评述》中分析了米海洛夫斯基与马克思的对话。"米海洛夫斯基先生对马克思社会学学说实质的理解是错误的。他的这一错误当然没有被马克思本人放过，而是被极其尖锐地指出来了。"① 司徒卢威也提到了这封信引发的俄国民粹主义和马克思主义之间的论争。"现在，形形色色的民粹派先生们都在援引马克思的这封信……，马克思所驳斥的正是那些对他毫无了解的民粹派分子。"② 司徒卢威明确肯定了马克思的理论对认识俄国经济发展的问题有着巨大的意义，但是他一方面反对俄国马克思主义者在认识进步问题上对马克思具体公式的依赖，另一方面也批评俄国民粹派对马克思经济理论的错误理解以及对进化过程所提供的其他论证，"他们凭借马克思声望的掩护，兜售那些非常不可思议的空想，'依靠过去历史遗留下来的物质生产条件'去建立并由当代国家去推行劳动社会化，这就是一种用空想"③。

1895年，普列汉诺夫在《论一元论历史观之发展》一书中详细分析了19世纪70年代的这场辩论，特别是米海洛夫斯基与茹科夫斯基的辩论，以及马克思与米海洛夫斯基的对话。在普列汉诺夫看来，米海洛夫斯基对《资本论》的理解是极端狭隘的，并且力图使别人相信他的片面理解是正确的评价。因此，米海洛夫斯基不是《资本论》可靠的捍卫者。普列汉诺夫举了一个例子来说明这个观点。茹科夫斯基责备马克思是形式主义者，滥用黑格尔辩证法。虽然米海洛夫斯基对马克思理解也不准确，但是他毕竟看出来茹科夫斯基关于马克思是形式主义者的观点

---

① 〔俄〕彼·司徒卢威：《俄国经济发展问题评述》，李尚谦、李丹、郭奇格译，李尚谦校，北京：商务印书馆1992年版，第145页。
② 〔俄〕彼·司徒卢威：《俄国经济发展问题评述》，李尚谦、李丹、郭奇格译，李尚谦校，北京：商务印书馆1992年版，第146页。
③ 〔俄〕彼·司徒卢威：《俄国经济发展问题评述》，李尚谦、李丹、郭奇格译，李尚谦校，北京：商务印书馆1992年版，第163—164页。

是错误的。"如果马克思说过，现代社会的发展规律是这样的，即它自身本能地否定自己先前的状态，随后又否定这个否定，把所通过的诸阶段的矛盾调和于个人财产和公社财产的统一中；如果他说过这个话，并且仅仅说了这个话，那么他就会是一个纯粹的黑格尔主义者，从自己的精神深处建立种种规律，并且满足于纯粹形式的即不依赖于内容的种种原则。"①普列汉诺夫详细分析了米海洛夫斯基与马克思的对话，认为米海洛夫斯基把马克思理论中根本没有的东西当作历史哲学理论，《资本论》中关于资本主义发展过程的规律仅仅是对于有这一发展的国家来说是必须的，但并不是对于一切国家和一切民族都是必须的。普列汉诺夫对《资本论》的适用范围做出了回答："应该告诉俄国的作家，辩证唯物主义没有给任何国家判决任何东西，它不会指出在任何特定时期对一切民族都共同的和'必须的'道路；任何特定社会的进一步发展始终依赖于该社会内部各社会力量的相互关系，因此，对于任何一个严肃的人来说，不要猜测也不要呻吟于某种以幻想为基础的'必须性'，首先应当研究这种相互关系；只有这样的研究才能说明对特定社会而言什么是'必须的'和什么是'不必须的'"②。

季别尔在这场辩论中的作用也得到了俄国各个派别的代表的重视，普列汉诺夫从 19 世纪 70 年代到 90 年代在多篇文章和著作中分析季别尔的观点，司徒卢威、杜冈—巴拉诺夫斯基等俄国合法马克思主义者也多次肯定季别尔的贡献，列宁在《评经济浪漫主义》一文中多次援引季别尔的观点。

1879 年，普列汉诺夫在 1 月 15 日出版的《土地和自由》杂志第 3 期上的《社会经济发展的规律和俄国社会主义的任务》一文中就称赞季别尔是"马克思的一名最有才能的学生和普及者"③。1895 年，普列汉诺夫在《论一元论历史观之发展》一书中详细分析了季别尔与茹科夫斯基的辩论，高度肯定季别尔对《资本论》的辩护。普列汉诺夫援引了季别尔在 1877 年 11 月批驳茹科夫斯基的文章："正是通过对我们所经历的

---

① 普列汉诺夫：《论一元论历史观的发展问题》，王荫庭译，北京：商务印书馆 2012 年版，第 263 页。
② 普列汉诺夫：《论一元论历史观的发展问题》，王荫庭译，北京：商务印书馆 2012 年版，第 264 页。
③ 《俄国民粹派文选》，北京：人民出版社 1987 年版，第 488 页。

那个资本主义发展时期的物质条件的研究,《资本论》作者证明,人类给自己提出的只是能够解决的一些任务。马克思沿着资本主义生产错综复杂的道路一步一步地引导读者,他分析了构成资本主义的一切因素,使我们懂得它的暂时性。"① 季别尔连续提出一系列问题揭示资本主义社会的矛盾:"资本主义生产把种种商品定期地堆满世界市场,并在消费品过多时迫使千百万人忍受饥饿的那种情况,不是资本主义生产实实在在的矛盾么?……其次,在资本主义社会中资本占有者(顺便要指出,他本人也乐于承认)在许许多多的人失去工作的同时又埋怨工人人手不够,难道不是资本主义社会的实际矛盾么?资本占有者把减少工作的手段,如机械的和其他方面的改进和完善,变成工作日延长的手段,难道不是资本主义社会的实际矛盾么?资本主义主张财产神圣不可侵犯,同时却剥夺大多数农民的土地,使大批大批的居民仅仅靠计件工资生活,难道不是实际矛盾么?总之,现存社会经济生活的研究者完全没有必要人为地把资本主义生产放在预先设想的、形式的、辩证的矛盾中;光是些现实的矛盾就绰绰有余地够他忙一辈子了。"② 普列汉诺夫认为,季别尔的文章就其内容而言是令人信服的,按其形式来说是温和的。1895年,普列汉诺夫在《给我们的反对者讲几句话》中分析了季别尔1879年在《言论》报上发表的论文《辩证法在科学中的运用》。在他看来,这篇文章是季别尔对恩格斯的著作《反杜林论》的解读:恩格斯的这本书值得特别注意,它不仅在使用哲学、社会学和经济学概念方面是彻底的和中肯的,而且在说明辩证矛盾方法的实际运用方面提供了许多新的例证,它们对于理解这个被人推崇又同时被人误解的研究真理的方法是大有助益的。但是普列汉诺夫也指出季别尔的解读的不足之处,季别尔没有明确黑格尔在现代经济理论发展中的意义,也没有明确辩证法在不同知识范围中的适用性。

1894年,彼·司徒卢威在《俄国经济发展问题的评述》一书中分析了尼·季别尔等俄国学者对马克思主义在俄国传播所做出的重要贡献:"马克思的思想无论在哪里都没有像在俄国这样迅速地被接受,它不仅为

---

① 普列汉诺夫:《论一元论历史观的发展问题》,王荫庭译,北京:商务印书馆2012年版,第247—248页。

② 季别尔,祖国纪事1877年第11期,第6—7页。参阅《论一元论历史观的发展问题》第247—248页。

政论界所接受，而且也为所谓的'科学'界所接受（Н. И. 季别尔、丘普罗夫先生、伊万纽科夫先生、科索夫斯基先生以及若干其他方面的人）"①。但是司徒卢威没有认识到季别尔对马克思经济理论的发展，"已故的 Н. И. 季别尔对马克思的理论并没有什么实质性的补充，尽管他十分博学多才"②。实际上，司徒卢威与季别尔的观点具有共同之处：双方都主张学习资本主义，认为资本主义是必须要经历的发展阶段。司徒卢威主张学习资本主义，认为资本主义是必须要经历的发展阶段，季别尔也是从西方主义立场批判俄国自由民粹派，强调资本主义的必然性。合法马克思主义的另一位代表杜冈—巴拉诺夫斯基③与司徒卢威的观点不同，杜冈在他的博士毕业论文《俄国工厂的过去和现在》（1898 年）中强调尼·季别尔是 19 世纪七八十年代的天才经济学家，是"新马克思主义"的先辈④。

　　1897 年，列宁在《评经济浪漫主义》一文中批评了经济浪漫主义的错误思想，在分析资本主义人口、机器生产、手工业工场等时多次援引季别尔的观点，充分肯定了季别尔对马克思经济学说的研究。列宁在分析资本主义过剩人口时援引了尼·季别尔在《大卫·李嘉图和卡尔·马克思的社会经济研究》一书中关于过剩人口的观点："（1）流动的过剩人口。属于这一类的是工业中的失业工人。随着工业的发展，他们的人数必然增加。（2）潜在的过剩人口。属于这一类的是随着资本主义的发展而丧失了自己的产业并找不到非农业工作的农业人口库。这种人口随时都能给任何企业提供劳动力。（3）停滞的过剩人口。他们的就业'极不规则'，生活状况低于一般水平。"⑤列宁非常赞同季别尔在这本著作中对机器生产的研究，并建议读者阅读其中的第 10 章"机器和大工业"、第 11 章"机器生产理论的研讨"对马克思学说的研究。季别尔的观点主要包括两个方面，一是村社的"劳动组合"与机器工业的资本主义社会

---

① 彼·司徒卢威：《俄国经济发展问题的评述》，李尚谦等译，北京：商务印书馆 1992 年版，第 39 页。在这本著作中，Н. И. Зибер 被译成齐贝尔。
② 彼·司徒卢威：《俄国经济发展问题的评述》，李尚谦、李丹、郭奇格译，李尚谦校，北京：商务印书馆 1992 年版，第 169 页。
③ 杜冈—巴拉诺夫斯基（1865—1919）：俄国资产阶级经济学家，主要著作有《俄国工厂的过去和现在》《周期性经济危机》等。
④ 参阅 Л. Д. Широкорад. Н. Зибер и К. Маркс в истории дореволюционной российской экономической мысли, Вопросыэкономики. 2018. № 4.
⑤ 《列宁全集》第二卷，北京：人民出版社 1984 年版，第 149 页。

中的"劳动结合"之间存在根本区别，因为机器工业是资本主义生产的一个阶段，是资本主义社会的一大进步，它不仅提高了生产力和整个社会的劳动社会化，而且破坏了工场手工业的分工，特别是彻底破坏了落后的宗法关系，尤其是农村中的宗法关系；二是机器工业与资本主义工场手工业存在根本区别，家庭手工生产或者资本家作坊中的手工生产不能称为工厂，只能称为资本主义的手工工场，只有机器工业才能称为工厂。列宁特别指出了经济浪漫主义者与季别尔的思想差别：前者从俄国缺少国外市场这一状况出发认为资本主义在俄国的发展面临严重的障碍，后者认为资本主义正在消除俄国历史上遗留下来的各种壁垒，即村社的、部落的、地域的和民族的壁垒，从而不断地扩大国内市场和国外市场。

对于马克思主义思想史而言，季别尔的重要性不在于阐述马克思的经济理论，而在于提出马克思与李嘉图的思想继承关系，这个问题成为马克思主义经济学始终关注的主题之一。1915年，列宁在《卡尔·马克思》一文中总结了俄国在19世纪七八十年代评述《资本论》的著作，包括季别尔对契切林的反驳，季别尔在1885年的专著《大卫·李嘉图和卡·马克思的社会经济研究》，以及伊·考夫曼在1872年关于辩证法的文章。① 这场俄国辩论不仅促进了《资本论》在俄国和世界的传播，也促进了俄国知识分子对《资本论》经济理论和方法论的接受。

---

① 参阅《列宁全集》第二十六卷，北京：人民出版社1984年版，第94页。

第三章 《资本论》
与19世纪下半期的俄国民粹派

俄国民粹主义是产生于19世纪四五十年代，持续至20世纪初期的社会政治思潮，经历了俄国革命民粹主义和俄国自由民粹主义两个发展阶段。正如以赛亚·柏林所说，俄国民粹主义"是19世纪中期俄国一股广泛的激进运动称呼"①。它从19世纪中期形成，其创始人是赫尔岑和车尔尼雪夫斯基，在60—70年代发展为社会运动，其代表人物是巴枯宁、拉甫罗夫、特卡乔夫等革命民粹派，再经80—90年代的低潮和演化，形成以米海洛夫斯基和沃龙佐夫为代表的自由民粹派，直到20世纪初期的再度活跃。这一持续半个多世纪的社会政治思潮和社会运动不仅推动着俄国的政治变革、革命运动和思想进步，而且见证着马克思主义在俄国的传播和接受。它在每一个阶段的代表人物不仅是马克思恩格斯的同时代人，也是列宁的同时代人，他们与马克思、恩格斯、列宁产生的思想分歧和文本对话极大地促进了马克思主义在俄国的传播。

第一节 《资本论》与俄国革命民粹派

俄国民粹主义作为一种影响广泛的政治思潮，其思想基础可以追溯到19世纪50年代，即赫尔岑的俄国村社社会主义和车尔尼雪夫斯基的俄国革命民主主义。列宁也说，"人们公认赫尔岑和车尔尼雪夫斯基是民粹主义的创始人"②，并把19世纪五六十年代以车尔尼雪夫斯基为代表的革命民主主义者称为"启蒙者"，把70年代的革命者称为"社会革命

---

① 以赛亚·柏林：《俄国思想家》，彭淮栋译，南京：译林出版社2011年第2版，第247页。

② 《列宁全集》第二十五卷，北京：人民出版社1980年版，第99页。

的民粹主义"，把80—90年代的民粹派称为"自由民粹主义"等。其中，19世纪70年代的革命民粹派与19世纪八九十年代的自由民粹派和《资本论》在俄国的传播历程密切相关，因此本书主要阐释这两个派别的代表人物、基本观点和政治活动。

一、俄国革命民粹派的三大派别

19世纪六七十年代，俄国革命民粹主义在俄国影响巨大，席卷了整个俄国。60年代，以各种革命小组为主要力量，特别是以"土地与自由社"为代表，70年代形成三个派别，即以巴枯宁为代表的暴动派、以拉甫罗夫为代表的宣传派和以特卡乔夫为代表的密谋派。70年代中期，俄国革命民粹派发起的"到民间去"运动将革命民粹主义推向高潮。

巴枯宁在第一国际时期曾与马克思恩格斯发生思想论战和政治斗争，但他也是俄国革命民粹主义和无政府主义的重要代表。1865年，巴枯宁在《国际革命协会的原则和组织》中提出了个人绝对自由、反对权威原则、消灭国家、取消继承权、废除常备军、自下而上地组织社会、实行联邦制等无政府主义的主张。1868年10月，巴枯宁与贝克尔等人在瑞士创立了新的组织，即国际社会主义民主同盟，并为同盟制定了纲领，即《国际社会主义民主同盟纲领和草案》，这是巴枯宁无政府主义思想的革命实践。巴枯宁领导的"同盟"与马克思领导的第一国际在1869年至1873年展开了激烈的斗争，成为国际工人运动最重要的事件，也对俄国革命者产生重要影响。1873年8月，巴枯宁在《国际制度与无政府状态》中充分阐述了无政府主义的理论原则和思想纲领，呼吁俄国青年"到民间去"，这一运动对当时的革命小组和俄国青年产生重大影响。巴枯宁从社会经济科学的批判出发提出无政府状态，他不相信科学，不相信可以通过知识教育人民，而是相信通过实践经验提高人民，他在某种意义上是崇尚人民的，与他的前辈赫尔岑一样，他相信俄罗斯农民就其天性而言是个社会主义者，他认为全部土地应该归人民所有，主张公社实行自治制度和自我管理。他认为，在俄国存在着社会革命的必要条件：一是俄国农民极端贫困，长期被奴役；二是俄国人民希望实现人民革命，因此人民不需要教育，不需要宣传，只要能把各地分散的力量联合起来就可以把各地零散的起义组织成全民的暴动，因此，他这一派力量被称之为"暴动派"。巴枯宁的思想纲领对当时俄国的革命小组和"到民间去"运动产生了重大影响。正如俄罗斯历史学家伊藤贝格所说:"巴枯宁主义在俄国条件下就被民粹主义视为激进的社会思潮,其矛头针对的就是沙皇专制制度、俄国国家官僚制度和人民的压迫者。"①

1868 至 1869 年,拉甫罗夫在《星期周报》上连载《历史信札》,1870 年出版单行本,1891 年出版第二版。《历史信札》一直被认为是拉甫罗夫最重要的著作,它提出并回答了俄国青年们最为关心的迫切问题,在当时俄国传播最广,影响最大,被俄国革命青年称为"圣经"。拉甫罗夫把人类社会分为"文明的少数人"和"受苦受难的大多数人"。"文明的少数人"具有灵活的思想和全面发展的体魄,拥有文化和知识,是那些"受苦受难的大多数人"用繁重的劳动和自己的苦难,甚至用生命换来的。因此,拉甫罗夫认为,"文明的少数"应该承担道义上的责任,应该为饱经苦难的多数人做力所能做的一切,也就是"偿还"为获得并享受文化教育和文明成果所"欠下的债",这就是"忏悔贵族"的由来,也就是在俄国贵族中产生的一种"忏悔"和觉醒。这种思想逐步扩展到俄国青年知识分子,促使青年知识分子产生为农民服务为农民工作的想法,成为 70 年代民粹主义者"到民间去"的最深层的思想动机。1870 年 2 月,拉甫罗夫在伦敦与马克思和恩格斯相识,一直与马克思恩格斯保持了良好的私人关系,曾为马克思写作《资本论》第三卷提供了大量关于俄国土地问题和农村公社的材料。1873 年,拉甫罗夫创办《前进》杂志,标志着拉甫罗夫派的正式形成。这个主张教育民众、通过宣传为未来革命做准备,因此被称为"宣传派"。《前进》杂志从 1873—1877 年总共出版 5 期,前两期在苏黎世,后三期在伦敦出版。拉甫罗夫在《前进》第 1 期上的文章主要有《前进!——我们的纲领》《知识与革命》,在《前进》第 2 期上的文章主要有《未来属于谁》《已经消失的革命力量》等,在《前进》第三期上主要有《致俄国社会革命青年》,在《前进》第 4 期上主要有《未来社会的国家要素》。1875—1876 年,拉甫罗夫创办《前进》报纸,一共出版 48 期。1875 年 7 月 1 日,《前进报》刊登了拉甫罗夫的诗歌《旧世界一定要彻底打垮》。这首诗歌由德国作曲家李勒谱曲,成为著名的革命歌曲《工人马赛曲》,激发几代俄国革命者参加斗争。拉甫罗夫在《前进!》杂志第 1 期上阐明了这一派别的原

---

① Б. С. Итенберг. Движение революционного народничества. М. 1965. с. 223–224.

则、目标和任务。在他看来，摆在首位的原则是俄国社会的改造不仅仅是以达到人民幸福为目的，而是通过人民来完成。革命活动的目标是"在人民革命已成为必然、历史事件的潮流和政府的行动已引起人民革命的时候，为人民革命的胜利作好准备"。实现这一目标的主要方法是"只有严格地加强个人的准备，才能造成在人民中进行有益活动的可能性。只有使人民相信自己，才能创造从事这种活动的必要条件。只有向人民讲清楚他们的需要，使人民准备好去进行独立的自觉的活动以达到他们所明确理解的目的，才能认为自己是当前争取俄国美好前途这一事业的真正有益的参加者。"①

彼·尼·特卡乔夫（П. Ткачев）在 19 世纪 60 年代走上革命道路，先后参加奥利舍夫斯基小组、卡拉科佐夫小组和涅恰耶夫小组，还曾担任《事业》杂志和《言论》杂志的撰稿人。特卡乔夫很早就知道马克思和恩格斯的著作，了解马克思的学说，赞同马克思 1859 年在《政治经济学批判》中提出的方法，并说明了这一方法的优点②。1873 年底，特卡乔夫在洛帕廷的帮助下从流放地大卢基逃到西欧，加入拉甫罗夫的《前进！》杂志。因与拉甫罗夫在革命观上存在分歧，特卡乔夫与拉甫罗夫在 1874 年 4 月至 5 月展开了公开论战，特卡乔夫向拉甫罗夫寄去小册子《俄国革命宣传的任务（致〈前进〉编辑部的一封信）》，5 月拉甫罗夫发表回应特卡乔夫的小册子《致俄国社会革命青年》。1874 年 10 月，恩格斯在《人民国家报》上发表文章批评拉甫罗夫在《前进》第二期中对国际工人协会的指责，同时批评特卡乔夫对《前进》编辑部的无礼要求。特卡乔夫立即做出回应，发表《致恩格斯先生的公开信》，开启了他与恩格斯的公开论战。与拉甫罗夫和恩格斯的论战，使特卡乔夫在国际工人运动中陷于孤立。1875 年，特卡乔夫与以图勒斯基（К. Турский）和雅尼茨（К. Яницкий）为首的俄国—波兰流亡者在苏黎世创办《警钟》杂志，9 月出版创刊号，到 1881 年停刊，共出版 20 期，从第 1 期到第 9 期的所有社论都由特卡乔夫所写。《警钟》成为俄国布朗基主义的讲坛，也成为俄国革命民粹派第三大派别的机关报。特卡乔夫在《警钟》

---

① 中央编译局编，《马列著作编译资料》第 10 辑，北京：人民出版社 1979 年版，第 200—202 页。
② 参阅马龙闪、刘建国著：《俄国民粹主义及其跨世纪影响》，南宁：广西师范大学出版社 2013 年版，第 138 页。

杂志第 1 期上阐述了这一派别的任务是"阐明革命在现在的必要性和可能性，清楚实现革命的实践方式，确定革命的最近目标"，"革命的最近的、直接的目标应当不是别的，而只能是夺取政权和把当前的保守的国家变成革命的国家"，那么由此得出，"真正的革命党应该用所有力量实现这个任务。通过国家密谋的方式最容易和最方便实现革命"①。他主张立即采取直接革命行动，号召人民立即起义，他担心继续等待将会丧失革命的时机，因为俄国资本主义的发展将使村社瓦解，从农民中产生富农阶级，出现农民贵族，形成金融和工商业资产阶级，因此就会失去通过村社向社会主义过渡的有利条件。

1876 年，"到民间去"运动失败后，民粹派建立了新的组织，最初称为"北方革命民粹主义小组"，并制定了第一个简短的纲领。在纲领中简要表达了组织的要求：（1）将全部土地转交到农村劳动阶层手中，并进行平均分配；（2）根据地方的愿望将俄罗斯帝国分为几个部分；（3）将全部社会职能转交到村社手中，即实行村社的完全自治。② 纲领明确指出，只有通过暴力变革才能实现组织的要求。1878 年，为了纪念 60 年代的"土地与自由社"，"北方革命民粹主义小组"改称为"土地与自由社"。与以前的民粹主义组织相比，这是一个更加广泛、更加严格的革命组织。1878 年，"土地与自由社"制定了第二个纲领。在纲领中宣布组织的"最终的政治和经济理想是无政府主义和集体主体"。与第一个纲领相比，这个纲领更加详细地阐述组织的要求，并且在三个要求的基础上增加了一个新的要求："俄国人民在宗教方面是宽容异教的，而且可以说是向往信教自由的；因此我们应该争取最充分的信仰自由"③。"土地与自由社"决定把"土地和自由"这个公式作为组织的旗帜，认识到资本主义的日益发展和村社面临毁灭的危险，认为"这个公式只有通过暴力变革并且尽可能迅速的变革才能付诸实现"。纲领阐述了组织的总任务："（1）帮助人民中的不满分子组织起来，使他们同现有的人民革命组织联合在一起，依靠鼓动来加强这种不满。（2）削弱、动摇，

---

① Ткачев Петр Никитич сочинения в 2-х томах, ред Б. М. Шахматов, Т. 2. с. 92, с. 95, с. 98.
② 参阅《俄国民粹派文选》，北京：人民出版社 1984 年版，第 439—440 页。
③ 《俄国民粹派文选》，北京：人民出版社 1984 年版，第 444 页。

也就是破坏国家的力量。"① 在总任务的基础上，纲领还详细阐述了具体任务，把具体任务分为组织工作部分和破坏工作部分。前者主要是把知识分子、工人和革命者严密地组织起来，同敌视政府的带有宗教性质的教派联合起来，把各地流民式的匪徒吸引过来，同各个工人中心交往和建立联系，同自由派建立联系，通过机关刊物和传单宣传组织的思想等。后者主要是在军官中建立联系和成立组织，吸引政府公职人员，消灭政府中的首恶分子等。正如苏联历史学家安东诺夫所说，从这个纲领可以看出，"土地与自由社"基本表达了巴枯宁的纲领性要求和斗争策略。②

1879年6月，"土地与自由社"在沃罗涅夫召开代表大会。以安德烈·热里亚鲍夫为代表的成员坚持恐怖的方式进行政治斗争，以普列汉诺夫为代表的农村派坚持继续在农村进行宣传。8月在圣彼得堡再次召开代表大会，双方的立场无法妥协，一致同意将"土地与自由社"一分为二，组成以热里亚鲍夫为代表的"民意党"和以普列汉诺夫为代表的"黑土平分社"。五个月后，普列汉诺夫离开了俄国，流亡国外，"黑土平分社"的活动基本停止。民意党成为俄国国内重要的革命力量和组织，1881年3月刺死了沙皇亚历山大二世。民意党对沙皇的刺杀不仅没有得到民众的支持和赞扬，而且是社会舆论的一致谴责，还激起了新沙皇亚历山大三世的更加残酷的镇压，民意党的组织也遭到极大的削弱，党的主要活动家先后被捕和处死。在极端困难的条件下，民意党仍继续斗争，它所进行的最后一个行动就是1887年3月试图刺杀亚历山大三世，但以失败告终。列宁的兄长亚历山大·乌里扬诺夫参加了此次刺杀行动，因此被抓获并被判处了绞刑。沙皇政府彻底摧毁了民意党的组织及其一切活动。俄国革命民粹主义运动至此结束。

俄国革命民粹主义的基本思想原则是崇尚人民、信仰人民，把农村公社理想化，试图通过村社直接过渡到社会主义。三个派别的主要分歧是在革命的时机、方式和策略上。在革命的时机上，拉甫罗夫认为，俄国人民起义的时机还不成熟，革命者的当务之急是到农村去宣传，使农民做好起义的准备。特卡乔夫主张现在应当立即进行革命，毫不拖延地

---

① 《俄国民粹派文选》，北京：人民出版社1984年版，第445页。

② В. Ф. Антонов. *Революционное народничество*, издательство "просвещение". Москва, 1965. с. 203.

实行变革，因为俄国国内资本主义的发展将会推迟或者延缓革命。巴枯宁要求破坏一切形式的国家结构，提出在未来建立自治的村社的联邦，特卡乔夫认为革命胜利后不应该取消国家。巴枯宁与拉甫罗夫都主张到人民中间去，但是拉甫罗夫主张以教师的身份去做宣传和教育工作，巴枯宁认为应当与人民同甘共苦，成为人民的一员，发动最积极的农民，把分散的农民组织起来，进行一场俄国的人民革命。

二、《资本论》与俄国革命民粹派

《资本论》第一卷第 1 版出版后，马克思立即将书送给了两个俄国人：一个是米·亚·巴枯宁①，一个是亚·亚·谢尔诺—索罗维耶维奇②，他们不仅是最早收到《资本论》的俄国人，而且是俄国革命民粹派的代表。

米·亚·巴枯宁与马克思在 19 世纪 40 年代相识，他们同时为卢格创办的杂志《德法年鉴》撰稿。1844 至 1845 年，在马克思与恩格斯的通信中多次提到巴枯宁，如 1844 年 10 月初恩格斯致马克思的信，1845 年 1 月 20 日恩格斯致马克思的信，1847 年 5 月 15 日马克思致恩格斯的信，1847 年 10 月 26 日马克思致海尔维格的信③，这些只限于简单的问候以及寻找共同朋友的地址等。1848 年马克思与巴枯宁第一次见面。19 世纪 50 年代，在马克思与恩格斯的通信中不仅提到巴枯宁的观点，而且提到了与巴枯宁的私人关系。1852 年 3 月 18 日，恩格斯在致马克思的信中表达了学习俄语的过程，他用了两个星期的时间学完了俄语语法，将再用两三个月的时间丰富必要的词汇，一是这种学习引起他对语言学的兴趣，二是了解不久与之发生冲突的"民族的语言、历史、文学以及社会制度的特点"④。1853 年 9 月马克思在致恩格斯的两封信中反对对巴枯宁的诽谤，为巴枯宁辩护，批评一些人利用巴枯宁诽谤《新莱茵报》。

---

① 米·亚·巴枯宁（М. А. Бакунин）：俄国无政府主义和民粹主义创始人和理论家，曾参加德国 1848—1849 年革命，1861 年从流放地逃往西欧，成立社会主义民主同盟，与马克思在第一国际进行公开斗争，后被开除第一国际。

② 参阅叶玉珍：《〈资本论〉在俄国的翻译和出版》，载《图书馆杂志》，1983 年第 2 期，第 40 页。

③ 《马克思恩格斯全集》第二十七卷，北京：人民出版社 1974 年版，第 8 页，第 19 页，第 95 页，第 496 页。

④ 《马克思恩格斯全集》第二十八卷上册，北京：人民出版社 1974 年版，第 37 页。

马克思还描述了他与巴枯宁的关系：1848年8月底马克思在柏林与巴枯宁见面，恢复了他们之间过去的友谊。1849年2月，马克思在《莱茵报》上的社论中称"巴枯宁是我们的朋友"，在《纽约论坛报》上对巴枯宁参加工人运动给予了高度的赞扬。①60年代，随着巴枯宁在1861年从流放地逃回欧洲，他与马克思的关系有了更进一步的发展。1861年11月27日恩格斯在致马克思的信中写道："巴枯宁的逃跑使我非常高兴。这个不幸的人想必受尽了苦难。这样倒是作了一次环球旅行。"②1864年10月，巴枯宁与马克思在伦敦重新见面。马克思建议巴枯宁代表第一国际去意大利开展工作。1864年11月4日，马克思在致恩格斯的信中特别赞扬巴枯宁："巴枯宁向你致意。……我于十六年之后，昨天第一次见到他。应当说，我很喜欢他，而且比过去更喜欢。……总之，他是十六年来我所见到的少数几个没有退步、反而有所进步的人当中的一个。"③1865年2月，巴枯宁给马克思回信，详细描述了意大利的情况，指责意大利人优柔寡断，意大利政党缺少经费，基本陷于停滞状态，大多数人士气低落，漠不关心。1867年10月7日，约·菲·贝克尔在给马克思的回信中说："最近我收到了我们朋友的书——对我来说这是圣物，对世界来说这是珍宝。"④ 马克思也是通过约·菲·贝克尔将《资本论》第一卷寄给谢尔诺—索洛维耶维奇。

亚·亚·谢尔诺—索洛维耶维奇⑤是俄国革命家，1838年出生于圣彼得堡，1862年他支持俄国左翼革命流亡者，领导"土地与自由社"的瑞士青年流亡者小组。1867年加入第一国际日内瓦分部，开始与马克思通信。1868年11月，亚·亚·谢尔诺—索罗维耶维奇在致马克思的信中描述了日内瓦的形势：在第一国际的推动下，工人运动的规模越来越大，斗争越来越尖锐。他称赞马克思恩格斯领导的第一国际消除了帮派思想，并使工人阶级认识到他们生活贫困的原因。他特别强调了国际的作用，

---

① 《马克思恩格斯全集》第二十八卷上册，北京：人民出版社1974年版。第283—284页。
② 《马克思恩格斯全集》第三十卷上册，北京：人民出版社1974年版，第205页。
③ 《马克思恩格斯全集》第三十一卷上册，北京：人民出版社1974年版，第17—18页。
④ 〔德〕罗尔夫·黑克尔：《资本论》第一卷的诞生及其不同版本，朱毅译，载《国外理论动态》2011年第10期。
⑤ 亚·亚·谢尔诺—索罗维耶维奇（Серно-Соловьевич, Александр Александрович, 1838—1869）：1838年出生在圣彼得堡，1861年加入土地与自由社，1862年由于"三十二人诉讼"（процесс тридцати двух）被驱逐出境。1867年参加出版车尔尼雪夫斯基著作集第1卷的工作，1869年由于不治之症以自杀的方式结束生命。

认为运动之所以激烈是由于国际的存在，也看到了国际目前缺少明确思想指导的现状："国际跟全国一样，十分缺少理智力量；……缺乏明确的思想就能导致运动失败。"① 亚·亚·谢尔诺—索洛维耶维奇准备在英国创办一份工人报纸，他请求马克思给他们撰稿，每周写几篇关于理论问题的短文，给他们介绍致力于同一目标的英美报纸以及寄一份近年来出版关于罢工、工联主义等问题的英国小册子和著作目录。他在信的末尾特别感谢马克思给他寄来《资本论》："去年12月间我从贝克尔先生处收到了您的《资本论》一书……"②

之后，巴枯宁还参与了《资本论》第一卷第1版俄文版的翻译工作。1869年秋，在尼·尼·柳巴文的提议下，丹尼尔逊等卢布协会的成员决定将翻译《资本论》的任务交给巴枯宁。巴枯宁接受了这项工作，并要求预付300卢布，但是巴枯宁拖延交稿，从10月到12月只交了大约两个印张的译稿。1870年3月，柳巴文收到了谢·格·涅恰耶夫③的信，信中以委员会的名义要求柳巴文不许向巴枯宁索要译稿，而且不许因巴枯宁收了预付款而找他麻烦④，因为涅恰耶夫希望巴枯宁放下翻译工作以便专门研究俄国问题。虽然这封信不是巴枯宁写的，但是柳巴文认为巴枯宁应该对此负责，因此他写了一封责备巴枯宁的信。之后，巴枯宁拒绝继续翻译。柳巴文在1872年8月寄给马克思的信中详细阐述了这件事。"当时我曾写信给接受翻译任务的巴枯宁先生，而他就是一直不回信，于是我认为，我和他之间的个人账也就结束了"⑤。

俄国革命民粹派的代表拉甫罗夫虽然没有直接参与《资本论》的翻译和出版，但是对《资本论》在俄国的传播十分关注。1875年2月，马克思给拉甫罗夫寄去《资本论》第一卷德文版第2版和法文版的前六册，并说明了补充："法文版中最重要的修订，是在尚未出版的各部分里面，

---

① 《马克思恩格斯与俄国政治活动家通信集》，北京：人民出版社1987年版，第36—37页。
② 《马克思恩格斯与俄国政治活动家通信集》，北京：人民出版社1987年版，第44页。
③ 谢·格·涅恰耶夫（1847—1882）：19世纪60年代在俄国建立涅恰耶夫小组，是现代恐怖主义之"鼻祖"，是著名的小册子《革命者教义问答》的作者。
④ 参阅巴兰诺夫1872年6月致马克思的信，《马克思恩格斯与俄国政治活动家通信集》，北京：人民出版社1987年版，第144页。
⑤ 《马克思恩格斯与俄国政治活动家通信集》，北京：人民出版社1987年版，第159页。

即在关于积累的几章里。"① 1878 年 8 月，拉甫罗夫在与恩格斯的通信中谈到了恩格斯的新著《反杜林论》以及俄国思想界围绕马克思的《资本论》第一卷而进行的激烈论战。正如拉甫罗夫所说，"我看任何地方评论马克思著作的文章都没有这么多"②。关于社会主义的研究，拉甫罗夫也吸收了马克思恩格斯的思想。1875 年 9 月 15 日，拉甫罗夫在《前进!》报纸第 17 号上发表《社会主义与为生存而斗争》一文，并将这一期报纸寄给恩格斯，请恩格斯提出修改意见。1875 年 11 月 12—17 日，恩格斯在致拉甫罗夫的信中详尽地阐述了自己的观点。拉甫罗夫在 1875 年 1 月 22 日的回信中不赞同恩格斯对整个达尔文主义的看法，也不接受恩格斯对他的社会主义宣传方法的否定，但是赞同恩格斯关于人类劳动和生存斗争的观点，并且将根据恩格斯的意见修改第二版。

拉甫罗夫除了在《前进!》杂志和报纸上宣传国际工人运动之外，他还在晚年时组织翻译和出版马克思主义的相关著作。1880 年春天，他与普列汉诺夫、莫洛佐夫等人一起开始出版《社会革命丛书》。该丛书的第一册是拉甫罗夫为献给巴黎公社而写的小册子《1871 年 3 月 18 日》（《巴黎公社》），第二册是塔尔古诺夫翻译谢莱夫的《社会主义精粹》，并由拉甫罗夫加上注释，以《社会主义的实质》为书名 1881 年在日内瓦出版。第三册是在拉甫罗夫的支持下由普列汉诺夫翻译的《共产党宣言》，此外还翻译出版了马克思的《雇佣劳动和资本》、拉萨尔的《劳动者纲领》。1882 年 1 月，拉甫罗夫在给马克思的信中介绍了他们正在出版的《俄国社会革命丛书》，并把这套丛书的前两册寄给了马克思，同时请马克思恩格斯为《共产党宣言》1882 年的俄译本写一篇序言，这篇序言成为马克思恩格斯论述俄国问题的重要文献。此外，拉甫罗夫还向马克思引荐了普列汉诺夫，并称普列汉诺夫是马克思"最勤勉的学生之一"。1883 年 3 月 14 日马克思逝世，拉甫罗夫在 3 月 15 日代表俄国社会主义者写了一篇纪念马克思的挽词，在 3 月 17 日致马克思的女儿爱琳娜·马克思，一方面表达了万分悲痛的心情，另一方面极其耐心地劝说爱琳娜节哀。1883 年 3 月 17 日，沙·龙格在海格特公墓举行的马克思的葬礼上宣读了拉甫罗夫写的挽词《俄国社会主义者给卡尔·马克思的挽词》。

---

① 《马克思恩格斯与俄国政治活动家通信集》，北京：人民出版社 1987 年版，第 232 页。
② 《马克思恩格斯和俄国政治活动家通信集》，北京：人民出版社 1987 年版，第 279 页。

俄国革命民粹派的第三个代表彼·尼·特卡乔夫在19世纪60年代末就积极了解《资本论》，不仅尝试翻译《资本论》的部分章节，而且多次在文章中援引《资本论》的观点。正如俄罗斯历史学家瓦·亚·特瓦多夫斯基卡娅（В. А. Твардовская）和鲍·萨·伊藤贝格（Б. С. Итенберг）所说，"特卡乔夫积极了解《资本论》第1卷：他在《事业》杂志连载五期的《俄国统计学概要》①中援引马克思1867年在汉堡出版的著作。他翻译《资本论》第2部分的手稿保留了下来。"② 1869年，特卡乔夫在《事业》杂志第2期发表的《妇女问题》一文中再次援引《资本论》的观点，"正如马克思所言，所有政治、道德和知识世界的现象归根结底是经济世界的现象和社会经济结构的现象。"③ 1869年，特卡乔夫翻译和出版埃·别赫尔的《工人问题》一书，他在序言和注释中强调了马克思主义关于阶级斗争和无产阶级的作用的一系列理论。特卡乔夫第一个将国际工人协会的章程译成俄文，并且第一个将译文刊载在这本书的附录中。

特卡乔夫在分析社会状况时把经济原则作为理解社会的钥匙，坚定地拥护"经济方法"，"在文学、哲学和社会学的文章和评论中阐释马克思的学说"，坚定地认为它应当成为俄国知识分子的"财富"，甚至有些高估马克思主义在那个时代的影响。④正如俄罗斯历史学家特瓦尔多夫斯基和伊藤贝格所说，"他从19世纪六十年代中期起就是最早通过俄国进步期刊了解马克思的思想的人之一。他是最早把经济因素作为法律、政治和社会关系的基础的人之一。他几乎最早在合法报刊上向平民知识分子阐述了这个观点，'伟大的德国流亡者马克思'发现了这些社会规律，他的思想'是所有品德端正的善于独立思考的人的共同财富'。"⑤

---

① *Государственный архив Российской федерации.* Ф. 95, Оп. 2. Д. 82. Вещественные доказательства.

② В. А. Твардовская, Б. С. Итенберг. *Энгельс и Ткачев: спор и согласие. Русские и Карл Маркс: выбор или судьба.* ИЗД. 2-е, —М.: Едиториал УРСС. 2010. С. 105.

③ Ткачев. П. Н. *По поводу книги А. Дауля «Женский труд» и статьи моей «Женский вопрос»*//Дело. 1869. No. 2. : Ткачев. П. Н. *Кладези мудрости российских философов.* М., 1990. С. 397.

④ В. А. Твардовская, Б. С. Итенберг. *Энгельс и Ткачев: спор и согласие. Русские и Карл Маркс: выбор или судьба.* ИЗД. 2-е, —М.: Едиториал УРСС. 2010. С. 105.

⑤ В. А. Твардовская, Б. С. Итенберг. *Энгельс и Ткачев: спор и согласие. Русские и Карл Маркс: выбор или судьба.* ИЗД. 2-е, —М.: Едиториал УРСС. 2010. С. 105.

第二节 《资本论》与俄国自由民粹派

如前所述,"到民间去"运动的失败,使一些人成立新的组织,主张争取政治自由,把政治斗争提到首位,也就是形成以政治恐怖为主的民意党。另一些人则从"到民间去"运动的失败中看到农民的落后、迷信和对政治的疏离,主张在合法的条件下对人民进行启蒙教育,促进了自由民粹派的形成。尤其是80年代民意党的失败,再加上俄国农民不愿意采取革命行动,更属意的是改革,而不是剧烈的革命震荡,一些民主主义的知识分子也抱有这样的想法,使自由民粹主义更快地发展起来。

一、俄国自由民粹主义的代表人物

俄国自由民粹主义主要分为三种倾向:一是以 П. П. 切尔温斯基、И. И. 卡布利茨、Я. В. 阿勃拉莫夫等人为代表的文化主义,二是以 Н. Ф. 丹尼尔逊、В. В. 沃龙佐夫为代表对俄国资本主义前途的研究,三是以米海洛夫斯基为代表的主观社会学方法以及对个性的提倡。

19世纪70年代中期,Д. Л. 莫尔多夫采夫、П. П. 切尔温斯基等文学家聚集在《星期周报》周围,成为早期自由民粹派的代表。他们提出从事有积极道德意义的文化主义活动,认为农民及其村社正在遭受外来个人主义的有害侵蚀,呼吁知识分子必须立即干预农村事务,防止有害趋势在农村的进一步发展。Д. Л. 莫尔多夫采夫以1869年在《星期周报》上发表的长篇小说《时代的旗帜》而闻名,П. П. 切尔温斯基从1875年以来在《星期周报》上发表了一系列的文章,主要有《我们的文学为什么缺乏生命力》(《星期周报》1975年第44期)、《代表自己还是代表农村》(《星期周报》1876年第2期)等。切尔温斯基的思想最能反映70年代自由民粹主义的发展演变,代表一部分激进青年从主张暴力推翻现存制度转向倡导用渐进方法改革社会经济制度的立场。在俄国发展道路上,切尔温斯基对资本主义的恐惧和仇视等都是传统的或者经典的民粹主义观点,但是他过分颂扬俄国民族的独特性,把西欧的发展同俄国的特征对立起来。切尔温斯基思想中最突出的一点是对知识分子与人民相互关系的解释。以前的民粹派通常把知识分子看作进步和道德原则的载体,看作社会先进意识的体现,而切尔温斯基认为普通人所具有的道德和本能比知识分子更加健康，更加纯洁。70年代末至80年代上半期，以《星期周报》为代表的自由民粹派在《思想》《基础》《俄国财富》等刊物上进一步宣传文化主义的纲领，И. И. 卡布利茨成为这一时期的主要代表。И. И. 卡布利茨在《俄国社会生活中的知识分子与人民》等文章中强调民族特性和民族差别，但是倾向于用道德感情因素来解释社会的进步和演进。他认为人们在行动中是以理性和道德动机作指导的，理性观点是从事脑力劳动的人所特有的，而人民是以感情的道德观点为行动依据的，把知识分子的"理智"与人民的"感性"相对立。他对知识分子概念的界定与以前的民粹派不同，他不再以是否具有牺牲精神、奉献精神和英雄主义作为俄国知识分子的道德特征，而是用纯粹的职业特征取而代之，即"任何不是靠体力劳动为生计的人，都可以把自己列入知识分子的行列"。卡布利茨对知识分子持批评的态度，认为知识分子实质上是靠人民养活的"寄生虫"，指责他们不仅不了解人民，而且忘记俄国人民的民族特性。继卡布利茨的文化主义方针之后，在80年代中期至90年代中期的自由民粹主义中流行起另一种文化主义的表现形态，即Я. В. 阿勃拉莫夫倡导的"小事情理论"。1885年，阿勃拉莫夫代替卡布利茨成为《星期周报》的主要评论家，主要文章有《土地的吸引力》（《星期周报》1891年第16期）、《我们的资本主义》（《星期周报》1886年第47期）、《值得在农村工作吗?》（《星期周报》1885年第41期）、《对土地的眷恋》（《星期周报》1891年第16期）等。他与卡布里茨在思想观点上有一定的共同之处，他们都反对米海洛夫斯基的进步理论，但是与卡布利茨不同的地方在于，阿勃拉莫夫认为个人进步不是社会进步的先决条件，个人即使处在进步的社会中，也不一定就能取得进步。关于资本主义在俄国发展的问题，阿勃拉莫夫与持怀疑态度的民粹派不同，他认为俄国资本主义还不够发展，还需要继续成长和发展，俄国资本家正在利用政府的人为支持，损害小生产者的利益，但是俄国企业家还无法与西方企业家相竞争。在知识分子在社会进步中的作用的问题上，阿勃拉莫夫强调，真正的知识分子应当关心人民的福祉，不怕同人民融为一体，也不怕农民化。当代俄罗斯学者 В. В. 兹韦列夫认为，"阿勃拉莫夫并没有超越一般民粹主义的为人民服务的思想"[①]。中国社会科学院

---

① В. В. Зверев. *Реформаторское народничество и проблема молернизацц России*. М. 1997. C. 278.

历史学教授马龙闪指出阿勃拉莫夫的重要思想之一就是"号召知识分子抛开大城市,到农村住下来,并安家落户","这一号召实质上是一次新的非政治性的'到民间去'的召唤"①。这一文化工作琐碎、具体,既不能带来名誉地位、金钱富贵,也不能带来英雄的光环,这些很不起眼儿的、很乏味的工作,虽然是偌大国家里的"小事儿",然而这些小事儿却可以构成千百万人的生命。这就是著名的"小事情理论"。阿勃拉莫夫认为,实现"小事情"理论的中心问题是改善农民的经济状况,具体包括消除农民缺地问题,帮助农民销售农产品,提高农民的文化水平,培植副业,发展手工业,其中农村医疗卫生和启蒙教育是他最关注的重要问题。阿勃拉莫夫的"小事情理论"虽然充满着为人民服务的思想,但是缺乏政治要求,用文化主义取代政治,在沙皇专制统治的条件下,实际上失去了政治方向,但是这些工作为知识分子接近民众打下了牢靠的基础。

19世纪80年代至90年代,以俄国经济学家尼·弗·丹尼尔逊、В. П. 沃龙佐夫的自由民粹派提出"资本主义在俄国不可能论",提出资本主义在俄国纯粹是一种"偶然的"现象,在国民经济中没有根基。他们否认农民经济中的阶级分化,声称手工业与工厂是对立的。他们把资本主义发展的许多事实解释为政府恶意政策的结果,断言俄国没有国外市场,资本主义必遭灭亡。他们把希望寄托在所谓社会主义的胚胎和基础的农民村社上面,期望通过农民村社达到"社会主义"。他们在哲学上是主观唯心主义者,不懂得人类社会发展的客观规律,否认劳动人民在历史上的作用。他们认为主要的革命力量不是工人阶级,而是由知识分子领导的农民。丹尼尔逊在与马克思恩格斯的通信中多次探讨俄国自1861年改革以来的社会经济状况,并在马克思的鼓励下发表第一篇关于俄国经济发展状况的文章《我国改革后的社会经济概况》②(《言论》③杂志1880年第10期),这篇文章在当时的俄国引起积极的反响。1882年,瓦·沃龙佐夫出版《俄国资本主义的命运》,俄国资本主义问题成为19世纪80年代俄国的中心问题。1893年,丹尼尔逊在这篇文章的基

---

① 马龙闪:《俄国民粹主义及其跨世纪影响》,南宁:广西师范大学出版社2013年版,第207页。

② Даниельсон. Н. Ф. (Николай-он). *Очерки нашего пореформенного общественного хозяйства.* Слово. 1880. No. 10. С. 77 – 142.

③ 《言论》杂志(《Слово》)是俄国自由派刊物,1878年在彼得堡创刊,1881年停刊。

础上出版专著《我国改革后的社会经济概况》。以丹尼尔逊和沃龙佐夫为代表的俄国自由民粹派对农村公社和资本主义前途的看法，引起了俄国其他派别知识分子的反对。丹尼尔逊的著作还有《我国改革后的社会经济论文集》（1906年圣彼得堡版）、《哲学和社会学论文集》（1907年圣彼得堡版），沃龙佐夫的著作还有《我们的方针》（1892年圣彼得堡）、《从70年代到1900年》（1907年圣彼得堡）。

尼·康·米海洛夫斯基[①]是俄国重要的思想家、社会学家，在19世纪下半期至20世纪初期的俄国思想史中处于极其重要的位置。尼·康·米海洛夫斯基从60年代末就先后在《祖国纪事》[②]《北方通报》《俄国财富》[③]等多家刊物担任编辑或主编，其中《祖国纪事》和《俄国财富》是他研究《资本论》的重要阵地。他的创作活动，代表了俄国近代思想史上一个创造性的时期，"在19世纪后30多年中，米海洛夫斯基是俄国资产阶级民主派观点最出色的代表人物和代言人之一"[④]。与赫尔岑、车尔尼雪夫斯基和其他民粹主义思想家一样，米海洛夫斯基也推崇村社传统、把村社理想化，期望通过村社道路走向社会主义。米海洛夫斯基与自由民粹派在一些观点上也颇为接近，他们都坚定地认为俄国要走独特的、以农村公社为支点的社会主义发展道路，他们都反对恐怖斗争的方式，主张完全合法地进行斗争。但是与其他民粹主义思想家不同之处在于，米海洛夫斯基反对轻视知识分子的作用，反对把俄国农民理想化，认为俄国农民并不总是懂得自己的利益，这些利益往往与他们根深蒂固的传统和习惯相矛盾，他还反对把俄国农村与西方城市对立起来，强调在考虑俄国的现实条件下利用西方理论作为武器。中国社会科学院历史学教授马龙闪认为米海洛夫斯基的主要功绩在于，"他理解披萨列夫宣传个人功利主义、个人主义和'思维现实主义'的危险性，了解这种宣传的逻辑发展会导致对社会利益的漠视。而他恰恰是把为社会服务、

---

① 尼·康·米海洛夫斯基（Н. К. Михайловский, 1842—1904）：俄国政论家、社会学家和文学批评家，民粹主义理论家。

② 《祖国纪事》（Отечественные записки）：俄国文学和社会政治月刊，1838—1884年在彼得堡出版。

③ 《俄国财富》（«Русское богатство»）：是俄国科学、文学和政治刊物。1876年创办于莫斯科，同年年中迁至彼得堡。1879年以后为月刊，并成为自由民粹主义的刊物。1892年以后由尼·康·米海洛夫斯基和柯罗连科（В. Г. Короленко）领导。1906年成为人民社会党的机关刊物。1914年至1917年3月以《俄国纪事》为刊名出版。1918年被查封。

④ 《列宁全集》第二十四卷，北京：人民出版社2017年版，第363页。

为全体人民谋幸福而自我牺牲的理想，重新提到了首要地位"①。正如俄罗斯学者 Б. П. 巴卢耶夫（Б. П. Балуев）认为米海洛夫斯基"是站在革命民粹派与自由民粹派之间的中间立场"②。当代俄罗斯学者 В. В. 兹韦列夫用两个词来说明米海洛夫斯基的思想特征，即"继承和发展"，他一方面继承和坚守先前民粹主义的思想纲领，另一方面转而研究科学、教育在人类文明进步过程中所起的作用。

二、俄国自由民粹派与《资本论》的传播

在《资本论》的传播和解读方面，俄国自由民粹派的贡献要远远多于革命民粹派。其一，从翻译《资本论》第一卷来看，俄国革命民粹派主要集中在19世纪六七十年代，这个时候《资本论》第一卷还处于翻译阶段，革命民粹派的代表巴枯宁曾试图翻译《资本论》，但中途放弃，70年代虽然自由民粹派还未形成，但是丹尼尔逊、柳巴文等比较温和的民粹派代表已经开始组织翻译和出版《资本论》第一卷。其二，从研究《资本论》来看，俄国革命民粹派的活动在19世纪80年代基本停止，而自由民粹派在此时基本形成，他们一方面翻译和出版《资本论》第二卷和第三卷，一方面纷纷就俄国资本主义问题著文立说，发表看法，推动了俄国知识分子对俄国资本主义问题的认识。其三，从俄国知识分子的资本主义观来看，俄国自由民粹派、合法马克思主义、革命的马克思主义形成了三种资本主义观，他们在19世纪八九十年代的大论战促使俄国马克思主义者形成马克思主义的资本主义观。在俄国自由民粹派与《资本论》的思想关系中，最主要是丹尼尔逊和米海洛夫斯基对《资本论》的研究。

丹尼尔逊在《我国改革后的社会经济概况》一书中多次提到《资本论》，运用《资本论》分析资本主义的生产组织和产品分配，"在资本主义这样一种复杂的社会经济的生产组织中，整个社会的劳动力在生产所需数量的极其多种多样的产品方面的分配是怎样进行的呢，马克思在他的《资本论》中是这样阐明的，他说，'既然经济学家喜欢鲁滨逊的故事，那么就来看看他在孤岛上做些什么吧'。"③ 不管他的需要如何简单，

---

① 马龙闪：《俄国民粹派及其跨世纪的影响》，南宁：广西师范大学出版社2013年版，第180页。
② В. П. Балуев *Либеральное народничество на рубеже XIX – XX веке.* М. Наука. 1995. с. 258.
③《马克思恩格斯全集》第二十三卷，北京：人民出版社1974年版，第93页。

他都要从事各种有用的劳动，并记载着生产这些物品所必需的时间以及制造一定量的物品平均耗费的劳动时间。丹尼尔逊援引了《资本论》中对前资本主义和资本主义社会的区别：在中世纪的欧洲人身依附构成社会的基础，劳动及其产品不用采取与它们的实际存在不同的虚幻形式，而是作为个人服役和实物缴纳进入社会交易之中，但是建立在商品生产基础上的社会，劳动采取一般的抽象形式。"不管我们怎样判断这个社会里的人民的各个阶级所扮演的角色，各个个人在劳动中的社会关系在任何情况下都是他们本身相互之间的关系，而没有披上劳动产品之间的社会关系的外衣。"① 丹尼尔逊在分析印度公社时也多次援引《资本论》的观点，"它们是建立在土地共有、农业和手工业直接结合和固定分工之上的，这种分工在新的公社产生时成为现成的样板和基础"②。

米海洛夫斯基在 70 年代就开始关注《资本论》，他对《资本论》研究可以分为三个时期：第一个时期是 1870 年至 1872 年关于《资本论》的早期评论，第二个时期是 1877 年对《资本论》的辩护和解读，第三个时期是 1894 年在《俄国财富》杂志对唯物主义历史观的批判。

1870 年，米海洛夫斯基在《祖国纪事》第 1 期上发表了《达尔文理论和社会科学》③ 一文，在这篇文章中首次提到马克思的《资本论》。"可以断言，劳动分工的真正意义几乎只有也只有各种色调的社会主义者才明白，只有他们在一望无际的沙漠中提出一些难能可贵的意见。我们想援引这些难能可贵的意见，特别是马克思的一些极为准确和极为正确的观点（《资本论：政治经济学批判》，汉堡，1867）。"④米海洛夫斯基赞同马克思对资本主义社会劳动分工的批判，大量地援引马克思关于资本主义社会劳动分工的思想以及马克思在《资本论》中的观点："劳动分工是对活生生的人的割裂，也就是对人的极刑"，他坚信资本主义社会中人的精神和体能的下降以及人的堕落都与劳动分工相关，把这一过程理解为反自然的和反人类的思想，特别肯定了马克思对劳动分工的贡献："马克思不具有生命科学的专门知识，但是他对劳动的生理分工的意义的

---

① 《马克思恩格斯全集》第二十三卷，北京：人民出版社 1974 年版，第 94 页。
② 《马克思恩格斯全集》第二十三卷，北京：人民出版社 1974 年版，第 395 页。
③ Н. К. Михайловский, *Теория Дарвина и общественная наука*, Отечественные записки, 1870. No. 1. C. 57 – 98.
④ Н. К. Михайловский, *Теория Дарвина и общественная наука*, Отечественные записки, 1870. No. 1. C. 76.

理解比任何一个生物学家都要深刻"①。米海洛夫斯基总结了达尔文主义的三个观点：（1）生存斗争毫无疑问是自然权利的基础；（2）由于生存斗争的规律，斗争在社会中不具有任何位置；（3）没有生存斗争可能仅仅达到简单的合作，因为不能消除复杂的合作和劳动分工，只能改变生存斗争的形式。因此，米海洛夫斯基把马克思在劳动分工上的贡献等同于达尔文在生物学上的功绩，"在这里非常高兴地再次援引马克思的著作，这位作家在劳动分工上的观点与那位伟大的生物学家可以相提并论"②，但是劳动的生理分工与经济分工是不一致的，就如同社会过程的区分与物种的区分是不同的。当代俄罗斯历史学家特瓦尔多夫斯基和伊藤贝格注意到了米海洛夫斯基的这一观点，"他在这篇文章中大量地援引马克思关于资本主义社会劳动分工的思想，同时表达了他把这一过程理解为反自然的和反人类的思想"③。

1872年3月，《资本论》第一个外文译本即俄译本出版后，米海洛夫斯基立即在《祖国纪事》杂志1872年第4期上发表《论卡尔·马克思一书俄文版》④一文，专门报道了《资本论》俄译本的出版："近日来俄文翻译书籍取得了极有价值的成就。有一本卡尔·马克思的著作（《资本论：政治经济学批判》第1卷第1册《资本的生产过程》1872年圣彼得堡，波利亚科夫）出版了。我们很少如此满意地读到一本新出的书。"⑤外文书籍俄译本在当时俄国的出版情况不仅不能令人满意，而且在挑选翻译的著作方面做得非常糟糕，有的著作仅仅具有纯历史性的意义，但对于大多数人而言不是需要，而是奢侈。"马克思的著作完全不是这样。它出版得正是时候。尽管这次只不过是一则出版消息，然而我们还是想要谈几句，为什么它出版得正是时候。"⑥米海洛夫斯基非常高兴

---

① Н. К. Михайловский, *Теория Дарвина и общесвенная наука*, Отечественные записки, 1870. No. 1. C. 80.

② Н. К. Михайловский, *Теория Дарвина и общесвенная наука*, Отечественные записки, 1870. No. 1. C. 88.

③ В. А. Твардовский, Б. С. Итенберг. *Н. К. Михайловский и К. Маркс Диалог о "Русском пути"*. Отечественная история. 1996. No. 6. C49.

④ Н. К. Михайловский, *По поводу русского издания книги Карла Маркса*, Отечественные записки, 1872. No. 4. C. 176–184.

⑤ Н. К. Михайловский, *По поводу русского издания книги Карла Маркса*, Отечественные записки, 1872. No. 4. C. 176.

⑥ 《俄国民粹派文选》，北京：人民出版社1983年版，第223页。

地向俄国读者推荐马克思的著作《资本论》,"它的出版很适时,其原因就像我们认为我们的活动很适时一样。它是对学校的政治经济学理论的详细批判,同时也是一部经过深入细致研究的英国经济发展史。马克思是德国人,但是他并没有期望自己的同胞提高或降低到英国的水平(读者在读马克思的著作时就会知道其原因)。"米海洛夫斯基分析了马克思以英国为研究对象的原因:"他选择了英国来进行研究,是因为在英国,他所研究的对象,即他称之为'资本主义生产方式'的现象最少由于受到外来的影响而模糊不清。我们相信,这本著作对于俄国读者来说将是非常有益的。"①在米海洛夫斯基看来,马克思不仅是社会主义者和国际工人协会的领袖,也是对欧洲文明不满的人之一。"首先,正是由于他的不满,他对于我们来说比起所有那些通过翻译介绍来的心满意足的加尔尼叶和莫利纳里等人要有意思得多。其次,他不是空想主义者,而是严格的,有时甚至是枯燥的学者。第三,作为西方的一位革命人士,他对我们社会的安宁不可能造成任何破坏。他所与之进行斗争的思想和利益在我们这里是太微弱了,不可能由于它们的动摇而产生任何危险。但是这些思想和利益却也已经有了力量,已经足以使我们考虑它们今后发展的结果……"②

1873年1月,米海洛夫斯基在评论季别尔在1871年出版的著作中称赞马克思的思想是富有成果的,认为车尔尼雪夫斯基是第一个在俄国发扬马克思思想的人,"'头一个取得'这后来在卡尔·马克思强有力地双手中变得如此富有成果的思想的权利的光荣,在俄国著作中不属于茹科夫斯基先生,而属于另一位著作家,即《经济活动和立法》(《现代人》1859年)、《资本与劳动》(1860年)、穆勒著作注释等等的作者"③,这位作者就是尼·加·车尔尼雪夫斯基。

1883年,米海洛夫斯基在《祖国纪事》第7期上发表《给编辑部的信》一文,这是他在这个杂志上的最后一篇研究《资本论》的文章。他在这里错误地把劳动的社会形式理解为"在一个场所内做工",实质上,资本主义生产的劳动社会化不是指人们在一个场所工作,而是资本集中和劳动的社会化。"人人为自己,上帝为大家"这句俗语只能用来说明

---

① 《俄国民粹派文选》,北京:人民出版社1983年版,第231—232页。
② 《俄国民粹派文选》,北京:人民出版社1983年版,第232页。
③ Сочинения Н. К. *Михайловского*. Т. 2. С.-Петербург. 1881. С. 239–240.

市场波动的无政府状态，而不能说明资本主义制度的性质。米海洛夫斯基在《祖国纪事》时期始终把马克思作为资本主义体系的批判者，社会主义思想的代表，把《资本论》作为政治经济学独特的百科全书，在文章中多次援引马克思的著作加强自己的观点，认为《资本论》科学地论证了资本主义制度及其日益繁重的劳动剥削的弊端。

1884年《祖国纪事》停刊后，年米海洛夫斯基在1892年成为《俄国财富》杂志的编辑。1893年，米海洛夫斯基在《俄国财富》①第10期上宣布要对俄国的马克思主义者或社会民主党人进行一场论战。1894年，米海洛夫斯基与列宁发生思想论战，即米海洛夫斯基在《俄国财富》第1—2期上发表批评唯物主义历史观的文章《文学与生活》和列宁的《什么是"人民之友"以及他们如何攻击社会民主党人》。

与在《祖国纪事》时期为《资本论》辩护的态度不同，米海洛夫斯基在这一时期虽然肯定《资本论》的经济贡献，但反对唯物主义历史观，且不认为马克思创立了新的历史观。他轻视唯物主义历史观的原因在于他运用"社会学中的主观方法"研究社会现象领域，他不是把社会发展看作自然历史过程，而是仅仅阐明满足人的本性的社会条件，仅仅说明人的思想和目的，但是没有把这些思想和目的归结为社会的物质关系，马克思则是从生产力和生产关系的冲突中说明社会经济形态的演进。

米海洛夫斯基在1894年批评马克思主义者是神秘主义者和形而上学者，而他在1877年曾坚决反对茹科夫斯基指责马克思是形式主义者，显然，他陷入自相矛盾之中。总的来看，米海洛夫斯基在1894年对马克思学说的批评主要在于两个方面：一是批评唯物主义历史观，二是批评马克思的辩证方法。他错误地指责马克思在任何著作中都没有论证唯物主义，片面地得出《资本论》没有确立经济唯物主义的观点，也没有认识到马克思的辩证方法是对社会学中的唯心主义方法和主观主义方法的否定。

---

① 《俄国财富》杂志（《РусскоеБогащество》）是俄国科学、文学和政治刊物。1876年创办于莫斯科，同年年中迁至彼得堡。1879年以前为旬刊，以后为月刊。1879年起成为自由主义民粹派的刊物。1892以后由尼康米海洛夫斯基和弗加柯罗连科领导，成为自由主义民粹派的中心。1906年成为人民社会党的机关刊物。1914年至1917年3月以《俄国纪事》为刊名出版。1918年被查封。

第三节　俄国自由民粹派的资本主义观

19世纪80—90年代的自由主义民粹派抛弃了旧民粹主义的革命纲领，走上与沙皇政府妥协的道路，利用手中的合法刊物，宣扬资本主义在俄国不可能发展的思想。尼·弗·丹尼尔逊和瓦·巴·沃龙佐夫①是这一时期俄国自由民粹派研究俄国资本主义问题的代表。丹尼尔逊是在1880年发表第一篇研究俄国资本主义问题的文章《我国改革时期社会经济概况》，沃龙佐夫是在1882年出版论文集《俄国资本主义的命运》，从此俄国资本主义问题正式成为19世纪80至90年代俄国理论界的中心问题。

一、米海洛夫斯基的主观主义历史观

俄国自由民粹派的主观主义历史观从思想上来说可以追溯到俄国革命民粹派代表彼·拉甫罗夫的主观主义社会学。1868年，拉甫罗夫在《星期周报》上连载书信《历史信札》，最初发表在1868年第1—47期和1869年第6、11、14期上。1870年第一次出版单行本，包括十五封信。1891年补充增加了第十六封信和第十七封信，出版第二版。这十七封信主要研究了人类进步的过程、历史和进步的关系、个人与进步的关系、政党与社会进步的关系、国家与法律的关系、批判与信仰的关系等问题。拉甫罗夫在第三封信《人类的伟大进步》中提出"个人在体力、智力和道德方面的发展"，以及"真理和正义在社会形式中的实现"——是一切进步的简要公式②。在第五封信《个人的作用》中把具有批判思维能力的个人称为作为人类进步的唯一工具。"无论人类的进步多么微小，但已经取得的进步完全是靠具有批判思维的个人取得的……"③ 在第十封信《理想化》中肯定了社会主义理想对工人的意义："社会主义向工人提出了另一个理想。这就是有效的生产劳动反对不劳而获的资本的斗争；这就是保障劳动者生活的劳动，是使劳动者获得

---

① 瓦·巴·沃龙佐夫（В. П. Воронцов, 1847—1918）：俄国经济学家、社会学家和政论家。笔名瓦·沃·（В. В.）。
② 〔俄〕拉甫罗夫：《历史信札》，张静译，北京：人民出版社2022年版，第33页。
③ 〔俄〕拉甫罗夫：《历史信札》，张静译，北京：人民出版社2022年版，第64页。

自身发展和政治意义的劳动；这就是享受舒适的，甚至奢华的生活的劳动，不需要诉诸野蛮的方式，不需要垄断个人的财富，因为人人都可以享受舒适的和奢华的生活。"① 在第十六封信《进步的理论与实践》中明确阐述了主观主义进步观：只有少数高度发达的人认识到社会利益的一致性，并且加入有组织的社会力量，重新改造他们的道德信念时，进步才是有可能的，进一步确立进步的任务，"一方面进步是社会意识的增长，它促进和加强社会团结；另一方面进步是社会团结的加强和扩大，它依靠不断发展的社会意识"②。在拉甫罗夫主观主义社会学的影响下，以米海洛夫斯基为代表的俄国自由民粹派在哲学上坚持主观主义历史观。

如前所述，米海洛夫斯基在1870至1877年多次发表研究《资本论》的文章，他是最早公开欢迎《资本论》俄译本出版的俄国思想家，是19世纪70年代下半期最深刻地为《资本论》辩护的思想家之一。米海洛夫斯基的社会历史观主要包括三个方面：一是主观社会学方法，二是个性理论，三是英雄与群氓的理论。

米海洛夫斯基继承了70年代革命民粹派的代表彼·拉甫罗夫的主观主义进步观，提出了他自己的"进步公式"："进步是逐渐达到不可分割的整体性，逐渐尽可能全面地划分劳动工具，逐渐尽可能精细地划分人的劳动。"③ 米海洛夫斯基认为在社会科学中掺杂着人们的思想和感情，不可避免地运用主观方法，研究者"应当从思想上把自己置于被观察者的地位，但不要忘记自己的同情和好恶，在那个时候主观方法和客观方法只是在特征上的对立，而对于它们的和谐并存，甚至被应用于事物的同一范围，不会造成任何妨碍"④。在他看来，研究者的主观方法还应当包括符合其信念和道德原则的社会制度的理想。因此，主观方法成为米海洛夫斯基关于社会总体观念的决定性因素，它既包含着思想上的社会方向，也包括人类文明的研究方向以及评价事件和观点的伦理道德范畴，这个原则也成为米海洛夫斯基社会学理论的基本原理。19世纪70年代流行的社会达尔文主义和实证主义使社会学研究中的客观方法一度成为

---

① 〔俄〕拉甫罗夫：《历史信札》，张静译，北京：人民出版社2022年版，第139页。
② 〔俄〕拉甫罗夫：《历史信札》，张静译，北京：人民出版社2022年版，第239页。
③ Сочинения Н. К. *Михайловского*. Т. 4. 1883. С-Петербург. С. 187.
④ В. В. Зверев *Реформаторское народничество и проблема модернизацц России*. М. 1997. С. 127.

重要的科学理论，米海洛夫斯基在这个时期提倡主观社会学方法，一方面试图对客观方法做出修正，另一方面也是同他反对资本主义的鲜明立场相关。这种主观社会学成为自由民粹派的哲学基础，根据这个学说，"批判的思想"被认为是社会发展的决定性因素，或者更确切地说，这个学说企图使知识分子成为历史前进的担当者。

在米海洛夫斯基的著作中，还贯穿着这样一种中心思想：不是人为社会，而是社会为人，表现了人具有本原价值的思想。根据米海洛夫斯基的思想，人类文明发展程度同人的个性密切相关，个性愈发展，人类文明的发展程度愈高，反之，人类文明发展的水平就会愈低。他把个性理解为构成该个性各因素的共性，因此把相互处于冲突中的国家、阶层、团体、车间和个人都划归为个性的社会形态。根据米海洛夫斯基的观点，人总想追求幸福、愉悦和享受，又力求避免苦难，但是人在社会中面临着残酷的斗争。个人的目标是摆脱阻碍幸福的外在条件，社会的目标是整体的进步，要求个人服从社会，并按职能分配给个人，把具有个性的个体变成工具。因此，社会利益应当服从个人利益，而不是个人利益服从社会利益。米海洛夫斯基的这一思想与当时俄国的社会条件密切相关。俄国改革后农奴制的残余大量遗留，资本主义的压迫也与日俱增，社会对下层劳动人民的剥削日甚一日，米海洛夫斯基对社会不平等的抨击有助于维护下层人民的利益，他的个人利益也首先是指劳动者的利益，他的思想具有反资本主义和反社会压迫的一面。米海洛夫斯基从倡导个性、维护个性的理论出发提出个人在历史上的作用问题。他把人视为文明进步的主要创造者，把人分为实践型和理想型。"实践型的人"可以适应任何恶劣和让人窒息的环境，生活需求十分简单，可以接受精神和物质的贫乏。"理想型的人"难以适应某种狭隘环境的人，是充分发展且具有才能的人，在生活中有一定的指导思想和世界观，他们的社会理想是在个人理想和要求的基础上形成的。这两种类型的人在个性上的差别主要是对进步目标的不同理解，对道德的不同认识，以及对人生的不同追求。米海洛夫斯基提出衡量杰出人物的标准：一是该任务的活动能否影响事件进程，二是该人物用什么来影响社会生活，三是该人物的目标和策略。他把伟大人物看作理想型人物的最高形式，认为伟大人物具有超凡的天性和意志力，具有渊博的知识和对社会需求的深刻悟性，他们通常出现在历史发展的转折点，一方面与周围环境格格不入，同陈旧腐朽的势力作斗争；另一方面走在时代的前面给新的历史时期奠定基础。

最后，米海洛夫斯基在对个人历史作用的思考中转而研究个人和群众在社会危机、转折和震荡时期的相互关系，这就是他最为著名的"英雄和群氓的理论"。根据米海洛夫斯基的观点，"英雄"是带领群众做各种事的人，而"群氓"是英雄所带动的人。在他的思想里，"英雄"和"群氓"这两个术语没有褒贬之分，只是对"一群人"的称谓，这里的英雄并不一定是伟人，而是一个群体的领头者，他掀起群众运动，带领群众冲向他所指出的方向。"群氓"一词在俄语中是"толпа"，翻译成"群氓"并不能准确地表达米海洛夫斯基的思想，"толпа"在俄语是指人群、一群人，普通人，是中性词，在这里译为"群体"更为合适。因为"群体"这个词表明人在社会地位上没有差别，也没有民族和职业的特点。"英雄与群体"的关系也就是领头人与其追随者之间的关系，领头人与追随他的群体之间的关系。"英雄与群氓"的对立也就是拉甫罗夫所说的"善于批判地进行独立思考的人"与"没有批判思想的群众"之间的对立。米海洛夫斯基分析了英雄及其追随群众之间的关系形成的原因，认为主要根源于人们的理念、利益和生活的经济政治条件。他还从社会心理上分析了决定他们之间关系的条件，首先是人们容易激动的情绪、感觉印象的贫乏、利害观念的狭隘以及精神生活的单调容易使他们心甘情愿地服从于某个人的意志，其次是人所固有的自觉和不自觉的模仿行为。米海洛夫斯基的"英雄与群体"理论不是要阐述英雄创造历史这一命题，而是要说明在社会危机或转折时期，特别在狂热的"群众运动"中，个人和群众之间相互作用、相互影响的机制以及他们相互关系的特点。

长期以来，苏联史学界在斯大林的《联共（布）党史简明教程》的影响下把米海洛夫斯基的这一理论解释为对人民群众在历史上的作用的歪曲以及把革命者推向个人恐怖道路的理论。当代俄罗斯史学界以及中国史学界对苏联史学界的说法提出了批评，认为这种概况是武断的，不准确的和有失偏颇的。正如我国学者马龙闪所说，"米海洛夫斯基主要不是从政治学、历史学的角度就关于社会进步作用问题提出'英雄与群氓'这一命题的；他更多的是从社会心理学的视角来考察个人和追随他们的群众之间关系的一些局部规律，研究群氓和他们眼中的'伟人'之间相互影响的机理。"①

二、丹尼尔逊的"俄国资本主义避免论"

如前所述,尼·弗·丹尼尔逊是《资本论》三卷本的俄文译者,对《资本论》在世界的传播做出了突出的贡献。在翻译《资本论》的同时,丹尼尔逊深入研究了俄国资本主义问题,经历了三个阶段:第一个阶段是19世纪70年代末至1883年马克思逝世前,丹尼尔逊在马克思的鼓励下对俄国农奴制改革以来经济状况的初步研究;第二个阶段是19世纪80年代末至1895年恩格斯逝世前,丹尼尔逊与恩格斯探讨和分析俄国资本主义的现状和发展趋势;第三个阶段是1893年丹尼尔逊出版研究俄国经济状况的专著《我国改革后的社会经济概况》。此后,丹尼尔逊还在《俄国财富》杂志还发表了多篇文章:《从社会经济观看我们的社会觉醒》(1894年第6期)、《什么是经济必然性?》②(1895)、《关于我国经济发展的条件》(1894年第6期)、《劳动价值理论》(1902年第3期)、《货币的垄断权力是时代的特征》③(1905年第6期)等。

1879年7月14日(俄历),丹尼尔逊给马克思寄去了一封长信,在信中详细阐述了俄国从1861年改革以来的经济状况,首次提出了研究俄国资本主义经济发展的意义:"我国做出的一切努力的目的并不在于组织生产(生产没有得到发展),而在于组织和发展流通。……所有这些努力带来了预期的成果:为数不多的商业中心开始很快繁荣起来。它们像吸血鬼,汲取社会机体中最健康的血液。这就是为什么研究现代俄国经济发展是极其有趣和极其有教益的事情:您面前的这个国家的生产率极其低下,但是这个国家的社会机体已经传染上形式最为危险的资本主义瘟疫。"④ 1880年8月21日(俄历),丹尼尔逊在致马克思的信中请求马克思写一篇关于俄国1861年改革后经济发展状况的文章。"如果您认为这些事实值得您注意的话,那末,您能否同意为任何一家俄国杂志写一篇文章《论我国改革后的经济》。如果得到肯定的答复,我将把手头所

---

① 马龙闪:《俄国民粹主义及其跨世纪影响》,南宁:广西师范大学出版社2013年版,第187页。
② Что же значит экономическая необходимость? — Русское богатство, 1895, март.
③ Апология власти денег как признак времени. — Русское богатство, 1895, январь, февраль.
④ 《马克思恩格斯与俄国政治活动家通信集》,北京:人民出版社1987年版,第328页。

有的统计表都寄给您。如果您不同意的话，我的朋友们建议我把这些统计表刊登在随便哪一家杂志上，同时把统计表中所包含的事实作一番说明。"①但是马克思生病，身体状况越来越糟糕，无法从事理论工作，因此他鼓励丹尼尔逊完成这一工作，因为编制统计表和解释其中包含的事实对于广大读者来说是非常重要的事，马克思非常期待它的发表。在马克思的鼓励下，丹尼尔逊开始写作分析统计表中所包括的那些事实的文章，在文章中大量援引马克思在信中的观点。1880年10月，丹尼尔逊以笔名尼·一逊在《言论》②杂志1880年第10期上发表文章《我国改革时期社会经济概况》③。1881年2月，马克思怀着极大的兴趣读完了丹尼尔逊的文章，称赞"这篇文章的确是极富于'独创性的'"，并对丹尼尔逊的工作提出了建议："您下一步首先要研究的问题，就是上层阶级在农业中的代表，地主们的债务的惊人增长，并且要指出，他们是怎样在'新的社会支柱'的监督下在社会蒸馏器里面'结晶'的。"④丹尼尔逊在给马克思的信中谈到了自己扩大写作的计划，将对英国和俄国的经济因素进行比较分析。"看来，在英国和俄国主要经济因素的变动之间，表面存在着一种惊人的相似之处，这种相似之处部分地是由完全相反的现象，部分地是由相似的现象所产生的。研究两个邻近阶段经济因素的变动情况，研究其相互的依存关系，这本身就是十分有趣的，它能使人得出颇有意义的结论，自然，如果前提没有错的话。"⑤

1883年马克思逝世后，丹尼尔逊在与恩格斯的通信中进一步谈论俄国农奴制改革以来的经济状况，尤其是1890至1893年的通信，恩格斯也在与他的通信中对俄国资本主义发展趋势做出了新的判断。19世纪90年代的俄国正处于从农奴制经济向资本主义经济的转变过程中，正如恩格斯在1890年6月10日致丹尼尔逊的信中所说，俄国也和"所有其他欧洲国家一样正在完成重大的经济转变"⑥，这个经济转变的后果将会在

---

① 《马克思恩格斯与俄国政治活动家通信集》，北京：人民出版社1987年版，第364页。
② 《言论》杂志（《Слово》）是俄国自由派刊物，1878年在彼得堡创刊，1881年停刊。
③ Даниельсон. Н. Ф. (Николай-он). Очерки нашего пореформенного общественногохозяйства. Слово. 1880. No. 10. C. 77 – 142.
④ 《马克思恩格斯与俄国政治活动家通信集》，北京：人民出版社1987年版，第380—381页。
⑤ 《马克思恩格斯与俄国政治活动家通信集》，北京：人民出版社1987年版，第372页。
⑥ 《马克思恩格斯与俄国政治活动家通信集》，北京：人民出版社1987年版，第566页。

生活的其他方面表现出来。丹尼尔逊赞同恩格斯的这个观点，并做了进一步的分析：农民的家庭工业正在迅速转变为资本主义工业，农民不仅出售自己廉价的劳动力，而且也出售廉价的农产品，使地主越来越无利可图。这是因为农民遭受资本主义的严重剥削，为了维持生活不得不卖掉自己的劳动产品，不得不出售自己的劳动力。丹尼尔逊以1881年至1888年谷物类价格的变化为例来说明地主和农民的关系：

时间	黑麦价格	小麦秋播价格	小麦春播价格	燕麦价格
1881	8.93	12.27	11.1	3.11
1885	5.57	7.91	7.06	3.11
1886	5.11	9.04	7.71	2.86
1887	4.17	7.73	6.95	2.17
1888	4.64	8.42	7.34	2.57

（注：该价格是指生产者所得到的平均价格）

根据这个数据资料可以看出，谷物类价格在总体上是不断下降的，也就是说农民不得不以更加低廉的价格出售他们的劳动产品，但是土地价格在总体上是不断提高的，尤其是南方草原和中部黑土地的地价。为了维持生活，农民不得不租种更多的土地，不得不把更多的劳动产品用来缴纳地租，因此农民不仅无法摆脱对地主的依赖，而且需要偿还越来越多的债务。农民最重要的副业是家庭纺织业，随着纺织机从农民的木房移到工厂，家庭纺织业也逐渐转变为资本主义工业。丹尼尔逊以《财政部通报》上的数据资料来说明纺织业的利润率总体上是逐年递增的：

时间	彼得堡毛纺业利润率	托伦顿公司[①]棉纺工业利润率	涅瓦棉纺厂利润率	棉纺织业利润率	纺织业利润率
1884	22%				
1885	19%				
1886	42%	15%	36%	23.6%	36%
1887	32%	21%	38%	24%	42%
1888	28%	32%	63%	34.6%	48%

---

① 托伦顿公司是彼得堡的一家制呢工厂。1895年11月6日（18日），该厂工人为抗议厂方压迫和要求改善待遇发动罢工，参加罢工的织工约有500人。列宁为这次罢工起草了传单《告托伦顿工厂男女工人》。

显然，纺织业，尤其是棉纺织业的利润率增长得很快，工厂利润的快速增长充分证实资本主义生产已经使家庭手工业失去独立经营的可能性，农民被迫成为工厂的雇佣工人。丹尼尔逊分析了资本的有机构成、商品的价格、商品的流通以及剩余价值的产生过程，证实了马克思在《资本论》第一卷的结论："只有消灭农村家庭手工业，才能使一个国家的国内市场获得资本主义生产方式所需要的范围和稳固性。"①

丹尼尔逊分析了俄国资本主义纺织工业迅速发展的原因：首先，资本主义生产的增长取决于收成的增长，1888年是收成最好的一年，纺织工业的生产也在这一年达到了最高点。其次，"对外国商品征收的保护关税迅速上涨是资本主义纺织工业急剧增长的积极动力之一"②。为了说明资本主义生产不断地扩大再生产，丹尼尔逊以详实的数据分析了克伦戈尔门斯基棉纺织厂从1886年至1889年不断增加资本扩大再生产的过程（见下表），得出资本的扩大与生产的产量成正比的结论。

时间	总资本（卢布）	投入地产的资本	投入机器和厂房的资本
1886	610.5万	43万	530万
1887	759万	43万	78万
1888	892.8万	43万	620万
1889	938万	43万	660.8万

丹尼尔逊总结了俄国资本主义生产方式的特点：俄国资本主义生产方式形成时，西欧国家已经具有先进的技术优势，西欧国家的劳动生产率越高，俄国投入世界市场的产品的价值就越低，而那些得到俄国政府特殊保护的工业部门的劳动生产率则迅速增长。这样的结果是，一方面有了日益贫困的农民阶级，另一方面有了技术不断进步的工业，但是这个工业完全依赖俄国国内市场。因此，丹尼尔逊的结论是，俄国工业的大量利润不仅依赖于保护关税，而且也依赖于好的收成。

恩格斯根据丹尼尔逊提供的资料，分析了俄国资本主义的发展状况。与英国、法国和德国的纺织厂相比，俄国纺织厂的利润是惊人的。在英国、法国和德国，那些拥有最先进的机器的企业只有在现代工业发展的

---

① 《马克思恩格斯文集》第五卷，北京：人民出版社2009年版，第857页。
② 《马克思恩格斯与俄国政治活动家通信集》，北京：人民出版社1987年版，第585页。

初期才能保证这么高的利润率。目前世界上只有美国能够在主要工业部门有比较高的利润率。因为美国在南北战争以后实行保护关税率，并在19世纪90年代通过麦金利关税法案，防止大量的外国资本投入到本国的工业部门，杜绝了竞争和利润率的下降。马克思在《资本论》第一卷第24章第5节《农业对工业的反作用。工业资本的国内市场的形成》中描述了现代工业在英国的产生过程及其对各阶层人民生活的影响：农民被剥夺了生产资料，农村副业被消灭了，工场手工业与农业相分离，资本主义生产方式逐渐建立。恩格斯明确指出，现代工业在俄国的发展与西欧国家不同，因为在俄国还存在着农村公社的阻力，农民还可以向大土地所有者租种土地，地主还能获得剩余价值，农民还可以勉强维持生活，而没有沦为雇佣工人。因此恩格斯的结论是："俄国的农民在那些还不需要他们作为工人进入工厂或城市的地方，生命力也是很强的，同样要在生死线上长期顽强地挣扎。"① 至于丹尼尔逊提出的利润对收成的依赖关系，恩格斯提出了另一种情况：俄国商业阶级把战争作为俄国工业部门摆脱危机和萧条的万应灵药，那么战争在俄国工业的利润中起到什么样的作用。

　　1891年，俄国农作物产量大大减少，出现了大规模的歉收，是19世纪30年代以来最严重的农作物歉收。1891年的谷物产量（包括豌豆）减少了2.57亿蒲式耳，降幅达21%。如果把燕麦计算进去，1891年的谷物产量比1883—1887年的均值减少了3.48亿蒲式耳，降幅达20%。② 1891年10月至1892年10月，有70万人在饥荒中死亡。丹尼尔逊在1891年11月12日致恩格斯的信中描述了这场大饥荒："各省（萨马拉省、喀山省）报导了一些饿死人的情况。……面临饿死的前景，公社毫无反抗。"③ 这场大饥荒对于俄国是一个十分重要的转折期，正如恩格斯所说，"这个时期的全部意义是怎样估计也不会过分的"④。英国历史学家奥兰多·菲吉斯（Orlando Figes）在《一个民族的悲剧：俄国革命史（1891—1924）》一书中称这场大饥荒是俄国沙皇统治晚期的转折点，沙皇政府不得不继续推行亚历山大二世遇刺以来被中断的各

---

① 《马克思恩格斯与俄国政治活动家通信集》，北京：人民出版社1987年版，第589页。
② 参阅李宇隆：《1890—1891年俄国饥荒》，华中师范大学2018年硕士论文，第10页。
③ 《马克思恩格斯与俄国政治活动家通信集》，北京：人民出版社1987年版，第595页。
④ 《马克思恩格斯与俄国政治活动家通信集》，北京：人民出版社1987年版，第596页。

项改革。① 丹尼尔逊与恩格斯对这场饥荒的共同看法是:"这一次歉收不是偶然的,而是必然的,是1861年以来俄国走上的经济发展道路的一个必然结果"②。这一时期的俄国为了发展现代工业,政府通过保护关税培植本国的工厂手工业和机器工业,通过牺牲农民的利益建立本国的工场手工业,通过破坏农民的自然经济建立国内市场,农民的社会结构对个体失去价值,甚至成为束缚他们的枷锁。现在这种情况也恰恰证实了马克思在1877年给《祖国纪事》编辑部的信中所做的预见:如果俄国继续沿着1861年走上的道路走下去,俄国的农民公社就必然要灭亡。

丹尼尔逊认为这次饥荒是资本主义的破坏性后果,俄国政府保护和培植资本主义工业,但是资本主义吞噬了农民的生产资料,农民被掠夺一空,沦为赤贫。丹尼尔逊从市场、工业和农业分离的结果以及经济现状等三个方面分析俄国资本主义与西欧资本主义的区别。首先把市场作为资本主义的基础,没有市场就没有资本主义。从市场来看,西欧资本主义国家是用扩大国外市场的办法来摆脱马克思在《资本论》中所指出的资本主义矛盾,而俄国用限制国内市场的方法保护和发展资本主义,通过牺牲农民的利益培植资本主义。与西欧资本主义国家相比,俄国既没有国外市场,也没有国内市场,因此俄国没有资本主义发展的牢固基础。其次,从工业和农业分离的结果来看,俄国资本主义和西欧资本主义是不同的。在西欧国家,资本主义生产方式切断了联结农业和工场手工业的原始家庭纽带,同时为农业和工业在对立发展的基础上的联合创造了物质前提。但是俄国资本主义在破坏农业和工业的同时没有为这种联合提供经济基础,而是在破坏俄国农村公社的基础上被人为地培植起来。工业和农业虽然分离,但是没有联合起来,农业成为资本主义生产的家庭形式,工业则完全依靠国内市场。最后,从经济现状来看,俄国的经济特征与西欧不同。由于国内市场的缺乏,俄国农民仍然依靠租种土地来保障生活,因此俄国经济的特征是公社利益和私人利益之间的斗争,前者是保障公社成员,后者是保障富裕阶层。在俄国有三种土地租佃形式,一是公社租佃土地,二是个人租佃土地,三是比较富裕的农民组织的协会对土地的租佃。这个过程所造成的结果,一方面是土地肥力

---

① 参阅 Orland Figes. A people's tragedy: a history of the Russian Revolution, London: Penguin books, 1997.
② 《马克思恩格斯与俄国政治活动家通信集》,北京:人民出版社1987年版,第597页。

的衰竭，另一方面是农民的加速分化。

与丹尼尔逊强调资本主义的破坏性和消极性不同，恩格斯更多的是从资本主义必然性的角度来解释这场饥荒的原因。这场饥荒"是克里木战争结束以后俄国整个发展的必然后果"，"是从公社农业和宗法式家庭工业过渡到现代工业的结果"①。俄国的农奴制改革不仅使农村公社瓦解，而且使资本主义制度扩展到农业。恩格斯分析了法国、西班牙、意大利和美国的情况，回应了丹尼尔逊关于俄国资本主义是人为培植的观点，认为不仅俄国，而且其他资本主义国家也是通过禁止性关税、国家资金等方式培植现代大工业的。但是工业革命是不可避免的，政府不过是经济必然性的执行者。政府可以加速或者延缓经济发展进程，可是最终还是要遵循经济的必然性。随着现代工业在俄国的发展，农业旧有条件遭到严重的破坏，农村公社也必然被扼杀，在地主和农民遭到破产的情况下必然产生新的阶级——资产阶级和无产阶级。

丹尼尔逊也认识到农村公社的生产方式是落后的，现代工业是不可避免的，但他仍然强调俄国没有坚实可靠的基础发展现代工业的生产形式。他以工厂在1887年至1891年的产量和利润为例来说明资本主义棉纺织工业的迅猛发展对农业的收成和农业劳动生产率的依赖：

类别	1886	1887	1888	1889	1890	1891
全部收成的总价值	100%	109%	120%	100%	108%	73%
11个棉纺织厂的产量	100%	111%	131%	123%	117%	112%
17个棉纺织厂的利润	100%	172%	224%	184%	157%	107%

丹尼尔逊从这些数据中得出资本主义的发展限制了农民的劳动，使农业失去了提高劳动生产率的一切可能性的结论。此外，资本主义的发展不仅受到市场的限制，而且还缩小了本国的市场。如果说"大工业必将扼杀农业公社"，那么"公社的末日也将是大工业的末日"②。在丹尼尔逊看来，资本主义大工业愈发展，俄国就愈接近全面崩溃，其根本原因在于俄国没有资本主义发展的可靠基础，资本主义工业的扩大并不是真正地扩大国民工业，只是工业从生产者手中转移到了资本家手中。因

---

① 《马克思恩格斯与俄国政治活动家通信集》，北京：人民出版社1987年版，第612页。
② 《马克思恩格斯与俄国政治活动家通信集》，北京：人民出版社1987年版，第620页。

此，资本主义发展不仅使人民遭到破产，而且使人民陷入饥饿的绝境。

总的来说，恩格斯与丹尼尔逊在俄国资本主义问题上既有一致性又存在着分歧。他们一致认为1861年农奴制改革开启了俄国的新工业时代，19世纪90年代的俄国不可能是纯粹的农业国，而是必然要发展工业生产。但是双方的分歧在于，恩格斯认为这里的关键问题是工业革命的必然性，至于是通过保护关税和禁止性关税来推动工业革命则是次要问题；丹尼尔逊则把政府培植资本主义的方式作为根本问题。丹尼尔逊虽然已经认识到俄国已经建立资本主义工业，但是寄希望于俄国通过农村公社避免资本主义的破坏性。恩格斯反对这种观点，认为俄国既然已经建立资本主义大工业，它就必然要承受资本主义大工业在其他所有国家所带来的一切后果。丹尼尔逊强调俄国资本主义不同于西欧国家的特殊性，但是没有认识到资本主义的普遍性。恩格斯说，"我们亲眼看到的正在俄国发生的工业革命的结果"与英国、德国和美国的情况没有什么区别。[①] 它们之间的区别仅仅是19世纪90年代的俄国还没有国外市场，在世界市场上缺乏竞争力，因此比西欧资本主义国家更快地陷入困境。在丹尼尔逊看来，俄国与西欧至少有两点区别：第一，俄国是最后一个建立资本主义制度的国家，第二，俄国成为资本主义国家时，劳动生产率已经达到非常高的程度。显然，丹尼尔逊的这个观点是站不住脚的，俄国虽然要晚于西欧建立资本主义制度，但绝不是最后一个登上资本主义舞台的国家。丹尼尔逊始终无法接受资本主义的破坏性，他抱怨机器工业对家庭工业的排挤，抱怨资本主义破坏农民赖以生存的副业，以及政府对资本主义工业的培植，希望俄国能避免资本主义的苦难。在恩格斯看来，这就是资本主义大工业不可避免的后果，俄国的家庭工业要么是被本国的大工业消灭，要么是被其他资本主义国家的商品消灭。恩格斯强调资本主义大工业的必然性，但是也清醒地认识到资本主义充满着各种内在矛盾：它在建立市场的同时又破坏市场，在扩大生产的同时又造成生产的无序。丹尼尔逊也认识到了资本主义危机——这种危机不是生产危机，不是经济危机，而是破坏全部社会生活和经济生活的危机，但是他认为西欧与俄国应对危机的方式不同：西欧资本主义国家可以通过暴力开辟新市场和贸易来寻求摆脱危机的出路，俄国找不到任何国外

[①] 参阅《马克思恩格斯与俄国政治活动家通信集》，北京：人民出版社1987年版，第626页。

市场，只能在自己的经济制度里寻求出路。恩格斯也分析了俄国资本主义的出路问题，认为在一定条件下可以通过发展农村公社和劳动组合使俄国避免资本主义制度的苦难，这个必要条件就是西欧经济体制的变革，也就是消灭西欧国家的资本主义制度。如果西方在最近一二十年可以推翻资本主义制度，那么俄国可能可以切断向资本主义发展的趋势。但是西欧无产阶级运动进展太慢，周围的其他国家不断地发展资本主义工业，而俄国的农村公社正在消失，因此俄国避免资本主义苦难的机会是逐年减少的。

丹尼尔逊与恩格斯在1890年6月至1893年3月的22封通信中对俄国资本主义问题进行了深入讨论，这既是恩格斯晚年对俄国资本主义发展趋势及出路的最新判断，也为丹尼尔逊之后的思想奠定了基础。1893年3月，丹尼尔逊对1880年发表在《言论》上的文章进行了补充和完善，以笔名尼古拉—逊在圣彼得堡出版《我国改革后的社会经济概况》①一书。虽然这本书的书名与1880年的文章相同，但是丹尼尔逊补充了很多新的现实资料。该书立即引起俄国各派知识分子的热烈讨论，正如恩格斯所说，"这本书发生了很大的影响，甚至引起了轰动，这是当之无愧的。在我所遇到的俄国人中间，这本书成了主要的话题"②。

丹尼尔逊的这本著作分为两篇，第一篇是1880年发表在《言论》上的文章，主要研究农业收入的资本化。第二篇是90年代初新补充的内容，主要研究手工业的资本化。丹尼尔逊说这本书的目的是描绘"俄国新的经济生活的某些主要潮流"③，在比较俄国与西欧的经济现象的基础上得出理论结论：俄国社会经济生活继续沿着现在的方向发展会造成不可避免的严重后果，也就是经济的不断恶化和退化。"寻找影响国民经济恶化的其他原因（除了赋税以外）就是这部概论探讨的对象。"④

丹尼尔逊在第一篇中通过分析1861年农奴制解放宣言和19世纪70年代俄国农民经济危机状况研究农业收入的资本化，力图说明资本主义把农业生产变为商品生产，以及把大量的劳动产品吸引到商品流通中，

---

① Даниельсон. Н. Ф. Очерки нашего пореформенного общественногохозяйства. СПБ. 1893. С. 295.
② 《马克思恩格斯与俄国政治活动家通信集》，北京：人民出版社1987年版，第672页。
③ 《俄国民粹派文选》，北京：人民出版社1983年版，第720页。
④ 《俄国民粹派文选》，北京：人民出版社1983年版，第722页。

并逐渐形成资本主义生产的过程。他的主要结论是：俄国的经济活动形式和生产过程形式同生产过程的新形式发生了矛盾，在对旧经济关系的改造中产生了信用，竞争和信用成为资本集中的强有力因素。铁路作为"实业之冠"成为资本集中的巨大推动力，极大地扩大了借贷资本的世界性活动。信用和铁路加速自然经济转向货币经济，从而转向资本主义经济。信用、改变赋税制度和移民不是医治一切经济灾祸的灵丹妙药，而是应当从资本主义关系中寻找危机的原因。

丹尼尔逊在第二篇中通过研究加工工业和采掘工业中工业资本对人民生产的产品的掠夺研究手工业的资本化，力图说明资本主义在社会劳动时间和社会劳动力再分配中所引发的变革。他在这一篇中列举了大量的数据，如纤维品生产、棉纺织工厂、棉花价格，工厂在莫斯科、圣彼得堡、弗拉基米尔等七个省的分布，通过分析社会生产组织、社会分工的发展、商品价值量的变化研究资本主义生产形式下社会需要的决定因素、劳动生产率的提高所造成的影响，通过比较1861年前后俄国生产力的变化分析资本主义的发展和劳动力的再分配。丹尼尔逊的结论是："资本主义发展的限度是由资本主义发展本身引起的贫困的不断增长造成的，是由完全没有工作、不能被资本雇佣的工人，因而也就是那些不能满足自己最迫切需要的工人人数的不断增长造成的。"① 他对村社仍然抱有幻想，一方面认识到村社在资本主义生产条件和流通条件下面临着必然灭亡的威胁，另一方面仍然把村社的农业作为未来经济赖以建立的基本物质条件之一。因此，丹尼尔逊希望现代工业和农业把村社改造为适合社会形式的组织。

丹尼尔逊在这本著作中大量援引马克思恩格斯的著作和书信，经统计大致有14处，字数达七千余字以上。在分析1891年的饥荒时援引恩格斯在1893年2月24日写给他的信。在分析信用在竞争中的作用和对资本积累的影响时援引《资本论》第一卷第23章"资本主义积累的一般规律"第2部分"在积累和伴随积累的积聚的进程中资本可变部分相对减少"。在分析国家的集中的有组织的暴力时援引《资本论》第一卷第24章"所谓原始积累"第6部分"工业资本家的产生"。在分析铁路对资本主义国家上层建筑的影响时援引马克思在1879年4月10日致丹

---

① 《俄国民粹派文选》，北京：人民出版社1983年版，第808页。

尼尔逊的信中的观点。在分析工场手工业与农业分离的过程时援引了《资本论》第一卷第24章"所谓原始积累"第5部分"农业革命对工业的反作用。工业资本的国内市场的形成"。在分析资本主义社会经济生产组织对劳动力的分配时援引了《资本论》第一卷第1章"商品"第4部分"商品的拜物教性质及其秘密"。在分析印度公社和社会劳动时援引了《资本论》第12章"分工和工场手工业"第4部分"工场手工业内部的分工和社会内部的分工"。在分析工场手工业的分工和公社的分工之间的关系时援引了《资本论》第一卷第12章第4部分、第5部分"工场手工业的资本主义性质"。在分析商品的秘密时援引了《资本论》第一卷第1章第4部分"商品的拜物教性质及其秘密"。在分析商品生产、商品价格、价值与竞争的关系时援引了恩格斯在1885年为《哲学的贫困》德文第1版所写的序言《马克思和洛贝尔图斯》。在分析资本的历史作用时援引恩格斯在《反杜林论》第三编"社会主义"第二部分"理论"对资本主义生产方式的阐述。在分析农业生产危机时援引了马克思在1881年2月19日致丹尼尔逊的信。在说明研究社会变迁和政治变革的基本原因的方法时援引了恩格斯在《反杜林论》第三编"社会主义"第二部分"理论"中对唯物主义历史观的概述。

丹尼尔逊对19世纪七八十年代俄国资本主义发展状况的研究，对19世纪90年代的俄国产生很大的影响。19世纪90年代俄国各个派别的知识分子在他们的著作中反复提到丹尼尔逊的研究，如普列汉诺夫的《我们的意见分歧》《一元论历史观之发展》，司徒卢威的《俄国经济发展问题的评述》、列宁的《什么是"人民之友"以及他们如何攻击社会民主党人》《评经济浪漫主义》《俄国资本主义的发展》等著作。罗莎·卢森堡在《资本积累论》第二十章也专门分析了丹尼尔逊的观点，她把丹尼尔逊称为"最精通俄国经济情况的专家之一"，高度肯定丹尼尔逊对俄国资本主义发展的研究，他"以丰富的事实和数字为根据，作了一个详尽的叙述"，他很好地利用了《资本论》第一卷和第二卷，但是"他的全部议论仍然是地道的西斯蒙第型"①。罗莎·卢森堡认为，丹尼尔逊关于俄国资本主义命运的观点是以资本主义生产发展条件的理论为基础的：他把市场作为资本主义经济方式的决定因素，俄国国内市场已经饱和，

---

① 〔德〕罗莎·卢森堡：《资本积累论》，彭尘舜、吴纪先译，北京：三联书店出版社1959年版，第219页，第222页。

国外市场已经被老牌资本主义国家占领，因此俄国资本主义无法获得国外市场；他把劳动人民日益贫困和过剩工人数量增加作为资本主义的界限，认为俄国资本主义造成了人民群众的贫困化。因此他得出在俄国鼓吹资本主义是一个致命的错误的结论。

三、沃龙佐夫的"俄国资本主义不可能论"

瓦·巴·沃龙佐夫[①]1847年出生于小地主贵族家庭，1873年从医学院毕业后在诺夫哥罗德省别洛焦尔斯克区担任医生。1876年，他成为拉甫罗夫在国外创办的《前进!》杂志的秘密通信员。1879年底他成为《祖国纪事》杂志的常务编辑，在杂志上发表了他关于资本主义在俄国不可能发展的论文。1882年，沃龙佐夫出版论文集《俄国资本主义的命运》。这本书第一次给沃龙佐夫带来了全国的声誉，正是由于沃龙佐夫的著作，"资本主义"概念成为俄国的日常用语。沃龙佐夫还是"小事情理论"的先驱者之一。1895—1897年他在《新言论》杂志担任编辑。作为自由民粹主义的理论家和代表，他把农村公社作为资本主义在俄国发展的替代方案。沃龙佐夫的主要著作和论文集是：《俄国资本主义的命运》（1882初版，1907再版）、《我们的方针》（1893）、《俄国手工业特征》（1886）、《农村公社》（1892）、《农民经济的进步理论》（1892）、《我们的方向》（1893）、《俄国社会的集体创举》（1895）、《资本主义社会的生产和消费》（1907）等。2008年再版沃龙佐夫的著作集：《劳动组合和村社》《经济和资本主义》。

1882年沃龙佐夫出版的论文集《俄国资本主义的命运》，不仅使"资本主义"一词在俄国广为传播，而且标志着俄国资本主义命运成为19世纪八九十年代俄国思想界争论的核心问题。1882年12月15日，马克思在致劳拉·拉法格的信中写到："有几本在神圣的罗斯而不是在国外印刷的新出版的俄文著作证明，我的理论正在那个国家迅速传播。"[②] 马克思所说的这几本俄文著作就包括沃龙佐夫的《俄国资本主义的命运》。沃龙佐夫在序言中强调俄国马克思主义者肯定俄国资本主义发展的必然性，同时在该书中把马克思的经济学说称为"普遍接受的理论"[③]。沃龙

---

① 沃龙佐夫（В. П. Воронцов，1847—1918），俄国经济学家，社会学家和政论家。
② 《马克思恩格斯全集》第三十五卷，北京：人民出版社1975年版，第407页。
③ 《马克思恩格斯全集》第三十五卷，北京：人民出版社1975年版，第535页。

佐夫则力图证明俄国社会经济发展的非资本主义性质，提出俄国发展的独特道路和人民生产理论。1907年，沃龙佐夫在该书再版序言中强调出版这本书的意义在于，"唤起我们有学问的和宣过誓的资本主义和民粹主义的政论家对研究俄国经济发展的规律——国家生活所有其余现象的基础。没有对这一规律的知识，系统的和成功的社会活动是不可能的"①。

沃龙佐夫首先指出，清楚说明俄国未来发展的方向无论对于评价政府所采取的措施或者是对于确定今后经济措施的依据都是十分重要的，但是"关于俄国资本主义的意义问题，至今还没有解决"②。当时在俄国主要有两种观点，一些人坚持认为俄国应当按照西欧的模式发展，另一些人坚决反对这种观点，提出俄国没有必要走西方道路，坚持东西方对立的斯拉夫主义。针对这两种观点，沃龙佐夫通过说明俄国的发展现状予以回应。在他看来，俄国虽然建成了二万俄里铁路，具备了资本主义发展的首要条件，但是并不能说明资本主义在俄国已经牢固生根，因为二万俄里铁路并不能证明俄国的交通十分发达，而且铁路不是依靠工业，而是依靠政府养护。俄国虽然通过各种股份公司和银行发展信贷业务，但是仍然依靠政府支持和资助工业。俄国政府采取各种措施促进大生产，争夺世界市场，引进资本主义生产，但是俄国资本主义仍然受到古老工业方式的束缚，这说明"俄国资本主义是一具死胎，说明它需要想方设法为自己的破产辩护"③。因此，沃龙佐夫的结论是，资本主义不是每个国家发展工业的必然阶段，资本主义在西方是一个发展过程，而在俄国是移植，是模仿。

沃龙佐夫通过分析资本主义在俄国农业和轻工业方面的直接表现，认为资本主义在俄国的发展受到两个方面的限制，一是俄国的国内市场确定了大生产扩大的限度，从而使俄国资本主义的发展被限制于狭窄的范围内；二是俄国的大生产不是向广的方面，而是向深的方面发展，也就是说，不是容纳越来越多的工人，而是使用新机器提高劳动生产率。由于这两个方面的限制，资本主义在俄国的历史意义已经完全不同于西方。西方资本是把劳动的个体方式改造为社会方式，囊括一切可以实行协作的工业部分，完全排挤小生产。而俄国的社会劳动生产率只能满足

---

① В. П. Воронцов. Судьбы капитализма в России. СПб. 1907. С.
② 《俄国民粹派文选》，北京：人民出版社1983年版，第652页。
③ 《俄国民粹派文选》，北京：人民出版社1983年版，第654页。

少数人的需求，俄国资本不仅不可能囊括一切生产部门，而且只能使一小部分工人劳动社会化，因此俄国资本主义不可能完成特殊的使命。沃龙佐夫对俄国资本主义得出以下四个结论：（1）俄国大工业是在对外销售极其有限，并且有可能利用发达国家的先进技术的情况下进行的。（2）俄国大工业发展不是粗放经营而是集约经营，主要是提高工人的劳动生产率。（3）俄国大工业的繁荣不需要俄国人民失去土地，也不需要消灭村社。（4）俄国大工业主要依靠国内市场，它的繁荣程度与人民的富裕程度直接相关。① 在他看来，这也是俄国大生产最近十年衰落的原因：俄国大生产依赖国内市场，虽然俄国农民的需求有所增长，但是日益贫困，对工业品的购买力不断缩小。

沃龙佐夫分析了俄国机器制造业，认为俄国的工厂不是随着工业的自然发展而出现的，而是为了满足临时的需要，尤其是政府的需要，军队的需要。这些工厂是靠外力移植到俄国的，一旦没有政府的资助，就没有产品的销路。因此，沃龙佐夫得出俄国不适合发展资本主义的结论。首先，俄国的气候条件不利于资本主义工业体制在俄国生根，因为俄国的气候严寒，厂房的造价高，冬季需要取暖和照明，生产成本高，产品的价格无法与外国产品竞争。其二，交通方便是资本主义大工业存在的主要条件，而俄国幅员辽阔，没有发达的公路和铁路网，没有充足的运输工具，不能把产品畅通无阻地运到世界各地。其三，俄国没有销售产品的国外市场，国内市场又如此有限，不能为资本主义工业进步提供基础。因此，沃龙佐夫的结论是，俄国不存在发展资本主义的基本条件，即使俄国走资本主义道路，也不可能在俄国建立发达的机器大工业。

农业在俄国长期占统治地位，农业是否被资本占领对俄国整个经济组织具有决定性意义。沃龙佐夫通过考察草原地带和黑土地带的农业状况来回答这一问题。俄国黑土地带的特点是人口稠密，土壤肥沃，具备资本主义生产的有利条件，但是现在资本主义生产不仅对土地的使用极其不合理，而且打击小农生产。因此，沃龙佐夫的结论是：俄国农业没有稳固地进入资本主义发展阶段。对于俄国农业的现状和农产品外销情况而言，俄国需要改变经济政策的基础，即不仅要保护国内市场不受外国竞争，而且要努力扩大国内市场，只有这样才能保证生产的继续发展。

---

① 参阅《俄国民粹派文选》，北京：人民出版社1983年版，第655—656页。

对此他提出的策略是，俄国工业结构的重心应该放在人民的小生产上，大生产长期起着从属的作用，而不是人为地把大生产居于主导地位。

沃龙佐夫在此基础上提出问题：俄国可以找到别的出路吗？资本是推动工业进步的唯一明灯吗？首先，西方工业进步的动力对俄国是不适用的。西方资本主义根本改造经济组织的动力是竞争，而俄国缺少这种竞争杠杆，也就丧失了资本主义的一切进步意义。资本主义在西方是推动工业进步的必然方式，但是在俄国则变成少数人剥削人民劳动的方式，这一小撮人不仅不起任何进步作用，反而阻碍工业的正常发展。沃龙佐夫对西欧工业进步的公式做出了修正，强调"通过组织社会化劳动形式，发展劳动生产率"①，反对把资本主义生产作为工业进步的本质，认为资本主义生产只是实现工业进步的一种形式。其次，俄国可以找到工业进步的另一条道路，也可以找到工业进步的另一种杠杆，这个杠杆不是竞争，而是缩短劳动时间减轻工人劳动的意愿或者是改进社会的觉悟，前者适用于劳动组合，后者适用于机器制造业。但是现在俄国的大工业是由政府建立的，一些工业部门由政府直接管理，另一些部门由政府的津贴和订货予以支持。因此俄国资本主义不是私人工业，而是政府工业。私人工业具有两个优点，一是企业由所有者直接支配，更快地采用新技术，二是受竞争规律支配，产品价格低廉。因此，沃龙佐夫认为俄国资本主义不仅不具备私人工业的优点，而且它的突出特点是停滞不前和产品价格高昂。沃龙佐夫对此提出的策略是机器工业部门由国家管理，这样达到的结果是生产实行专业化，利用新技术，保障工人生活，形成熟练工人常备军。但是实现这个策略需要三个前提条件：一是公众一致认为资本及其特权是俄国的祸害，二是公众一致认为国家走向进步的必要条件是人民的活动不受任何限制，公共机关严格遵守工人利益的原则，三是出现能将俄国资本主义生产改造为国营和合作社营方向的活动家。

沃龙佐夫从最近十年俄国小工业相对衰落，大工业绝对衰落，人民日益贫困的现状出发得出资本主义在俄国遭遇失败的结论。俄国工厂工业的发展需要人民的富足，但是资本主义生产加剧人民的贫困，人民的贫困又危及工业的生存，因此资本主义在俄国陷入了死循环。他认为这不是由于俄国人民的特殊性，而是由于俄国和西欧国家所处的环境不同，

---

① 《俄国民粹派文选》，北京：人民出版社 1983 年版，第 698 页。

并提出以下问题：俄国经济应该向什么方向发展？是以劳动组合为基础的社会化形式，还是资本组织的大工业？在他看来，这取决于俄国在当时的社会发展状况——俄国政府一直试图通过资本主义大生产提高劳动生产率和增加国家财富，但是实际结果恰恰相反，国民生产总值不断缩减，人民日益贫困，国家财政越来越混乱。因此，他的结论是：资本主义生产在俄国缺乏稳固的基础，俄国试图培植资本主义的一切努力都是徒劳的。

沃龙佐夫赞同丹尼尔逊对俄国资本主义问题的研究，认为他们两人的结论是一致的，而且有力地证明"所谓一切民族的工业都不可避免地要经过资本主义发展阶段的理论是错误的"①。他虽然没有接受马克思在《资本论》第一卷中的经济理论，但是把马克思的学说称为"普遍接受的理论"。他反对把"马克思的具体公式"套用于俄国，主张根据俄国的实际情况运用马克思的理论分析俄国资本主义发展趋势："马克思学说的真正追随者应当运用他的关于资本主义理论的抽象原理，结合俄国的实际，推导出在俄国发展资本主义的具体公式"②。但是沃龙佐夫不赞同那种从俄国经济结构的特殊性和俄国人民的独有特征否定资本主义在俄国发展的民粹主义观点，也不赞同马克思恩格斯把资本主义发展看作不可避免的历史阶段的观点。简而言之，沃龙佐夫的观点是俄国不具备资本主义发展的基础，政府人为地培植也是徒劳的。

19世纪下半期俄国民粹派关于《资本论》的相关文章

作者	名称	发表刊物	马克思恩格斯的回应
尼·康·米海洛夫斯基	《达尔文理论和社会科学》	《祖国纪事》1870年第1期	
尼·康·米海洛夫斯基	《关于马克思一书俄译本的出版》	《祖国纪事》1872年第4期	马克思与丹尼尔逊1872年的书信

---

① 《俄国民粹派文选》，北京：人民出版社1983年版，第716页。
② 转引司徒卢威：《俄国经济发展问题的评述》，李尚谦等译，北京：商务印书出版社1992年版，第147页。

(续表)

作者	名称	发表刊物	马克思恩格斯的回应
尼·康·米海洛夫斯基	Карл Маркс перед судом Ю. Жуковского 《卡尔·马克思在尤·茹科夫斯基先生的法庭上》	《祖国纪事》1877年第10期	1877年马克思《给〈祖国纪事〉编辑部的信》
尼·康·米海洛夫斯基	《文学和生活》	《俄国财富》1894年第1期和第2期	
尼·康·米海洛夫斯基	《论司徒卢威先生和他的〈关于俄国经济发展问题的评述〉》	《俄国财富》1894年第10期	
尼·康·米海洛夫斯基	《文学与生活（别尔托夫的〈论一元论历史观之发展〉）》	《俄国财富》1895年第1期	
丹尼尔逊	Очерки нашего пореформенного общественного хозяйства 《改革后俄国经济发展概况》	《言论》1880年第10期	马克思与丹尼尔逊1881年2月的信
沃龙佐夫	Судьбы капитализма в России 《俄国资本主义的命运》	1882年圣彼得堡版	马克思与劳拉·拉法格1882年12月的信
丹尼尔逊	Очерки нашего пореформенного общественного хозяйства 《改革后俄国经济发展概况》	1893年圣彼得堡版	恩格斯与丹尼尔逊1892年的书信
拉甫罗夫	《民意导报》图书评介	《民意导报》1894年第4期	
吉荷米洛夫	《我们期待的革命是什么》	《民意导报》1894年第4期	
丹尼尔逊	《什么是经济的必需》	《俄国财富》1895年第3期	
丹尼尔逊	《对于货币的权力作为时代的特征的强调》	《俄国财富》1895年第1期和第2期	

第四章 《资本论》与19世纪90年代的俄国合法马克思主义

在自由民粹派走上历史舞台的同时，俄国知识界还出现了一种披着马克思主义外衣的资产阶级思潮，即所谓合法马克思主义。以彼·伯·司徒卢威、杜冈—巴拉诺夫斯基为代表的合法马克思主义者从马克思主义中采纳了某些能为资产阶级接受的论点。1894年，俄国自由主义思想家、经济学家、政论家彼·伯·司徒卢威出版《俄国经济发展问题的评述》一书，标志着以司徒卢威为代表的合法马克思主义正式形成。

第一节 俄国合法马克思主义者与《资本论》的传播

合法马克思主义是19世纪90年代出现在俄国自由派知识分子中的一种思想政治流派，其主要代表人物是彼·伯·司徒卢威①、米·伊·杜冈—巴拉诺夫斯基②、谢·尼·布尔加科夫③等。合法马克思主义者利用马克思经济学说中能为资产阶级所接受的个别论点来为俄国资本主义的发展作论争，试图用资产阶级改良主义理论偷换马克思主义理论。合法马克思主义者起初是俄国社会民主工党的成员，后来彻底地转向了资产阶级自由主义。

---

① 彼·伯·司徒卢威（П. Б. Струве，1870—1944）：俄国社会活动家、政治活动家，经济学家、哲学家、历史学家、政论家。
② 米·伊·杜冈—巴拉诺夫斯基（Туган-Барановский，1865—1919）：俄国和乌克兰经济学家、社会学家、历史学家。
③ 谢·尼·布尔加科夫（С. Н. Булгаков，1871—1944）：俄国经济学家、哲学家和神学家。

一、俄国合法马克思主义的代表人物

彼·伯·司徒卢威（П. Б. Струве）是俄国资产阶级政治活动家、历史学家、经济学家、俄国自由主义作家之一。1870 年司徒卢威出生于彼尔姆，1879 年司徒卢威随家人离开俄国到德国的斯图加特定居，1882 年司徒卢威进入圣彼得堡贵族中学学习。司徒卢威在这一时期受到斯拉夫派代表康·谢·阿克萨科夫①的影响，参加了地方自治活动家阿尔谢尼耶夫的文学沙龙，在一定程度上接受了自由主义和立宪主义的思想。1889 年，司徒卢威考入彼得堡大学，之后从自然科学系转入法律系。1890 年，司徒卢威来到德国，对德国的社会民主主义运动感兴趣，回到彼得堡后成立了社会民主主义小组。小组成员一方面讨论马克思主义理论和革命运动历史，另一方面在学生、工人和知识分子中宣传社会民主主义和马克思主义理论。司徒卢威逐渐获得较高的声望，成为圣彼得堡大学社会民主运动的主要代表。司徒卢威的思想活动大致可以分为两个阶段：一是 19 世纪八九十年代，他的思想更倾向马克思主义，成为俄国合法马克思主义的代表人物；二是 1900 年之后他的思想转变为自由主义。

19 世纪八九十年代，司徒卢威逐渐接受了马克思主义经济理论，认为《〈政治经济学批判〉序言》体现着马克思主义的核心思想，马克思的理论说明了专制政权在俄国灭亡的必然性，这也是司徒卢威转向社会民主主义的主要动力。1891—1892 年，俄国粮食大饥荒造成严重的灾难，引起俄国社会结构发生较大的变化，俄国社会思潮也愈加激进，俄国人民和知识分子要求对土地制度和政府机构进行改革。如前所述，俄国自由民粹派代表丹尼尔逊在 19 世纪 90 年代与恩格斯的通信和《我国改革后经济发展概述》一书中对这场大饥荒有深入的研究。司徒卢威也对这场饥荒发表了看法：1891—1892 年的大饥荒表明俄国农村正在经历阶级分化，说明俄国已经处于资本主义，因为资本主义的特征是生产者与生产资料相分离。对于俄国而言，这个分离是从农业开始的，并表现为对农民的剥夺。农奴制解放法令使农民分化为两个主要阶级，一是拥有大量土地的农村资产阶级，二是失去土地的农民无产阶级。这也是资本原始积累的过程。这场大饥荒增强了司徒卢威对资本主义的信念，他

---

① 康·谢·阿克萨科夫（К. С. Аксаков，1817—1860），俄国宗教哲学家、历史学家、政论家、文艺批评家、斯拉夫派创始人之一。

认为资本主义可以给俄国带来经济发展、政治自由和文化进步。

19世纪90年代，以米海洛夫斯基、沃龙佐夫和丹尼尔逊为代表的俄国自由民粹派、以司徒卢威为代表的合法马克思主义、以普列汉诺夫、列宁为代表的革命的马克思主义者纷纷对俄国资本主义发展趋势问题做出判断。司徒卢威这一时期主要在德国报刊上发表一些评论性文章，主要对俄国移民问题、俄国经济发展和农民土地问题发表看法。1894年9月，司徒卢威出版第一部著作《俄国经济发展问题的评述》。司徒卢威在该书中运用马克思主义理论研究资本主义在落后的农业经济下的必然性，第一次比较全面地批判自由民粹派，这本书的出版为司徒卢威赢得了"马克思主义领袖"的称号。与此同时，司徒卢威在这一时期也与自由主义者有一定的联系。1895年，司徒卢威代表地方自治机关发表了《致尼古拉二世的公开信》，呼吁采取有效行动的自由主义者应当变成社会民主主义者。1895年夏，司徒卢威与列宁相识，在90年代深受列宁的影响，进行了密切的合作。

1896年，国际社会主义者大会，即第二国际第四次代表大会在伦敦召开。司徒卢威以俄国社会民主党代表团成员的身份参加了大会。这是俄国国内政党第一次派代表团参加国际社会主义大会，在这之前都是由俄国革命流亡者派代表参加。在大会上，司徒卢威与普列汉诺夫共同起草了关于土地问题的报告。在报告中，司徒卢威指出，俄国农民缺少阶级意识，工人阶级具有更强的阶级意识和更强的革命精神，因此应该重点对工人阶级进行宣传和鼓动。司徒卢威肯定了1896年圣彼得堡纺织工人罢工的意义，认为它的重大意义在于人民群众和社会民主党之间第一次建立了联系，以及社会民主主义在俄国成为联合工人运动的重要力量。司徒卢威也认识到俄国社会民主党和工人阶级运动面临的困难就是沙皇专制制度的绝对权力。因此，他赞同普列汉诺夫关于工人阶级在即将到来的资产阶级革命中发挥领导作用的观点。大会期间，司徒卢威宣读了其他代表团提交的报告，阐述了费边社①关于资本主义向社会主义演变

---

① 费边社是一批英国资产阶级知识分子于1884年建立的改良主义组织。费边社的名称来自于公元前3世纪罗马统帅费边·马克西姆的名字。费边社的成员主要是资产阶级知识分子，他们反对马克思关于无产阶级斗争和社会主义革命的学说，鼓吹通过细微的改良改造社会，宣扬用所谓"市政社会主义"的办法使资本主义过渡到社会主义。——参阅《马克思恩格斯文集》第十卷，北京：人民出版社2009年版，第807页。

的理论，主张政治民主和社会正义可以通过国家立法的方式来逐渐获得，资本主义和社会主义之间的对抗已经被排除，资本主义逐渐转变成社会主义，这对司徒卢威修正马克思主义理论产生了重要影响。大会结束后，司徒卢威在伦敦阅读了英国工人失业的资料，形成了资本主义人口过剩和失业方面的观点。英国君主立宪制的政治氛围对司徒卢威触动颇大，对其最终形成保守的自由主义思想产生了重要影响。

1898年春，圣彼得堡、莫斯科、基辅和叶卡捷琳诺斯拉夫的俄国社会民主工党在明斯克召开成立大会。经大会决定，由司徒卢威来起草官方宣言，即《俄国社会民主工党宣言》。司徒卢威在宣言中简短讲述了欧洲工人阶级从1848年以来的成长过程，以及俄国工人阶级的状况。1899年，司徒卢威、杜冈—巴拉诺夫斯基等在圣彼得堡创办合法马克思主义的机关刊物《开端》① 杂志，普列汉诺夫、查苏利奇等人曾为它撰稿，列宁也曾在该杂志发表了四篇书评。1904年，司徒卢威曾代表"解放同盟"出席革命团体在巴黎召开的代表大会，1907年担任了俄国第二届国家杜马代表。司徒卢威曾主编和编辑过"合法马克思主义者"的刊物《新语》《开端》《生活》《俄国思想》《解放》等杂志，是《路标》文集②的作者之一。起初，司徒卢威打着马克思主义的旗帜，在当时合法的报刊上发表文章，反对沙皇政府镇压地方自治会和学生，提倡自由民主权利，声称只有发展经济才能促使社会发展进步。但到后来，他脱离俄国社会民主工党，从批评马克思开始，投入到资产阶级自由派的营垒。其后又加入立宪民主党，成为该党的领导人之一。十月革命后，司徒卢威移居国外，参加了反革命白卫军，成了苏维埃政权的敌人——邓尼金和弗兰格尔叛乱政府的成员。

合法马克思主义的第二位代表人物杜冈—巴拉诺夫斯基（Туган-Барановский）是俄国杰出的经济学家。杜冈—巴拉诺夫斯基1865年1月出生于哈科夫省，曾在基辅和哈科夫读高中，在哈科夫大学完成学业。1895年至1917年，杜冈曾先后在圣彼得堡大学和基辅大学经济系任教

---

① 《开端》杂志（《начало》）是俄国科学、文学和政治刊物（月刊），合法马克思主义者的机关刊物，1899年1—6月彼得堡出版。该杂志由司徒卢威、杜冈—巴拉诺夫斯基编辑。该杂志发表过列宁的四篇书评和《俄国资本主义的发展》一书第3章的前6节。

② 《路标》是俄国立宪民主党政论家的文集，1909年在莫斯科出版，收有别尔嘉耶夫、布尔加科夫、司徒卢威、弗兰克等人的论述俄国知识分子的文章。

授，1899 年因政治原因被开除，1905 年复职。1905—1907 年革命期间，杜冈加入立宪民主党。1917—1918 年杜冈出任乌克兰中央达拉财政部长，1919 年 1 月因突发心脏病逝世。杜冈—巴拉诺夫斯基的经济理论主要分为两部分：一是市场理论，说明了扩大再生产的条件，另一个是危机理论，解释了周期性波动的原因及过程。市场理论是基于马克思的再生产理论进行分析的，也是危机理论的逻辑基础。

19 世纪 90 年代，杜冈—巴拉诺夫斯基是合法马克思主义的代表人物。曾为《新言论》杂志和《开端》杂志等撰稿，积极参加同自由民粹派的论战。1894 年，杜冈—巴拉诺夫斯基出版著作《现代英国的工业危机、原因及其对人民生活的影响》[①]，1914 年该书出版第三版时，书名改为《周期性工业危机》。他认为，周期性危机是资本主义的必然伴侣，危机是资本主义的"垂死"表现，也是资本主义的特征。这本书在研究资本主义经济、危机理论和工人运动史方面具有重要的意义，但同时在资本主义再生产、市场、经济危机等问题上提出了反马克思主义的论点。1898 年，杜冈—巴拉诺夫斯基完成了他的博士论文《俄国工厂的过去和现在》[②]，这部著作成为经济思想史上的重要文献。杜冈在这本书中阐述了农奴制问题，分析了以自由劳动为基础的市场导向型工业不断发展的原因，论证了俄国工业资本主义发展的必要性，对俄国民粹派关于俄国资本主义具有独特性的错误观点做出了批判。

1900 年之后，杜冈—巴拉诺夫斯基逐渐偏离了马克思主义，成为"马克思的批评家"。1905 年，杜冈—巴拉诺夫斯基出版《马克思主义的理论基础》，1906 年第三次再版[③]。全书包括三部分：一是唯物主义历史观，二是价值和剩余价值，三是资本主义制度的崩溃。该书在第一部分从思想、心理、消费、经济等方面论证唯物主义历史观，把生产力概念、经济的物质因素和阶级斗争学说作为唯物主义历史观的思想基础，首次提出唯物主义历史观的心理学前提问题，从生理、情感、利己主义、非功利主义等方面论证消费是社会发展的动力和经济是一切活动的基础。

---

① Промышленные кризисы в современной Англии, их причины и влияние на народную жизнь. 1-е изд. СПб. : Тип. И. Н. Скороходова, 1894.

② Русская фабрика в прошлом и настоящем. Историко-экономическое исследование. СПб. : Изд. О. Н. Поповой, 1900.

③ М. Туган-Барановский. Теоретические основы марксизма. Изд-3. С. Петербург. 1906.

对《资本论》的研究主要集中在该书的第二部分，杜冈—巴拉诺夫斯基详细分析了马克思的价值学说、利润理论、剩余劳动等问题。

1909 年，杜冈—巴拉诺夫斯基出版《政治经济学原理》① 一书，1915 年出版第三版。该书获得俄罗斯帝国科学院大奖，几年内四次再版。杜冈在《政治经济学原理》中认为马克思的劳动价值论没有提供解释一切价值现象的基本原则，与马克思的劳动价值论相比，边际效用论更能推动经济思想的进步。杜冈—巴拉诺夫斯基一生著述颇丰，之后还出版了《探索新世界》（1913）、《社会分配理论》（1913）、《社会合作基础》（1916）、《纸币和金银》（1917）、《社会主义是有益的学说》（1918）。我国学界翻译出版了他的两本著作：1982 年商务印书馆出版《周期性工业危机》（张凡 译），2001 年辽宁教育出版社出版《社会主义是有益的学说》）（列华、文秀 译）

与杜冈—巴拉诺夫斯基同时代的罗莎·卢森堡、列宁、布哈林对他的经济理论都有一定的研究。罗莎·卢森堡在《资本积累论》中第 23 章专门论述了杜冈—巴拉诺夫斯基的经济理论，列宁在《一位立宪民主党的教授》《自由派教授论平等》等文章中对杜冈也有研究。杜冈—巴拉诺夫斯基最得意的学生之一苏联经济学家康德拉季夫这样评价他的导师：他的才智闪耀着"特别耀眼"的光芒。杜冈的经济理论在西欧和美国经济学界也有一定的影响，英国经济学家凯恩斯、阿尔文·汉森，美籍奥地利政治经济学家熊彼特，美国经济学家罗斯托等对其高度赞扬。1930 年，凯恩斯在《货币论》（下卷）一书中称赞杜冈—巴拉诺夫斯基是商业周期理论的先行者和开创者。1961 年，阿尔文·汉森在《财政政策与经济周期》一书中称赞杜冈—巴拉诺夫斯基独辟蹊径地开启全新视角。1954 年，熊彼特在《经济分析史》一书中高度评价杜冈—巴拉诺夫斯基的贡献："杜冈—巴拉诺夫斯基……是那个时代最卓越的俄国经济学家之一，他在方法论方面的成就特别有意义：他完成了大量高质量的经济史学工作"②。

谢·尼·布尔加科夫（С. Н. Булгаков）是俄国经济学家、哲学家和

---

① М. Туган-Барановский. Основы политической экономии. [M] 3-е переработ. изд. Пг. : Право, 1915.

② 〔美〕约瑟夫·熊彼特,《经济分析史》第三卷，朱泱、孙鸿敬、李宏译，北京：商务印书馆 2017 年版，第 528 页。

神学家。1871年出生于奥廖尔省利夫纳市一个神甫家庭。正如他自己后来说，"我出生于神职之家，这一点永远地决定了我的本性。这是我的土壤，坚决地召唤我，并且经过多年以后将我引到祭坛的土壤。"① 布尔加科夫曾在宗教学校和奥廖尔省教会学校学习，后就读于叶列茨中学。1890年考入莫斯科大学法律系，在大学期间开始研究马克思主义经济学，1894年毕业于该校的政治经济学和统计学专业。

19世纪90年代，布尔加科夫的世界观是合法马克思主义和社会民主主义。1895年，布尔加科夫在《俄国思想》杂志发表研究《资本论》的文章《卡尔·马克思〈资本论〉的第三卷》。1896年11—12月，布尔加科夫在《哲学和心理学问题》杂志上发表《论社会现象的规律性》②。俄国自由民粹派代表尼·伊·卡列耶夫（Н. И. Кареев）对布尔加科夫的这篇文章写了一篇书评《经济唯物主义和社会现象的规律性（关于布尔加科夫的〈论社会现象的规律性〉一文）》，发表在《哲学和心理学问题》1897年第36号上。③ 他在这一时期的主要著作有《论资本主义生产条件下的市场》（1897）、《资本主义与农业》（两卷本，1900）。在德国进修期间，他完成了长篇巨著《资本主义与农业》④，公开维护马克思主义理论，宣称他的著作直接或间接地服务于这个目的："力求做到以信仰和真理为马克思主义服务，竭尽我的智慧来反击对马克思主义的攻击"⑤，但是他也承认自己信奉的只是马克思主义的政治经济学及其在社会学方面的理论。

1901—1906年布尔加科夫在基辅工学院任政治经济学教授，但讲授的课程却是哲学与文学，并在这一过程中接受了陀思妥耶夫斯基、托尔斯泰，尤其是被称为东正教新派神学之父的索洛维约夫的影响，从而进

---

① С. Н. Булгоков. *Тихие думы. Сост., подгот. текста и коммент. В. В. Сапова; Послесл. К. М. Долгова.* [Монография]. М.: Республика. 1996. с. 319.

② С. Н. Булгаков. "*О закономерности социальных явлений*" (Вопросы философии и психологии. 1896. Ноябрь—декабрь.

③ Н. И. КАРЕЕВ. *Экономический материализм и закономерность социальных явлений. По поводу статьи С. Н. Булгакова "О закономерности социальных явлений"* (Вопросы философии и психологии. 1896. Ноябрь)—декабрь). Вопросы философии и психологии. 1897. Кн. 36. С. 107 – 119.

④ Булгаков, С. Н. *Капитализм и земледелие.* в 2 т. СПб.: тип. и лит. В. А. Тиханова, 1900.

⑤ А. В. Гулыга. *Творцы русской идеи.* М.: Молодая гвардия, 2006. с. 172 – 173.

入宗教哲学研究时期。1903年出版的论文集《从马克思主义到唯心主义》明显地描绘了这一转变过程的轨迹，并在该书中尝试对马克思主义加以批判。1906—1918年，布尔加科夫在基辅大学和莫斯科大学任政治经济学教授，积极参加了俄罗斯20世纪初的宗教哲学复兴运动，出版了《英雄主义与苦修精神》（载《路标》文集，1909）、《两城——社会理想的本质研究》（1911）。1912年，他在《经济哲学》一书中首次论述自己的索菲亚思想，并以此作为博士论文而获得莫斯科大学政治经济学博士学位。1917年，布尔加科夫出版《亘古不灭之光》，在关于神、世界和人的部分里对索菲亚主题进行了深入的考察。1920年，布尔加科夫在创作《哲学的悲剧》一书中将自己的学术方向过渡到神学领域。1922年底，布尔加科夫离开苏联，之后在巴黎定居，并在巴黎东正教神学院任教。在此期间他先后发表了大小"三部曲"①。1944年7月，布尔加科夫在巴黎逝世，被安葬于巴黎的圣热涅夫约夫—德—布阿俄罗斯墓园。

二、俄国合法马克思主义者与《资本论》的传播

司徒卢威在19世纪90年代的另一项重要活动就是支持、编辑和出版《资本论》第一卷第2版。按照丹尼尔逊最初的计划，完成《资本论》三卷本的翻译之后再翻译《资本论》第一卷第2版，但是他在生前没有完成这一任务。19世纪90年代，俄国革命者叶·阿·古尔维奇（Е. А. Гурвич）②和列·马·扎克（Л. М. Зак）③完成了《资本论》第一卷第2版的翻译工作。

叶·阿·古尔维奇是俄国著名政论家、经济学家和社会民主主义者伊·阿·古尔维奇（И. А. Гурвич）④的妹妹。1892年伊·阿·古尔维奇

---

① "小三部曲"：《烧不毁的荆棘——对东正教圣母崇拜的教义解释》（1927）、《新郎的朋友——论东正教对先行者》（1927）、《雅各的梯子——论天使》（1929）。"大三部曲"：《上帝的羔羊——论基督》（1933）、《安慰者——论圣灵》（1936）、《羔羊的新娘——论造物主与受造物、教会和末世论等》（1945）。

② 叶·阿·古尔维奇（ЕвгенияАдольфовнаГурвич，1861—1940）：女革命家，俄罗斯和白俄罗斯政治活动家，社会民主主义者，《资本论》的俄文译者。

③ 扎克（ЛевМарковичЗак，1852—1897）：俄国革命者，《资本论》的俄文译者。

④ 伊·阿·古尔维奇（ИсаакАроновичГурвич，1860—1924）：俄国政论家、经济学家、社会民主主义者。主要研究俄国无产阶级和农民状况。

在纽约出版英文本《俄国农村的经济状况》①，对俄国无产阶级和农民状况做了专门的深入研究，并在书中得出与恩格斯一致的观点。1893年3月，他将这本书寄给恩格斯，并在给恩格斯的信中请求恩格斯对俄国革命运动的最迫切的问题做出评判："现在我们大家都在黑暗中探索我们的道路，所以置身于我们各种流派之外的权威观察家的批评将受到所有有关各方的高度评价。"② 恩格斯在回信中肯定古尔维奇对俄国农村经济所做的值得重视的研究，但是由于没有对俄国革命运动中的迫切问题和农民的作用从头重新研究，且没有补充研究最新的材料，因此不能在报刊上问心无愧地发表意见。1895年，伊·阿·古尔维奇从《资本论》第三卷序言中获悉，在马克思的遗稿片段中发现了许多从俄国统计刊物上摘录下来的笔记。古尔维奇的英文版著作《俄国农村的经济状况》即将出版俄文版，因此他给恩格斯写信，希望把马克思的摘录作为附录收入在他的书中，并允许他对摘录作适当的分类，以便部分地实现马克思的意图。由于恩格斯健康欠佳，无法写作，委托劳拉·拉法格给古尔维奇回信，婉拒了他的请求。受哥哥伊·阿·古尔维奇的影响，叶·阿·古尔维奇在1879年加入秘密的革命组织"土地与自由社"，90年代成为崩得③中央委员会的成员，在白俄罗斯积极组织地下出版物的工作，积极从事马克思主义著作的翻译。扎克在1879年由于参加"土地与自由社"被捕流放至叶尼塞斯克，1886年他从流放地回到明斯克，1895年扎克在《俄国财富》杂志第1期上发表《历史唯物主义》一文。

19世纪90年代下半期，叶·阿·古尔维奇、列·马·扎克合作翻译《资本论》，将《资本论》第一卷德文第4版译成俄语，即《资本论》第1卷第2版，扎克翻译了第一部分至第四部分，剩下的部分由叶·阿·古尔维奇翻译，彼·司徒卢威（П. Струв）④对俄译本进行了编辑。

---

① 1896年，萨莎宁翻译并由古尔维奇校订作序的俄译本在莫斯科出版。
② 《马克思恩格斯与俄国政治活动家通信集》，北京：人民出版社1987年版，第658页。
③ 崩得（Бунд），崩得是俄文音译，意即联盟，是"立陶宛、波兰和俄罗斯犹太工人总联盟"的简称。1897年成立，成员主要是俄国西部地区的犹太手工业者，主要领导人有科索夫斯基、奇里德勃拉特等。1898年，该组织加入俄国社会民主工党，1903年退出俄国社会民主工党，1906年重新加入，1912年被开除出党。
④ 彼·司徒卢威（П. Струв，1870—1944），俄国社会活动家，政治家，经济学家，政论家，历史学家，社会学家，哲学家。主要著作有《俄国经济发展问题的评述》（1894）、《经济和价格》（1916）等。

1899 年，俄国出版商奥·尼·波波娃（О. Н. Попова）① 在圣彼得堡出版《资本论》第一卷第 2 版②。这个译本最大的特点是德语"Wert"（价值）一词不再译成"ценность"，而是译成"стоимость"，以后的俄译本都沿袭了这一译法。③ 之后司徒卢威编辑的《资本论》第一卷第 2 版俄文版在圣彼得堡多次再版。1906 年，俄国出版商奥·尼·波波娃在圣彼得堡再版《资本论》第一卷第 2 版④，1907 年，波波娃在圣彼得堡第 3 次出版《资本论》第一卷第 2 版⑤。1926 年，叶·阿·古尔维奇在《马克思主义年鉴》第 1 期上发表回忆文章《我对〈资本论〉的翻译》⑥。

1895 年，布尔加科夫在《俄国思想》杂志第 3 期上发表《卡尔·马克思〈资本论〉的第三卷》。由于布尔加科夫忽视了《资本论》第三卷第五篇的内容，他对《资本论》第三卷进行了批评。丹尼尔逊反对布尔加科夫的批评，在 1895 年 5 月致马克思的信中写到："德国人同俄国人（《俄国思想》1895 年第 3 期）一样根本不注意该书的第五篇。他们没有看到，在大量事实的后面有着对问题的理论研究，这种研究是非常有教益的，对俄国人来说尤其如此。"⑦

1909 年，杜冈—巴拉诺夫斯基在《政治经济学原理》一书中批判劳动价值论，认为劳动价值论不能解释一切价值现象，而"边际效用论"比马克思的劳动价值论向前迈进了一大步，给予经济思想以强有力的推动。杜冈在该书第二版序言中声称"谨将此书献给魁奈⑧、戈森⑨和马克思"。在杜冈看来，戈森是"边际效用论"的奠基人，马克思是"劳动

---

① 奥·尼·波波娃（О. Н. Попова, 1848—1907），俄国作家，出版商，翻译家和记者。她与丈夫亚·尼·波波夫一起出版《俄国财富》（1895—1897）和《新言论》（1895—1897）杂志。

② *Капитал*: *Критика полит. экономии*/Пер. с 4 нем. изд., провер. Фридрихом Энгельсом, под ред. П. Струве. Спб.：О. Н. Попова, 1899.

③ *Судьба «Капитала» К. Маркса в России*. Выставка в читальном зале Дома Плеханова.

④ *Капитал*: *Критика полит. Экономии*. Полный пер. с 4, провер. Фридрихом Энгельсом нем. изд., под ред. П. Струве. 2-е изд. Т. 1. -Санкт-Петербург：О. Н. Попова, 1906.

⑤ *Капитал*: *Критика полит. Экономии*. Пер. с 4 нем. изд., провер. Фридрихом Энгельсом; Под ред. П. Струве. -3-е изд. Т. 1. -Санкт-Петербург：О. Н. Попова, 1907.

⑥ Гурвич Е. А. *Из воспоминаний* (*Мой перевод «Капитала»*). Летописи марксизма. М. -Л., 1926. № 1, с. 91 –93.

⑦ 《马克思恩格斯与俄国政治活动家通信集》，北京：人民出版社 1987 年版，第 764 页。

⑧ 魁奈（1649—1774），法国古典政治经济学的主要代表之一，重农学派创始人。

⑨ 戈森（1810—1858），德国经济学家。

价值论"的创立者，边际效用论的功绩在于结束了关于价值的争论，劳动价值论虽然是批判资本主义的基础，但是不能解释价值现象。杜冈力图调和"边际效用论"和劳动价值论，甚至用"边际效用论"取代劳动价值论。杜冈—巴拉诺夫斯基在该书第二版的序言中特别强调了《资本论》对俄国经济学的影响："马克思的《资本论》问世后，经济思想的创造活动似乎一度沉寂下来了。无论在占统治地位的经济科学代表中间还是在社会主义者中间，情况都是如此。……《资本论》的整个理论大厦建立在价值理论的基础之上，它进一步发展了主张劳动是价值基础的斯密和李嘉图的学说。马克思从这一理论出发，通过严密的逻辑论证，创立了自己的利润理论，认为利润以及其它所有非劳动收入，都不过是非劳动阶级剥削工人阶级的表现而已。"①

19世纪末20世纪初，除了俄国自由民粹派和合法马克思主义对马克思主义的传播和研究外，还有一些俄国学者出版了研究马克思主义的著作，主要有尼·卡列耶夫的《关于历史唯物主义的新旧评论文集》（1896年圣彼得堡，1913年第2版书名改为《经济唯物主义批判》）、马萨里克的《马克思主义的哲学和社会学基础》（1900年莫斯科）、柯罗齐的《历史唯物主义和马克思主义经济学》（1902年圣彼得堡）、瓦切尔克佐夫的《马克思主义的学说》（1905年圣彼得堡，共两册）、韦捷凯尔的《代替一本书》（1907年莫斯科）、索列尔的《现代经济学的社会研究》（1908年莫斯科）等。

彼·司徒卢威是俄国合法马克思主义的重要代表，也是19世纪八九十年代俄国论战的参与者。1894年，司徒卢威在他的第一部著作《俄国经济发展问题的评述》中肯定了《资本论》在俄国的传播意义："关于马克思的理论，可以用一句稍加改动的名言来说明：Habent sua fata auctores!（书的命运要由读者来决定!）这句话也适用于俄国的情况。马克思的思想无论在哪里都没有像在俄国这样迅速地被接受，它不仅为政论界所接受，而且也为所谓的'科学'界所接受（Н. И. 季别尔、丘普罗夫先生，伊万纽科夫先生、科索夫斯基先生以及若干其它方面的人）。"②

---

① 〔俄〕М. И. 杜冈—巴拉诺夫斯基：《政治经济学原理》上册，赵维良、桂力生、王湧泉译，北京：商务印书馆2017年版，第6页。
② 司徒卢威：《俄国经济发展问题的评述》，李尚谦等译，北京：商务印书馆1992年版，第40页。

司徒卢威赞同马克思在《资本论》中对资本主义的研究："马克思的历史哲学贯穿在他的资本主义制度起源的学说中，但是远远超过了这一学说；按照历史哲学理论创立者的思想，这一理论不仅概括了过去的，而且也有将来的一切可能变化的社会形态；这是从头开始对全部历史过程进行说明的大胆尝试。在《资本论》这部闻名的论著中所叙述的资本的历史只是提供了整个历史哲学理论的光辉例证。"① 他在理解《资本论》历史哲学理论的基础上得出资本主义在俄国发展的历史必然性的结论，"在当代经济条件下（蒸汽运输及由此而形成的交换经济占统治地位），这意味着，俄国必须发展工业资本主义"②。

第二节　俄国合法马克思主义者的资本主义观

19世纪90年代，司徒卢威和杜冈—巴拉诺夫斯基在批判俄国自由民粹派的基础上，研究俄国经济发展问题和市场问题，形成俄国合法马克思主义的资本主义观。

一、司徒卢威的"资本主义必然论"

19世纪90年代，司徒卢威开始批判俄国自由民粹派对资本主义的错误认识，以及对俄国资本主义发展趋势的错误判断，在此基础上阐释资本主义的必然性以及俄国资本主义的发展趋势。

1893年10月，司徒卢威在《社会政治中央导报》第3卷第1期上发表短评《论俄国资本主义发展问题》，首次批评了俄国民粹主义的世界观，认为随着资本主义的向前发展，民粹主义世界观将失去基础，或者退化为力求妥协的改良主义，或者承认资本主义的发展是不可避免的。1894年，司徒卢威出版第一本著作《俄国经济发展问题的评述》，正是这本著作使他成为"俄国合法马克思主义"的代表。该书主要研究俄国民粹主义的社会学思想和经济世界观、历史经济唯物主义、经济生活的历史发展过程、经济进步和社会进步、俄国经济发展趋势等问题。司徒

---

① 司徒卢威：《俄国经济发展问题的评述》，李尚谦等译，北京：商务印书馆1992年版，第40页。

② 司徒卢威：《俄国经济发展问题的评述》，李尚谦等译，北京：商务印书馆1992年版，第196页。

卢威在前言里强调，这本书重要的是说明他所捍卫的观点与马克思学说之间的关系。他虽然在一些基本问题上赞同马克思学说的观点，但是他认为自己"丝毫没有受某种学说的词句和条规的束缚"。司徒卢威强调，必须首先研究 1861 年改革前俄国的经济制度，也就是农奴制的历史遗产，才能了解俄国资本主义的经济现象，"只有真正理解了 1861 年 2 月 19 日开始被铲除的那个经济制度，才能透彻理解现代的经济现象"①。

司徒卢威把俄国经济独特发展的理论作为俄国民粹主义的实质，他把俄国民粹主义分为两个派别——西方主义和斯拉夫主义，进而从两个方面分析俄国民粹主义的理论来源：一是关于个人在历史发展中的作用的学说，这是西方主义民粹派的理论依据，二是关于俄国人民特殊的民族精神和历史命运的信念，这是斯拉夫主义民粹派的理论基础。西方主义派和斯拉夫主义派的区别在于，前者承认"人民的因素"和有批判头脑的知识分子是进步发展的必要条件，后者把"人民的因素"和"形式"作为唯一和独立的进步力量。以尤佐夫为代表的俄国民粹主义的斯拉夫主义派认为他的社会学理论概括起来就是"一切为了人民，一切通过人民，一切在于人民，一切属于人民，一切来自人民"②。以拉甫罗夫、米海洛夫斯基和尤沙柯夫为代表的西方主义派运用主观的方法研究个人在历史发展中的作用，"这一理论的实质是主观唯心主义"③。拉甫罗夫在《历史信札》一书中阐述了主观主义进步观，认为具有批判思维的个人是人类进步的创造者和推动者，"进步只有通过个人实现，只有个人才能成为进步的推动力"④，社会进步不是作为神秘思想突然出现在人类中，而是产生在个人的头脑中，随着个人在智力和精神上不断成长，当他们决心采取行动时就形成了社会力量，当这些思想和力量融入社会形态时就推动了社会进步。正如司徒卢威所说，"米尔托夫⑤在《历史信札》中还是给了主观唯心主义以十分崇高的评价，对有批判头脑的个人

---

① 〔俄〕司徒卢威：《俄国经济发展问题的评述》，李尚谦等译，北京：商务印书馆 1992 年版，第 3 页。
② 〔俄〕司徒卢威：《俄国经济发展问题的评述》，李尚谦等译，北京：商务印书馆 1992 年版，第 19 页。
③ 〔俄〕司徒卢威：《俄国经济发展问题的评述》，李尚谦等译，北京：商务印书馆 1992 年版，第 8 页。
④ 〔俄〕拉甫罗夫：《历史信札》，张静译，北京：人民出版社 2022 年版，第 73 页。
⑤ 拉甫罗夫以米尔托夫的笔名在《星期周报》上发表《历史信札》。

的力量寄予很大的信任……"① 根据米海洛夫斯基在《托尔斯泰伯爵的左右手》《进步公式》等文章中对历史进程的理解，历史进程是合乎规律的，历史的目标是由历史活动家提出的，也就是具有思想和感情的活的个人，他们可以突破自然和历史条件推动事变向目标前进，因此历史的发展趋势不是不可克服的。与拉甫罗夫一样，米海洛夫斯基也把希望寄予有批判思维的知识分子，他们把人民的发展形式和个人的经济独立提到更高的发展阶段，这正是俄国民粹派信奉的经济根本。与拉甫罗夫和米海洛夫斯基一样，尤沙柯夫在《社会学探讨》《什么是历史的俄国》《19世纪末的领导权问题》等文章中把社会现象和社会条件的变化也寄予在个人身上，把个人称为"社会上唯一积极的份子"，认为所有个人的行动造成了社会现象的全部总和。司徒卢威揭示了尤沙柯夫和米海洛夫斯基的思想实质，认为这种民粹主义仅仅重视知识分子在推动历史前进中的作用，实际上是"人民和知识分子"②的理论。

在司徒卢威看来，最值得研究的俄国民粹派代表是沃龙佐夫和Ｂ.Ｃ.帕鲁嘉温。沃龙佐夫不仅没有把有批判头脑的知识分子作为引导事物的历史进程沿着正确方向前进的力量，而且直接否定了俄国资本主义发展的物质条件。他的理论主要有三个根据：一是俄国独立发展起来的农业制度（村社及其他一切）；二是俄国的小手工业；三是广泛发展俄国资本主义需要有国外市场，在他看来，俄国由于历史条件永远不可能夺得国外市场，因此俄国不可能按英国模式发展资本主义，"俄国资本主义在力求掌握生产的过程中……不应当以英国所制定的方式为依据，而最好是向实行另一种体制的美国去请教"③。沃龙佐夫在1893年出版的论文集《我们的方针》中反对帕鲁嘉温提出的人的心理生活与他周围环境相互依赖关系的理论。司徒卢威认为沃龙佐夫是"唯心主义者"，帕鲁嘉温是比较彻底的唯物主义者，因为他明确表示人与人之间赖以发展的基础是物质条件，以及经济关系的性质决定其他一切关系的性质。司徒卢威明确指出，沃龙佐夫的社会学理论在思想上是模糊不清的，在基本概

---

① 〔俄〕司徒卢威：《俄国经济发展问题的评述》，李尚谦等译，北京：商务印书馆1992年版，第10页。
② 〔俄〕司徒卢威：《俄国经济发展问题的评述》，李尚谦等译，北京：商务印书馆1992年版，第15页。
③ 转引司徒卢威：《俄国经济发展问题的评述》，李尚谦等译，北京：商务印书馆1992年版，第202页。

念上缺乏严格的定义，对一些常见的术语没有采取批判的态度，他所提出的"黄金时代已经一去不复返"等一些观点没有任何科学根据。司徒卢威把沃龙佐夫的理论分为三个方面：一是俄国独立发展起来的农业制度，二是俄国小手工业或者所谓的"人民"工业，三是俄国资本主义发展必须有国外市场。在他看来，沃龙佐夫没有去求助于"引导事物的历史进程沿着正确和称心的道路前进的力量"①，即有批判头脑的知识分子，而是直接否定了俄国资本主义发展的物质条件。沃龙佐夫研究的对象是人民经济从自然经济向商品经济过渡的初级阶段，他提出了一个重要的问题：俄国是否可以避免英国的资本主义生产方式？但是俄国是否可以避免从自然经济转向商品经济，狭义的资本主义生产和商品生产的关系是怎样的等问题是更为重要的问题。因为在研究俄国资本主义命运的问题之前，应当首先研究资本主义的一般情况和前景。在司徒卢威看来，沃龙佐夫虽然提出了一整套理论，但是没有分析他所依据的那些基本经济现象和概念。

总的来说，在司徒卢威看来，以拉甫罗夫、米海洛夫斯基、尤沙柯夫为代表的俄国民粹主义的西方主义派寄希望于有批判头脑的个人的自觉创造力，以尤佐夫为代表的俄国民粹主义的斯拉夫主义派主要寄希望于"人民大众的制度"和"人民大众的精神"。沃龙佐夫和帕鲁嘉温则有时属于西方主义派，有时属于斯拉夫主义派。但是他们的共同特点是不同程度地相信俄国独特发展的可能性，因此他们都属于俄国民粹主义。正如司徒卢威所说，"这一信仰把气质迥异的作者——从米海洛夫斯基先生到尤佐夫先生——联合在一个我们取名为民粹派的思想派别里。"②司徒卢威一方面肯定民粹派代表了农民小生产者的利益，反映了农民反对农奴制度和沙皇专制统治的正义要求，另一方面指出民粹派否定资本主义在俄国的发展，是纯属主观社会学的观点。司徒卢威批评了民粹派对自然经济和原始经济独立性的理想化、对生产因素的忽视，对人民经济制度的理想化，他们虽然承认商品经济的"腐蚀作用"，却不理解它的历史必然性。司徒卢威反对俄国自由民粹派把个人概念作为社会学的研

---

① 〔俄〕司徒卢威：《俄国经济发展问题的评述》，李尚谦等译，北京：商务印书馆1992年版，第20页。

② 〔俄〕司徒卢威：《俄国经济发展问题的评述》，李尚谦等译，北京：商务印书馆1992年版，第27页。

究对象，认为社会学的"个人"概念不是确定的个人，而是社会集团的单个人，这种"无个性"的个人是社会学的出发点。但是马克思的阶级斗争学说已经充分说明个人不是社会学研究的最小单位，因此司徒卢威提出把社会集团作为社会学的研究对象，因为"社会集团的目的、倾向单纯"①，而且包括所有个人的共同性。关于个人发展与社会集团的关系，司徒卢威赞同德国社会学家齐美尔②的观点，即个人的发展是社会集团内部分化的结果，也就是说，社会集团越单一，它的成员的个性就越少，社会集团分化越多，它的成员的个性就越突出，米海洛夫斯基则提出与此相反的观点，即社会分工越多，社会成员的发展越窄，社会成员越单一。这种反对现代分工的观点正是米海洛夫斯基的主观主义理想的表现，马克思在《哲学的贫困》中对社会分工的正确论述，恩格斯在《反杜林论》中对绝对主义的批判恰恰说明了这一点。

司徒卢威把马克思恩格斯的历史唯物主义称为历史经济唯物主义，首先说明俄国学界对唯物主义历史观的接受情况。"马克思的思想无论在哪里都没有像在俄国这样迅速地被接受，它不仅为政论界所接受，而且也为所谓的'科学'界所接受……"③ 司徒卢威特别提到了米海洛夫斯基在《卡尔·马克思在尤·茹科夫斯基的法庭上》（《祖国纪事》1877年第 10 期）一文中对《资本论》的研究④，尤佐夫在《民粹主义基础》一书中对马克思的资本主义生产理论的研究⑤，沃龙佐夫在《我们的方针》一书中提到马克思对资本主义制度的研究⑥。他们的错误在于把马

---

① 〔俄〕司徒卢威：《俄国经济发展问题的评述》，李尚谦等译，北京：商务印书馆1992年版，第33页。
② 格奥尔塔·齐美尔（1858—1918）：德国社会学家、哲学家。主要著作《社会学：关于社会交往形式的探讨》《社会学的根本问题：个人与社会》。
③ 〔俄〕司徒卢威：《俄国经济发展问题的评述》，李尚谦等译，北京：商务印书馆1992年版，第39页。
④ 米海洛夫斯基在这篇文章中写到："《资本论》第六章中有一节的题目叫做'所谓原始积累'。马克思在这里注意了对资本主义生产过程初期作历史的概述，但是更多的东西却是整个历史哲学理论。"
⑤ 沃尤佐夫在《民粹主义基础》第一卷中写到："马克思的理论在于他认为'资本主义生产'是人民生活中的必要因素。"
⑥ 沃龙佐夫在《我们的方针》第 3 章中写到："这个资本主义制度形成的图式与哲学概念相似——我们这位作者（即马克思）写道，——它把过去、现在以及可能的将来贯穿以来，极其充分地并且符合实际地把在城市和居民聚集的其他中心区域所表现的社会生活思潮联合在一起。"

克思对资本主义形成过程的研究当作马克思的历史哲学的全部内容。司徒卢威正确地指出，马克思对资本主义的研究不是历史哲学理论的全部内容，而仅仅是对一定历史过程的各个不同方面的阐述。"马克思的历史哲学贯穿在他的资本主义制度起源的学说中，但是远远超过了这一学说……在《资本论》这部闻名的论著中所叙述的资本的历史只是提供了整个历史哲学理论的光辉例证。"① 司徒卢威进一步分析唯物主义历史观，得出以下结论：（1）生产和交换原理在马克思恩格斯的学说占中心地位。（2）经济变革是历史的基本过程，政治因素不是目的本身，经济方面比政治方面更为重要。（3）马克思和恩格斯的唯物主义不仅指出经济关系的基础性质和阶级斗争的意义，而且指出了生产方式和交换形式的决定作用。司徒卢威承认马克思恩格斯在《哲学的贫困》《共产党宣言》《〈政治经济学批判〉序言》《反杜林论》《家庭、私有制和国家的起源》中对历史唯物主义做出了精彩的论述，承认马克思学说的内核是正确的，但是他仍然认为"这个学说还没有得到纯哲学的论证"，"还驾驭不了全世界历史所提供的大量具体材料"②，因此他主张根据新的观点重新审查事实，根据事实来批判理论和摒弃一些片面的东西。

司徒卢威在该书第三章"经济生活的历史发展过程分析"、第四章"经济进步和社会进步"中集中阐述了他关于资本主义的基本观点：（1）广义的资本主义的发展，即交换经济，在客观上具有重大的经济和文化意义，狭义的资本主义是大型集中生产，是个别现象和结果。（2）自然经济被交换经济代替，商品生产提高了劳动生产率，满足了更多的人的生存。交换的发展使工业与农业相分离，促进了工业和农业的进步。社会分工的发展造成农村人口的减少，城市的增加，农业生产者的经济和道德发生急剧的变化。（3）资本主义发展在俄国的起点和原因是农业进入商品流通领域，俄国通过商品生产走上资本主义道路，一方面国家的文化、政治和经济的发展取决于它在资本主义道路上的成就，另一方面它在文化、政治和经济的发展会促进资本主义的发展与繁荣。俄国的文化进步与社会分工即资本主义的发展密切相关。（4）资本主义

---

① 〔俄〕司徒卢威：《俄国经济发展问题的评述》，李尚谦等译，北京：商务印书馆1992年版，第40页。
② 〔俄〕司徒卢威：《俄国经济发展问题的评述》，李尚谦等译，北京：商务印书馆1992年版，第41页。

生产社会化逐渐取消分散的个人的分配与消费，取消否定资本主义的人民经济原则，同时也促进劳动者的政治思想和集体精神的发展，使他们适应资本主义制度的演变。对于资本主义发展来说，一个国家的领土面积越大，人口越多，它就越不依赖国外市场。（5）交换经济的发展使人口不断增长，但是农业没有得到相应地发展，由此造成俄国农业经济的危机。摆脱这种危机的出路在于进一步发展社会分工，提高农业生产率和促进大工业的发展。俄国农民的贫困不是资本主义发展造成的，在很大程度上是自然经济造成的。（6）俄国农业在交换经济基础上的发展促使市场的形成。依靠这个市场，俄国工业资本主义得到发展，并且不断地排挤自然经济。与其他国家的市场相比，俄国具有更加便利的资本主义发展条件。①

关于俄国经济发展问题的争论，司徒卢威认为在俄国思想界关于这一问题的讨论中最具有重要意义的四篇文献是：米海洛夫斯基的《马克思在尤·茹科夫斯基先生的法庭上》（1877）、马克思的《给〈祖国纪事〉编辑部的信》、沃龙佐夫的著作《俄国资本主义的命运》（1882）、丹尼尔逊的著作《我国改革后的社会经济概要》（1893）。司徒卢威说，形形色色的民粹派都在援引马克思的这封信，而马克思在信中所驳斥的正是那些对他毫无了解的民粹派分子。这些民粹主义者对马克思的思想很熟悉，用马克思的词语描述历史进程，但是他们的经济知识不足以理解马克思的思想。司徒卢威详细分析了丹尼尔逊的著作，认为丹尼尔逊的最根本错误在于他"把已经形成的资本主义制度的概念和范畴全部搬到了至今还是自然经济超过货币经济的现代农民经济上去了"②。丹尼尔逊的这个观点企图使人相信分散的自然经济在国家以及有独立见解的知识界的赞助下有可能成长为劳动社会化。司徒卢威反对这一空想，认为劳动社会化只有在逐步发展资本主义人民经济制度和它战胜私营经济制度的基础上才能成长起来。在司徒卢威看来，俄国不可能永远是一个纯农业国，经济的进一步发展将使社会分工加强，因此，在当代经济条件下，俄国必须发展工业资本主义。俄国民粹派与司徒卢威的观点的根本

---

① 参阅司徒卢威：《俄国经济发展问题的评述》，李尚谦等译，北京：商务印书馆1992年版，第223—225页。
② 〔俄〕司徒卢威：《俄国经济发展问题的评述》，李尚谦等译，北京：商务印书馆1992年版，第190页。

区别在于：前者把在破了产的、半自然性质的、技术不合理的农业经济基础上实现的劳动社会化作为胜利，后者认为农民破产的原因是社会分工和技术不合理的情况下人口增长的结果。总的来说，司徒卢威运用历史唯物主义考察和分析俄国经济发展问题，并列举大量事实和数字对俄国经济生活的历史发展过程，以及经济发展与社会发展的关系作了系统的论述，对民粹主义的经济思想和历史观作了深入批判，但是他仅仅在资产阶级本性所能接受的限度内利用马克思主义。

司徒卢威在《俄国经济发展问题的评述》一书中多次援引马克思恩格斯的著作，主要是《反杜林论》《家庭、私有制与国家的起源》《路德维希·费尔巴哈和德国古典哲学的终结》等。在该书第二章"历史经济唯物主义"第四部分"这一社会学学说的基本原理；政治因素的作用；国家"中援引恩格斯在《反杜林论》第二篇"理论"中对唯物主义历史观的详细阐释[1]，恩格斯在《家庭、私有制和国家的起源》1884年第1版序言中对两种生产的说明[2]，在《家庭、私有制和国家的起源》第四部分"希腊人的氏族"中对氏族制度瓦解过程和国家产生过程的说明[3]，以及援引恩格斯在《路德维希·费尔巴哈和德国古典哲学的终结》中关于社会发展史和自然发展史的区别的长篇论述[4]。在该书第三章"经济生活的历史发展过程分析"援引《资本论》第一卷关于交换对发展民族

---

[1] 司徒卢威援引了恩格斯的这段话："唯物主义历史观从下述原理出发：生产以及随生产而来的产品交换是一切社会制度的基础；在每个历史地出现的社会中，产品分配以及和它相伴随的社会之划分为阶级或等级，是由生产什么、怎样生产以及怎样交换产品来决定的。……"（参阅《马克思恩格斯文集》第九卷，北京：人民出版社2009年版，第283—284页）

[2] 司徒卢威援引了恩格斯的这段话："历史中的决定性因素，归根结底是直接生活的生产和再生产。但是，生产本身又有两种。一方面是生活资料即食物、衣服、住房以及为此所必需的工具的生产；另一方面是人自身的生产，即种的繁衍。一定历史时代和一定地区内的人们生活于其下的社会制约，受着两种生产的制约：一方面受劳动的发展阶段的制约，另一方面受家庭的发展阶段的制约……"（参阅《马克思恩格斯文集》第四卷，北京：人民出版社2009年版，第15—16页）

[3] 司徒卢威援引了恩格斯的这段话："所缺少的只是一件东西，即这样一个机关，它不仅保障单个人新获得的财富不受氏族制度的共产制传统的侵犯，……而且使有产者阶级剥削无产者阶级的权利以及前者对后者的统治永久化。"（参阅《马克思恩格斯文集》第四卷，北京：人民出版社2009年版，第125页）

[4] 司徒卢威援引了恩格斯的这段话："社会发展史却有一点是和自然发展史根本不相同的。在自然界中（如果我们把人对自然界的反作用撇开不谈）全是没有意识的、盲目的动力……使人们行动起来的一切，都必然要经过他们的头脑。"（《马克思恩格斯文集》第四卷，北京：人民出版社2009年版，第301—304页）

生产的意义的说明①，关于贸易和市场的说明②。在该书第四章"经济进步和社会进步"援引马克思在《哥达纲领批判》中关于分配问题的论述③。在该书最后一部分"结论"中援引《资本论》第一卷序言说明资本主义发展的必要性④。司徒卢威多次高度肯定马克思学说的贡献和意义："这个唯物主义学说对一系列极其重要的历史事实做了非常科学的和真正哲学上的说明，这一功绩将永远属于这个唯物主义学说"⑤；"弄清楚生产和分配之间的真实相互关系正是马克思的功绩"⑥；"马克思的理论对认识俄国经济发展的问题有着巨大的意义"⑦。司徒卢威也极其称赞《资本论》的理论贡献："马克思的《资本论》是在理论上对李嘉图的观点作进一步发展和深化，同时也是一幅巨大的历史画卷，是从社会政治上对资本主义制度所作的揭露……"⑧

综上所述，俄国自由民粹派的资本主义观与司徒卢威的资本主义观有着根本的区别，前者是从道德原则出发，认为贸易、交换是经济利己主义和个人主义的行为，是邪恶的、肮脏的行为；后者是从事物的客观进程的原则出发，认为资本主义是文化进步的巨大因素，它有力地构成我们个人理想形成的基础。司徒卢威也是用这一原则看待俄国经济发展问题，认为资本主义在当前条件下的发展是提高国家生产力的唯一可行

---

① 司徒卢威援引了这段话："现在，工业上的霸权带来商业上的霸权。在真正的工场手工业时期，却是商业上的霸权造成了工业上的优势。"（《资本论》第一卷，第789页）

② 司徒卢威援引了这段话："商品流转是资本的出发点。商品生产、发达的商品流转以及贸易构成了产生资本的历史前提。世界贸易和世界市场开拓了资本的崭新历史。"（《资本论》第一卷第120页）

③ 司徒卢威援引了这段话："在所谓分配问题上大做文章并把重点放在它上面，那也是根本错误的。消费资料的任何一种分配，都不过是生产条件本身分配的结果……既然真实的关系早已弄清楚了，为什么又要开倒车呢？"（参阅《马克思恩格斯文集》第三卷，北京：人民出版社2009年版，第436页）

④ 司徒卢威援引了这段话："我们……，不仅苦于资本主义生产的发展，而且苦于资本主义生产的不发展。"——《马克思恩格斯文集》第五卷，北京：人民出版社2009年版，第9页。

⑤ 〔俄〕司徒卢威：《俄国经济发展问题的评述》，李尚谦等译，北京：商务印书馆1992年版，第44页。

⑥ 〔俄〕司徒卢威：《俄国经济发展问题的评述》，李尚谦等译，北京：商务印书馆1992年版，第110页。

⑦ 〔俄〕司徒卢威：《俄国经济发展问题的评述》，李尚谦等译，北京：商务印书馆1992年版，第148页。

⑧ 〔俄〕司徒卢威：《俄国经济发展问题的评述》，李尚谦等译，北京：商务印书馆1992年版，第101页。

的形式,因此,"资本主义不光是一种邪恶,同时也是促进文化进步的强大因素;也就是说,它不单是一种破坏因素,而且也是一种建设因素"①。司徒卢威也说明了民粹主义和马克思主义的根本区别,对于前者,资本主义仅仅是破坏性的现象,丝毫没有认识到资本主义的进步性;对于后者,资本主义是人类文明和社会发展的必经阶段,它的历史使命在于为以后的发展创造物质和精神条件。

二、俄国合法马克思主义者的市场理论

俄国合法马克思主义者的市场理论主要以杜冈—巴拉诺夫斯基和布尔加科夫为代表。1894年,杜冈—巴拉诺夫斯基出版《现代英国的工业危机》一书研究了市场理论,他的经济理论也称之为实现理论或危机理论。1897年,布尔加科夫在莫斯科出版《论资本主义生产条件下的市场》一书,深入探讨了市场理论。这两本书的重点都是阐述马克思在《资本论》第二卷第3篇中对"社会总资本的流通和再生产"的分析。两位作者都反对民粹派的经济学说,认为丹尼尔逊和沃龙佐夫关于资本主义市场的理论,特别是关于国内市场的理论是错误的,指出民粹派不是忽视马克思的分析,而是根本不懂得马克思的分析。

杜冈—巴拉诺夫斯基十分推崇边际效用理论②,认为边际效用理论是价值学说的永恒基础,即使它将来可能在细节上有所补充和变动,但是它的基本思想已经成为经济科学的永恒观点。杜冈试图把马克思和边际效用学派的价值理论加以调和,认为每一种产品的边际效用可以通过调整生产规模来调节,即扩大生产规模降低边际效用,缩小生产规模提高边际效用,与此同时,单位产品的"劳动价值"是客观的不以人的意志为转移的,劳动价值是决定边际效用的因素,也就是说,产品的边际效用应与产品的劳动价值成正比,与单位劳动时间里生产出来的产品量成反比。因此,在杜冈看来,边际效用理论和劳动价值理论并不是相互

---

① 〔俄〕司徒卢威:《俄国经济发展问题的评述》,李尚谦等译,北京:商务印书馆1992年版,第228页。

② 奥地利经济学家门格尔、英国经济学家杰文斯、法国经济学家瓦尔拉先后于1871—1874年提出边际效用价值论,认为商品的价值取决于人们对它的效用的主观评价;人们在消费一种商品时每增加一个单位,增加的效用就递减,最后一个消费单位的效用最小;决定商品价值的,不是它的最大效用,也不是它的平均效用,而是它的最小效用。门格尔的学生、奥地利经济学家维塞尔首先称这最小效用为"边际效用"。

排斥的,而是同一个过程的不同方面,前者是说明经济价值的主观因素,后者是说明经济价值的客观因素。关于资本积累问题,杜冈认为只要资本主义生产资料部门的生产发展了,消费资料生产部门的生产即使十分落后,积累或扩大再生产仍能顺利进行。杜冈反对马克思关于积累完全可以在资本主义内部实现的理论,主张对整个社会的资本主义经济概况进行考察,得出资本主义经济中的市场容量根本不决定于消费量的结论。在他看来,生产资料生产无论怎样发展,都不可能有找不到市场的剩余产品。即使所有工人都被机器所代替,只剩下一个人也可以推动所有机器来生产机器和资本家的消费品,也不会使工业品的销售发生困难。资本家即使拥有大量消费品,一年的总产品可以在下一年的生产和资本家的消费中消耗掉。即使资本家贪求积累,缩减消费品的生产,扩大生产资料的生产,如此反复进行,也不会发生生产过剩。布哈林正确地揭示了杜冈—巴拉诺夫斯基的错误,"杜冈的错误不在于他认为实现是可能的,而在于他把生产和消费之间的必要联系分割开了。"①

杜冈通过分析19世纪英国工业危机总结经济危机的特征,危机不仅与一定时期的偶然因素相关,也与现代经济制度相关,这样就不得不回到资本主义经济本身,研究这个制度下经济运行的特点。杜冈认为,市场是资本主义的核心问题,市场决定生产,市场决定资本主义经济的发展,市场不足也是引起资本主义经济危机的原因。因此市场理论是危机理论的基础。在杜冈看来,马克思对市场和社会总资本的再生产过程的分析是没有完成的,也没有得出概括性的结论。他根据马克思在《资本论》第二卷和第三卷对资本形态变化的分析,提出了自己的市场理论:资本主义生产的前提是货币资本转化为生产资料,然后生产资料又转化为货币。资本的社会再生产是把资本的各个组成部分再生产出来,并且通过交换来加以补偿。

杜冈—巴拉诺夫斯基和布尔加科夫在市场理论的基本观点是一致的,即资本主义生产不是依靠消费品,而是依靠生产资料;市场是由资本主义生产本身创造的,即使没有国外市场,也可以实现产品和剩余价值。但是他们的观点也存在着分歧。布尔加科夫在《论资本主义生产条件下的市场》中对杜冈—巴拉诺夫斯基有所批评,杜冈—巴拉诺夫斯基在

---

① 转引〔俄〕尼·布哈林:《帝国主义与资本积累》,柴金如等译,哈尔滨:黑龙江人民出版社1982年版,第228页。

《世间》杂志1898年第6期上发表了回应布尔加科夫的文章《资本主义与市场》。双方争论的主要问题是：

一是国外市场的问题。杜冈—巴拉诺夫斯基认为，他关于国外市场的问题的解答已经被布尔加科夫完全接受了，因此，他责备布尔加科夫"缺少创见"，喜奉师言为金科玉律。实际上，他们争论的问题并不应该是有无"创见"，而是如何理解马克思的学说。在杜冈—巴拉诺夫斯基看来，他的理论不是因袭马克思的，他认为马克思在《资本论》第二卷里根本没有提到国外市场的问题，"《资本论》第2卷和第3卷还只是远远没有完成的草稿"①。显然，杜冈—巴拉诺夫斯基是错误的，因为马克思在《资本论》第二卷第三篇"社会总资本的再生产和流通"中明确阐明了对外贸易在资本主义中的作用问题，从而也就阐明了国外市场在资本主义中的作用：资本主义生产无法离开对外贸易，但是对外贸易仅仅是用不同的物品来代替本国的产品，不影响生产资料和消费资料这两个部类互相交换的价值关系，也不影响产品价值所包含的不变资本、可变资本和剩余价值的关系。因此，马克思认为，在分析实现这个问题时也不用把对外贸易考虑进去。

二是马克思以前的经济学家的市场学说。布尔加科夫责备杜冈—巴拉诺夫斯基没有正确评价马克思以前的经济学家的市场学说，而杜冈—巴拉诺夫斯基责备布尔加科夫把马克思的观点与产生这些观点的科学基础割裂开来，把马克思的观点与他的先驱者的观点割裂开来。实际上，布尔加科夫在自己的著作中引用了马克思以前各种学派代表人物的观点，倒是杜冈—巴拉诺夫斯基对以前的经济学家很少提及。但是他们二人在叙述这个问题的历史的时候忽视了亚当·斯密的理论，因为是亚当·斯密把社会产品分为工资、利润和地租，也就是可变资本和剩余价值，与马克思在《资本论》第二卷第19章中对亚当·斯密理论的详尽分析无法相提并论，因此他们无法理解社会资本的简单再生产，也无法理解马克思的理论。

三是关于数字公式及其意义的问题。布尔加科夫指责杜冈—巴拉诺夫斯基的公式由于离开了马克思的公式而失去了说服力，也就没有把社会再生产的过程解释清楚。杜冈—巴拉诺夫斯基则说，布尔加科夫对这

---

① 《列宁全集》第四卷，北京：人民出版社2017年版，第42页。

类公式的作用本身就认识不清。虽然杜冈—巴拉诺夫斯基提出了不同于马克思的公式，但是没有在理论上说明公式的要素，因此，他的公式什么也不能证明，也不能说明社会生产分为生产资料和消费资料两大部类的原因。而布尔加科夫却明确肯定这种划分的意义："单是这种划分就比过去关于市场理论的一切争论具有更大的理论意义"①。但是，布尔加科夫用一些非常复杂的计算和公式去说明不同的资本周转过程，不仅不能补充马克思的分析，而且把一种同马克思完全背道而驰的方法运用到马克思的理论中来。布尔加科夫在这本书中用三分之一的篇幅论述"不同的资本周转"和"工资基金"问题，试图说明资本周转是如何进行的，试图把这些问题运用到马克思的理论中。

关于国外市场的问题，俄国各个派别也存在着分歧。俄国民粹派把国外市场作为实现剩余价值的出路，认为实现资本主义的剩余价值必须要有国外市场，因为国外市场可以消化国内市场消化不了的剩余产品。合法马克思主义者对此进行了批驳，布尔加科夫清醒地认识到国外市场是一把双刃剑，因为输出总是伴随着输入，输入和输出是平衡的，从这个国家输入的产品将通过改变这些产品的形态输出到另一个国家。1913年，罗莎·卢森堡在《资本积累论》中赞同合法马克思主义对俄国民粹派的批判，认为布尔加科夫正确地阐述了马克思的简单再生产图式，还援引了马克思的扩大再生产图式，但是她也认识到布尔加科夫仅仅是表面遵循马克思的叙述，并没有理解这些命题，也没有解决积累问题。"布尔加科夫忽视了一个主要问题：他研究生产的机制，而扩大生产究竟是为了谁呢？……他虽然宣布问题已经解决，但马上由于试图分析货币流通而涉及到一个问题：第一部类和第二部类购买追加的产品所需的货币从哪里来呢？"②卢森堡认为，马克思和布尔加科夫都没有解决这个问题，也就是扩大生产所需要的消费者的问题，以及追加货币来源的问题。

总的来说，"合法马克思主义者"认为俄国资本主义生产自行创造着一个市场，但是没有国外市场，资本主义的发展在产品实现上也是不会遇到任何困难的。他们声称自己的观点同马克思一致，实则却走上了"修正"马克思主义的道路。杜冈—巴拉诺夫斯基说：马克思在《资本

---

① 转引《列宁全集》第一卷，北京：人民出版社2017年版，第48页。
② 《列宁全集》第五十九卷，北京：人民出版社2017年版，第398页。

论》第二卷中论证再生产公式时没有提到生产与消费之间的矛盾，在第三卷中才根据危机理论提出了这个矛盾。他们认为应在二者之间作一抉择。他们断言说，马克思是想用再生产公式来证明，在资本主义条件下扩大再生产不仅是可能的，而且是永不中断的均衡的发展。"合法马克思主义者"企图把实现论篡改为按比例分配论，借以否定马克思关于生产与消费的原理。

第三节　俄国合法马克思主义者的土地理论

马克思在《资本论》三卷本中对地租问题的阐述，以及考茨基的《土地问题》一书对俄国合法马克思主义者产生重要的影响。布尔加科夫在1900年出版的《资本主义和农业》一书成为俄国合法马克思主义土地理论的代表。布尔加科夫深受《资本论》的地租理论和考茨基的土地理论的影响，但是坚持土地肥力递减规律，始终没有正确理解马克思主义土地理论。

一、马克思主义土地理论对俄国的影响

马克思在《资本论》第一卷中多次提到地租，其中在第五篇"绝对剩余价值和相对剩余价值的生产"中明确指出地租作为剩余价值特殊形态的实质。在《资本论》第二卷中，马克思进一步研究了地租的两种形式，剩余价值的转化形式和土地所有者的收入形式。马克思在《资本论》第三卷中提出了地租理论，根据地租产生的原因和条件，将地租分为三类：级差地租、绝对地租和垄断地租。土地作为农业生产的基本资料，是具有肥力的土壤。耕地的肥力包括两种：一是自然形成的自然肥力，二是人们在自然肥力基础上创造出的人工肥力。级差地租来源于各块土地的肥力差别，来源于土地的投资量的差别，这就与李嘉图关于级差地租是由于优等土地依次向劣等土地的转移而产生的观点不同。李嘉图的"土地肥力递减规律"是指在同一块土地上追加的投资超过一定限度之后，增加的收益就会依次递减，土地肥力日益衰竭。马克思恩格斯批判了这个规律，认为土地肥力递减的根本原因在于资本主义生产关系。由于农业技术的进步、城市的发展，劣等土地也可能转变为优等土地，因此"土地肥力递减规律"是错误的。

德国社会民主主义活动家、国际工人运动理论家卡尔·考茨基①在19世纪70年代末开始研究资本主义社会的农业问题,曾用笔名"Symmachos"在维也纳《社会主义者》杂志上撰写农民传单和文章。1899年,卡尔·考茨基出版《土地问题。现代农业倾向和社会民主党的土地政策概述》,这是第一本马克思主义土地理论著作。正如考茨基自己在该书序言中所说,"在现有的文献中我没有见到一本从现代社会主义的立场来研究这个问题的巨著"②。《土地问题》一出版就引起世界各国学者的关注。该书包括上下两卷,上卷是资本主义社会中农村经济的发展,主要研究封建时代的农村经济、现代的农村经济、资本主义农村经济的界限、农民的无产阶级化、农村经济的工业化等问题,下卷是社会民主主义的土地政策,主要研究社会民主党的土地政纲、保护农业无产阶级、农业利益、农业人口、社会革命剥夺土地所有者等问题。考茨基之所以研究土地问题,因为关于农业资本主义的问题在当时已经积累了大量统计资料和描述性的经济资料,但是还没有揭示农业资本主义经济演进的基本趋势。正如考茨基所说,他的任务是"研究资本是否掌握了农业,是怎样掌握的,怎样改造它,怎样使旧的生产形式和所有制形式不再适用,而使新的形式成为必然"③。他反对俄国民粹派仅仅抓住个别现象和个别事例就得出小农经济比农业中的大生产还要优越的结论,主张把农业资本主义的各种现象作为一个总过程的局部表现来考察,也就是把它们同资本主义国家整个土地制度以及资本主义农业演进的基本趋向联系起来。正如列宁所说,考茨基的这本著作指出了"最细小的现象同资本主义农业的整个结构以及同资本主义的整个进化的联系",这本著作是"《资本论》第三卷以后最出色的一本经济学著作"④。

考茨基在序言中首先说明土地问题的研究是马克思恩格斯未完成的事业,以及《资本论》对他的影响和意义,尤其是《资本论》的方法论对于研究土地问题和农村经济的重要作用。正如考茨基在序言中所说,

---

① 考茨基(1854—1938):社会民主主义活动家、德国和国际工人运动理论家,第二国际领导人之一。考茨基是马克思主义及社会民主主义发展史中的重要人物,是《资本论》第四卷的编者。
② 〔德〕考茨基:《土地问题》,叶琳译,北京:三联书店1955年版(根据1925年的俄译本),第7页。
③ 《列宁全集》第四卷,北京:人民出版社2017年版,第90页。
④ 《列宁全集》第四卷,北京:人民出版社2017年版,第77—78页。

"《资本论》对于我们研究农村经济关系,却是最可贵的,还不仅就他的结果而言,他的方法论也足以使我们在这一领域内顺利地继续这一已经开始的工作。如果在本书内我能提供发展一些新的有益思想,那首先便应该归功于我这两位伟大的先生。"① 但是考茨基也认识到马克思恩格斯没有完成对农业问题的研究,"我们在恩格斯著作中,尤其在马克思著作中,虽然可以找到关于农业问题的许多有价值的意见,但大都是偶尔的笔记和短篇论文。《资本论》第三卷中地租篇可能是例外,但是它仍然是未完成的"②,而且19世纪末20世纪初期的土地问题与马克思恩格斯时代相比已经出现新的变化。与马克思主要研究资本主义的农村经济不同,考茨基在此基础上进一步研究前资本主义农业形态和非资本主义农业形态。

考茨基准确地说明宗法式的农民经济和封建时代的农业,肯定了资本主义前的和非资本主义的农业形式在现代社会中的巨大作用,认为这是农业资本主义发展的起点。他首先阐述现代农业的技术方面,如轮作制、分工、机器、肥料、细菌学等,进而说明资本主义使农业发生的巨大变革,使农业从手工劳动变成科学。考茨基在考察大生产和小生产的关系时发现前者对后者在技术上的优越性是毫无疑义的,在分析农业协作社的问题时肯定它的进步性,但它不是向村社生产前进,而是向资本主义前进,因为协作社是加强了农业中大生产对小生产的优越性。小农业遭受大农业排挤,并不能说明农业是向村社生产前进,而只是说明资本主义在农业中的发展比在工业中复杂得多。考茨基反对任何扶持和"拯救"农民经济的企图,认为阻止整个农业实行资本主义改造的企图是反动的和有害的,无论这个改造过程的后果有多么严重,然而阻止这个过程的后果就更加严重,就会使劳动人民陷入更加无望的绝境。因此,考茨基竭力主张废除农业中的一切封建残余,如取消农村工业的人身依附的、半农奴的地位,禁止使用不满14岁的童工,规定八小时工作制,设立严格监督工人住宅的卫生警察,保证迁移自由等,减弱资本主义给人民带来的有害作用,提高人民的觉悟和增强人民集体自卫的能力。

考茨基详细阐述了农业生产集中的过程,着重指出农业不是按照工

---

① 〔德〕考茨基:《土地问题》,叶琳译,北京:三联书店1955年版,第7页。
② 〔德〕考茨基:《土地问题》,叶琳译,北京:三联书店1955年版,第7页。

业的模式发展的,而是要服从特殊的规律。与第二国际其他理论家一样,考茨基也只把农民看作消极和被无产阶级解放的群众,虽然分析了资本主义的工业发展所引起的农民分化过程,但是没有研究农民和无产阶级团结的问题以及农民从资产阶级的后备军变成无产阶级的拥护者的问题。考茨基在这部著作中还研究了殖民地问题,一方面把殖民化看作是"肮脏的工作",另一方面又把殖民化看作是资本主义发展中的自然和进步的因素,他没有认识到正是殖民化为殖民地所属国里产生工人贵族创造了经济前提,而这一点是工人运动中出现修正主义和社会改良主义的最重要的社会因素之一。考茨基在分析现代农业时较为清楚地说明了资本主义的农业变革:资本主义把农民的手工劳动变成农业的大生产,打破了长期以来农业的停滞状态,推动了社会劳动生产力的迅速发展。布尔加科夫认为考茨基没有同时对这些材料作经济分析,实际上,考茨基确切地指出了这种变革与市场的联系,与农业服从于竞争的联系,并且这种竞争迫使农业实行改革和专业化。"这种由城市资本引起的变革,日益加强农户对于市场的依赖性,此外还不断地改变对于农户最为重要的市场条件。"①

考茨基在《土地问题》一书时多次肯定马克思及其巨著《资本论》的思想贡献。他在第五章研究现代农村经济的资本主义性质时强调马克思的剩余价值理论的贡献,"只有马克思才能精密而有系统地指出,剩余价值如何发生和如何起作用的"②。《资本论》对考茨基这本著作的影响处处可见,在研究资本的有机构成时援引《资本论》第三卷关于资本构成的说明③,在研究农夫与工人的劳动时援引《资本论》第一卷的内容④,在研究大生产和小生产时援引《资本论》第二卷的内容⑤,在论

---

① 〔德〕考茨基:《土地问题》,叶琳译,北京:三联书店1955年版,第41页。
② 〔德〕考茨基:《土地问题》,叶琳译,北京:三联书店1955年版,第81—82页。
③ 考茨基援引了这段话:资本构成是"为技术的构成所决定而且反映出这种技术的构成的"。(《资本论》第三卷第124页)
④ 考茨基援引了这段话:"在利用雇工的劳力中就会获得只有实际家才能领会的那种利益。……他们的成就,要比分散在许多经营内的同一数量的工人多两倍。"(《资本论》第一卷第334页)
⑤ "大数的计算并不比小数的计算多估时间……同样一个机能,无论在较小的或较大的范围内执行,在商业中往往比在工业中更需要劳动时间之同样的耗费。"(《资本论》第三卷第一篇第279页)

证小农经济不具有优越性时援引《资本论》第三卷第二篇的内容①。

二、俄国合法马克思主义者的土地理论

1899 年，俄国合法马克思主义者布尔加科夫在《开端》杂志第 1—2 期合刊上发表批评考茨基的文章《论农业资本主义演进的问题》，一方面肯定考茨基在分析现代农业时较为清楚地说明了资本主义社会的农业变革，另一方面认识到考茨基没有从经济学上分析这些材料。1900 年，布尔加科夫出版两卷本的《资本主义和农业》②，该书包括三篇九章，第一章和第二章主要研究了农业生产的普遍条件，即农业生产的主要因素和土地的经济特征，第三章至第五章主要研究了农业大生产，即 19 世纪英国土地的历史、19 世纪德国土地的历史和 19 世纪法国土地的历史，第六章和第七章主要研究小农生产，即农民经济发展的条件和爱尔兰的命运，第八章主要以美利坚合众国为例研究资本主义殖民地发展的经济特征，第九章是全书的结论，即现代资本主义发展的主要特征。布尔加科夫在这本著作中继续批判考茨基的《土地问题》，修正马克思主义土地理论，他一方面承认"考茨基这本书体现了一个完整的世界观，具有巨大的理论意义和实践意义"③，另一方面又说它"极端肤浅"，"既无真正的农艺学，也无真正的经济学"，"用空话来回避严肃的科学问题"④ 等。

布尔加科夫虽然承认农业资本主义发展初期具有的巨大意义，但是他认为没有必要研究封建时期的农业，也没有必要描述资本主义前农业经济的基本特征。在他看来，在马克思的著作中有一部分观念已经被历史完全推翻，例如可变资本与不变资本相比不断减少，农业资本的有机构成不断提高等。他认为，农业技术的进步和经营集约化程度的提高往往使耕种同一块土地所需的劳动量增多，并试图用这种情况来否定可变资本相对减少的理论，进而否认农业大生产对小生产的优越性，试图证明小农经济比资本主义大经济更稳固，用土地肥力递减规律来解释人民

---

① 考茨基援引了这段话，小土地私有制才成为创造"在社会以外的"野蛮阶级的手段，"原始社会形式的粗野在社会内就与文明国家的一切苦痛和贫乏相融合。"(《资本论》第三卷第二篇第 347 页)

② С. Булгаков *Капитализм и земледелие*. Т. 1 – 2. С-петербург. 1900.

③ 转引《列宁全集》第四卷，北京：人民出版社 2017 年版，第 85 页。

④ 《列宁全集》第四卷，北京：人民出版社 2017 年版，第 86 页。

群众的贫困化。

布尔加科夫在《资本主义与农业》一书中多次提到《资本论》，援引马克思在《资本论》中的观点说明土地问题。他在该书第二卷肯定马克思对土地肥力递减规律的阐释："《资本论》第三卷有一段话①是令人信服的，马克思对土地肥力递减规律的说明并非不合理。"② 马克思在研究级差地租时明确指出自然肥力是土地的客观属性，"自然肥力的差别是由表层土壤的化学结构的差别，也就是由表层土壤所含植物养分的差别形成的"，土地自然肥力在不同的阶段是不同的，它和土地的其他自然属性一样，是土地的要素。马克思认为随着生产力状态的改变，例如耕作技术的提高等，土地的自然肥力状态是可以改变的。马克思在此基础上提出了"经济肥力"的概念，认为人工肥力与自然肥力相溶合，而且在同一个土壤里才会形成经济肥力，即自然肥力虽然是经济肥力赖以形成的基础，但是不能直接地表现为栽培农作物所需的经济肥力，只有通过人的生产活动而创造的人工肥力与土壤中原先所有的自然肥力相溶合，才能成为经济肥力。一定的科学技术水平是经济肥力形成的重要因素，土地的经济肥力发展到什么样的程度是以一定的科学水平为基础的，也就是以一定的劳动生产力程度为依托的。总的来说，马克思的土地肥力观点则认为自然肥力向经济肥力的转化是通过人的生产活动创造的人工肥力而促成的，经济肥力的形成和发展是受一定的劳动生产力状况（农业技术等）决定的。马克思的土地肥力思想与马尔萨斯、李嘉图和合法马克思主义者的土地肥力递减规律的根本区别在于对农业生产技术的影响力有不同的认识，后者虽然不否认计税水平、农业设施对农业生产的影响，但是认为这种影响不足以改变问题的本质，因为生活资料的增加是成算术级数的，而人口的增加是成几何级数的，所以只要对人口加以限制，就会稍稍放驰。

布尔加科夫虽然深受考茨基《土地问题》一书的影响，但是在很多方面并不赞同考茨基的土地理论。例如在租佃和土地所有权的关系问题

---

① 布尔加科夫援引的这段话是："从资本主义生产方式的观点来看，如果为了获得同一产品而必须投资，必须对以前无须付费的东西付费，那么，这个产品总会变得相对昂贵。因为生产上所耗费的资本的补偿，只是指表现为一定生产资料的价值的补偿。"——《马克思恩格斯文集》第七卷，北京：人民出版社2009年版，第843页。

② С. Булгаков. *Капитализм и земледелие*. Т. 1. С-петербург. 1900. С. 13 – 14.

上，考茨基认为租佃制发达的国家是大土地所有权占优势的国家，因为土地所有权的集中和土地抵押的集中是消灭土地私有制的有利条件，租佃数量和租地面积的增长同土地所有权的集中是同时进行的。布尔加科夫试图驳倒考茨基这个观点，反对考茨基用抵押机构的集中来证明土地所有权的集中，他以东普鲁士的情况为例来说明租佃土地的增多是同大土地所有权的分散同时进行的。在如何论证农业大生产优越性的问题上，考茨基是以大生产批发购买材料、小生产零买材料作为论据来说明农业大生产在技术上具有优越性。布尔加科夫反对这个论据，认为这只能说明大生产在购买材料上花费更少，但是不能说明大生产在技术上更有利。考茨基还提出了其他论据来证明大生产比小生产具有优越性，如小生产使用机器的范围比较小，小农户获得贷款比较困难，付出的利息比较高等，布尔加科夫提出农民协作社来反对这些论据，认为小生产中每公顷土地必须使用更多的耕畜的观点是没有说服力的，因为对农场的耕畜集约化程度还没有研究。考茨基用来证明小生产中的劳动过度和消费不足的资料在布尔加科夫看来是偶然性的材料，他认为只要指出"某些地方农民生活富裕，另一些地方农民生活贫困"就可以回避农民劳动过度和消费下降的事实了。考茨基在分析资本主义农业中大生产和小生产的相互关系后提出了资本主义农业的界限的问题，认为土地所有权的垄断限制着农业资本主义。考茨基说，"从1882年到1895年德国最小的农场（就土地面积而言）和最大的农场增加得最多（也就是说中等农场的土地分散了）。"① 他还援引了一些数据来证明自己的观点。布尔加科夫反对这一观点，认为职员数目的增加也许能证明农产品加工工业的增长，但是绝不能证明大生产集约化程度的增长。布尔加科夫认为考茨基的论断有部分真理，但更多的则是谬误，他举出爱尔兰有大地产但是没有大生产的例子来反驳考茨基，认为考茨基的无产阶级小生产理论在一个很有限的地区内是正确的。布尔加科夫在该书的结论部分说，"资本主义生产，严格地说，从来不是人民经济，它的首要特征是世界性。"②

---

① 转引《列宁全集》第四卷，北京：人民出版社2017年版，第116页。
② С. Булгаков *Капитализм и земледелие*. Т. 1. С-петербург. 1900. С. 442.

19 世纪下半期俄国合法马克思主义关于资本主义的相关文章和著作

作者	名称	出版时间
彼·司徒卢威	《论俄国资本主义发展问题》	1893 年 10 月《社会政治中央导报》第 3 卷第 1 期
彼·司徒卢威	《俄国经济发展问题的评述》	1894 年
杜冈—巴拉诺夫斯基	《现代英国的工业危机、原因及其对人民生活的影响》	1894 年
杜冈—巴拉诺夫斯基	《俄国工厂的过去和现在》	1897 年
杜冈—巴拉诺夫斯基	《资本主义与市场》	1898 年
布尔加科夫	《卡尔·马克思〈资本论〉的第三卷》	1895 年《俄国思想》杂志
布尔加科夫	《论资本主义生产条件下的市场》	1897 年
布尔加科夫	《论农业资本主义演进的问题》	《开端》1899 年第 1—2 期
布尔加科夫	《资本主义与农业》（两卷本）	1900 年

第五章 《资本论》与普列汉诺夫的一元论历史观

《资本论》在19世纪70年代俄国的传播，不仅引起俄国知识分子的热烈讨论，而且促使俄国民粹主义者逐渐转向马克思主义。1882至1883年，普列汉诺夫经过三年的思想成长最终从民粹主义转向马克思主义，成为俄国第一位马克思主义者。1883至1899年，普列汉诺夫在19世纪的最后十六年，在集中批判俄国民粹主义的基础上客观分析资本主义的历史作用，阐释和发展唯物主义历史观，最终形成马克思主义的一元论历史观。

第一节 普列汉诺夫在19世纪下半期的思想活动

19世纪80年代初期，格·瓦·普列汉诺夫（Г. В. Плеханов）① 通过研读马克思恩格斯著作完成了从民粹主义向马克思主义的思想转变，成为俄国第一个马克思主义者。他通过成立劳动解放社翻译和传播马克思主义著作，通过批判俄国民粹主义阐释和发展唯物主义历史观。

一、普列汉诺夫的生平和主要活动

1856年12月，普列汉诺夫出生于俄国唐波夫省利佩茨克县古达洛夫卡村的一个小地主贵族家庭。1868年，他考入沃龙涅什陆军中学，在中学的五年期间，他在老师的帮助下广泛阅读俄国和世界的进步文学名著，如普希金、别林斯基、涅克拉索夫、赫尔岑、车尔尼雪夫斯基的作品，

---

① 格奥尔基·瓦连廷诺维奇·普列汉诺夫（Г. В. Плеханов，1856—1918）：俄国著名的马克思主义理论家，俄国马克思主义政党的创始人和领袖之一，俄国和国际工人运动的著名活动家。

尤其是涅克拉索夫 1864 年在《现代人》杂志上发表的诗歌《铁路》。1903 年，普列汉诺夫在日内瓦演讲时回忆了涅克拉索夫对他的影响："涅克拉索夫以自己的诗歌唤起了并且表达了和他同时代的先进青年的进步意向。……我们几个人围坐在一起读涅克拉索夫的诗……这本书给我们留下了强烈的印象。……我的朋友索洛弗佐夫……低声细语地说：'我要是能拿这支枪去为俄国人民战斗多好啊！'……以后每当我重读《铁路》时，都会回忆起这些话。"① 1873 年 8 月，普列汉诺夫从陆军中学毕业，9 月进入康士坦丁堡炮兵军官学校继续深造，但是四个月以后他以身体不好为由申请退学。9 月考入圣彼得堡矿业学校，几个月后获得叶卡特琳娜奖学金。这一时期他深受车尔尼雪夫斯基的影响，尤其是 1863 年发表在《现代人》杂志上的长篇小说《怎么办？》。普列汉诺夫在 1890 年回忆车尔尼雪夫斯基时写到："谁没有读过和反复读过这部著名的作品呢？……在读了这部小说之后，谁不思考自己的生活呢？谁不严格检查自己的志向和兴趣呢？我们全部从这部小说中汲取了精神力量和对美好未来的信心。"②

  1875 年，普列汉诺夫在同学亚·伊·乌斯宾斯基（А. И. Успенский）③的影响下认识和接触了革命民粹派的一些成员。他们的理论和实践活动对普列汉诺夫产生了强大的吸引。他毅然决然地放弃了在圣彼得堡矿业学校的学业，加入革命民粹派的秘密组织，开始了革命活动。1876 年他参与工人小组的领导工作，秘密联络各个小组的成员。他在工人小组中结识的朋友斯·尼·哈尔士林（С. Н. Харшлин）、莫伊先科（Мойсенко）后来成为著名的工人活动家。1876 年 12 月，俄国工人在彼得堡大街中心的喀山大教堂前举行政治示威游行，普列汉诺夫在示威大会上发表了政治演说，抨击沙皇专制制度。在政治活动的初期，普列汉诺夫是俄国革命民主主义者别林斯基和车尔尼雪夫斯基的崇拜者，作为民粹派的宣传家，相信通过农民革命可以过渡到社会主义。但是他也重视与工人的积极联系，帮助工人组织罢工，撰写罢工传单和小册子，号召工人参加斗争。

---

  ① Г. В. Плеханов. *Сочинения* Том. *10.* Изд. 2-е. Государственное издательство Москва. С. 389.

  ② Плеханов. Г. В. *Избранные философские произведения.* Т. *4.* Издательство социально-экономической литературы Москва. 1958. С. 130.

  ③ 亚·伊·乌斯宾斯基（А. И. Успенский，1873—1938）：俄国和苏联历史学家，教育学家，古文献学家等。

1876年12月，各地民粹派小组在圣彼得堡秘密集会，建立全国革命团体——"北方革命民粹派小组"，1878年改称为"土地与自由社"（Общество землии свободы）。普列汉诺夫加入了这个组织，并在1878年春参与制定了"土地与自由社"的纲领。这个纲领要求平均分配土地，实行公社自治，通过革命知识分子在工人和农民中间宣传鼓动实现暴动。普列汉诺夫在此时已经阅读了《资本论》，但是当时的他坚信民粹主义，没有接受马克思主义。1877年初，普列汉诺夫为躲避警察的追捕秘密逃到国外，在德国认识了几个德国社会民主党人，在法国拜会了俄国革命民粹派的著名代表彼·拉甫罗夫。1877年7月，普列汉诺夫秘密回到俄国，在萨拉托夫工厂组织了民粹派小组，之后回到圣彼得堡。1878年1月，涅克拉索夫逝世，普列汉诺夫代表"土地与自由社"在墓前发表了演说。1878年1月，圣彼得堡的奥斯特洛夫子弹工厂发生了火药库爆炸事件，6名工人死亡。普列汉诺夫与哈尔士林组织工厂工人示威游行，并起草了传单《致子弹厂的工人》。3月，新新纱厂因资本家降低工资爆发了罢工，普列汉诺夫向工人宣讲资本家如何剥削工人，呼吁工人团结战斗，要求提高工资，迫使资本家不得不让步。与此同时，为对抗沙皇政府对"到民间去"运动的镇压，俄国革命民粹派多次组织暗杀活动，主要有查苏利奇枪击圣彼得堡市长特列波夫，克拉夫钦斯刺死宪兵司令麦津采夫，戈利坚别尔格谋杀基辅省长克罗波特金，以及索罗维也夫刺杀沙皇亚历山大等。1879年，"到民间去"运动日渐式微，俄国革命民粹派内部产生了激烈的争论，一部分人主张组织更多的暗杀活动，另一部分人反对个人恐怖的手段，主张到农民中去进行宣传鼓动。1879年9月，"土地与自由社"分裂为"民意党"和"土地平分社"，前者以尼·亚·莫罗佐夫（Н. А. Морозов）①、安·伊·热利亚鲍夫（А. И. Желябов）②为代表，后者以普列汉诺夫、巴·波·阿克里雪里罗得（П. Б. Аксельрод）③、列·

---

① 尼·亚·莫罗佐夫（Н. А. Морозов，1854—1946）：俄国革命运动活动家，俄国民意党人代表。
② 安·伊·热利亚鲍夫（А. И. Желябов，1851—1881）：俄国革命民粹派，俄国民意党执行委员会委员。
③ 巴·波·阿克雪里罗得（П. Б. Аксельрод，1850—1928）：俄国社会民主党人。19世纪70年代曾加入土地与自由社，之后是黑土平分社成员。1883—1903年劳动解放社成员。

格·捷依奇（Л. Г. Дейч）①等为代表。

1880 年 1 月，普列汉诺夫流亡到西欧，先后在瑞士、法国、英国、意大利等国居住和生活，直到 1917 年二月革命胜利后才回到俄国。在西欧期间，普列汉诺夫经常参加法国工人的集会，倾听法国工人党领袖茹尔·盖得②、巴黎公社女英雄路易斯·米歇尔③等人的演讲，结识了格·亨·福尔马尔等德国社会民主党人。1883 年 9 月，与查苏利奇、阿克雪里罗得等人创办俄国第一个马克思主义组织——劳动解放社（Общество освобождения труда），开始有组织地翻译和传播马克思恩格斯的著作。普列汉诺夫在 1883 年和 1888 年为劳动解放社制定了两个纲领草案。在纲领中明确指出劳动解放社的目的是"在俄国宣传社会主义思想和培养组织俄国工人社会主义政党的力量"④。列宁也指出，因躲避书报检查制度，劳动解放社在国外出版的著作，第一次系统地用各种实际的结论解说马克思主义思想。

19 世纪 80 年代，普列汉诺夫主要出版了两本著作。1883 年，普列汉诺夫完成了第一篇马克思主义文章《社会主义与政治斗争》，最初准备将这篇文章发表在《民意导报》第 1 期上，但是拉甫罗夫和吉荷米洛夫谢绝刊印，他们认为这篇文章表明"民意主义是最无原则的思潮"⑤。1883 年 10 月，劳动解放社出版《社会主义与政治斗争》单行本，并作为《现代社会主义丛书》的第一册，这是普列汉诺夫第一本马克思主义著作。⑥ 1885 年，普列汉诺夫出版第二部巨著《我们的意见分歧》，并

---

① 列·格·捷依奇（Л. Г. Дейч，1855—1941）：俄国和国际社会主义运动活动家，劳动解放社的创立者之一。

② 茹尔·盖得（1845—1922）：法国工人运动和第二国际的著名领袖，对法国工人运动产生过巨大影响。

③ 路易斯·米歇尔（1830—1905）：巴黎公社女英雄，被誉为蒙马特尔的红色姑娘，公社失败后被流放太平洋小岛将近 10 年，著有回忆录《公社》。

④ 《普列汉诺夫哲学著作选集》第一卷，北京：三联书店 1959 年版，第 410 页。

⑤ 1883 年 8 月 5 日普列汉诺夫给彼·拉甫罗夫的信。参阅《普列汉诺夫哲学著作选集》第一卷，北京：三联书店出版社 1959 年版，第 864 页。

⑥ 1905 年，普列汉诺夫的《两条战线》论文集出版时收了《社会主义与政治斗争》一文。1906 年，《社会主义与政治斗争》以小册子的形式再次出版单行本，之后先后被译成波兰文和保加利亚文。20 世纪 20 年代，苏联编辑出版 24 卷《普列汉诺夫全集》，《社会主义与政治斗争》一文收录在第二卷。1957 年，《社会主义与政治斗争》一书首次由刘若水译成中文，出版单行本。1959 年，北京三联书店翻译出版《普列汉诺夫哲学著作选集》第一卷时收录了刘若水的译本。

作为《现代社会主义丛书》第三册①。这部著作该书包括代序、导言、第一章至第五章以及第六章结论等八个部分。其中，代序、导言和第一章主要是批判俄国革命民粹派，集中剖析俄国民粹主义把农村公社作为社会主义的基础的错误理论，第二章至第五章主要是回答俄国资本主义能否发展起来的问题。

1889 年 7 月 14 至 21 日，第二国际在巴黎召开成立大会，22 个国家的 393 名代表出席了大会。普列汉诺夫作为俄国代表团成员参会，并在大会上发表著名的演说，清楚说明俄国社会民主党人的观点和俄国工人运动的光明前景，"俄国革命运动只有作为工人革命运动，才能取得胜利"②。恩格斯由于在伦敦整理《资本论》第三卷手稿，未能到会。普列汉诺夫、阿克雪里罗得在会议结束后专程到伦敦拜访恩格斯。普列汉诺夫回忆这次见面时说，"我很高兴我能在几乎整整一个星期中和他就各种实际和理论问题作长时间的谈话"③。1893 年 8 月，第二国际在苏黎世召开第三次代表大会，普列汉诺夫作为俄国代表出席了大会，并被选入战争问题委员会，代表委员会作了题为《社会民主党在战争时期的立场》的报告。会议结束后恩格斯到阿克雪里罗得家里看望俄国革命者。1894 年 8 月底至 11 月底，普列汉诺夫在伦敦时经常去恩格斯家阅读恩格斯的藏书。对于普列汉诺夫借书的请求，恩格斯立即答应，"您可以放心，凡是我能找到的您感兴趣的专门著作——书籍、报刊等，将统统提供给您。我们见面时就可以谈谈此事"④。普列汉诺夫在给恩格斯的便条上真诚地写道："我认为宣传您和马克思的思想是我一生的全部任务"⑤。普列汉诺夫在回忆与恩格斯的会面时写到："1889 年，当我参观了巴黎的国际博览会以后，我曾到伦敦拜访恩格斯。我很高兴我能在几乎整整一个星期中和他就各种实际和理论的问题作长时间的谈话。"⑥ 在这期间，他们

---

① 20 世纪 20 年代苏联编辑出版《普列汉诺夫全集》，《我们的意见分歧》收录在《普列汉诺夫全集》第二卷。1955 年，刘若水将其译成中文，由北京三联书店出版。1959 年，北京三联书店翻译出版《普列汉诺夫哲学著作选集》第一卷时收录了刘若水的译本。

② 伊·布拉斯拉夫斯基编：《第一国际第二国际历史资料（第二国际）》，北京：三联书店 1964 年版，第 12 页。

③ 《普列汉诺夫哲学著作选集》第二卷，北京：三联书店出版社 1961 年版，第 404 页。

④ 《马克思恩格斯全集》第三十九卷（上），北京：人民出版社 1974 年版，第 291 页。

⑤ Литературное наследие Г. В. Плеханова. Сборник. Ⅷ. Государственное социально-экономическое издательство. 1940. С. 291.

⑥ 《普列汉诺夫哲学著作选集》第二卷，北京：三联书店出版社 1961 年版，第 404 页。

还经常通信，目前保存下来的有 19 封信，其中包括普列汉诺夫在 1893 年 3 月至 1895 年 2 月写给恩格斯的 14 封信和恩格斯在 1894 年 5 月至 1895 年 2 月写给他的 5 封复信。作为恩格斯的亲密战友和忠实学生，普列汉诺夫几乎参加了第二国际历次代表大会①，并在 1900 年的巴黎代表大会上当选第二国际常设机关国际社会党执行局委员。

在参加国际工人运动的同时，普列汉诺夫在 19 世纪 90 年代发表了大量文章和著作，其中最为重要的是《唯物主义史论丛》《无政府主义与社会主义》《论一元论历史观之发展》《论个人在历史上的作用问题》。1892 年 6 月，普列汉诺夫在德国社会民主党理论刊物《新时代》主编卡尔·考茨基邀请下为该杂志撰稿，在 1893 年 5 月、7 月和 1894 年 7 月用法文完成了三篇文章，即《霍尔巴赫》《爱尔维修》《马克思》。1896 年，这三篇文章以《唯物主义史论丛》为书名在斯图加特出版德文版，普列汉诺夫为此撰写了前言。② 1894 年 2 月，普列汉诺夫因柏林《前进报》图书出版部的约稿用法文写了一本论无政府主义的小册子《无政府主义与社会主义》。伯恩施坦将其译成德文，1894 年 6 月首次在德国社会民主党机关报《社会民主党人》上发表。1895 年出版了法文版和马克思的女儿爱琳娜·艾威林翻译的英文版。③ 1895 年 1 月，普列汉诺夫以

---

① 第二国际自 1889 年 7 月成立至 1914 年 8 月解散，存在 25 年，一共召开了九次代表大会，即 1889 年巴黎代表大会，1891 年布鲁塞尔代表大会，1893 年苏黎世代表大会，1896 年伦敦代表大会，1900 年巴黎代表大会，1904 年阿姆斯特丹代表大会，1907 年斯图加特代表大会，1910 年哥本哈根代表大会，1912 年巴塞尔代表大会。普列汉诺夫一共参加了 7 次，1891 年第二次代表大会由于他不愿意仅仅作为流亡团体的代表而没有出席，1912 年第九次代表大会由于他的病情突然加剧而未能出席。

② 1903 年在斯图加特出版德文第 2 版。1922 年在哈尔科夫首次出版俄文版。20 世纪 20 年代苏联编辑出版《普列汉诺夫全集》，《唯物主义史论丛》收录在第八卷。中文译本有多个版本。1953 年王太庆的译本由人民出版社出版，1955 年出版修订版。1961 年，北京三联书店翻译出版《普列汉诺夫哲学著作选集》第二卷时收录了王太庆的译本。2021 年商务印书馆编辑出版《普列汉诺夫文集》，该文集的第二卷是王荫庭翻译的《唯物主义史论丛》。

③ 1904 年在柏林出版德文第 2 版，1911 年在柏林出版德文第 3 版。普列汉诺夫为德文第 2 版和第 3 版撰写了序言。20 世纪 20 年代，苏联编辑出版《普列汉诺夫全集》，《无政府主义和社会主义》一书收录在《普列汉诺夫全集》第四卷，普列汉诺夫为德文版撰写的两篇序言收录在《普列汉诺夫全集》第十六卷。中文译本有多个版本：(1) 1930 年，青锐翻译的《无政府主义与社会主义》中译本由上海辛垦书店出版。1935 年再版时书名译为《无政府主义批判》；(2) 1980 年，王荫庭翻译的《无政府主义和社会主义》中译本由北京三联书店出版。(3) 2021 年，商务印书馆编辑出版《普列汉诺夫文集》，王荫庭翻译的《无政府主义和社会主义》作为《普列汉诺夫文集》的第一卷。

笔名别尔托夫在圣彼得堡出版《论一元论历史观之发展》。为了争取在沙皇俄国合法地公开出版这本宣传马克思主义的著作，他把书名改为《论一元论历史观之发展》①，之后在《俄国社会民主主义的初步运动》一文中说明了改动书名的缘由："所谓'一元论'历史观，我指的是历史唯物主义，不过我不想直呼其名，以免触犯书报检查机关。"② 1895 年 1 月 30 日，恩格斯在致查苏利奇的信中称赞"格奥尔基的书出得很适时"③。2 月 8 日，恩格斯在致普列汉诺夫的信中说，这本书在俄国的出版"本身无论如何是一次巨大胜利。这是又一个阶段，即使我们不能保住这块刚刚争得的新阵地，但这仍不失为一个打破冻冰的先例"④。1905 年该书出版第二版，1906 年出版第三版，普列汉诺夫为第二版、第三版撰写了序言。⑤ 1898 年，普列汉诺夫以笔名基尔桑诺夫在圣彼得堡出版的俄文刊物《科学评论》杂志第 3—4 期上发表《论个人在历史上的作用问题》。⑥ 此外，还发表了一系列文章，主要是《黑格尔逝世六十周年》（德文杂志《新时代》1891 年第 7—9 号），《奥古斯丁·梯叶里和唯物史观》（法文杂志《社会变化》1895 年 11 月），《论唯物主义的历史观》（《新语》1897 年第 12 期），《伯恩施坦和唯物主义》（《新时代》

---

① 最初的书名是《我们的意见分歧，第二部》，也就是沿用了普列汉诺夫在 1885 年出版的著作《我们的意见分歧》一书的书名。但是由于出现了合法出版该书的机会，书名《我们的意见分歧，第二部》会立即暴露出作者是谁。因此，普列汉诺夫将书名改为《论一元论历史观之发展》，并用笔名别尔托夫出版。

② 《马列主义研究资料》第 3 辑，北京：人民出版社 1989 年版，第 7 页。

③ 《马克思恩格斯全集》第三十九卷，北京：人民出版社 1974 年版，第 379 页。

④ 《马克思恩格斯与俄国政治活动家通信集》，北京：人民出版社 1987 年版，第 746 页。

⑤ 20 世纪 20 年代苏联编辑出版《普列汉诺夫全集》，《论一元论历史观之发展》收录在《普列汉诺夫全集》第二卷。中文译本目前有四个版本：（1）1929 年吴念慈将该书译为《史的一元论》，1929 年由上海南强书局出版第一版，1935 年出版第二版；（2）1946 年博古将该书译为《论一元论历史观之发展》，1946 年由上海辰光书店出版，之后多次再版；（3）1959 年翻译出版《普列汉诺夫哲学著作选集》第一卷时收录了博古的译本；（4）2010 年，王荫庭在重译这本著作时将书名译为《论一元论历史观的发展问题》，2012 年出版第 1 版，2017 年和 2021 年重印。

⑥ 1905 年普列汉诺夫出版《二十年间》文集，《论个人在历史上的作用问题》都被收录其中，1906 年和 1908 年出版该文集第 2 版和第 3 版。20 世纪 20 年代苏联编辑出版《普列汉诺夫全集》，该书收录在第八卷。中译本有多个版本，1948 年唯真的译本由莫斯科外国文书籍出版局出版。1961 年，北京三联书店翻译出版《普列汉诺夫哲学著作选集》第三卷时收录了唯真的译本。2010 年王荫庭重译《论个人在历史上的作用问题》，2010 年由商务印书馆出版，2011 年，2017 年再版。2021 年商务印书馆编辑出版 12 卷的《普列汉诺夫文集》，王荫庭翻译的《论个人在历史上的作用问题》作为《普列汉诺夫文集》的第四卷。

1898 年第 44 期)。

　　1898 年 3 月,圣彼得堡、莫斯科、基辅等地的工人阶级解放斗争协会在明斯克召开代表大会,宣告俄国社会民主工党成立。1900 年 12 月,普列汉诺夫、列宁、波特列索夫、查苏利奇、阿克雪里罗得等人创办俄国第一份马克思主义报纸《火星报》。1901 年 12 月,根据列宁的建议,在日内瓦、苏黎世、伯尔尼和巴黎等地举行了纪念普列汉诺夫参加革命二十五周年的集会。1901 至 1902 年,普列汉诺夫对司徒卢威等合法马克思主义者展开批判,这些文章以《对我们的批判者的批判》为题发表在《曙光》杂志上。1902 年,普列汉诺夫出版《怎么办?》一书,通过批判经济派对工人运动自发性的盲目崇拜,对政治斗争的错误拒斥以及对科学社会主义理论的错误认识,彻底完成了对经济主义的批判。1902 年,普列汉诺夫和列宁在俄国社会民主工党党纲问题上产生了较大的分歧,经过将近一年的激烈讨论最终为俄国无产阶级政党制定了彻底的革命纲领。1903 年 7 月,俄国社会民主工党召开第二次代表大会,制定了第一个马克思主义党纲,但是分化为两个对立的派别——以列宁为代表的多数派（布尔什维克）和以马尔托夫为代表的少数派（孟什维克）。普列汉诺夫最初支持列宁,但是他害怕党内分裂,在《火星报》编委会选举和党的总委员会选举中对马尔托夫等人让步,希望借此维护党内团结。1903 年 11 月,普列汉诺夫在《火星报》上发表第一篇机会主义文章《不该这么办》,试图调和布尔什维克与孟什维克的分歧,没有认识到双方的分歧是马克思主义建党理论与机会主义建党理论的分歧。之后,普利汉诺夫在对待俄国 1905 年革命、第一次世界大战和十月社会主义革命等重大政治事件上都坚持了孟什维克主义的立场,走向了马克思主义的反面。1918 年 5 月 30 日,普列汉诺夫因心肌梗塞溘然病逝。

　　1927 年,俄国文学家和翻译家阿·沃登①曾回忆他在 1893 年与恩格斯的谈话,"恩格斯很重视普列汉诺夫的天才……,并且询问他的著作计划,认为关于法国唯物主义历史的著作和俄国民粹主义文学的论文都写得很中肯。"② 恩格斯还对沃登说:"我知道只有两个人懂得和掌握了马

---

① 阿·沃登（АлексейВоден, 1870—1932）：俄国文学家、哲学家和翻译家。
② А. Воден. «Назаре "легальногомарксизма"», напечатаннойвжурнале «Летописимарксизма» № 4, 1927 г. Опубликованов книге：Воспоминания о Марксе и Энгельсе. М.：Государственное издательство политической литературы, 1956.

克思主义，这两个人就是：梅林和普列汉诺夫。"① 毫无疑问，普列汉诺夫是一位杰出的马克思主义理论家，他是俄国第一位以马克思主义观点研究欧洲哲学史的思想家，他对民粹主义、修正主义、合法马克思主义、无政府主义、马赫主义等错误思潮的批判，丰富和发展了马克思主义学说。他是俄国社会思想的巨匠和俄国文化的巨人，也是马克思主义文艺理论和马克思主义美学理论的开创者。正如我国学者高放先生所说，普列汉诺夫是"19 世纪末 20 世纪初俄国和国际共产主义运动煊赫一时的杰出人物，是欧洲思想界光辉灿烂的明星"②。

二、普列汉诺夫在 19 世纪 80 年代初的思想转向

19 世纪 70 年代末至 80 年代初是普列汉诺夫从革命民粹主义转向马克思主义的重要时期。根据普列汉诺夫在这一时期发表的文章，可以把他的思想变化分为三个阶段：一是 1878 至 1879 年在《土地与自由》杂志发表文章和担任编辑时期，二是 1880 至 1881 年底创办《土地平分》杂志时期；三是 1882 年自觉传播和翻译《共产党宣言》时期。

1878 至 1879 年，普列汉诺夫在《土地与自由》（«ЗемляиВоля»）第 2 期至第 4 期上发表《卡缅斯卡亚镇》《新棉纺厂》《凯尼格造纸厂》《工厂工人的骚动》等六篇文章，其中最重要的是在第 3 期上发表的《俄国社会经济发展的规律和社会主义的任务》一文，并因此成为杂志编辑部的成员。这时的普列汉诺夫虽然对俄国工厂有了一定的研究，但仍然坚持民粹主义的立场，把资本主义在俄国的发展视为一种倒退，坚信俄国在消灭专制制度后可以越过资本主义阶段。普列汉诺夫在这篇文章中对马克思恩格斯的思想已经有所认识，但是把科学社会主义创始人与德国资产阶级、小资产阶级社会主义者混合在一起，"洛贝尔图斯、恩格斯、马克思、杜林成为社会主义积极发展时期的一代杰出人物"③。当时的他并不完全赞同社会主义学说，反而认为社会主义学说缺乏必要的准备，既无法实现必要的变革，也不能建立有所作为的政党，还援引马

---

① А. Воден．"Назаре"легальногомарксизма"»，напечатаннойвжурнале «Летописимарксизма» № 4，1927 г. С. 90. 参阅《回忆马克思恩格斯》，北京：人民出版社 1957 年版，第 381 页。
② 高放、高敬增：《普列汉诺夫评传》，北京：中国人民大学出版社 1985 年版，第 5 页。
③ Г. В. Плеханов. Сочинения. Том. 1. Изд. 2-е. Государственное издательство Москва. С. 57.

克思在《资本论》第一卷第 1 版序言中的观点①来证明自己的结论："在《资本论》作者看来，社会主义是西欧社会经济发展进程中的自然产物"。②

普列汉诺夫在这篇文章中强调了俄国与西方的不同：在西方，土地公社已经在中世纪封建制度的斗争中瓦解，资本主义在西方是走向社会主义的必然阶段；在俄国，土地公社仍然是俄国农民的土地关系的基本特点，土地的集体所有制可以作为社会主义经济的出发点，因此完全可以经过其他道路达到社会主义。因为资本主义生产的发展需要无产者阶级，而俄国没有这样的无产者，俄国农民在农奴制改革后获得了土地，农村公社仍然是俄国社会的基础，俄国不能成为资本主义生产的国家，也就无法建立社会主义。普列汉诺夫在当时还没有完全赞同马克思恩格斯的学说，但是他承认马克思的学说对于他们确定纲领是十分有益的。马克思在《资本论》中阐述了一个社会即使探索到了本身运动的自然规律也不能跳过自然的发展阶段的思想，普列汉诺夫对此提出问题：西欧社会是什么时候探索到这个规律的？在他看来，西欧社会正是在村社解体的时候经历最严重的危机，也就是封建主义的村社原则被资本主义的私人占有原则代替。在资本主义私人占有原则为基础的社会里，由于工厂的劳动社会化，生产的集体化，社会主义不再是个别的宗派，而是成为群众性的运动。因此，西欧社会既不能跳过也不能取消自然的发展阶段的原因在于，"社会习俗是不能通过行政命令加以改变的，……它们的变化是通过极为细微的变化的逐渐积累而形成的"③。

普列汉诺夫承认社会发展存在着普遍规律，但是在不同的社会里它们有不同的表现，产生完全不同的结果，"卡尔·马克思本人也不是随心所欲地把人类放到'共同规律'这张普罗克鲁斯提斯床上的人"④。他以资本主义在西欧国家和俄国的发展来证明自己的观点。在西方，资本主义取代的是比它更低的封建主义社会形态，资本主义大工业的劳动社会化不仅对培养人民的社会习俗是有利的，而且推动社会前进，因此资本

---

① 普列汉诺夫援引马克思在《资本论》第一卷第 1 版序言中的观点："一个社会即使探索到了本身运动的自然规律，它还是既不能跳过也不能用法令取消自然的发展阶段。但是它能缩短和减轻分娩的痛苦。"——《俄国民粹派文选》，北京：人民出版社 1983 年版，第 489 页。
② 《俄国民粹派文选》，北京：人民出版社 1983 年版，第 488 页。
③ 《俄国民粹派文选》，北京：人民出版社 1983 年版，第 492 页。
④ 《俄国民粹派文选》，北京：人民出版社 1983 年版，第 494 页。

主义在西方"是社会主义的天然先驱者"①。在俄国,资本主义排挤的是比它更为高级的土地村社合作制,资本主义社会化使村社的社会习俗大大倒退,因此资本主义在俄国是社会的倒退。显然,此时的普列汉诺夫仍然寄希望于村社,认为村社的共同占有土地原则与私人占有制相比具有两个优点:一是在它身上没有不可克服的矛盾,二是它本身不具有导致自身灭亡的因素。因此,他的结论是:俄国农村公社不存在任何矛盾,俄国大多数农村还保持着公社占有制,因此俄国还没有走上资本主义道路。

但是普列汉诺夫在这时已经积极支持社会主义宣传,只是认为宣传的出发点和实际任务与西方应有所不同。西欧国家是加工工业和采掘工业占优势,社会改革由工业的形式和技术来决定;俄国是农业国家,社会改革由土地占有制形式和农业技术来决定,因此,这两个极不相同的社会形态的社会任务也不可能是相同的。普列汉诺夫把集体占有制和集体劳动视为西欧社会主义的要求,对于俄国而言,集体占有制已经存在,但是在农业技术中还不具备集体劳动的基础。在此基础上,普列汉诺夫提出俄国革命活动的任务是"从宣传最理想的社会制度"转到创建"战斗的人民革命组织",实现人民革命的变革。总的来说,这时的普列汉诺夫仍然寄希望于俄国依靠农村公社避免资本主义道路,把土地的集体所有制作为社会主义的出发点。

1879年11月,普列汉诺夫为"土地平分社"起草第二份正式文件《"土地平分"社宣言》,呼吁农民团结起来反对沙皇剥夺农民的土地。宣言的核心内容是没收地主和官府所占的土地,要求平均分配土地、牧场和森林,免除一切赎金,减少赋税和徭役,减免以前的所有欠缴税款,自由地免税地经营盐业、渔业、采矿等各种行业、减少征兵人数和缩短赋役期限等。普列汉诺夫在这份宣言里已经表达了坚决进行政治斗争的决心,"尽管有种种迫害,我们仍然决心为农民的'土地和自由'而斗争到最后一息"②。1880年1月,普列汉诺夫为"土地平分社"创办《土地平分》(«Черный Передел»)杂志。因杂志印刷所被警察破获,第一期和第二期不得不转移到日内瓦出版,第三期至第五期在国内出版,1881年12月被迫停刊。

---

① 《俄国民粹派文选》,北京:人民出版社1983年版,第492页。
② 《俄国民粹派文选》,北京:人民出版社1983年版,第500页。

1880年1月，普列汉诺夫在《土地平分》杂志第1期上发表纲领性文件《土地平分》，明确提出俄国社会革命党的实际任务由两个部分组成，一是科学的普遍原理，二是俄国历史和现实的特殊条件。与1879年对社会主义的认识仅仅停留在西欧社会层面不同，普列汉诺夫在这篇文章中从科学理论的层面认识社会主义——"社会主义是关于人类社会的科学的最新成就"，社会主义"主要致力于最大限度地改善社会经济制度"。他把马克思作为社会主义的代表，"从释迦牟尼到卡尔·马克思"的所有改革家和革命家都注意到了这些理论，但是只有把这些理论运用于俄国的实践活动中才能成为革命者。①

普列汉诺夫在此时已经接受马克思在《资本论》中提出的经济关系是社会基础的观点，并对此加以阐释："社会中的经济关系是其他一切关系的基础，不仅是一切政治生活现象的根本原因，而且也是社会成员的智力和精神气质的根本原因……"② 他从社会经济制度、社会发展道路、社会改革等方面说明他对社会的整体认识：社会经济制度进步的基本点是生产资料的占有和集体主义劳动，社会发展的道路由社会的全部状况和全部条件决定，社会改革应当用治本的办法，即激进的最大限度的变革，甚至不惜使用暴力反抗旧制度。普列汉诺夫认为这是现代社会学的普遍结论，但是他当时仍然坚持革命民粹主义的俄国特殊性信念——把"土地和自由"作为与沙皇专制制度斗争的基础，把"土地平分"作为解决所有问题的基础，坚持革命民粹主义的政治主张——摧毁沙皇专制制度，反对沙皇政府剥夺人民的土地，反对沙皇政府扶持富农和高利贷资本主义。显然，普列汉诺夫在此时还没有认识到革命民粹主义的理论缺陷。

1881年3月，普列汉诺夫在《土地平分》杂志第3期上发表《给〈土地平分〉杂志编辑部的信》，一方面阐明他对社会主义的理解，另一方面说明土地平分社与民意党的区别。普列汉诺从劳动群众的利益的角度来理解社会主义，认为社会主义是现存社会的阶级对抗和阶级斗争的理论，并把组织工人阶级、唤醒人民的自主精神作为革命的实际任务。以普列汉诺夫为代表的土地平分社与民意党人的区别在于，后者把现代国家制度作为人民解放的主要障碍，前者已经认识到推翻专制制度仍然

---

① 《俄国民粹派文选》，北京：人民出版社1983年版，第506页。
② 《俄国民粹派文选》，北京：人民出版社1983年版，第506页。

无法消除人民受奴役的重要原因，即使推翻专制君主制度的代表，还有立宪制的代表，资产阶级经济利益的代表，因此关键是人民应当成为自觉组织起来的力量，这个力量可以与任何时期的剥削阶级作斗争。普列汉诺夫对《土地平分》杂志的任务提出了新的要求，即在经济要求的基础上正式提出政治自由的要求。他在这封信中已经表达出转向社会主义的想法，"《土地平分》杂志作为一个派别的机关刊物，便应当让位给一个统一的社会主义政党的机关刊物了"①，并且明确提出俄国社会主义政党的目标是建立社会革命组织。

1881年秋，普列汉诺夫在瑞士居住时仔细研读《共产党宣言》1872年德文版，在彼·拉·拉甫罗夫的支持下决定将《宣言》译成俄文。马克思恩格斯为普列汉诺夫翻译的《宣言》俄译本撰写了著名的序言，即《1882年俄文版序言》，这也是马克思在逝世前最后一次对俄国问题发表见解。普列汉诺夫也为俄译本撰写了简短的译者序言和注释，并把《国际工人协会章程》和马克思的《法兰西内战》片段作为《宣言》俄译本的附录。他在译者序言中高度赞扬了马克思恩格斯的贡献："《宣言》及其作者们的其他著作，开辟了社会主义文献和经济文献史上的新时代，这是一个无情地批判现时劳资关系以及与任何乌托邦不同的、科学论证社会主义的时代。"② 1882年6月，拉甫罗夫将《宣言》俄译本寄给了马克思恩格斯。③ 1883年6月，恩格斯在致弗·阿·左尔格的信中写到，"翻译《宣言》是异常困难的，俄译本是目前我看到的所有译本中最好的译本"④。1884年1月，恩格斯在致拉甫罗夫的信中写到，"日内瓦的几个俄文本——《宣言》等等，我很满意"⑤。

正是在阅读和翻译《共产党宣言》的过程中，普列汉诺夫实现了从民粹主义到马克思主义的思想转变。普列汉诺夫曾多次回忆翻译《共产党宣言》对他一生的影响。他回忆了自己清理旧思想和自省新思想的过程："我们多么贪婪地攻读社会民主主义的文献，其中德国的伟大理论家

---

① 《俄国民粹派文选》，北京：人民出版社1983年版，第543页。
② 张驰、孙来斌：《普列汉诺夫马克思主义世界观形成的脉络：基于早期文献的分析》，载《理论月刊》，2016年第10期，第36页。
③ 参阅《马克思恩格斯与俄国政治活动家通信集》，北京：人民出版社1987年版，第420页。
④ 《马克思恩格斯全集》第三十六卷，北京：人民出版社1974年版，第46页。
⑤ 《马克思恩格斯与俄国政治活动家通信集》，北京：人民出版社1987年版，第460页。

们的作品自然占着首要地位。我们读的社会民主主义文献越多，我们就越清楚我们以前观点的弱点……"① 1909 年，普列汉诺夫在《俄国社会民主运动的最初进展》一文中明确指出《共产党宣言》对他的世界观的转变所起到的重要作用："就我个人而言，我可以这样说，阅读《共产党宣言》成为我一生中的一个重要阶段。我受到了《宣言》的启发，立即决定把它译成俄文。"② 1910 年 10 月，普列汉诺夫在给尼·亚·鲁巴金（Н. А. Рубакин）③ 的信中写到："我不是在 1884 年，而是在 1882 年成为马克思主义者。"④ 这里显然指的是他在 1882 年翻译《共产党宣言》时接受了马克思主义理论。普列汉诺夫在完成《共产党宣言》的翻译工作后，进一步阅读马克思的《政治经济学批判》和马克思、恩格斯合著的《神圣家族》，并且做了详细的摘要笔记，这为他之后创建传播马克思主义的组织和运用马克思主义分析俄国实际活动奠定了思想基础。1883 年劳动解放社的成立和《社会主义与政治斗争》的发表，标志着普列汉诺夫正式成为俄国第一个马克思主义者。

第二节　普列汉诺夫在 19 世纪下半期对俄国民粹主义的批判

　　1883 年至 1899 年，普列汉诺夫集中精力撰写了一系列批判俄国民粹主义的理论著作，主要是《社会主义与政治斗争》《我们的意见分歧》《论一元论历史观之发展》。普列汉诺夫正是在对俄国革命民粹主义和俄国自由民粹主义的批判中形成了马克思主义的历史观。

一、普列汉诺夫对俄国革命民粹派的批判

　　19 世纪 80 年代，普列汉诺夫首先对俄国革命民粹派进行批判，他在《社会主义与政治斗争》《我们意见的分歧》等著作中与俄国革命民

---

① 米·约夫楚克，伊·库尔巴娃：《普列汉诺夫传》，宋洪训，纪涛，谢梅馨，李兴耕译，北京：三联书店出版社 1980 年版，第 78 页。
② Г. В. Плеханов. Сочинения. Том. 24. Изд. 2-е. Государственное издательство Москва. С. 178 - 179.
③ 尼·亚·鲁巴金（Н. А. Рубакин, 1862—1946）：俄国作家，俄国图书学家、目录学家。
④ Литературное наследие Г. В. Плеханова. Сборник. Ⅷ. Государственное социально-экономическое издательство Москва. С. 22.

粹派代表拉甫罗夫、吉荷米洛夫进行思想论战，阐明俄国革命民粹主义与马克思主义的根本区别。

1883年，普列汉诺夫在《社会主义与政治斗争》中批判俄国革命民粹派对政治斗争的否定，阐明政治斗争是科学社会主义与小资产阶级社会主义的根本区别。普列汉诺夫首先说明俄国各个派别关于政治斗争的分歧，并认为俄国革命者与沙皇专制制度的政治斗争是俄国革命党最富有争议的问题。一些人认为政治斗争是背叛人民的事业，是亵渎社会主义纲领的纯洁性；一些人承认政治斗争的必要性，准备为了这一斗争与自由主义反对派分子妥协；另一些人认为俄国阶级对抗是有害的，害怕政治斗争。此时的普列汉诺夫已经认识到人民的自发运动不能建立现代俄国，没有强有力的工人政党，人民生活中的许多萌芽不能发展到高级的共产主义形式。为了回答这个充满争议的问题，普列汉诺夫运用《共产党宣言》和《资本论》的理论分析政治斗争在社会主义革命中的作用，揭示俄国革命民粹派的错误认识。普列汉诺夫的这篇文章包括三部分：第一部分强调政治斗争的重要作用，批判俄国各个派别对政治斗争的错误认识；第二部分阐述当时对马克思恩格斯的科学社会主义学说的误解以及马克思恩格斯的学说对俄国的重要意义；第三部分分析社会主义各个流派对社会主义与政治斗争的关系的错误认识。

普列汉诺夫提出政治斗争只有发展为广泛的解放运动才能摧毁专制制度的观点，强调社会主义宣传对于各个国家思想进程的重要影响以及《资本论》对社会主义的重要意义，"社会主义的科学论证只是在《资本论》问世以后才完成"[1]。当空想社会主义在西欧占支配地位时，在19世纪70年代下半期的俄国则是俄国革命民粹派的三大派别，即拉甫罗夫主义、巴枯宁主义和特卡乔夫主义。以巴枯宁为代表的俄国无政府主义者反对任何国家，取消国家观念，提出"自治公社中的自治个人"的口号，他们不是根据蒲鲁东的互助精神，而是根据土地共产主义的精神和完全共产主义的原则组织"自治的公社"。他们主张人民革命，但是不考虑人民革命的经济后果，他们主张消除那些妨碍人民生活正常发展的社会条件，但是不考虑脱离外部阻碍之后的发展道路。以特卡乔夫为代表的"密谋派"强调政治斗争的重要性，但是把政治革命狭隘地理解为

---

[1] 《普列汉诺夫哲学著作选集》第一卷，北京：三联书店出版社1959年版，第55页。

一种以夺取国家政权为目的的阴谋，他们通过俄国社会政治条件的特殊性和俄国人民天生的共产主义倾向认为俄国将走特殊的革命道路。以拉甫罗夫为代表的"前进派"虽然喜欢马克思学说的哲学—历史部分，但是他们否认政治斗争，也不能在现代政治条件下建立强有力的工人政党。在这三个派别之后的俄国民意党人虽然高举政治斗争的旗帜，但是他们用恐怖主义的方式进行斗争。他们的政治鼓动只是反对专制国家，只是反对官僚主义，只是为了废除专制政府强加给人民的重负，而不是为了人民的经济解放。普列汉诺夫认识到现在俄国的当务之急是争取政治自由的斗争，而俄国民粹派、无政府主义者、布朗基主义者不理解政治斗争的作用，不理解经济进步将摧毁俄国公社的原则和巩固资本主义的发展，也始终没有认识到历史进程是不断发展的，而不是原地等待他们实现自己的意愿，他们"应当学会理解历史发展的进程，并且要站在历史的前面，而不是请历史老妪在原地踏步地等着他们为她开辟新的、更直更广的大路"①。

普列汉诺夫明确强调马克思恩格斯的科学社会主义学说的重要意义，"这一学说对于人类文化发展的全部进程给予了真实的解释"，"他们的学说对文明人类的现代革命运动的关系，正如……先进的德国哲学之对于德国解放运动的关系一样"②。普列汉诺夫称赞"马克思恩格斯的历史学说是真正的'革命的代数学'"③，强调科学社会主义必须以唯物主义历史观为前提，必须以社会关系的发展来解释人类发展的历史，科学社会主义需要不断的发展，需要研究细节确定新学说的基本原理。他还分析了当时俄国对马克思学说的误解：第一种是错误地从马克思的学说得出俄国必须通过西欧国家已经走过的历史—经济发展阶段的结论，并认为这个在西欧经济关系的基础上生长出来的学说对俄国是不适用的，以米海洛夫斯基在1877年对《资本论》的解读为代表。第二种是错误地认为马克思忽视政治制度的重要性，忽视政治斗争，错误地理解经济因素的作用。普列汉诺夫对这些错误认识做出了回应，马克思恩格斯从来没有在自己的研究中排除任何国家的经济特点，他们始终在各个国家的经济特点里寻求关于社会政治运动的一般解释。普列汉诺夫进一步阐明了

---

① 《普列汉诺夫哲学著作选集》第一卷，北京：三联书店出版社1959年版，第63页。
② 《普列汉诺夫哲学著作选集》第一卷，北京：三联书店出版社1959年版，第69—70页。
③ 《普列汉诺夫哲学著作选集》第一卷，北京：三联书店出版社1959年版，第72页。

经济关系和政治制度之间的因果联系。"不论在什么时候和什么地方，只要经济发展过程已经引起社会中阶级的分化，这些阶级的利害矛盾就必然使得它们为争夺政治的支配权而进行斗争。"① 普列汉诺夫以英国、法国、西班牙、美国等国家为例，说明工人阶级正在走上政治斗争的舞台，形成工人阶级的政党。无产阶级的纲领不再局限于夺取现代国家机器，而是把政治革命看成达到经济变革的最强有力的手段。普列汉诺夫明确肯定资产阶级在历史上曾经起过的进步作用。资本主义的生产组织和交换形式第一次创造了解放劳动人民的可能性；资本主义打破了工人在旧社会的世界观，使工人建立起新的世界观；资本主义推动工人去斗争，同时不断提高劳动生产率，资本主义所特有的生产社会化，为生产手段和产品的公共所有开辟了道路，为社会主义的发展奠定基础。

普列汉诺夫批判了各种社会主义流派对社会主义与政治斗争的错误理解，在俄国主要是蒲鲁东—巴枯宁主义者和19世纪70年代俄国社会民主党人。他清楚地认识到俄国革命民粹派的理论矛盾：他们把土地公社作为俄国社会经济发展的出发点，但是拒绝政治斗争，拒绝用国家干涉的方法来使公社免于遭受各种破坏影响的可能性。俄国民意党人把夺取统治权作为经济革命最有利的因素之一，但是他们并没有掌握马克思学说中关于政治方面的正确观点，也没有对自身的斗争方法和当前任务加以审查，因此他们缺乏政治观察力，不能正确认识俄国革命的当前任务。"没有革命的理论就没有名副其实的革命运动。……他们如果拒绝理解和掌握'全世界无产者'的伟大导师的学说，就等于使自己失去一个多么有力的武器。"② 因此，民意党的错误在于它脱离了俄国工人阶级的直接任务，它在同专制制度的斗争中无法集中社会的人力和物力。普列汉诺夫虽然理解社会主义革命中夺取政权的问题，但是在分析俄国现实时，他认为俄国最近不会有社会主义组织，因为当时的俄国没有建立社会主义组织的基础。

普列汉诺夫根据马克思和恩格斯的理论，提出只有把争取社会主义的斗争与争取政治自由的斗争结合起来，才可能实现社会主义。他还特别强调无产阶级政治斗争必然导致夺取国家政权和建立无产阶级的政治

---

① 《普列汉诺夫哲学著作选集》第一卷，北京：三联书店出版社1959年版，第77页。
② 《普列汉诺夫哲学著作选集》第一卷，北京：三联书店出版社1959年版，第98页，第99页。

统治，工人阶级的任务"不仅是破坏社会的非生产阶级的政治统治，而且也是消除现时存在的生产上的无政府状态，并把社会—经济生活的一切职能自觉地组织起来"①。他在这本著作中多次援引《资本论》，在批判巴枯宁主义者不了解资本主义生产时援引《资本论》第七篇第22章"剩余价值转化为资本"的内容，批评巴枯宁主义者不了解商品生产在其发展的一定阶段通过它本身的"内在的、不可避免的辩证法"转变为资本主义生产。② 列宁高度称赞普列汉诺夫这本小册子，认为它是俄国社会主义信仰的第一次公开声明，是俄国社会主义的第一个纲领性文件，是"俄国社会民主主义的第一个宣言书"，它不仅"证实这个真理适用于俄国"③，而且说明俄国革命运动为何和如何使社会主义和政治斗争相结合，使工人群众的自发运动和革命运动相结合，使阶级斗争和政治斗争相结合。如果说马克思恩格斯的《共产党宣言》是第一次阐述了科学社会主义的一般原则，那么普列汉诺夫的《社会主义与政治斗争》则是第一次根据俄国的情况阐述科学社会主义的原则。

1884年4月，俄国革命民粹派代表拉甫罗夫在《民意导报》第2期图书评介栏目上发表评论《社会主义与政治斗争》的文章，俄国民意党人吉荷米洛夫也在这一期上发表文章《我们期待的革命是什么》。他们指责普列汉诺夫背离俄国过去的革命传统，背叛俄国民粹主义的社会主义事业。拉甫罗夫把普列汉诺夫的这本小册子分为两部分，一部分是对社会主义问题的阐述，另一部分是批判俄国民意党人的活动。正是这部分引起了拉甫罗夫的不满和斥责，他认为民意党人的机关报是致力于反对俄国人民政治的和社会的敌人的斗争，反对革命派别之间的论战，主张与俄国人民的剥削者作斗争。在拉甫罗夫看来，劳动解放者自身还没有成长起来，只是处于民意党人的年幼时期。

1885年，普列汉诺夫以书信的方式回应拉甫罗夫的批评，并把《给彼·拉·拉甫罗夫的信》作为《我们的意见分歧》一书的代序。普列汉诺夫一方面肯定19世纪70年代革命民粹派的英雄主义和自我牺牲精神，

---

① 《普列汉诺夫哲学著作选集》第一卷，北京：三联书店出版社1959年版，第105页。

② "内在的、不可避免的辩证法"引自于《资本论》第22章（《马克思恩格斯文集》第五卷第673页）。普列汉诺夫对这句话的援引和阐释参阅《普列汉诺夫哲学著作选集》第一卷第59页。

③ 参阅《列宁全集》第四卷，北京：人民出版社2017年版，第293页。

另一方面也认识到民粹主义理论的缺陷。俄国革命民粹派进行的恐怖主义活动已经说明俄国革命民粹主义的腐朽和破产，对俄国各个阶层产生破坏性的影响。虽然拉甫罗夫与马克思恩格斯联系密切，并且阅读和传播马克思恩格斯的著作，但是他的错误在于仅仅是在口头上承认马克思学说的伟大原则，但是在实践上是巴枯宁主义或布朗基主义。普列汉诺夫明确表明，他写文章的目的就是反对无政府主义者、巴枯宁主义者、革命民粹派、民意党人，因为他们不了解政治斗争在无产阶级解放事业中的重要作用。针对拉甫罗夫对劳动解放社的批评，普列汉诺夫明确阐明劳动解放社的任务："（1）把马克思和恩格斯学派的最重要著作以及为不同教育程度的读者所写的有创见的著作译成俄文，来传播科学社会主义的思想；（2）从科学社会主义和俄国劳动人民利益的观点，批判我们革命者中流行的各种学说，探讨俄国社会生活中的最重要问题。"① 普列汉诺夫把马克思恩格斯的社会主义称为"对人民的各种剥削者进行斗争的最有力的精神武器"，强调革命理论对于革命运动的重要性："如果没有在一定的社会阶层中间传播最先进、最健全、最革命的思想和概念，革命运动的发展是不可思议的"②。他也认识到用马克思的理论来解决俄国革命的任务问题不是一件容易的事情，他用"三段论"中大前提和小前提来说明马克思主义如何运用于俄国的问题：马克思主义基本原理是三段论中的"大前提"，有的人承认"大前提"的正确性和科学意义，但是得出不同的结论，这是因为他们对"小前提"的理解不同，也就是对俄国实际状况有不同的认识。在俄国的现实问题上，俄国各个派别在纲领上有不同的意见，但是只有正视这个分歧才能不断地完善纲领，俄国民粹派和俄国民意党人才能成长为俄国马克思主义者，只有完善这个纲领，俄国革命运动才能得到真正的发展和壮大。

为了更为深入地批判俄国革命民粹主义，普列汉诺夫在《我们的意见分歧》一书的导论和第一章中详细分析了赫尔岑、车尔尼雪夫斯基、巴枯宁、拉甫罗夫、特卡乔夫和吉荷米洛夫的思想观点。1854年，赫尔岑在给英国政治活动家林顿的信③中提出"俄国必须经过欧洲发展的一

---

① 《普列汉诺夫哲学著作选集》第一卷，北京：三联书店出版社1959年版，第127页。
② 《普列汉诺夫哲学著作选集》第一卷，北京：三联书店出版社1959年版，第124—125页。
③ 1854年，赫尔岑给英国政治活动家林顿的三封信用英文发表，1858年被译成俄文以《旧世界和俄国》为书名出版。之后收录在《普列汉诺夫全集》第八卷。

切阶段，还是俄国的生活要依着别的法则来前进"① 的问题，这个问题也成为普列汉诺夫与民意党人论战的导火线。赫尔岑的观点是俄国不需要重复这些不彻底的阶段，因为俄国已经为这些阶段付出了代价，而且俄国可以通过公社和俄国乡村的自治过渡到社会主义。在他看来，俄国人民虽然对政治问题漠不关心且没有政治能力，但是比欧洲各国人民更接近新的社会组织。普列汉诺夫指出了赫尔岑的思想缺陷：他没有想过如何达到社会主义的道路以及由谁来领导俄国人民去走这条道路。1858年，车尔尼雪夫斯基在《现代人》杂志第 12 期上发表《对反对公社土地所有制的哲学偏见的批判》，从两个方面论证俄国的土地所有制在某些条件下可以直接过渡到共产主义的发展形式：一是俄国的公社组织可以使俄国避免陷入赤贫状态和无产阶级化，因为每个俄国人都有分得土地的权利；二是公社土地所有制可以培养和维持集体精神。他始终把公社土地所有制作为一种良好制度，把西欧的资本主义制度视为俄国的教训，认为西方由于失去公社土地所有制产生了悲惨的后果。总的来说，车尔尼雪夫斯基在研究公社土地所有制时只局限于考察制度、产品分配及农艺方面，而没有研究公社与国家之间的政治关系。普列汉诺夫称赞车尔尼雪夫斯基的这篇文章是"运用辩证法分析社会现象的光辉尝试"②，但是也认识到他的论证是抽象的和片面的。马克思恩格斯的理论说明西欧国家的赤贫、无产阶级化等社会问题是可以解决的，并且具有重要的历史意义。普列汉诺夫援引《共产党宣言》的观点③说明车尔尼雪夫斯基的思想局限：他把恢复公社土地所有制作为工人阶级解放的条件，把俄国公社作为通向更好的经济制度的过渡形式，没有正确认识无产阶级的历史作用以及俄国公社的社会政治意义。1873 年，俄国革命民粹主义暴动派代表巴枯宁在《国家制度与无政府状态》一书中分析了俄国人民的理想和革命知识分子的理想。他把俄国人民的理想分为六个特点，(1) 全民的信念，即所有土地属于人民所有；(2) 土地的使用权不属于个人而是属于公社，由公社分配给个人；(3) 公社的自治，公社对国家

---

① 《普列汉诺夫哲学著作选集》第一卷，北京：三联书店出版社 1959 年版，第 143 页。
② 《普列汉诺夫哲学著作选集》第一卷，北京：三联书店出版社 1962 年版，第 146 页。
③ 马克思恩格斯在《共产党宣言》中说："他们看不到无产阶级方面的任何历史主动性，看不到无产阶级所特有的任何政治运动。"——参阅《马克思恩格斯文集》第二卷，北京：人民出版社 2009 年，第 62 页。

的敌视态度；(4) 宗法思想；(5) 个人为村社所吸收；(6) 信仰沙皇。其中，前三个是好的方面，后三个是坏的方面。巴枯宁从这些特点出发得出俄国人民已经开始反抗沙皇专制制度的信念，并把俄国人民内部的社会主义变革意图视为俄国革命爆发的希望。普列汉诺夫指出了巴枯宁的错误：他在分析俄国人民的社会和政治理想时没有从经济的事实出发，没有发现人民经济生活中的新变化对旧理想的改造。1875 年，俄国革命民粹主义密谋派代表特卡乔夫在《俄国革命宣传的任务》《致恩格斯先生的公开信》以及《警钟》杂志上多次呼吁立即革命，认为国际工人协会的原则不适用于俄国，因为俄国的社会政治条件与西欧不同，主张靠俄国农民天生的共产主义倾向来建立和组织社会主义，依靠革命知识分子的密谋夺取政权。俄国民意党人吉荷米洛夫在《我们所期待的革命是什么》一文中对特卡乔夫的社会政治观进行了补充。普列汉诺夫揭示了俄国民意党人的在于片面地把暴力革命理解为少数人对多数人的强加，认识不到社会主义者和资产阶级的区别，否定资本主义的历史必然性，把夺取政权的希望寄托于知识分子的秘密活动组织。

为进一步揭示俄国革命民粹主义的思想局限，普列汉诺夫提出了三个问题：(1) 巴枯宁和特卡乔夫从俄国农民的共产主义本能出发相信俄国可能有社会主义革命，但是他们没有思考过俄国人民为什么深信公社土地所有制原则，俄国人民是因为深信这一原则才保留农村公社，还是因为俄国人民生活在农村公社中才深信这一原则。(2) 个人主义在俄国现代农村公社经济中的力量不断增强，这个力量是公社内部的产物还是上层等级历史发展的结果？是在俄国农民的生活条件的范围内，还是在他们的思想习惯的范围内运用这一力量？(3) 俄国革命民粹派没有从动态的社会关系中考察社会革命在俄国的可能性，对社会革命的理解停滞不前，没有增加任何重要论据来回答赫尔岑提出的俄国道路的问题。

如果说《社会主义与政治斗争》是普列汉诺夫对民粹主义策略原则的批判，那么《我们的意见分歧》则是对民粹主义纲领和理论的批判，并且运用马克思主义理论分析俄国社会的具体历史条件。正如恩格斯在读到《我们的意见分歧》后说，"我感到自豪的是，在俄国青年中有一派真诚地、无保留地接受了马克思的伟大的经济理论和历史理论，并坚决地同他们前辈的一切无政府主义和带有一点斯拉夫主义的传统决裂。"①

二、普列汉诺夫对俄国自由民粹派的批判

19世纪八九十年代,普列汉诺夫对俄国自由民粹派的批判主要包括两个方面:一是批判俄国自由民粹派对俄国资本主义发展趋势的错误认识,尤其是沃龙佐夫和丹尼尔逊对俄国资本主义的拒斥;二是批判俄国自由民粹派的主观社会学,尤其是米海洛夫斯基对唯物主义历史观的错误理解。

1885年,普列汉诺夫在《我们的意见分歧》一书中详细分析了沃龙佐夫和吉荷米洛夫对资本主义的理解。沃龙佐夫在《俄国资本主义的命运》一书中长篇大论地谈"劳动社会化",但是把劳动社会化等同于"联合起来的工人"②,始终看不到资本主义的其他意义。吉荷米洛夫在《我们所期待的革命是什么》一文中指责资本主义限制工人的发展水平,认为工人在资本主义社会比在封建社会处于更低的发展水平,把资本主义的社会问题归结为如何提高工人的发展水平,把资本主义不让工人监督生产过程作为工业危机发生的原因。显然,沃龙佐夫缩小了西方资本主义的文化—历史意义,吉荷米洛夫对资本主义的指责是毫无根据的。普列汉诺夫指出,他们的错误在于把资本主义社会的工人状况与社会主义过渡阶段的工人状况相提并论,没有认识到工业危机发生的原因是资本主义社会固有的阶级矛盾。

普列汉诺夫首先批判俄国自由民粹派把俄国和西方僵硬地对立起来。沃龙佐夫肯定资本主义在西方的发展,但是怀疑资本主义在俄国的发展,认为俄国没有私有企业资本,几乎完全没有市场和竞争,不是在私人资本的基础上组织国民生产,俄国与西欧的情况有很大的差别。普列汉诺夫反对把私人资本和工人社团对立起来,社会主义政党按照社会主义原则严格监督工人信贷,就可以使国有企业资本超过私人资本。普列汉诺夫承认俄国的情况与西欧确实不同,但是每个国家的每个历史时期与任何其他国家的相应时期是有差别的,资本主义在西欧各个国家产生的条件是不同的,但是在它们中间有一个极为重要的共同特点,那就是广大

---

① 《马克思恩格斯全集》第三十六卷,北京:人民出版社1974年版,第301页。
② 《普列汉诺夫哲学著作选集》第一卷,北京:三联书店出版社1959年版,第217—218页。

的市场。因此"把俄国和西方死板地对立起来，就失去任何意义"①。

　　普列汉诺夫从俄国资本主义的发展状况、资本主义的历史进步性等方面揭示俄国自由民粹派对俄国资本主义的错误认识。沃龙佐夫从俄国资产阶级的软弱和俄国工人人数的减少得出资本主义无论在任何意义上都没有促进俄国进步的观点。普列汉诺夫用俄国各地的大量数据说明俄国资本主义不是软弱无力的、死气沉沉的，俄国工人人数不是长期停滞的，而是不断增加的，俄国资产阶级与封建专制制度已经处于不可调和的冲突中。俄国的资产阶级现在正经历着一个重要的转变，他们一方面依附于旧制度，另一方面又要求政治自治，他们已经认识到获得政治权利是他们经济繁荣的必要条件。俄国民粹派认为资本主义生产方式的胜利，不仅给人民带来全面的破产，而且会消灭实现"农民社会主义革命"所必需的社会条件。与俄国自由民粹派不同，普列汉诺夫不是以主观理想为指导，也不是以主观社会学的进步公式为指导，而是研究经济现实，强调资本主义生产方式的历史进步性。他把沃龙佐夫称为"国家社会主义者"的亲兄弟，把吉荷米洛夫称为倒立起来的"无政府主义者"②，他们关于俄国独特性的理论实际上与欧洲无政府主义者的理论极为接近。普列汉诺夫以法国、德国和美国的资本主义道路来批驳俄国民粹派的"俄国独特论"，并揭示这种独特论的错误根源在于他们深信资本主义在西欧的发展不需要国家的干涉和政府的支持。

　　无论是俄国革命民粹派，还是俄国自由民粹派都把公社作为反对资本主义的牢不可破的堡垒。在他们看来，大农业不仅没有排挤小农业，反而让位给小农业，农民在经营农业时促进非资本主义生产形式的发展。普列汉诺夫分析了农奴制改革前后资本主义在农业领域的发展。1861年废除农奴制改革前，俄国几乎全部的社会经济和大部分国家经济都是自然经济，因此有利于保存这种土地公社，但是废除农奴制的改革使公社不能适应资本主义的发展，公社的土地所有制逐渐被资本主义农业经济关系所代替。普列汉诺夫分析了诺夫哥罗德省、都拉省、梁赞省、奥尔洛夫省、辛比尔斯克省等公社的土地重分，说明公社在早期就已出现不平等情况：富裕的社员想把优良的土地保留在自己手中延长土地重分的时限，劣等的土地作为份地分给贫穷的社员，公社不再是最穷社员的保

---

① 《普列汉诺夫哲学著作选集》第一卷，北京：三联书店出版社1959年版，第224页。
② 《普列汉诺夫哲学著作选集》第一卷，北京：三联书店出版社1959年版，第370页。

护者，而是他们破产的泉源。"重分时限的延长原为公社社员之间不平等的结果，它只会引起更大的不平等和乡村公社的完全破产。"① 赎买土地与土地的公社占有原则也是不相容的，赎买土地是归个人所私有，因此小额土地信贷不仅不是巩固公社的手段，也不是阻止资本主义的手段。在沙皇政府的捐税重压下公社逐渐垮台，在资本主义货币经济所产生的内部不平等的影响下公社逐渐分化。资本在农村的出现，逐渐破坏了村社土地所有制的宗法基础，把农民划分成富农和贫农两个对立的阶级。"现代经济的所有原则，现代经济生活的所有动力，都处于同村社的不可调和的对立之中。"② 因此，普列汉诺夫认为俄国农村公社不是对抗资本主义的支点，而是资本主义发展的重要因素。根据《资本论》对资本主义发展进程的科学研究，普列汉诺夫在肯定俄国资本主义发展的巨大成就的基础上得出俄国已经进入资本主义发展阶段的结论，并认识到不能跳跃和废除资本主义的自然发展阶段，但是可以缩短和减轻资本主义进程的痛苦。

1894 年，普列汉诺夫在致恩格斯的信中虽然承认丹尼尔逊的《我国改革后的社会经济概况》一书"在很多方面可算是一部杰出的著作"，但是进一步批判丹尼尔逊对俄国资本主义的错误认识。丹尼尔逊没有解决社会如何按社会主义方式组织生产的任务，没有解决社会的政治问题。这种俄国可以避免资本主义发展阶段的思想现在已经"变成一种很危险的空想了，完全有必要和这种思想作斗争了"③。丹尼尔逊害怕资本主义入侵俄国后所产生的后果，但是俄国的农业公社在哪些方面能够帮助俄国摆脱那些他所惧怕的灾难呢？普利列汉诺夫援引了俄国统计学奠基人奥尔洛夫在《莫斯科省地产形式》一书中的观点：对于最贫穷的公社社员（他们人数很多人）来说，公社已成为一种有害的机构。对于农民中最贫穷的一部分人来说，公社已成为障碍和灾难。④ 因为这部分公社社员如果要耕种自己的"份地"就要缴纳沉重的赋税。在这种情况下，公社的瓦解对于这部分农民来说是如释重负。但是丹尼尔逊害怕公社解体，

---

① 《普列汉诺夫哲学著作选集》第一卷，北京：三联书店出版社 1959 年版，第 296 页。
② 《普列汉诺夫哲学著作选集》第一卷，北京：三联书店出版社 1959 年版，第 279 页。
③ 《马克思恩格斯与俄国政治活动家通信集》，北京：人民出版社 1987 年版，第 714 页。
④ 参阅《马克思恩格斯与俄国政治活动家通信集》，北京：人民出版社 1987 年版，第 721 页。

认为农村公社将把我们从工人运动和社会主义运动中拯救出来。普列汉诺夫反对这种观点，因为公社社员的革命性很差，如果经济运动没有改变他们的生存条件和思想方法，俄国沙皇制度还可以存在几千年，因此只有破坏旧的经济制度才能爆发革命。关于丹尼尔逊提出的"俄国可以避免资本主义道路"的问题，普列汉诺夫认为这个问题本身就是主观主义的问题，因为俄国在客观上已经走上了资本主义道路，已经经历了资本主义的苦难，而且还在经历资本主义不够发达的苦头，这才是俄国经济灾难深重和政治状况糟糕的原因。1895年2月，普列汉诺夫在致恩格斯的信中批评丹尼尔逊为反对和攻击马克思主义的杂志《俄国财富》撰稿，这将给俄国的革命运动带来巨大的危害。恩格斯在回信中无可奈何地说，同丹尼尔逊这一代俄国人"是无法进行辩论的，他们至今还相信那种自发的共产主义使命"①。

1894年，米海洛夫斯基在《俄国财富》杂志第10期《文学与生活》中评论彼·司徒卢威的著作《俄国经济发展问题的评述》。② 普列汉诺夫对米海洛夫斯基的评论做出了回应，即《再论米海洛夫斯基先生，再论"三段式"》③。米海洛夫斯基把黑格尔的哲学作为正命题，把经济唯物主义作为反命题，把他们的折中主义作为合命题。他错误地理解黑格尔的哲学，认为黑格尔哲学崇拜普遍性，完全否定个性，试图通过这个三段式来论证主观主义。普列汉诺夫指出，黑格尔不仅不轻视个性，还主张对英雄的崇拜，提出新的三段式反驳米海洛夫斯基：黑格尔对英雄的崇拜是正命题，布鲁诺·鲍威尔④对遵循自我意识和批判思维的英雄的崇拜是反命题，马克思以环境的发展说明英雄的自我意识起源的理论是合命题。因此，辩证唯物主义不是人的意识决定他们的存在，而是他们的存在决定他们的意识，辩证唯物主义重视社会关系对社会发展的影响，是"唯物史观的最高发展"⑤。

---

① 《马克思恩格斯与俄国政治活动家通信集》，北京：人民出版社1987年版，第751页。
② В обозрении "Литература и жизнь" ("О г. П. Струве и его" Критических заметках по вопросу обэкономическомразвитии России") - "Русское богатство", 1894 г., No. 10 (Н. К. Михайловский, Полное собрание сочинений, Т. VII, Спб. 1909, стр. 885 - 924.
③ 1895年，普列汉诺夫将这篇文章作为《论一元论历史观之发展》一书的附录。1905年，该书出版第二版时仍把这篇文章作为附录。
④ 布鲁诺·鲍威尔（1809—1882）：德国哲学家，青年黑格尔派代表之一。
⑤ 参阅《普列汉诺夫哲学著作选集》第一卷，北京：三联书店1959年版，第811—812页。

1895年，普列汉诺夫在《论一元论历史观之发展》中对米海洛夫斯基、沃龙佐夫、丹尼尔逊的主观社会学做出了充分、深入和详实的批判。普列汉诺夫之所以写这本著作，首先是回应以米海洛夫斯基为代表的俄国自由民粹派对马克思唯物主义的指责，他们在理论上宣扬主观社会学，歪曲马克思的历史哲学是经济唯物主义，在实践上断言俄国可以避免资本主义等。俄国自由民粹派的进步公式和拯救村社的方案是抽象的、幻想的、脱离生活的结论，是主观主义的方法。"主观社会学者则以'合乎愿望的东西'的名义赶走'规律性'，因而对他来说没有留下别的出路，只有指望偶然性了"①。他们的方法不是从实际问题出发，而是单纯的文字之争，这种主观方法沿着折中主义发展到唯心主义，也就是主观唯心主义历史观。普列汉诺夫根据马克思恩格斯在《神圣家族》中对黑格尔历史观的论述②来说明米海洛夫斯基的"英雄与群氓"理论：英雄同群众的对立不过是"黑格尔历史观的漫画化"，而黑格尔历史观又是"关于精神和物质对立的学说"的思辨的结果③。按照黑格尔的学说，绝对精神是哲学家自我意识的创造性精神，这就把群众排斥在绝对精神之外，因此马克思说，"早在黑格尔那里，历史的绝对精神就是把群众当作材料对待。"④ 普列汉诺夫详细分析了1877年米海洛夫斯基、季别尔、茹科夫斯基关于《资本论》的辩论，一方面肯定米海洛夫斯基多次公允地阐述《资本论》的内容，但是也清楚地明白米海洛夫斯基不可能是《资本论》的可靠的捍卫者，他对《资本论》的理解是极其狭隘的。因为米海洛夫斯基是主观主义者，是折中主义者，不可能同马克思的历史哲学调和。俄国自由民粹派"从很抽象的观点来看待这些矛盾，而且就是由于这一点他的研究按其精神同马克思的观点没有任何共同点"⑤，他们在理论上对主观社会学的宣扬以及在实践上关于俄国可以避免资本主义的断言已经成为马克思主义在俄国传播的思想障碍。

---

① 普列汉诺夫：《论一元论历史观的发展问题》，王荫庭译，北京：商务印书馆2017年版，第58页。

② 马克思恩格斯在《神圣家族》中对黑格尔历史观的论述参阅《马克思恩格斯全集》第二卷第108—109页。

③ 普列汉诺夫：《论一元论历史观的发展问题》，王荫庭译，北京：商务印书馆2017年版，第128页。

④ 《马克思恩格斯全集》第二卷，北京：人民出版社1957年版，第108页。

⑤ 普列汉诺夫：《论一元论历史观的发展问题》，王荫庭译，北京：商务印书馆2017年版，第286页。

1895 年，米海洛夫斯基在《俄国财富》杂志第 1 期《文学与生活》中评论普列汉诺夫的《论一元论历史观之发展》。普列汉诺夫再次对米海洛夫斯基做出回应，即《对我们的反对者讲几句话》①。他在这篇文章中反对米海洛夫斯基把马克思的唯物主义片面地理解为经济唯物主义，批评米海洛夫斯基仍然用主观主义方法研究自然和历史，批评丹尼尔逊、沃龙佐夫等人用主观主义方法研究俄国经济的客观现实，他们忙着"消除资本主义"，但是资本主义不断向前，而他们在"在一个地方踏步不前"，沉溺在社会改良的空想计划中②。

第三节　普列汉诺夫的一元论历史观

普列汉诺夫在批判俄国革命民粹主义和俄国自由民粹主义的基础上运用马克思主义方法论分析俄国资本主义发展趋势和俄国社会发展道路，初步形成马克思主义的俄国资本主义发展观。与此同时，普列汉诺夫在 19 世纪 90 年代一系列著作中阐述唯物主义发展史和历史唯物主义，出色地发展了马克思主义的历史观。

一、普列汉诺夫的俄国资本主义发展观

1883 年 9 月，普列汉诺夫在劳动解放社的第一个纲领中就明确指出俄国已经进入资本主义并且正在经受双重痛苦："俄国的劳动人民直接承担着警察专制国家的巨大机器的重担，而同时遭受到资本主义积累时期的所特有的一切灾难，……当代的俄国所遭受到的——正如马克思关于欧洲大陆的西部所说的——不仅是资本主义生产发展的痛苦，而且也是这一发展不够的痛苦。"③ 1885 年，普列汉诺夫在《我们的意见分歧》一书中首次提到"俄国资本主义的命运"问题，并强调这个问题对于俄国的重要意义："俄国是'必须'还是'毋须'经过资本主义的'学校'呢？这一问题的解决对于我们社会主义政党的任务之正确提出有极大的

---

① 普列汉诺夫的这篇文章 1895 年发表在马克思主义论文集《说明我们经济发展的材料》中，但是该论文集被沙皇政府的书报检察官焚毁。1905 年，《论一元论历史观之发展》出版第 2 版时将这篇文章作为该书的附录二。

② 参阅《普列汉诺夫哲学著作选集》第一卷，北京：三联书店 1959 年版，第 862—863 页。

③ 《普列汉诺夫哲学著作选集》第一卷，北京：三联书店出版社 1959 年版，第 412 页。

重要意义。"① 19世纪八九十年代，普列汉诺夫对俄国资本主义发展趋势的论述主要集中在《我们的意见分歧》的第二章至第五章。他从俄国资本主义发展状况、公社土地所有制、资本主义的任务以及俄国社会主义者的任务等方面分析资本主义的历史作用及其对俄国的影响。

普列汉诺夫在《我们的意见分歧》中多次援引马克思恩格斯在《资本论》《共产党宣言》中的观点。他在该书的导言中援引《资本论》第一卷初版序言②说明俄国社会主义者的任务："深信'俄国资本主义的历史必然性'的社会主义者的一项最重要的任务，就在于'缩短和减轻分娩的痛苦'"③。他在该书中大量援引马克思恩格斯在《共产党宣言》中的观点④来说明资本主义在历史上的革命作用。首先是资本主义对封建关系的破坏作用，资本主义用人与人之间的利益关系、金钱关系代替封建宗法关系，用资本主义剥削代替封建剥削。其次是资产阶级对生产工具、生产关系和全部社会关系的革命作用，资产阶级变革生产工具，证明了人的活动能力，创造了完全不同于封建时期的奇迹。资产阶级不断地进行生产变革，社会状况也不断地发生变化。第三是资产阶级通过占领世界市场建立世界性的生产、消费和交往。资产阶级消灭了古老的民族工业，改变了封建社会的自给自足和闭关自守，通过大工业建立世界生产、消费和交往，在世界范围推行资本主义文明。第四是资产阶级对世界的统治。资产阶级建立巨大的城市，使农村屈服于城市；资产阶级发展资本主义大工业，使农业屈服于工业；资本主义国家集中生产资料，使财富聚集在少数人手中；资本主义形成政治的集中，使东方被迫屈服于西方。普列汉诺夫说，这就是马克思恩格斯对资本主义意义的阐述，

---

① 《普列汉诺夫哲学著作选集》第一卷，北京：三联书店出版社1959年版，第139页。
② 马克思在《资本论》第一卷序言中说："一个社会即使探索到了本身运动的自然规律——一本书的最终目的就是揭示现代社会的经济运动规律——，它还是既不能跳过也不能用法令取消自然的发展阶段。但是它能缩短和减轻分娩的痛苦。"(《马克思恩格斯文集》第五卷第9—10页)。普列汉诺夫对这段话的援引参阅《普列汉诺夫哲学著作选集》第一卷第142—143页。
③ 《普列汉诺夫哲学著作选集》第一卷，北京：三联书店出版社1959年版，第142页。
④ 马克思恩格斯在《共产党宣言》中写到："资产阶级在历史上曾经起过非常革命的作用。资产阶级在它已经取得了统治的地方把一切封建的、宗法的田园诗般的关系都破坏了。它无情地斩断了把人们束缚于天然尊长的形形色色的封建羁绊……"。——《马克思恩格斯文集》第二卷，北京：人民出版社2009年版，第33—35页。

即"资本主义的一般的文化和历史的意义"①。资本主义还对工人的智力和道德习惯产生影响。工业革命使工人脱离了封建宗法关系,"它虽然完全把工人变成了机器,剥夺了他们独立地位,但是同时唤起了他们趋向智力活动和争取人的生存"②。

从俄国当前的形势来看,19世纪七八十年代的俄国与西欧资本主义国家确实存在着较大的差别,但是普列汉诺夫反对把俄国和西方"死板地对立起来",认为这样将失去任何意义,因为每一个国家的每一个历史时期与其他国家相比都是有区别的。西欧国家虽然已经走上资本主义道路,但是每个国家是极其不相同的,资本主义在每一个国家诞生的条件也是不同的。普列汉诺夫分析了资本主义在法国、德国和美国发展的情况。法国没有广大的市场,而是借助经济政策、外交谈判、贸易保护,甚至武器来争取资本主义发展的条件。与英国和法国相比,德国资本主义的兴起较晚,不仅没有现成的广大的市场,而且在拿破仑军队侵入后国内市场也被法国商品占据。美国在工业上曾经隶属于它的宗主国英国,也受到过其他国家生产的威胁,但是它没有放弃大工业,通过税率保护国内市场,抵抗外国的竞争。由此可见,不只是俄国一个国家没有广大的市场,不只是俄国一个国家需要为资本主义的发展提供各种政策支持和有利条件。

俄国工业在发展中的一切变化还反映在农业中,工业危机的必然后果是农业经济的瓦解。家庭手工业不再是副业,而是成为农民的主要收入,并使农业处于依赖的、从属的地位。手工业生产发展的必然后果是农业的衰落和农村公社的瓦解。俄国现在正经历着工厂手工业逐渐在全国普及的过程,因此,普列汉诺夫说,资本主义"用它在'西方'实行得最有效的同样办法来在俄国创造工人的队伍"③。他在《我们的意见分歧》一书中在分析家庭手工业和工厂时多次援引《资本论》第一卷第二十四章"原始积累"的内容。工业部门在消灭城市手工业和农村家庭副业的同时重新产生了新的小农阶级,他们与以前的农民不同,是以工业劳动为主业,把产品直接或通过商人卖给手工工场。"只有大工业才用机

---

① 《普列汉诺夫哲学著作选集》第一卷,北京:三联书店出版社1959年版,第214页。
② 恩格斯:《英国工人阶级状况》,中央编译局编译,北京:人民出版社1962年版,第13—14页。
③ 《普列汉诺夫哲学著作选集》第一卷,北京:三联书店出版社1959年版,第266页。

器为资本主义农业提供了牢固的基础,彻底地剥夺了极大多数农村居民,使农业和农村家庭手工业完全分离……"①普列汉诺夫还注意到外国资本向俄国流入,国内货币的流通,信贷业务的蓬勃发展,并以此说明俄国已经成为资本主义生产的沃土。在分析市场销路时,普列汉诺夫明确指出俄国已经进入资本主义阶段,"不仅我国最近的将来,而且现在也是属于资本主义的时候了"②。

普列汉诺夫从国内市场、工人人数、家庭手工业、农业、工业和市场等六个方面说明俄国资本主义的发展状况。从国内市场来看,每一个落后的国家在发展的初期都会用关税制度来保护国内市场,提高本国的竞争力。因此俄国目前没有广泛的国内市场,并不能说明俄国资本主义没有希望。从工人人数来看,俄国民粹派试图以工人阶级在人数上的停滞说明俄国资产阶级在经济上是软弱无力的。实际上,俄国工人人数不断增长,工厂不断增加,技术不断改进,因此资本主义在俄国不是"勉勉强强地发展",而是快速发展。从弗拉基米尔、莫斯科、雅罗斯拉夫尔、科斯特罗马、卡卢加等地的织布业、棉织业、制鞋业、制糖业等来看,俄国家庭手工业正在过渡或者已经过渡到家庭大生产制度,手工业生产形式逐渐发展为大工厂形式。但是俄国的家庭手工业者还是以农民为主体,手工业生产已经从副业成为农民的主业。所有商业条件越来越有利于资本主义在俄国的发展,资本主义生产关系正在形成。普列汉诺夫肯定了俄国资本主义的成就,认为资本主义的积累、国内的货币流通、信贷业务和外国资本的流入说明俄国可以成为资本主义发展的沃土。因此,应当承认俄国"现在也是属于资本主义的时候了"③。公社被俄国民粹派看成抵抗资本主义的堡垒,但是现在的俄国公社已经在货币经济的影响下产生分化,在捐税的重压下已经垮台,已经无法保护所有社员的利益,而变成了富农的公社。因此俄国社会生活"不仅为资本主义肃清道路,而且本身也是资本主义发展中必要的和极为重要的环节"④。

普列汉诺夫在深刻论证俄国资本主义历史必然性的基础上,进一步分析俄国社会主义运动和俄国工人阶级的利益,并对俄国的前途做出了

---

① 《马克思恩格斯文集》第五卷,北京:人民出版社 2009 年版,第 858 页。
② 《普列汉诺夫哲学著作选集》第一卷,北京:三联书店出版社 1959 年版,第 271 页。
③ 《普列汉诺夫哲学著作选集》第一卷,北京:三联书店出版社 1959 年版,第 271 页。
④ 《普列汉诺夫哲学著作选集》第一卷,北京:三联书店出版社 1959 年版,第 313 页。

回答。在他看来，首先是资产阶级的胜利与工人阶级的经济—政治解放，革命不可避免地到来，俄国正面临着剧变。资本主义一方面存在无法克服的经济矛盾——生产的社会性与生产工具、生产资料的资本家私人占有之间的矛盾，另一方面也为新的社会做出历史准备，这个准备不是俄国民粹派所说的机械地联合工人，而是使生产组织具有社会性。在生产组织社会性的情况下，解决资本主义经济矛盾的唯一方法就是劳动工具和劳动对象由社会所有，并由社会按照劳动者的需要来分配产品。这就需要工人阶级的觉悟和工人阶级准备社会主义革命。但是这个革命的出发点不是俄国民粹派所说的革命家夺取政权，而是缓慢地渐进地组织工人阶级成为自觉的社会力量。革命的主体不是俄国民粹派所说的少数人，而是工人阶级，革命不是部分地依靠工人，而是只有在工人阶级中才有可能进行真正的革命运动。

普列汉诺夫依据当时统计资料所表明的具体事实，不仅说明俄国村社土地所有制正在瓦解和没落，而且回答了俄国资本主义发展趋势的问题，阐明了俄国社会主义者的任务：（1）虽然俄国还有很多地方的雇主和工人的关系不完全符合资本主义社会的劳动与资本的关系，但是俄国社会不仅为资本主义的发展扫清障碍，而且已经进入资本主义阶段。（2）社会主义革命是资本主义社会矛盾发展的结果，不是来自民粹派的空想的理论和纲领。（3）日益瓦解的俄国农村公社不可能抗衡资本主义，也不可能成为资本主义过渡到社会主义的出发点。（4）俄国走上资本主义道路不是偶然的，而是必然的，它是社会经济发展的客观过程。（5）资本主义的发展促进无产阶级的形成，无产阶级不仅承担着解放运动的使命，而且无产阶级的解放是自觉行动的结果。（6）俄国社会主义者的任务是保护工人阶级的利益，建立社会主义政党，促进社会主义政党的发展。

总的来说，普列汉诺夫在《我们的意见分歧》中以大量的经济社会发展事实来论证俄国已经进入资本主义发展道路，但只是从理论上证明俄国与西欧资本主义发展的共同性，却没有具体地历史地分析俄国资本主义发展的特殊性。正如我国学者刘怀玉教授所说，普列汉诺夫已经认识到"俄国已经有了曾被马克思所描述过的'资本主义发展'的特征"[①]，但是

[①] 张一兵主编，刘怀玉、刘维春、陈培永著：《资本主义理解史》第三卷《苏俄马克思主义的资本主义观》，南京：江苏人民出版社2009年版，第19页。

他并没有深入系统地研究这一发展过程,而仅仅是简要地一带而过。但是必须要肯定普列汉诺夫的思想贡献,因为这是俄国马克思主义者第一次对俄国民粹派资本主义观的集中批判,也是俄国马克思主义者第一次阐述俄国资本主义发展问题。普列汉诺夫这本著作的主要贡献是"运用马克思《资本论》基本理论模型与方法,充分肯定了俄国资本主义发展的历史必然性及其进步意义,同时也深刻地揭露了俄国资本主义发展的消极、黑暗、矛盾的方面"①。但是也要认识到普列汉诺夫的思想局限性,他仅从国内市场的角度研究俄国资本主义发展的问题,分析农奴制改革以后俄国的经济过程,没有研究俄国资本主义社会的政治问题,也没有进一步思考俄国资本主义发展的政治后果以及俄国社会民主党应该选择的政治策略和革命道路。

二、普列汉诺夫的一元论历史观

唯物主义历史观是普列汉诺夫一生哲学研究的中心,"他在这个领域花费的功夫最扎实,涉猎的方面最广泛,因而对马克思主义的贡献也最丰富,远远超过其他理论领域……"② 普列汉诺夫对《资本论》的研究贯穿在唯物史观的研究中,始终强调《资本论》的方法是历史唯物主义。

1895 年,普列汉诺夫在《论一元论历史观之发展》中详细说明了唯物主义史观的发展过程。这本论战性的著作包括五章:第一章至第四章以历史发展的根本动力为主线说明从 18 世纪中期至 19 世纪末期一百多年唯物史观的历史演变,第五章阐述马克思恩格斯的现代唯物主义,最后说明马克思主义可以适用于俄国的问题。这个书名既是在特定历史条件下对唯物主义历史观的代称,也是对马克思实现的哲学革命的强调。这本著作也是普列汉诺夫哲学思想发展的精华和顶峰。

关于唯物主义发展史的问题,普列汉诺夫主要研究了 18 世纪法国唯物主义、复辟时代③法国历史学家、空想社会主义者和德国唯心主义哲

---

① 张一兵主编,刘怀玉、刘维春、陈培永著:《资本主义理解史》第三卷《苏联马克思主义的资本主义观》,南京:江苏人民出版社 2009 年版,第 6 页。
② 王荫庭:《普列汉诺夫哲学新论》,北京:商务印书馆 2021 年版,第 236 页。
③ 法国波旁王朝复辟时代是指 1814—1830 年,也就是从路易十八登基到 1830 年七月革命。

学。以霍尔巴赫、爱尔维修为代表的18世纪法国唯物主义是彻底的感觉主义者，他们把人的全部心理活动都看作感觉的变形，"人的一切表象、一切概念和感觉都是周围环境对人发生影响的结果"①，进而得出社会环境是人变善或变恶的原因，主张人应当用适当的方式改变社会环境，从而改变人与人之间的斗争。普列汉诺夫详细分析了法国唯物主义的根本矛盾："当他们宣布意见是任何特定社会环境存在的主要的基本的原因时，他们这个通常的历史观（意见支配世界）也同样错误的"②。以基佐、维科③、米涅、梯叶里为代表的19世纪上半期复辟时代的法国历史学家从人民的状况、政治革命、土地关系、阶层斗争等不同角度来解释社会的发展。基佐主张根据人民的状况来判断人民政府的形式和解释社会的特定状态，也就是用公民的日常生活解释政治制度。维科主张用政治革命解释民法的历史，认为研究人民的土地关系应当先于研究人民的日常生活，提出在研究国家的土地关系和全部财产关系的基础上研究国家的政治生活，得出法国封建王朝的历史就是当时社会不同阶层的斗争史的结论。梯叶里把英国革命的历史描述为资产阶级同贵族的斗争，认为当时的宗教运动是实际的日常生活利益的反映。普列汉诺夫揭示了他们的思想局限性：基佐和维科虽然提出应当在人们的财产关系中寻找理解历史现象的钥匙，但是把人们的财产关系从属于法的关系，实际上是在法的设施中理解历史现象。梯叶里用征服来解释阶级和等级的起源，把征服作为各民族冲突的根本原因，并不能解释社会制度的起源和发展，因为社会制度的发展最终与封建贵族的利益和愿望背道而驰。

普列汉诺夫分析了19世纪上半期的空想社会主义者的人性观和历史观。以傅立叶、欧文和圣西门为代表的空想社会主义者虽然认为人是社会环境的结果，但是以人的不变属性来解释环境的变化，试图用人的本性作为最高标准来构想完善的立法。傅立叶以人的情欲为出发点构想社会组织，欧文从关于人性的基本原则出发确定理性的政府，圣西门则把他的哲学建立在人性的新概念上。与法国唯物主义者把人类历史看成偶

---

① 〔俄〕普列汉诺夫：《论一元论历史观的发展问题》，王荫庭译，北京：商务印书馆2012年版，第8页。
② 〔俄〕普列汉诺夫：《论一元论历史观的发展问题》，王荫庭译，北京：商务印书馆2012年版，第15页。
③ 维科（1668—1744）：也译维柯，意大利社会学家。

然事件不同，圣西门主张在历史中寻找规律，也就是研究人类过去生活的种种事实，在其中发现人类生活进步的规律。梯叶里、米涅、基佐等法国历史学家虽然也提出了财产关系是整个社会制度的基础的观点，但是圣西门更深入地探究欧洲社会内部发展的动因。但是19世纪的空想社会主义者仍然陷入了死胡同，因为他们求助人性来解释历史。普列汉诺夫说，"无论对人的本性还是对人的历史都是无法理解的，而只能就某一社会现象领域提出某些个别的、或多或少深刻的见解。"① 如果从人的本性出发去研究历史，这实际上是历史的宿命论，而不是对历史的实际研究。普列汉诺夫认为这种空想社会主义在俄国的表现就是以沃龙佐夫、丹尼尔逊为代表的主观社会学家的著作。

黑格尔哲学是19世纪德国唯心主义哲学的主要代表。根据黑格尔的观点，辩证法是任何生命的原则，是任何科学认识的灵魂，辩证法是在现象的发展中，在现象的相互联系中研究现象。普列汉诺夫反对把黑格尔辩证法简单理解为三段论，认为黑格尔的辩证思维方法的本质是思想家不满足于任何一个肯定的结论，而是要从各个方面观察对象，逐渐展开完整的全面的研究，形成关于对象全部现实的生动概念。普列汉诺夫赞同恩格斯对黑格尔的评价："用恩格斯的话来说，黑格尔的功绩在于他第一个从现象发展的观点，从现象产生和消灭的观点来观察一切现象。"② 18世纪法国唯物主义在自由与必然性的问题上陷入形而上学，导致宿命论，德国唯心主义在自由与必然性的问题上也同样陷入宿命论，它试图在理论上突出自由的方面，但是在实践中却没有自由，也无法应对偶然性。问题不在于从研究人的本性去理解人的活动及其社会结果，而在于研究社会关系的本性，并把这些关系理解为合规律的、必然的过程。普列汉诺夫认为，唯心主义辩证法家们虽然抛弃了人的本性观点，把社会生活看成是必然的固有的规律，但是始终不明白社会关系的真正本性，因此德国唯心主义的缺点在于"他借助被他人格化的思维过程来说明一切自然现象和历史现象"③。

---

① 〔俄〕普列汉诺夫：《论一元论历史观的发展问题》，王荫庭译，北京：商务印书馆2012年版，第40页。
② 〔俄〕普列汉诺夫：《论一元论历史观的发展问题》，王荫庭译，北京：商务印书馆2012年版，第90页。
③ 〔俄〕普列汉诺夫：《论一元论历史观的发展问题》，王荫庭译，北京：商务印书馆2012年版，第122页。

普列汉诺夫把马克思的唯物主义称为现代唯物主义,这种新的唯物主义不是简单重复18世纪末的法国唯物主义,而是用唯心主义的成就充实唯物主义。"这些成就中间最重要的就是辩证方法,即从现象的发展中,从现象的产生和消灭中来考察现象。这个新的方向的天才代表是卡尔·马克思。"① 但是法国历史学家、空想社会主义者和德国唯心主义直接或间接地停留在人的本性上,始终没有回答社会的经济依赖于什么。从人性概念出发始终不可能解决人类发展最重要的问题。马克思则从完全相反的方面观察问题,认识到人性不是历史运动的原因,而是历史运动变化的结果,人在作用于外部自然时也改变着自己的本性。普列汉诺夫认为这是马克思全部历史理论的本质,也是他的伟大科学功绩。"马克思的天才发现改正了唯心主义的这一根本错误,从而给予它以致命的打击;所有制的状况,而同它一起的还有社会环境的全部属性,不是由绝对精神的属性决定的,也不是由人性的性质决定的,而是由人们'在自己生活的社会生产过程中',即在自己为生存而进行斗争中彼此必然发生的那些相互关系所决定的。"② 他从生产力和生产关系、经济和政治的关系说明唯物主义历史观:(1)生产力的发展是社会历史过程的基本原因,在生产力的基础上形成一定的生产关系,这些关系在法的概念和抽象的原则中,在习俗和法律中得到自己的观念的表现。(2)随着生产力的发展,人们在社会生产过程中相互关系也发生变化,所有制关系也随之变化。(3)经济和政治之间存在着相互作用,政治可以促进或者阻碍经济的发展。经济的进化引起法的变革。(4)各阶级的相互关系是人们在社会生产过程中相互间发生的那些关系,即生产关系。各阶级之间的政治斗争是各种不同的政治理论产生和发展的动力。普列汉诺夫高度评价马克思的理论,"马克思的理论是人类思想史上所曾有过的、最为理想的理论。而且这无论对它的纯粹的科学任务还是对它的实践任务说来都是同样正确的。"③

普列汉诺夫在《论一元论历史观之发展》中多次援引《资本论》的

---

① 〔俄〕普列汉诺夫:《论一元论历史观的发展问题》,王荫庭译,北京:商务印书馆2012年版,第124页。
② 〔俄〕普列汉诺夫:《论一元论历史观的发展问题》,王荫庭译,北京:商务印书馆2012年版,第167页。
③ 〔俄〕普列汉诺夫:《论一元论历史观的发展问题》,王荫庭译,北京:商务印书馆2012年版,第214页。

内容，多次强调《资本论》不仅是经济理论，同时也是历史研究。他在说明地理环境对社会的影响时援引《资本论》第一卷第五篇第十四章"绝对剩余价值和相对剩余价值"的内容①：土壤的差异性和自然产品的多样性是社会分工的自然基础，对自然力的社会控制和有组织的利用自然力在产业史上具有决定性的作用。普列汉诺夫在此基础上得出地理环境具有决定性影响的观点："地理环境对规模更大的社会的命运，对于在原始氏族组织废墟上产生的国家的命运，有同样决定性的影响。"②毫无疑问，他在这里使用的"决定性"一词对地理环境的作用有些夸大，不过他在后面的论述中强调了人的制造工具的能力取决于生产力的发展水平。普列汉诺夫在说明人的本性是不断变化时援引《资本论》第三篇第五章"劳动过程和价值增值过程"的内容③，并进一步指出人在维持自己的生存时改变着自己的本性，因此不能从人性概念出发研究社会科学，"马克思以前研究社会科学的人们从人性概念出发，因此人类发展最重要的问题始终不可能解决"④。普列汉诺夫在说明马克思的历史理论时多次强调《资本论》第一卷的重要性，他列举了《资本论》《共产党宣言》等三本书，认为这几本书"一本比一本更好地说明马克思的历史理论"⑤。普列汉诺夫根据《资本论》第一卷对价值形态、货币形态和资本形态的研究进一步说明了经济基础与上层建筑的矛盾运动："在一定的经济基础上必定生长着一定的、符合它的性质的思想体系的上层建筑"⑥，这就是马克思的历史理论。普列汉诺夫在这本书中多次高度称赞《资本论》："《资本论》的理论部分很迅速地在公认的科学中已经无可争辩地

---

① 《资本论》的这部分内容参阅《马克思恩格斯文集》第五卷第587—588页。普列汉诺夫对这部分内容的援引和阐释参阅《论一元论历史观的发展问题》第138—139页。
② 〔俄〕普列汉诺夫：《论一元论历史观的发展问题》，王荫庭译，北京：商务印书馆2012年版，第138页。
③ 马克思在《资本论》第一卷第三篇第五章中写到："当他通过这种运动作用于他身外的自然并改变自然时，也就同时改变他自身的自然。"（《马克思恩格斯文集》第五卷第202页）
④ 〔俄〕普列汉诺夫：《论一元论历史观的发展问题》，王荫庭译，北京：商务印书馆2012年版，第167页。
⑤ 〔俄〕普列汉诺夫：《论一元论历史观的发展问题》，王荫庭译，北京：商务印书馆2012年版，第218页。
⑥ 〔俄〕普列汉诺夫：《论一元论历史观的发展问题》，王荫庭译，北京：商务印书馆2012年版，第219页。

占住了很高的位置"①,"这就是为什么官方科学巨擘中间任何一个人都不敢攻击《资本论》","《资本论》所囊括的研究原野正是从新观点,从马克思的历史理论的观点已经耕耘过的那片原野"②。《论一元论历史观之发展》在普列汉诺夫的思想遗产中占据着非常重要的位置。正如列宁所说,这本书"培养了整整一代俄国马克思主义者"③。之后,普列汉诺夫多次对该书做出补充,用唯物主义历史观批驳英雄史观、宿命论等唯心史观,不断丰富和发展一元论历史观。

1895年,普列汉诺夫在法文杂志《社会变化》上发表《奥古斯丹·梯叶里和唯物史观》④,对《论一元论历史观之发展》一书中的第二章"复辟时代法国历史学家"做出以下补充:(1)在真正的国家的历史、民族的历史和公民的历史中,人民,整个民族应当成为历史的主人公。(2)阶级斗争的概念成为以梯叶里为代表的法国历史学派的中心概念,他们提出全部法国历史都是阶级间的斗争和战争,文明社会的全部历史就是阶级斗争等观点。(3)他们的历史观的主要内容是政治结构的根源在于各民族的社会状况,社会状况由所有制状况决定,且主要是由土地所有制状况决定,但是他们错误地断言政治制度的性质也主要由土地所有制的性质决定,没有在生产力的发展中寻找所有制形式的历史发展的原因。普列汉诺夫运用唯物史观分析法国历史学派,认为马克思第一个揭示了人类历史运动的真正原因,并在马克思主义发展史上第一次提出在资本家被剥夺的条件下有接受和平改造的可能。

1896年,普列汉诺夫在《唯物主义史论丛》的前言里首先强调他是根据《资本论》的研究方法去研究观念的历史,并援引马克思在《资本论》第一卷第2版《跋》中关于唯物主义辩证法的说明⑤。普列汉诺夫说,运用《资本论》的研究方法去研究观念的历史,就必须说明一个时

---

① 〔俄〕普列汉诺夫:《论一元论历史观的发展问题》,王荫庭译,北京:商务印书馆2012年版,第226页。
② 〔俄〕普列汉诺夫:《论一元论历史观的发展问题》,王荫庭译,北京:商务印书馆2012年版,第227页。
③ 《列宁全集》第十六卷,北京:人民出版社2017年版,第267页。
④ 这篇文章后来收入在《普列汉诺夫全集》俄文版第八卷。中译文首次发表在《马列主义研究资料》1892年第2辑,北京:人民出版社1984年版。
⑤ 马克思在《资本论》第一卷中说:"观念的东西不外乎是移入人的头脑并在人的头脑中改造过的物质的东西而已。"(《马克思恩格斯文集》第五卷第22页)。普列汉诺夫对这段话的援引参阅《普列汉诺夫哲学著作选集》第二卷第32页。

代的观念以及形成这种观念的原因，就必须在社会情况，也就是在经济关系中寻找这个原因。他通过研究法国唯物主义的代表人物霍尔巴赫和爱尔维修着重说明18世纪法国唯物主义哲学家的历史哲学。虽然他们是资产阶级最进步的代表，他们的世界观具有先进性，但是他们在历史观上陷入矛盾。根据他们的观点，人们的意见由社会环境决定，而社会环境又由人们的意见决定。他们始终没有正确解释社会发展的规律，没有发现支配人们的社会生活的规律。他们的唯物主义是形而上学的，这种形而上学的唯物主义"只有一半是革命的"①，革命对于他们只是达到和平的一个手段。黑格尔的辩证唯心主义虽然越过了形而上学这道界限，不再孤立地观察和研究对象，但是他把对象之间的相互关系看成"概念"，通过理念说明自然现象和社会现象，放弃了真实的事实而陷入了虚幻的世界。马克思的辩证方法解决了法国唯物主义的形而上学方法和德国唯心主义的辩证方法的各种矛盾，这个杰出的哲学系统是一元论的，"亦即认为精神与物质只是两类现象，其原因是唯一的、不可分地同一的"②。普列汉诺夫对马克思的辩证方法做出了总结，"马克思唯物主义的辩证方法"就是《资本论》的方法论，这个方法"既是归纳的同时又是演绎的"，"此外它还是人们所用过的一切方法中最革命的方法"③。

普列汉诺夫在《唯物主义史论丛》中多次赞扬马克思的理论是"最发展的、最丰富的、最具体的"，它回答了"以前的科学家和哲学家们所不能回答的问题"，"结束了这一切虚构，这一切迷惘，这一切矛盾"，马克思的唯物主义历史观"指给了我们一条科学研究的安全道路"，"给人类指出了从必然性的领域引向自由的领域的道路"，它是"十九世纪理论思想最伟大的成就之一"④。普列汉诺夫在这本著作中大量援引马克思恩格斯在《资本论》《政治经济学批判》《〈政治经济学批判〉序言》《费尔巴哈与德国古典哲学的终结》《关于费尔巴哈的提纲》《神圣家族》中的观点。其中，《唯物主义史论丛》第三篇对《资本论》第一卷的援引多达10处：(1) 在说明唯物主义历史观的方法论时援引《资本论》

---

① 《普列汉诺夫哲学著作选集》第二卷，北京：三联书店1961年版，第137页。
② 《普列汉诺夫哲学著作选集》第二卷，北京：三联书店1961年版，第153页。
③ 《普列汉诺夫哲学著作选集》第二卷，北京：三联书店1961年版，第209页。
④ 《普列汉诺夫哲学著作选集》第二卷，北京：三联书店1961年版，第162页，第161页，第163页，第185页，第205页，第30页。

第一卷第 2 版《跋》中关于辩证方法的说明①，强调马克思发动的哲学革命的意义；（2）在说明劳动工具对人的重要作用时三次援引《资本论》第一卷第三篇第五章关于劳动资料的说明②，关于人类劳动过程的说明③，关于经济时代与劳动资料的关系的说明④，援引第四篇第十三章中关于生产工具在人类形成史中的作用的说明⑤；（3）在说明自然力与工业的关系时两次援引《资本论》第一卷第五篇第十四章的内容⑥；（4）援

---

① 马克思在《资本论》第一卷中写到："我的辩证方法，从根本上来说，不仅和黑格尔的辩证方法不同，而且和它截然相反。在黑格尔看来，思维过程，即甚至被他在观念这一名称下转化为独立主体的思维过程，是现实事物的创造主，而现实事物只是思维过程的外部表现。我的看法则相反，观念的东西不外乎是移入人的头脑并在人的头脑中改造过的物质的东西而已。"（《马克思恩格斯文集》第五卷第 22 页）。普列汉诺夫对这段话的援引和阐释参阅《普列汉诺夫哲学著作选集》第二卷，北京：三联书店出版社 1961 年版，第 156 页。

② 马克思在《资本论》第一卷第三篇"绝对剩余价值的生产"第五章"劳动过程和价值增值过程"中写到："劳动者直接掌握的东西，不是劳动对象，而是劳动资料。这样，自然物本身就成为他的活动的器官，他把这种器官加到他身体的器官上，不顾圣经的训诫，延长了他的自然的肢体。"（参阅《马克思恩格斯文集》第五卷第 209 页）普列汉诺夫对这段话的援引和阐释参阅《普列汉诺夫哲学著作选集》第二卷，北京：三联书店出版社 1961 年版，第 164 页。

③ 马克思在《资本论》第一卷中写到："劳动资料的使用和创造，虽然就其萌芽状态来说已为某几种动物所固有，但是这毕竟是人类劳动过程独有的特征"（参阅《马克思恩格斯文集》第五卷第 210 页）。普列汉诺夫对这段话的援引和阐释参阅《普列汉诺夫哲学著作选集》第二卷，北京：三联书店出版社 1961 年版，第 164 页。

④ 马克思在《资本论》第一卷中写到："关于各种经济时代的区别，不在于生产什么，而在于怎样生产，用什么劳动资料生产"（参阅《马克思恩格斯文集》第五卷第 210 页）。普列汉诺夫对这段话的援引和阐释参阅《普列汉诺夫哲学著作选集》第二卷，北京：三联书店出版社 1961 年版，第 165 页。

⑤ 马克思在《资本论》第一卷第四篇"相对剩余价值的生产"第十三章"机器和大工业"中指出，"达尔文注意到自然工艺史，即注意到在动植物的生活中作为生产工具的动植物器官是怎样形成的。社会人的生产器官的形成史，即每一个特殊社会组织的物质基础的形成史，难道不值得同样注意吗？而且，这样一部历史不是更容易写出来吗？因为，如维科所说的那样，人类史同自然史的区别在于，人类史是我们自己创造的，而自然史不是我们自己创造的"（《马克思恩格斯全集》第五卷第 429 页）。普列汉诺夫对这段话的援引和阐释参阅《普列汉诺夫哲学著作选集》第二卷，北京：三联书店出版社 1961 年版，第 165 页。

⑥ 马克思在《资本论》第一卷第五篇"绝对剩余价值和相对剩余价值的生产"第十四章"绝对剩余价值和相对剩余价值"中指出："不是土壤的绝对肥力，而是它的差异性和它的自然产品的多样性，形成社会分工的自然基础，并且通过人所处的自然环境的变化，促使他们自己的需要、能力、劳动资料和劳动方式趋于多样化。社会地控制自然力，从而节约地利用自然力，用人力兴建大规模的工程占有或驯服自然力，——这种必要性在产业史上起着最有决定性的作用。如埃及、伦巴第、荷兰等地的治水工程就是例子。或者如印度、波斯等地，在那里人们利用人工渠道进行灌溉，不仅使土地获得必不可少的水，而且使矿物质肥料同淤泥一起从山上流下来"（《马克思恩格斯全集》第五卷第 587—588 页）。普列汉诺夫对这段话的援引和阐释参阅《普列汉诺夫哲学著作选集》第二卷，北京：三联书店出版社 1961 年版，第 168 页。

引《资本论》第七篇第二十四章的内容①来说明英国的圈地运动和资本的原始积累的最初原因；（5）在说明自然环境对生产方式和生活方式的影响时援引《资本论》第一卷第四篇第十二章的内容②；（6）在说明唯物主义辩证法时援引《资本论》第一卷第 2 版《跋》中的内容③，强调马克思的方法既是归纳的又是演绎的，同时还是最革命的。普列汉诺夫还分析了以前的经济学理论与马克思的经济理论的根本区别，前者是通过物质对象的性质来说明各种经济范畴，后者则是通过人在生产过程中的关系来说明交换价值、货币和资本等经济范畴，马克思的理论"在经济学史上第一次宣告以前经济学家们的那种拜物主义的结束"④。普列汉诺夫对《资本论》第一卷的大量援引和阐释，足以说明《资本论》对普列汉诺夫写作《唯物主义史论丛》具有重要的影响。

三、普列汉诺夫对无政府主义的批判

19 世纪 90 年代，无政府主义成为国际工人运动的主要阻碍，甚至成为第二国际内部的主要敌人。普列汉诺夫在阐述和发展唯物主义历史观的同时，在《无政府主义和社会主义》《论个人在历史上的作用问题》等著作中揭露无政府主义对国际工人运动的危害。我国学者王荫庭曾说，普列汉诺夫"是继马克思恩格斯之后率先对无政府主义观点进行详尽批判的第一人"⑤。

---

① 《资本论》的这部分内容参阅第 24 章第 1—2 节（《马克思恩格斯文集》第五卷第 820—842 页）。普列汉诺夫对这部分内容做出的说明参阅《普列汉诺夫哲学著作选集》第二卷，北京：三联书店出版社 1961 年版，第 199—200 页。

② 马克思在《资本论》第一卷第四篇"相对剩余价值的生产"第十二章"分工和工场手工业"中指出："不同的共同体在各自的自然环境中，找到不同的生产资料和不同的生活资料。因此，它们的生产方式、生活方式和产品，也就各不相同"。（《马克思恩格斯全集》第五卷第 407 页）。普列汉诺夫对这段话的援引和阐释参阅《普列汉诺夫哲学著作选集》第二卷，北京：三联书店出版社 1961 年版，第 202 页。

③ 马克思在《资本论》第一卷第 2 版《跋》中写到："辩证法，在其神秘形式上，成了德国的时髦东西，因为它似乎使现存事物显得光彩。辩证法，在其合理形态上，引起资产阶级及其空论主义的代言人的恼怒和恐怖，因为辩证法在对现存事物的肯定的理解中同时包含对现存事物的否定的理解，即对现存事物的必然灭亡的理解，辩证法对每一种既成的形式都是从不断的运动中，因而也是从它的暂时性方面去理解；辩证法不崇拜任何东西，按其本质来说，它是批判的和革命的。"（《马克思恩格斯文集》第五卷第 22 页）。普列汉诺夫对这段话的援引和阐释参阅《普列汉诺夫哲学著作选集》第二卷第 209—210 页。

④ 《普列汉诺夫哲学著作选集》第二卷，北京：三联书店 1961 年版，第 209 页。

⑤ 王荫庭：《普列汉诺夫哲学新论》，北京：商务印书馆 2021 年版，第 44 页。

1894 年，普列汉诺夫在《无政府主义与社会主义》一书中首次深入批判无政府主义的思想体系。他首先说明以摩莱里、傅立叶、圣西门和欧文为代表的空想社会主义者的主要观点。空想社会主义者虽然对人类本性的理解有所不同，但是始终把人性作为评价现存社会秩序和设计新社会组织的标准。他们把这个抽象的原则当作一成不变的基础，当作社会科学的基础。"凡是力求设计出一种完善的社会组织，而且在进行这种设计的时候用某种抽象的原则作为出发点的人，都是空想主义者。"① 以爱尔维修为代表的法国唯物主义者已经指出，"人完全依赖于教育"，人是他周围的社会环境的产物。普列汉诺夫揭示了空想社会主义者的错误：人的本性是内容贫乏的抽象概念，人性本身是根据人所生活的环境而变化的，因此它决不能成为历史发展的原因和动力。马克思回答了什么是历史发展的动力的问题，他不是从人的本性出发，而是从物质生活条件的总和出发研究社会的发展过程。普列汉诺夫说，马克思的唯物主义历史观是"我们这个如此富于科学发现的世纪中一个最伟大的发现"②。正是由于这个发现，社会科学走出了迷宫，并且和自然科学一样有了可靠的根据。正是从马克思开始，社会主义立足于阶级斗争的基础上。"马克思在社会科学中所进行的革命，可以和哥白尼在天文学中所完成的革命相媲美。"③ 普列汉诺夫援引了马克思在《〈政治经济学批判〉序言》中关于唯物主义历史观的经典表述，并把这个序言作为"任何未来的社会学的导论"，作为"现代科学社会主义的基础"④。

普列汉诺夫通过分析施蒂纳、蒲鲁东、巴枯宁、克鲁泡特金的思想缺陷说明无政府主义思想的演变过程。无政府主义理论的始祖不是蒲鲁东⑤，

---

① 普列汉诺夫：《无政府主义和社会主义》，王荫庭译，北京：商务印书馆 2021 年版，第 17 页。
② 普列汉诺夫：《无政府主义和社会主义》，王荫庭译，北京：商务印书馆 2021 年版，第 24 页。
③ 普列汉诺夫：《无政府主义和社会主义》，王荫庭译，北京：商务印书馆 2021 年版，第 24 页。
④ 普列汉诺夫：《无政府主义和社会主义》，王荫庭译，北京：商务印书馆 2021 年版，第 25—26 页。
⑤ 蒲鲁东（1809—1865）：法国政论家，经济学家，无政府主义者。主要著作：《人类秩序的建立》（1843）、《贫困的哲学》（1846）、《社会问题的解决》（1848）、《一个革命家的自白》（1849）。

而是施蒂纳①。从时间上看,蒲鲁东在1840年出版的《什么是所有权或对权利和政治的原理的研究》一书中仅仅简单提到无政府主义理论,而施蒂纳在1845年出版的《唯一者及其所有物》中已经阐明了无政府主义理论。施蒂纳从"我是唯一真实的本质"出发,把"我"凌驾于一切,把阶级斗争抽象地理解为少数利己主义者的斗争,他的个人主义理论成为无政府主义理论的基础。但是施蒂纳的"我"是"一种新的抽象,同时也是最贫乏的抽象",他的利己主义联盟实际上是"一大堆抽象的没有重复的人"②。蒲鲁东把绝对自由作为社会权力和政治的核心,在此基础上建构他的无政府主义思想。他幻想小私有财产和小生产成为社会组织的基础和经济的基础,但是小私有财产正在趋向消失。他断言国家是虚构的,是想象的产物,在"社会契约"的基础上建立联邦制,但是这个联邦制敌视任何真正的革命运动,是"彻底的个人主义"。巴枯宁把共产主义的集体主义与个人的绝对自由相混合,"发明了无政府主义的集体主义",他的纲领是"由两个抽象的原则即自由原则和平等原则的简单合成构造起来的"③,这个纲领给工人运动造成许多危害,不能推动革命向前半步。克鲁泡特金④推崇个人自由,希望通过自由协定来实现社会的需要,实际上陷入无政府状态,他主张破坏和废除国家,始终把无限制的个人自由作为出发点。他宣扬共产主义的无政府主义,但这种思想实际上是资产阶级激进主义与共产主义交媾而产生的。普列汉诺夫对无政府主义做出了总结,"无政府主义者都是空想主义者。他们的观点同现代科学社会主义没有任何共通的地方"⑤,他们从某些僵化的原则出发得出贫乏的结论,是"最纯粹的抽象者"。现代社会主义则站在"经济

---

① 麦克斯·施蒂纳(1806—1856):德国哲学家,现代无政府主义先驱,青年黑格尔派主要代表。主要著作《唯一者及其所有物》(1844)。
② 普列汉诺夫:《无政府主义和社会主义》,王荫庭译,北京:商务印书馆2021年版,第38—39页。
③ 普列汉诺夫:《无政府主义和社会主义》,王荫庭译,北京:商务印书馆2021年版,第70页。
④ 彼·阿·克鲁泡特金(П. А. Кропоткин,1842—1921):俄国无政府主义者,俄国地理学家。主要著作有《互助论》《一个革命者的回忆录》。
⑤ 普列汉诺夫:《无政府主义和社会主义》,王荫庭译,北京:商务印书馆2021年版,第100页。

现实和有规律的发展的观点上"①，而不是重复人性论的老调。无政府主义不仅在理论方面建立在空想主义的基础上，而且在实践方面否定工人阶级的政治斗争，对无产阶级的解放斗争产生恶劣的影响。普列汉诺夫清楚地认识到，"只有从卡尔·马克思时代起，社会主义才立足于阶级斗争的基础上"，科学社会主义在理论方面从社会生产力的状况出发研究社会结构，在实践方面共产党人"更善于了解工人运动的条件、进程和结果"②。

普列汉诺夫在批判俄国革命民粹主义、无政府主义等错误思潮时大量援引马克思恩格斯在《共产党宣言》《〈政治经济学批判〉序言》《哲学的贫困》《社会主义从空想到科学的发展》《国际工人协会章程》等著作中的观点，有力地阐明了唯物主义历史观和科学社会主义的理论原则。虽然普列汉诺夫对无政府主义的批判是马克思主义史上第一次系统而全面的批判，但是他的批判也有不足之处。他忽视了国家问题，没有分析马克思恩格斯在巴黎公社前后对国家理论的发展。正如列宁在《国家与革命》一书中所说，普列汉诺夫在批判无政府主义时"回避整个国家问题"，对"革命对国家的态度和一般关于国家的问题完全避而不谈"，没有理会"马克思主义在公社以前和以后的全部发展"③。

1898年，普列汉诺夫在《论个人在历史上的作用问题》一书中对19世纪八九十年代民粹主义和无政府主义的批判做出总结，这也是那个时代"马克思主义文献中对这个问题最全面、最完整的分析"④。俄国自由民粹派的代表卡布利茨⑤提出情感在人类前进运动中起主要作用，理智起次要和从属作用的观点。俄国自由民粹派另一个代表米海洛夫斯基反对卡布利茨对理智的轻视，提出一切因素都是同样重要的观点，这种折中主义的思维方式使他错误地把唯物主义历史观理解为经济决定论和否

---

① 普列汉诺夫：《无政府主义和社会主义》，王荫庭译，北京：商务印书馆2021年版，第29页。
② 普列汉诺夫：《无政府主义和社会主义》，王荫庭译，北京：商务印书馆2021年版，第28页。
③ 《列宁全集》第25卷，北京：人民出版社2017年版，第462—463页。
④ 普列汉诺夫：《论个人在历史上的作用问题》，王荫庭译，北京：商务印书馆2021年版，译者序言第ⅰ页。
⑤ 卡布利茨（1848—1893），又名尤佐夫。俄国政论家，作家，自由民粹派的代表。

定个人的历史作用的学说，错误地把唯物主义等同于无为主义①。普列汉诺夫清楚说明了俄国的主观主义者与俄国马克思主义者的区别在于，前者陷入二元论的泥潭，认识不到必然性，把理想与现实对立起来，后者上升到一元论，认识到历史的必然性，通过资本主义的自身发展和自身否定实现自己的理想。普列汉诺夫分析了三种错误的历史观：一是英雄史观，它把历史过程的规律性和个人的自觉活动形而上学地对立起来，要么夸大杰出人物的历史作用，即英雄造时势，要么过分强调历史运动的规律性，即时势造英雄。二是无为主义或者宿命论。三是因素论，它任意划分社会生活的各个不同方面，并把这些方面看成是独立存在的东西，使它们成为吸引社会人走上进步道路的特种力量。普列汉诺夫把社会的发展分成两个层次，即一般趋势和个别外貌，社会发展的一般趋势是由一般原因决定的，即生产力的发展以及人们在生产过程中的相互关系。杰出人物可以改变社会发展的个别外貌和某些局部后果，可以加速或延缓重大历史事件的进程，但是不能改变社会发展的总方向。这一原理的提出，不仅清楚地阐释了个人在历史上的作用，而且完善了马克思主义关于个人的历史作用理论，是对马克思理论的重大发展。正如我国学者高放教授所说，普列汉诺夫的这本著作是"马克思主义宝库中一颗晶莹剔透、光彩夺目的明珠"②。

20世纪初期，普列汉诺夫先后在《唯物主义历史观》《对我们的批判者的批判》《纪念卡尔·马克思逝世二十五周年》《尼·加·车尔尼雪夫斯基》等演讲、论文、文集和著作中进一步丰富和发展唯物主义历史观，多次强调《资本论》的历史性贡献。1901年3月，普列汉诺夫在日内瓦钟表工人学校用法语向瑞士、意大利和俄国的知识分子和工人发表了四篇关于唯物主义历史观的演讲③，再次对《论一元论历史观之发展》一书做出补充，进一步阐明唯物史观从萌芽到成熟的发展过程。他根据各个不同时代的历史哲学家对历史运动的原因的研究分析了在历史上先

---

① 无为主义是17世纪末出现的一种神秘主义学说。它认为人的一切行为取决于神的意志，由此产生神秘地漠不关心地对待生活的宿命论。
② 高放、高敬增：《普列汉诺夫评传》，北京：中国人民大学出版社1985年版，第68页。
③ 这四篇演讲1926年首次发表在法文杂志《社会主义新月刊》上，同年俄译文以《唯物主义历史观》为题发表在《"劳动解放社"文集》第4集上。中译文收录在《普列汉诺夫哲学著作选集》第二卷，北京：三联书店出版社1961年版，第719—758页。

后出现的五种历史观：以圣奥古斯丁和波舒哀①为代表的神学历史观②，以 18 世纪法国启蒙思想家为代表的理性史观③，以圣西门和法国复辟时代历史学家为代表的利益史观，以黑格尔和谢林为代表的辩证唯心史观，以及马克思恩格斯的唯物史观。1901 年，普列汉诺夫在《对我们的批判者的批判》一文中强调英国古典政治经济学是马克思主义政治经济学的理论来源，阐明了马克思的剩余价值学说、工资理论和经济危机理论，以及马克思把劳动与劳动力相区别的重要意义。1908 年，普列汉诺夫在《纪念卡尔·马克思逝世二十五周年》一文中回应了无产阶级绝对贫困化和相对贫困化的争论，反对把无产阶级绝对贫困化理论强加给马克思，认为马克思在《哲学的贫困》和《资本论》中提出的是"无产阶级状况相对恶化的理论"④。他在这篇文章中分析了《资本论》的方法论，马克思的经济学说"始终贯彻着历史理论"，它是从历史理论出发，用历史唯物主义方法来研究一定时代的经济发展，"《资本论》不单纯是经济著作，而且是历史著作"⑤。1909 年，普列汉诺夫在《尼·加·车尔尼雪夫斯基》一书中分析了经济危机产生的原因和根源，从三个方面概括马克思在《资本论》中提出的人口理论，一是反对抽象的人口律；二是每一种生产方式都存在特殊的人口律，它受到这个时代的局限；三是资本主义社会的人口律是"生产力的发展导致相对地过剩的人口、工人后备军的形成和增长"⑥。普列汉诺夫对《资本论》和唯物史观的研究一直持续到生命的终点，正如他自己所说，宣传马克思和恩格斯的思想是"他一生的全部任务"⑦。列宁也多次高度评价普列汉诺夫的思想贡献，称他是"俄国社会民主党创始人和领袖之一"⑧。

---

① 波舒哀（1627—1704）：法国历史哲学家，天主教主教，演说家。
② 这种神学历史观主要是指圣奥古斯丁的历史事变依赖于上帝的天命的观点，波舒哀的各民族的历史命运的由天命调度的观点。
③ 以伏尔泰为代表的 18 世纪法国启蒙思想家力求用自然的原因解释历史事变，但是他们仍然在神学或者宗教观念中寻找国家繁荣或衰落的原因。
④ 《普列汉诺夫哲学著作选集》第三卷，北京：三联书店出版社 1959 年版，第 218 页。
⑤ 《普列汉诺夫哲学著作选集》第三卷，北京：三联书店出版社 1959 年版，第 215 页。
⑥ 普列汉诺夫：《尼·加·车尔尼雪夫斯基》，上海：上海译文出版社 1981 年版，第 463 页。
⑦ Литературное наследие Г. В. Плеханова. Сборник. Ⅷ. Государственное социально-экономическое издательство Москва. 1940. C. 266.
⑧ 《列宁选集》第一卷，北京：人民出版社 1972 年版，第 203 页。

普列汉诺夫在 1882 至 1899 年的主要著作和文章

作者	名称	出版或发表时间
普列汉诺夫	《共产党宣言》俄译本及译者序言	1882 年在日内瓦出版
普列汉诺夫	《社会主义与政治斗争》	1883 年在日内瓦出版
普列汉诺夫	《社会民主主义"劳动解放社"纲领》	1884 年在日内瓦出版
普列汉诺夫	《我们的意见分歧》	1885 年在日内瓦出版
普列汉诺夫	"劳动解放社"纲领第二草案	1888 年在日内瓦发表
普列汉诺夫	在巴黎国际社会主义工人代表大会上的演说	1890 年发表在日内瓦的《社会民主党》第 1 期
普列汉诺夫	《黑格尔逝世六十周年》	1891 年发表在《新时代》杂志第 7—9 号
普列汉诺夫	《无政府主义与社会主义》	1894 年《社会民主党人》报
普列汉诺夫	《论一元论历史观之发展》	1894 在圣彼得堡出版
普列汉诺夫	《奥古斯丹·梯叶里和唯物史观》	《社会变化》杂志 1895 年法文版
普列汉诺夫	《对我们的反对者讲几句话》	1895 年在圣彼得堡出版
普列汉诺夫	《唯物主义史论丛》(包括三篇文章《霍尔巴哈》《爱尔维修》《马克思》)	1896 在斯图加特出版德文版
普列汉诺夫	《论唯物主义的历史观》	《新语》杂志 1897 年第 12 期
普列汉诺夫	《论个人在历史上的作用》	《科学评论》杂志 1898 年第 3 期和第 4 期
普列汉诺夫	《论所谓马克思主义的危机》	1898 年春夏演讲
普列汉诺夫	《伯恩施坦和唯物主义》	《新时代》杂志 1898 年第 44 期

第六章 《资本论》与列宁的俄国资本主义发展观

列宁运用《资本论》的方法论和理论分析19世纪八九十年代俄国资本主义发展状况，批判俄国自由民粹派对资本主义的拒斥和俄国合法马克思主义者对资本主义的美化，最终在俄国确立马克思主义的俄国资本主义发展观。

第一节 列宁早期对《资本论》的研究

列宁从1888年开始研读《资本论》，对《资本论》德文版和俄文版作了详细的批注。在掌握《资本论》方法论和经济理论的基础上对市场问题做出了研究，回应了俄国自由民粹派。

一、列宁关于《资本论》的批注

1870年，列宁出生于俄国辛比尔斯克（今乌里扬诺夫斯克），1887年考入喀山大学法律系，同年其兄因谋杀沙皇被处死。入学三个月后，列宁因参加学生运动被开除，后又被捕流放。1888年10月回到喀山，开始研究马克思的《资本论》。1891年左右，他从圣彼得堡大学法律系毕业，同时加入了圣彼得堡的马克思主义小组。列宁非常积极地参加了俄国当时围绕民粹主义、经济发展、马克思主义等问题展开的论战，为他后来论述俄国资本主义发展问题积累了大量的材料。

《资本论》是列宁最早深入研读的马克思主义著作。从1888年至1894年，列宁对《资本论》第一卷德文第1版、《资本论》第一卷俄文第1版、《资本论》第二卷1885年德文版、《资本论》第二卷1886年俄文版、《资本论》第三卷1894年德文版做了大量的批注，非常重视《资本论》对简单协作、工场手工业、机器大工业等资本主义发展不同阶段的研究。根据列宁亲属的回忆和列宁青年时代的友人的证明，列宁是 1888 年在喀山开始研究马克思《资本论》的。在萨马拉居住期间，《资本论》第一卷和第二卷是列宁案头的必备书。

1888 年底，列宁对《资本论》第一卷 1872 年德文版做了详细的批注，主要关注四个问题：

（1）商品与劳动的关系。《资本论》正是要揭示商品背后隐藏的社会关系，揭示商品生产的神秘性。列宁在这一段话上加上"妖魔"两字①：

> 因此，一旦我们逃到其他的生产形式中去，商品世界的全部神秘性，**妖魔**在商品生产的基础上笼罩着劳动产品的一切魔法妖术，就立刻消失了。

（2）工场手工业与劳动社会化。列宁摘录了《资本论》第一卷第 372 页至第 488 页的许多段落，并划线标出重要的观点。工场手工业是以两种方式产生的，一是不同工种的手工业者被同一个资本家联合在一个工场里；二是同一类工种的手工业者在同一个工场里为同一个资本家所雇佣。工场手工业的分工通过手工活动、劳动工具以及工人的分组和结合发展新的劳动生产力。工场手工业分工作为社会生产过程的特殊的资本主义形式发展起来②。

（3）资本构成的变化以及剩余价值的实现。工场手工业之所以能大量地生产剩余价值，同时能使产品愈来愈便宜，主要是由于工资被降到最低限度，而劳动时间却延长到最高限度。大规模地采用机器后，手工业者的工资由于机器的竞争而降低了，男工在较重劳动中占据独霸地位，大批女工和童工成为新的机器工人，这种强有力的竞争扼杀了最弱的手工劳动者。与此同时，机器的广泛运用也使资本家产生分化，新机器不断出现，旧机器不断贬值，那些以低廉价格大批购买机器的大资本家才能从中获利。列宁摘录了《资本论》第一卷第 490 页至第 570 页的内容，特别是在第 570 页上标出自己的观点③。

---

① 《列宁全集》第五十九卷，北京：人民出版社 2017 年版，第 2 页。
② 《列宁全集》第五十九卷，北京：人民出版社 2017 年版，第 4 页。
③ 《列宁全集》第五十九卷，北京：人民出版社 2017 年版，第 9 页。

马克思的观点	列宁的标记
[570] 第三，剩余价值的增加或减少始终是劳动力价值相应的减少或增加的结果，而绝不是这种减少或增加的原因。	这就是说，例如，劳动力价值不下降，剩余价值就不可能增长。

（4）工场手工业。列宁摘录了《资本论》第一卷第 372 至 518 页的内容，详细阐述了工场手工业、手工业、家庭劳动过渡到工厂生产的变革过程。工场手工业在生产过程中产生了分工，也发展了劳动力的等级制度以及与此相适应的工资的等级制度。工厂制度达到一定的广度和一定的成熟度时，特别是它的技术基础即机器本身也用机器来生产时，采掘业、金属加工业和交通运输业都将发生革命，这些又成为夺取国外市场的武器。列宁在摘录资本主义私有制的内容时特意做了一个标记，但是这个缩写词仍然无法辨认：

马克思的观点	列宁的标记
[830-832] 靠自己劳动挣得的私有制，即以各个独立劳动者与其他劳动条件相结合为基础的私有制，被资本主义私有制，即以剥削他人的但形式上是自由的劳动为基础的私有制所排挤。	Цит. К.①，49-50

1888 年底，列宁在《资本论》第一卷 1872 年俄文版作了详细的批注，主要关注四个问题：

（1）商品的价值与使用价值。列宁摘录了《资本论》第一卷俄文版第 3 页至第 58 页的内容，详细说明了商品的实质。商品的二重性在于使用价值和价值，也就是有用劳动的产品和抽象劳动的凝结物。使用价值的形式是商品的自然形式，价值形式是商品在同其他商品的交往中才具有的。

（2）资本与货币。首先要说明 G—W—G′ 和 W—G—W 这两种循环形式的区别，也就是作为资本的货币的流通与单纯作为货币的货币的流通之间存在着区别。G—W—G' 是直接在流通内表现出来的资本的总公式。列宁在这里用"把货币变成商人的袜子"来强调货币转化为资本的过程。

---

① Цит. К. 是俄文 Цитировать Капитал 的缩写，意思是援引《资本论》。

> [98] 因此，G—W—G′事实上是直接在流通领域内表现出来的资本的总公式。
> **把货币变成商人的袜子**
> [102] ……例如，买者把商人的袜子变成货币，就是完全一种"生产活动"。
> [103] 货币转为资本，必须根据商品交换的内在规律来加以说，因此等价物的交换应该是起点。①

（3）劳动力的买与卖。列宁摘录了《资本论》第一卷俄文版第119至第123页、第243至第264页、第347至403页、第506至536页的内容。劳动力的买卖是在流通领域或商品交换领域内进行的，是资本家占用工人的已经物化的一部分劳动，来不断换取更大量的活劳动。

（4）社会总资本。列宁摘录了《资本论》第一卷俄文版第539至第667页的内容。社会资本的增长是通过许多单个资本的增长来实现的。社会总资本的积累是大资本家剥夺小资本家的过程，是大量小资本变成少数大资本的过程。

1893年左右，列宁为《资本论》第二卷1885年德文版做了简单的批注，主要关注两个问题：

（1）洛贝尔图斯②的经济理论与马克思的《资本论》的关系。列宁摘录了恩格斯为《资本论》第二卷写的序言，赞同马克思在《哲学的贫困》批评洛贝尔图斯对剩余价值的乌托邦理解，支持《资本论》第二卷对洛贝尔图斯关于商业危机、关于工资的来源以及地租理论做出的有力回应。列宁不仅支持马克思恩格斯对洛贝尔图斯的批评，而且在重要的语句上划线。

（2）资本周转。列宁摘录了第207至208页的内容，援引了美国经济学家阿·波特尔在《政治经济学：它的对象、应用和原理》一书中关于资本周转的计算方法。

1893年左右，列宁为《资本论》第二卷1885年俄文版做了摘录，主要关注2个问题：

（1）资本主义生产过程。我们把资本主义生产过程既作为孤立的过程，又作为再生产过程。劳动力的买和卖是资本主义生产的基本条件。

---

① 《列宁全集》第五十九卷，北京：人民出版社2017年版，第14页。
② 约翰·卡尔·洛贝尔图斯（1805—1875）：德国经济学家和社会主义者，其主要成就是劳动价值理论。主要著作有《工人阶级的要求》《正常工作日》《致基尔希曼的社会书信》等。

直接的生产过程，在任何场合都表现为一个单个资本的过程，但是在资本的再生产中，代表资本价值的那部分商品在流通领域中转化为它的生产要素以及它的生产资本。

（2）社会总资本。

马克思的观点	列宁的批注
这种生产过程，在任何场合，都表现为一个单个资本的过程。说到资本的再生产，我们只要假定，代表资本价值的那部分商品产品，会在流通领域内找到机会再转化为它的生产要素，从而再转化为它的生产资本的形式。同样，我们只要假定，工人和资本家会在市场上找到他们用工资和剩余价值购买的商品。	注意①

1894年12月25日以后，列宁为《资本论》第三卷1894年德文版下册做出了批注，主要关注三个问题：

（1）金属流通与商品价值的关系。列宁摘录了第621至639页的内容，金属流通以贵金属的输入和输出作为补救手段，它们的流进或流出使商品价格下跌或上涨。

（2）地租问题。列宁摘录了第731至第760页的内容，在重要的段落上标上了"注意"一词。级差地租的原因不仅是由于肥力和位置，还由于其他三个原因：第一是赋税的分担是不均等的；第二是农业的发展是不平衡的；第三是资本的分配是不平衡的，列宁在第二个和第三个原因上作了标记②：

马克思的观点	列宁的标记
由不同地区<u>农业</u>的发展程度不同而引起的不平衡，因为<u>这个产业部门，由于它的传统性质，要比工业更难于平衡</u>。（3）资本在租地农场主之间的分配上的不平衡。因为资本主义生产方式占领农业，自耕农转化为雇佣工人，实际上是这种生产方式的	注意
<u>最后一次征服</u>，所以这些不平衡，在这里，比在任何其他产业部门都大。	注意

（3）农业问题。列宁摘录了第762至第767页的内容，以英国资本

---

① 《列宁全集》第五十九卷，北京：人民出版社2017年版，第23页。
② 《列宁全集》第五十九卷，北京：人民出版社2017年版，第27页。

主义农业生产方式来说明资本主义农业的问题。列宁在这里也标上了两个"注意"一词①：

马克思的观点	列宁的批语
[762] 此外，由于耕作的自然规律，当耕作已经发达到一定的水平，地力已经相应消耗的时候，资本（在这里同时指已经生产的生产资料）才会成为土地耕作上的决定要素。……资本主义生产方式只是缓慢地、不平衡地侵入农业，这是我们在英国这个农业的资本主义生产方式的典型国家中可以看到的。	注意 注意

从列宁早期的批注中可以看出，列宁当时最为重视《资本论》对资本主义生产发展中的简单协作、工场手工业、机器大工业及其相互关系的研究。在《列宁全集》第1—3卷中引用《资本论》多达一百多处，列宁正是运用马克思在《资本论》中创造出来的方法来研究俄国生产关系及其演进情形，正是运用《资本论》的方法论研究俄国资本主义的发展，从而建立马克思主义的俄国资本主义观。

19世纪90年代列宁投入革命活动时，曾先后在马克思主义小组、工人小组中宣讲《资本论》。列宁研究《资本论》所得到的收获主要表现在他掌握了《资本论》的方法论。他正是根据《资本论》中关于资本主义国内市场问题的基本原理来批判民粹派关于资本主义在俄国不可能发展的错误论断。《资本论》是马克思、恩格斯共同的精神生活的成果，是当代最伟大的政治经济学著作。列宁特别肯定《资本论》对唯物主义历史观的科学研究："自从《资本论》问世以来，唯物主义历史观已经不是假设，而是科学地证明了的原理。"②列宁高度赞扬《资本论》的伟大成就："《资本论》的成就之所以如此巨大，是由于'德国经济学家'的这部书使读者看到整个资本主义社会形态是个活生生的形态……"③我国学者刘怀玉教授在分析列宁的资本主义观时指出，"列宁前期的资本主义观直接来源于马克思，是对马克思自由竞争资本主义思想的继承。这种资本主义观不仅在当时俄国特定的历史条件下具有重要的意义，在

---

① 《列宁全集》第五十九卷，北京：人民出版社2017年版，第30页。
② 《列宁全集》第一卷，北京：人民出版社2017年版，第112页。
③ 《列宁全集》第一卷，北京：人民出版社2017年版，第111页。

资本全球化的今天也具有不可忽略的价值。"①

二、列宁早期对市场问题的研究

1893年春，列宁在萨马拉完成第一篇文章《农民生活中新的经济变动》，这是迄今为止发现的列宁最早的文章。这篇文章曾在萨马拉马克思主义青年小组中宣读，1923年首次发表于纪念布尔什维克第一次代表大会的文集中。②列宁批评了弗·叶·波斯特尼柯夫（В. Е. Постников）③在1891年出版的著作《南俄农民经济》④，但是也称赞这本书是近年来俄国经济文献中最杰出的著作之一。波斯特尼柯夫看到了农民经济的多样性，认识到各个农户之间存在着不同的经济利益，但是没有按经营的性质来划分农户类别，没有揭示村社农民中间存在的剥削关系，没有重视农民经济在资本主义商品经济中所发生的变动。列宁运用马克思主义方法分析俄国农民经济的变化，说明俄国农业资本主义发展的形式和过程：商品经济在俄国已经占统治地位，村社农民已经分化为农村资产阶级和无产阶级，中等收入的农民成为经济不稳定的阶层。之后，列宁在一系列文章中批判俄国各种非马克思主义派别对俄国经济发展状况的错误认识。

市场问题是俄国马克思主义者和俄国民粹派争论的焦点之一。当时的俄国民粹派观点认为，由于人民大众日益贫困，市场有完全停止的趋势，资本主义不可能充分发展。1893年秋，列宁在圣彼得堡完成的《论所谓市场问题》一文在圣彼得堡等地的社会民主主义小组中广泛流传，1937年首次发表于《布尔什维克》杂志第21期。⑤列宁一方面说明了经济演进过程与市场的关系，另一方面批评了俄国民粹派代表格·波·克拉辛（Г. Б. Красин）⑥对市场的错误认识。列宁在这篇文章的开头写道：

---

① 刘维春、刘怀玉：《列宁两种资本主义观的历史意义与当代价值》，载《南京大学学报（哲学·人文科学·社会科学）》，2007年第6期，第19页。
② 这篇文章有两种手稿，一种是列宁本人收藏的草稿，另一种是列宁转抄时作过补充的誊清稿。后一种手稿列宁交给了莫斯科马克思主义小组组织者谢·伊·米茨凯维奇，1894年12月3日被沙皇警察搜走，后来于1923年在莫斯科高等法院档案中发现。1923年初，这一手稿正式发表在《党的第一次代表大会二十五周年纪念文集（1898—1923）》。
③ 波斯特尼柯夫（В. Е. Постников，1844—1908）：俄国经济学家，统计学家。
④ Постников, В. Е. Южно-русское крестьянское хозяйство. М.，1891.
⑤ 这篇文章首次发表于《布尔什维克》杂志1937年11月7日第21期。
⑥ 格·波·克拉辛（Г. Б. Красин，1871—1947）：电气工程师，技术科学博士。

"在人民大众很穷而且愈来愈穷的时候，资本主义能否在我们俄国发展并充分发展起来呢？"① 俄国民粹派对此的回答是：资本主义的发展需要广大的国内市场，但是农民的破产破坏了国内市场，没有国内市场就无法建立资本主义，而且由于农民的贫困化，俄国资本主义软弱无力，没有根基，不能成为俄国社会经济的基础。列宁以克拉辛的文章《市场问题》为对象驳斥了民粹派对市场问题的错误认识。

格·波·克拉辛以"资本主义生产占普遍和绝对的统治"这一假设为基本前提阐述《资本论》第二卷第21章的内容，但是他从马克思的研究中得出资本主义积累"既不依赖消费品生产的运动，也不依赖任何个人消费"的错误结论。列宁分析了马克思关于社会总生产两大部类的公式，阐述了简单再生产和扩大再生产的过程。"马克思在这里给自己提出的任务，是研究社会生产如何补偿用来满足工人和资本家个人需要的那一部分产品，以及用来构成生产资本要素的那一部分产品。"② 简单再生产和积累再生产的公式（$c+v+m$）③ 就是马克思研究社会总资本再生产问题的结果。

格·波·克拉辛认为，资本主义社会是为积累而积累，是为生产资料而生产生产资料。因此，在资本主义的历史发展中生产资料的生产比消费品的生产占优势。列宁反对这一观点，因为从资本主义社会的技术进步来看，在资本主义社会中生产资料的生产比消费资料的生产增长得快，因为技术进步导致可变资本与不变资本的比值逐渐缩小，手工劳动的作用逐渐缩小。克拉辛认为必须区分资本主义积累的两个根本不同的方面：一是资本主义生产向广度的发展，即资本主义生产不断排挤自然经济，逐渐扩大到现有的劳动领域；二是资本主义生产向深度的发展，即资本主义生产在其生产方式占绝对的统治条件下不断扩大，也就是说，资本主义生产向深度的发展不依赖外部市场，也不依赖任何国家。在列宁看来，俄国民粹派关于资本主义如何发展的观点丝毫不能解决俄国资本主义发展的可能性和必然性的问题，他们总是把俄国资本主义看成一种与"人民制度"脱离和无关的东西，从来没有说明俄国资本主义是如何产生和如何发生作用的。列宁认为要批驳这些观点，就必须弄清楚商

---

① 《列宁全集》第一卷，北京：人民出版社2017年版，第56页。
② 《列宁全集》第一卷，北京：人民出版社2017年版，第59页。
③ c：不变资本，v：可变资本，m：剩余价值。

品生产、资本主义等概念的内涵以及资本主义历史发展中的两个重要转化：即自然经济向商品经济的转化，商品经济向资本主义经济的转化。列宁据此得出以下结论：

（1）"市场"这一概念和社会分工这一概念是完全分不开的。

（2）"人民大众的贫穷化"不仅没有阻碍资本主义的发展，反而加强了资本主义的发展。

（3）生产资料快速增长的规律的意义就在于机器劳动代替手工劳动表现了人类技术的整个进步作用。

列宁分析了俄国农民的情况，只有少数殷实的、有种子的、有足够役畜和农具的农民才能扩大耕地，大多数农民则根本无力用扩大经济的办法来满足对金钱的需要，他们既没有任何储备，也没有足够的生产资料，他们只能在市场上出卖自己的劳动力，其结果是"人民的贫穷化"、资本主义发展和市场扩大。列宁的结论是："农村中的'非农民化'向我们表明这个过程的开端，它的萌芽，它的早期阶段；城市中的大资本主义向我们表明这个过程的结尾和它的趋向。"[1] 前一个过程是人民的贫困化，后一个过程是资本主义的增长，这两个现象不可分割，互相依赖。

列宁已经认识到资本主义市场的扩大是必然的过程，因为市场是商品经济的范畴，资本主义在商品经济基础上不断发展，是商品经济的最高形式。但是俄国民粹派经济学家不了解市场的概念，否认俄国将从简单商品经济转向资本主义，把俄国资本主义的发展看成"人为培植"的结果。他们从广大农民破产和居民购买力不断降低得出资本主义国内市场将不断缩小的结论，他们不了解小生产者破产和分化的实质，忽视了小生产者的阶级结构。在他们看来，产品的价值只有用于工人和资本家消费的那部分可以实现，而其余部分则无法在国内市场上实现，只有在国外市场寻求剩余产品的销路，但是国外市场早已被其他国家瓜分完毕，因此资本主义在俄国不可能得到发展。虽然列宁指出了俄国民粹派的错误，但是他也肯定了俄国革命民粹派的功绩："俄国的革命者在19世纪下半叶同国际的联系相当广泛，对世界各国革命运动的形式和理论十分熟悉，这是世界上任何一国所不及的"[2]。

---

[1] 《列宁全集》第一卷，北京：人民出版社2017年版，第101页。
[2] 《列宁全集》第39卷，北京：人民出版社2017年版，第6页。

《资本论》首先是一部经济学著作,但是它并不仅以通常意义的"经济理论"为限,它对列宁的深远影响既表现在列宁运用他从这一著作中学到的马克思的经济学观点,创造性地研究了俄国的经济现状、尤其是俄国资本主义发展的情况,而且表现在他以《资本论》所提供的方法论,以辩证唯物主义和历史唯物主义的原理解决了俄国革命中的许多重大理论问题。在《列宁全集》的头三卷中引用《资本论》多达一百多处,这说明列宁正是运用《资本论》方法研究俄国生产关系及其演进进程,正是运用《资本论》方法论研究俄国资本主义的发展,从而建立马克思主义的俄国资本主义观。

第二节 列宁对俄国自由民粹派的批判

列宁在19世纪90年代对俄国自由民粹派进行了深刻的批判,主要在《什么是"人民之友"以及他们如何攻击社会民主党人》《民粹主义的经济内容及其在司徒卢威的著作中的表现》《我们拒绝什么遗产》等文章中批判俄国自由民粹派的主观主义社会学和历史观。

一、列宁对俄国自由民粹派主观社会学的批判

19世纪80年代,普列汉诺夫就对拉甫罗夫、吉荷米洛夫的"社会学中的主观方法"做出过批评。他在《我们的意见分歧》中说,劳动解放社的观点是足以"消灭这种滥用'社会学中主观方法'的现象的"[1]。19世纪90年代,米海洛夫斯基在《俄国财富》杂志上不断攻击马克思主义,列宁对此做出了有力的回击。

1894年,米海洛夫斯基在《俄国财富》第1期和第2期上发表《文学和生活》,不仅对唯物主义历史观提出质疑,也反对把马克思与达尔文相提并论。1897年,米海洛夫斯基在《俄国财富》第10期上批评马克思的俄国学生们"根本不愿意与过去就任何继承性的联系,并且坚决拒绝遗产"[2]。1894年春夏,列宁在《什么是"人民之友"以及他们如何

---

[1] 《普列汉诺夫哲学著作选集》第一卷,北京:三联书店出版社1959年版,第142页。
[2] 《列宁全集》第二卷,北京:人民出版社2017年版,第384页。

攻击社会民主党人?》①《我们拒绝什么遗产》等著作中集中批判俄国自由民粹派的主观社会学。

列宁首先批判以米海洛夫斯基为代表的俄国自由民粹派在19世纪70年代和90年代对《资本论》的不同理解。如前所述，米海洛夫斯基在1877年曾反对资产阶级经济学家茹科夫斯基对《资本论》的攻击，但是在1894年公开发表批判《资本论》方法论的文章。米海洛夫斯基在1877年时认为马克思的功绩是发展社会的思想，但是在1894年时他对唯物主义历史观做出了具体的修正。

米海洛夫斯基试图从氏族联系、家庭关系、遗产制度等方面否定唯物主义历史观，氏族联系在文明国家的历史中已经失去意义，家庭联系在日益复杂的生活的影响下也发生了很大变化，法律关系和经济关系是家庭关系的上层建筑，是永恒的和必然的。列宁反驳了米海洛夫斯基的观点，认为这个观点把以交换为基础的社会形态的范畴和上层建筑当做普遍的和永恒的范畴，是资产阶级的庸俗见解。米海洛夫斯基反对"历史是由一系列阶级斗争事件组成的"原理，他以国际工人协会没有阻止法国和德国工人的互相残杀为由指责唯物主义没有清除"民族自负和民族仇恨"。实际上，这种仇恨的主要基础是工商业资产阶级的经济利益，而米海洛夫斯基把民族感情当做独立因素来掩盖问题的实质，他不明白这种交换是以资产阶级的统治为前提和内容的，不明白只有消灭以交换为基础的经济组织才能停止国际冲突。因此，只有组织被剥削阶级反对剥削阶级，只有组织工人反对国际资本，才能消除民族仇恨。以米海洛夫斯基为代表的主观社会学家认识到人民大众被压迫的事实，把每个人可以获得自己生产成果的理想制度描述为适合"人的本性"和理性道德的制度，但是没有对这个制度作出科学的解释，没有对资本主义社会形态的规律做出客观的分析，没有对资本主义向社会主义转变的必然性做出科学的论证。米海洛夫斯基认为决定论和道德观念之间存在冲突，历史必然性和个人作用之间存在冲突。列宁反对这一思想，认为在二者之间并没有冲突，决定论思想确认人的行为的必然性，但丝毫不消灭人的

---

① 这部书于1894年在圣彼得堡、莫斯科、哥尔克等地分编胶印出版，在俄国其他一些城市也传抄和翻印过。1923年，这部书的第1、3两编的胶印本在柏林社会民主党档案馆和列宁格勒国立萨尔蒂科夫—谢德林公共图书馆几乎同时发现。这部书的第2篇至今没有找到。《列宁全集》是根据这个胶印本刊印的。

理性、人的良心，而且只有根据决定论的观点，才能作出严格的正确评价，真正摒弃自由意志。历史必然性的思想与个人在历史上的作用也丝毫不冲突，因为全部历史是由个人的行动和社会活动构成的。评价个人的社会活动面临的问题是如何保证个人的活动获得成功？对于俄国社会民主党人和俄国其他社会主义者而言，这个问题就是如何保证以实现社会主义为目的的活动吸引群众参加并获得成功？列宁认为，这个问题的解决取决于如何认识俄国社会力量和当前的阶级斗争。俄国社会民主党人解答这个问题的观点是：摆脱资本主义社会的出路就是无产阶级反对资产阶级的斗争。但是米海洛夫斯基不想触及这些问题，他用一些空洞的毫无内容的辞藻来搪塞，掩盖现代真正重大而迫切的问题，而仅仅对于英雄和大众之间存在什么关系的问题感兴趣。

列宁比较分析了米海洛夫斯基在 1877 年和 1894 年的思想变化。1877 年时米海洛夫斯基这样评价《资本论》："如果去掉《资本论》的笨重无用的黑格尔辩证法的盖子"，那么这部著作很好地研究了形式和物质条件的关系的问题，并为解决这一问题提供了必要的材料。显然，他在此时认为"黑格尔辩证法"是"无用的"，但是在 1894 年时认为唯物主义依靠"辩证过程的无可争辩性"。他在 1877 年认为"全部《资本论》研究的是一经产生的社会形式怎样日益发展，怎样加强自己的典型特征，怎样使各种发现、发明、生产方式的改进、新的市场和科学本身从属于自己……"，并称赞对于这个社会形式及其赖以存在的物质条件的关系的分析将永远是马克思的逻辑力量和渊博学识的纪念碑，但是在 1894 年他却说在马克思恩格斯的任何一部著作中都找不到这种唯物主义的叙述。列宁认为，米海洛夫斯基思想发生变化的原因在于他把黑格尔的"三段式"与《资本论》的辩证法相混淆。

米海洛夫斯基把俄国马克思主义者分为三类：旁观的马克思主义者、消极的马克思主义者和积极的马克思主义者，他认为积极的马克思主义者主张农民进一步的破产，消极的马克思主义者关注那些已经失去生产资料的人，旁观的马克思主义者是这一过程的旁观者。列宁不赞同米海洛夫斯基的这一划分，认为他不了解俄国马克思主义者。列宁指出，俄国马克思主义者是以现实为出发点的社会主义者，这个现实就是资本主义社会，摆脱这个社会的唯一出路就是无产阶级反对资产阶级的斗争。米海洛夫斯基没有研究新的劳动形式代替旧的劳动形式的原因，而是从各个不同的社会形态中抽出个别要素，从中世纪的劳动形式中抽出生产资料归劳动者所有，从资本主义的劳动形式中抽出自由、平等、教育和文化，然后用这些要素臆造一个乌托邦，显然，他的理论与现实社会的演进相脱离。俄国马克思主义者则是从批判主观方法开始，力求说明剥削现象的原因，认为俄国改革后的全部历史是多数人破产和少数人发财的历史，因此，他们的实践纲领就是加入无产阶级反对资产阶级的斗争，加入无产者阶级反对有产者阶级的斗争。

米海洛夫斯基在 1872 年的文章《关于〈资本论〉俄文版的出版》中曾把马克思的成就比作达尔文，但是在 1894 年的文章《文学与生活》中推翻了自己的观点。列宁对米海洛夫斯基的这一点观点做出了分析，认为把马克思与达尔文相比是完全适当的，因为《资本论》正是"把堆积如山的实际材料总结为几点概括性的、彼此紧相联系的思想"。列宁详细说明了马克思与达尔文的贡献：达尔文探明了物种的变异性和承续性，"第一次把生物学放在完全科学的基础之上"；马克思探明了社会经济形态是自然的历史的过程，"第一次把社会学放在科学基础之上"①。列宁在这部著作中总结了马克思的辩证方法：通过准确的科学研究来证明社会关系之间的必然性，准确地说明那些作为研究的出发点和根据的事实。"这种研究的科学价值在于阐明支配着一定社会有机体的产生、生存、发展和死亡以及为另一更高的有机体所代替的特殊规律（历史规律）。"②

米海洛夫斯基责备马克思是从分析事实开始，而不是从最终结论开始，是从研究个别的社会关系开始，而不是从一般的社会关系开始。列宁对这种指责的回应是，马克思的理论不是对社会和进步的空泛议论，而是对资本主义社会和资本主义进步的科学分析。形而上学的社会学家们的错误在于，他们没有研究过任何一种社会形态，没有客观分析过任何一种社会关系，而是先验地臆造一些脱离事实的理论。米海洛夫斯基一方面承认马克思恩格斯在 19 世纪 40 年代末发现了一个崭新的唯物主义的和真正科学的历史观，另一方面又说马克思在任何地方都没有论证过唯物主义历史观，他根据恩格斯 1888 年在《路德维希·费尔巴哈和德

---

① 《列宁全集》第一卷，北京：人民出版社 2017 年版，第 111—112 页。
② 《列宁全集》第一卷，北京：人民出版社 2017 年版，第 136 页。

国古典哲学的终结》单行本的序言中的一段话①得出错误的结论，认为马克思和恩格斯当时的知识对于科学批判资产阶级制度而言是不够的，还不足以完成政治经济学批判方面的著作。实际上，恩格斯指的是他们当时在经济史方面的知识是不够的。列宁对米海洛夫斯基的曲解做出了回应："马克思恩格斯决定不发表他们的哲学历史著作，而集中全力来科学地分析一种社会组织，这只表明他们有高度的科学诚实态度。"②

米海洛夫斯基批评唯物主义理论没有被科学地论证过和检验过，认为"经济唯物主义在科学上是站不住脚的"，一方面指责唯物主义没有考虑社会生活的全部总和，另一方面又说唯物主义用经济来说明社会生活的全部总和。他大谈社会生活的"复杂性"，认为经济唯物主义学说不仅无法认识事物的历史进程的实质，而且把自己的社会学理论建立在黑格尔的三段式上，指责马克思主义是黑格尔辩证法，攻击马克思主义理论的起源，想以此动摇这个理论的根基，以为马克思恩格斯的辩证方法就是按黑格尔的三段式来解决一切社会问题。马克思恩格斯的著作中关于辩证方法的叙述不是黑格尔的三段式，而是把社会演进看做是社会经济形态发展的自然历史过程。列宁反对米海洛夫斯基把马克思恩格斯的唯物主义称为经济唯物主义，因为马克思恩格斯的理论是借助非经济因素找到的，他们的基本思想是把社会关系分成物质的社会关系和思想的社会关系，思想的社会关系是物质的社会关系的上层建筑，而物质的社会关系是不以人的意志和意识为转移而形成的，是人维持生存的活动的形式。

1897年，米海洛夫斯基在《俄国财富》第10期上批评19世纪90年代的俄国马克思主义者③拒绝、摒弃甚至攻击60—70年代的遗产，割断了俄国民主主义的线索。1898年，列宁以弗拉基米尔·伊林的笔名在《经济评论集》上发表《我们拒绝什么遗产?》一文，对米海洛夫斯基的批评做出了回应。他首先主张区别60年代启蒙者的遗产和民粹派的遗产：60年代的遗产相信社会发展的进步性，而自由民粹派歪曲俄国整个

---

① 恩格斯在序言中写到："这部著作的第一部分是阐述唯物主义历史观的；这种阐述只是表明当时我们在经济史方面的知识还多么不够。"——《马克思恩格斯文集》第四卷，北京：人民出版社2009年版，第266页。
② 《列宁全集》第一卷，北京：人民出版社2017年版，第117页。
③ 米海洛夫斯基称他们为"辩证唯物论者"，列宁称他们为"俄国学生们"。

经济的演进过程，拒斥资本主义在俄国的发展；60 年代的遗产相信俄国会吸收全欧的文化，而自由民粹派相信俄国的独特性，把农村和村社理想化。显然，自由民粹派与 60 年代遗产毫无共同之处，甚至和它正相抵触。俄国马克思主义者不是拒绝 60 年代的遗产，而是拒绝自由民粹主义的观点体系，"他们不仅不拒绝遗产，相反，他们认为自己最主要的任务之一是驳斥那些浪漫主义的和小资产阶级的顾虑……"①

1914 年 1 月，在米海洛夫斯基逝世 10 周年之际，自由派资产阶级和民粹派的报纸发表了颂扬文章。针对自由派和民粹派把米海洛夫斯基的哲学和社会学与马克思主义相调和的情况，列宁在 2 月 22 日《真理之路报》第 19 号上发表《民粹派论尼·康·米海洛夫斯基》一文。列宁承认米海洛夫斯基对解放俄国的资产阶级民主运动的伟大历史功绩："在 19 世纪后三十多年中，米海洛夫斯基是俄国资产阶级民主派观点最出色的代表人物和代言之一。……一贯在合法的、公开的刊物上对最坚决彻底的平民知识分子民主派进行活动的'地下组织'表示（哪怕暗示也好）同情和尊敬，甚至还亲自直接帮助这种地下组织。"② 但是，列宁也认识到米海洛夫斯基具有资产阶级民主运动所具有的一切弱点："不仅在经济学方面，而且在哲学和社会学方面，米海洛夫斯基的观点都是资产阶级民主主义的观点，只不过用貌似'社会主义的'词句作掩护罢了"③。在哲学方面，米海洛夫斯基比车尔尼雪夫斯基向后倒退了一步。在社会主义方面，米海洛夫斯基以为把全部土地无偿地交给农民就是社会主义的措施。在革命方面，他反对革命斗争的方式，但是他从来没有背弃过地下组织。正如列宁所说，"我们纪念米海洛夫斯基，是因为他同农奴制，同'官僚制度'等等作过真诚而不同凡响的斗争，是因为他尊重和帮助过地下组织，而不是因为他有资产阶级民主主义的观点，不是因为他向自由主义动摇，不是因为他拼凑了一个《俄国财富》杂志的'社会立宪民主党人'集团"。④

总的来说，米海洛夫斯基对《资本论》的认识实际上是空洞的泛泛之谈，既回避了《资本论》是专门研究资本主义社会的著作，也回避了

---

① 《列宁全集》第二卷，北京：人民出版社 2017 年版，第 417 页。
② 《列宁全集》第二十四卷，北京：人民出版社 2017 年版，第 360—361 页。
③ 《列宁全集》第二十四卷，北京：人民出版社 2017 年版，第 363 页。
④ 《列宁全集》第二十四卷，北京：人民出版社 2017 年版，第 364 页。

《资本论》是对资本主义社会及其上层建筑所作的唯物主义分析。他没有认识到马克思的辩证方法不是黑格尔的三段式,也没有认识到马克思的辩证法是对唯心主义和主观主义的否定。但是他承认马克思的唯物主义在工人阶级中间广泛传播,认为其原因在于经济唯物主义对未来社会的生活实践的描述,也就是说唯物主义和科学社会主义给工人许诺美好的未来。列宁指出,只要从社会主义和西欧工人运动的历史来看,科学社会主义从来没有描绘任何未来的远景,而是科学分析现代资本主义制度和研究资本主义社会的发展趋势。列宁在批判米海洛夫斯基时多次强调《资本论》对俄国的影响,"《资本论》一出现,'俄国资本主义的命运'问题就成了俄国社会主义者的主要理论问题,最热烈的争论都集中在这个问题上,最重要的纲领性原理的解决都以这个问题为转移。值得注意的是,当时(10年以前)出现了一个单独的社会主义者团体,它对俄国资本主义演进问题作了肯定的回答,而这种回答是以俄国经济现实的资料为依据的,那时它并没有遇到直接和确定的实质性批评,没有遇到接受共同的方法论原理和理论原理而对有关资料作出不同解释的批评。"[1]

二、列宁对俄国自由民粹派资本主义观的批判

1893至1894年,以谢·克里文柯、谢·尤沙柯夫为代表的俄国自由民粹派在《俄国财富》上发表了论述俄国经济发展问题以及民粹派策略的文章,即《俄国经济发展问题》《论文化孤士》《途中来信》[2]。列宁在《什么是"人民之友"以及他们如何攻击社会民主党人》的第二编、第三编中对其做出批判。

克里文柯在阐述资本主义时直接从机器工业开始讲起,忽视了俄国的工场手工业。实际上,手工业大生产已经是资本主义工业形式,与机器大工业相比,它的特点是技术不发达,工人还保留一小块土地。克里文柯认为工人没有土地就是资本主义,工人占有土地就不是资本主义。列宁指出了克里文柯的错误,他没有认识到在资本主义较低发展阶段工人同土地没有完全分离,也就是说,在简单协作和工场手工业中劳动者

---

[1] 《列宁全集》第二十四卷,北京:人民出版社2017年版,第232页。
[2] 谢·尤沙柯夫:《俄国经济发展问题》,载《俄国财富》,1894年第11—12期;谢·克里文柯:《论文化孤士》,载《俄国财富》,1893年第12期;《途中来信》,载《俄国财富》,1894年第1期。

没有完全离开土地，在机器大工业中劳动者的土地被彻底剥夺。因此，那种"以人民占有土地"为理由认为俄国没有资本主义的观点是错误的。

以克里文柯等为代表的俄国民粹派不是在生产关系中，而是在土地政策和赋税政策中寻找手工业劳动者受压迫的原因，但是他们不得不承认资本主义大工业的剥削原因在于生产关系。列宁发现了他们的观点的自相矛盾：既然手工业的生产关系中没有丝毫资本主义的东西，那么这种大资本主义是从哪里生长出来呢？显然，俄国民粹派不了解手工业和资本主义工业之间的联系，把二者对立起来，认为手工业是"自然产生的人民生产"，资本主义工业是"人为产生的"，进而得出资本主义与"人民制度"相矛盾的结论。列宁分析了这些生产关系，认为"人民制度"是资本主义生产关系不发达的萌芽状态，资本主义是"人民制度"的直接继续和发展。俄国民粹派经济学家没有认识到农民手工业中包含的资本主义关系，把资本看作永恒的和自然的范畴，把资本主义制度看作人类社会的永恒范畴。列宁认为，俄国人民手工业的组织清楚地表明了资本主义的发展历程：资本主义产生于、萌芽于简单协作的形式，在商品经济条件下个人资金如何成为资本，商业资本如何剥削大批生产者和形成资本主义的手工工场，市场的扩大、竞争的加剧如何提高和改进生产技术，商业资本如何成为产业资本和形成大机器生产。

克里文柯在《俄国财富》1894年第1期上的《途中来信》一文中援引了沃罗涅日省的农民家庭收支表，但是他的分析方法对了解俄国种地农民的经济毫无用处。他不是按农民经济的规模和经营的类型来分类，而是按法律地位把农民分为前国家农民①和前地主农民，仅仅注意到前者比后者富裕，但是忽略了这两类农民之间的内在差别，因此没有得出关于农民经济的正确认识。根据克里文柯引用的24户家庭收支表，列宁按殷实程度把农民分成三类：一是6户富裕农民，二是11户中等农民，三是7户贫苦农民。富裕农民的平均收入是中等农民的2倍之多，而贫苦农民是亏本经营，支出超过收入，农业不能维持他们的开销，他们只能出卖自己的劳动力。"由此可见，小生产者正在完全分化，上等户在变

---

① 国家农民是按照彼得一世的法令由未农奴化的农村居民组成的一类农民。国家农民居住在官有土地上，拥有份地，受国家机关的管辖，并被认为在人身上是自由的。——参阅《列宁全集》第三卷，北京：人民出版社1983年版，第605页。

为资产阶级，下等户在变为无产阶级。"① 列宁认为，这些家庭收支表不仅表明俄国小生产者的分化，而且表明农民的分化正在形成国内市场，并且这个商品经济把"人民"和"农民"分裂为无产阶级和资产阶级，也就是说，这个商品经济在变为资本主义经济。因此，农民和手工业的分化表明商品生产者的资本主义分化，是商品经济本身的力量所必然引起的分化。

俄国社会民主党人的工人社会主义理论与俄国民粹派的农民社会主义理论也存在着根本区别：前者认为现在的俄国已经是商品经济制度，俄国农民和手工业者在这个基础上发生分化，大量居民的被剥夺和劳动者的被剥削是由于社会经济组织是资本主义的组织；后者只是表明农民"变穷了"，"吸血鬼"乘机牟利。前者把资本主义当作进步现象，立足于资本主义进行反对封建剥削制度，而后者从资本主义同"人民制度"的矛盾出发，指责俄国社会民主党人忽视大多数农民的利益，不考虑农民在工厂中受到的压迫。列宁根据现实的农村和现实的农村经济，认为俄国农村是由分散的小市场组成的，这些小市场支配着各个地区的社会经济生活，并使直接生产者分化为富人和穷人，产生资本特别是商业资本的生产对劳动者的剥削。资本主义把分散的小市场连成全国性的市场，使少数大资本家代替无数小资本家，使劳动社会化并提高劳动生产率，使劳动者受大资本的支配。

尤沙科夫在《俄国财富》1894年第10期上的文章《农业部》中提出了复兴人民经济的纲领："改组农民银行，成立垦殖管理署，整顿官地租佃以利于人民经济……"② 他在《经济发展问题》中对民粹派的经济纲领做出了补充："扫除目前束缚村社的一切障碍，取消对村社的监护，过渡到共耕制（农业社会化），发展地里出产的原料的村社加工业"③。之后，克里文柯和卡雷舍夫又做了补充："发放低利贷款，组织劳动组合式的经营，保障销路，使企业主无利可得，发明更便宜的发动机和实行其他技术改良。"④ 尤沙科夫错误地把共耕制与农业社会化相等同，社会化不是在村社组织生产，而是剥夺那些垄断生产资料并操纵俄国社会经

---

① 《列宁全集》第一卷，北京：人民出版社2017年版，第190页。
② 《列宁全集》第一卷，北京：人民出版社2017年版，第203—204页。
③ 《列宁全集》第一卷，北京：人民出版社2017年版，第206页。
④ 《列宁全集》第一卷，北京：人民出版社2017年版，第203页。

济的资本家。因此,他们的纲领和措施不仅不能使剥削者进行斗争,而且使被剥削者放弃斗争,抹杀俄国生活中的对抗。他们拒绝承认资本主义的决定性意义,没有认识到资本主义的缺陷。"他们要的是没有资本主义的商品经济,要的是没有剥夺也没有剥削,只有在仁慈的地主和自由派的行政官员庇护下勉强维持生活的小市民的资本主义。"①总的来说,俄国自由民粹派把资本主义制度理想化,以为去掉资本主义制度的某些"缺陷",人民就可以在资本主义社会改善生活状况。列宁认为,俄国自由民粹派的纲领仅仅是对资本主义社会的修修补补,他们提出的这些办法不仅不能抑制资本主义的发展,反而加强和发展资本主义。甚至连丹尼尔逊也反对这个纲领,因为在资本主义制度基础上的任何改良都无济于事,信贷、移民、赋税改革和全部土地归农民所有等这些改革都不能改变资本主义的本质,反而使资本主义经济不断加强和发展,即使它还受到农奴制残余和农民依附于土地等各种因素的束缚。在列宁看来,这是丹尼尔逊最有价值的观点之一。因为无论怎样改组农民银行,丝毫也不会改变广大人民已经遭到剥夺并继续遭受剥夺的事实。因此,俄国自由民粹派的思想实质是:"他们所要的不是消灭剥削而是缓和剥削,不是斗争而是调和"。

尤沙柯夫在《俄国思想》1885 年第 9 期上发表的《俄国人民土地占有标准》一文中说明了人民占有土地的面积与资本主义的关系。他认为资本主义已经进入人民生活,份地是人民占有土地的最低限度,人民通过份地满足粮食需要和缴纳税款。他容忍农民由于保持同土地的联系而遭受双重剥削的制度,容忍小生产者由于双重剥削备受压抑无法进行斗争的现状。显然,俄国自由民粹派仅仅满足于实行改良的措施,而不是根本改变现存制度。克里文柯将手工业分为三类:第一类是不会资本主义化的手工业,也就是小生产,第二类是已经资本主义化的手工业,第三类是能和大工业竞争的手工业,也就是组织大规模的生产。首先,消灭商品生产的社会经济组织,代之以公社的社会经济组织,这就需要资本主义所创造的物质条件把小生产者分散的独立的生产过程融合成社会生产过程,但是俄国自由民粹派拒斥资本主义;其次,剥夺企业主垄断的生产资料,消灭他们的获利,这就需要反对资本主义制度的人民革命

---

① 《列宁全集》第一卷,北京:人民出版社 2017 年版,第 206 页。

运动,需要有能力进行这一运动的工人无产阶级。但是自由民粹派反对斗争,反对剥夺企业主,主张用信贷、销路和改良技术等来抵补。《俄国财富》杂志第 2 期国内生活栏的编辑认为俄国能够充当"国际关系中经济一致的传播者",因为俄国在经济制度上保存着一致原则,因为俄国具有不容争辩的"政治威力"。列宁赞同马克思恩格斯的观点,认为现在的俄国是欧洲宪兵,是一切反动势力的最可靠的支柱,既在本国压制俄国人民,又充当压制西欧各国人民的工具。

丹尼尔逊对 1865—1880 年和 1880—1890 年这两个时期进行了比较,从资本主义的发展和工厂人口的增长变慢的情况得出资本主义在达到其发展的一定界限时就会缩小国内市场的结论。他从国内市场日益缩小的观点出发,认为国外市场是实现剩余价值的出路,主张资本主义国家必须有国外市场。但是俄国刚刚走上资本主义道路,既没有日益扩大的国内市场,也没有国外市场,也就无法实现剩余价值。在列宁看来,丹尼尔逊不仅不懂马克思的经济学说,而且把这个学说歪曲得面目全非,他的错误在于把产品的实现问题全部归结为剩余价值的实现,忽视了不变资本的实现。他们用国外市场来说明剩余价值的实现,通过"国外市场"抹杀国内资本主义的发展。资本主义的发展需要国外市场,但是这个国外市场不是证明资本主义无力维持下去,而是表明资本主义的进步性。他们对资本主义的矛盾的理解是极为肤浅的,从资本主义的矛盾中得出资本主义是不可能发展的和不可能进步的错误结论。列宁认为,资本主义的矛盾一方面说明了它的历史暂时性,另一方面也说明了它的进步性。"资本主义的种种矛盾,证明了它的历史暂时性,说明了它瓦解和向高级形态转化的条件和原因,——但这些矛盾决不排除资本主义的可能性,也决不排除它与从前各种社会经济制度相比起来的进步性。"①

列宁特别指出了丹尼尔逊在《俄国国家收入增长的原因何在》(《新言论》杂志 1896 年第 5 期)一文中的错误认识。丹尼尔逊的观点是,美国和俄国工人的收入表说明,收入愈低,用于饮食的支出就相对地愈多。因此,如果饮食的消费减少,则其他各种产品的消费就会减少得更多,由此得出结论,农民殷实"阶层"的较多的消费完全被群众消费的降低所抵消。列宁指出,丹尼尔逊这个观点的错误在于:一是丹尼尔逊用工

---

① 《列宁全集》第二卷,北京:人民出版社 2017 年版,第 42 页。

人代替农民，回避了工人和业主的形成过程，二是丹尼尔逊把一切消费归结为个人生活消费，忘记了生产消费，忘记了生产资料的市场，三是丹尼尔逊忘记了农民的分化过程同时也是商品经济代替自然经济的过程，因而市场的建立可以不靠消费的增加，而靠实物消费转变为货币消费或支付消费。以丹尼尔逊为代表的民粹派虽然承认工役制度是徭役经济的直接残余，但是竭力否认现代地主经济结构是工役制度和资本主义制度的结合，没有分析这两种制度同劳动生产率、同工人的劳动报酬以及同改革后俄国经济的基本特点之间的关系，否认资本主义排挤工役制的必然性和进步性，把工役制度理想化，同时忽视了采用农业机器和改良农具的资本主义性质。

以丹尼尔逊为代表的民粹派完全不能理解马克思关于农业资本主义的基本观点，在他们中间流行的学说是"冬闲"论：在资本主义制度下农业与其他产业部门没有联系，农业占用不了全年的时间，只占用五六个月，因此，农业的资本主义化就产生了"冬闲"，使农民阶级的工作时间只有几个月，这就是农民阶级经济状况恶化的根本原因，也是国内市场缩小和社会生产力浪费的根本原因。这种理论的错误在于离开资本主义人口过剩的总问题而提出农民冬闲的问题，不允许农业雇佣劳动同工业雇佣劳动相结合。实际上，俄国农民冬季失业现象的产生与其说是由于资本主义，倒不如说是由于资本主义发展得不够。

俄国自由民粹派高谈"父辈理想"，自以为他们继承了赫尔岑和车尔尼雪夫斯基的理论和学说。克里文柯援引马克思《给〈祖国纪事〉编辑部的信》，认为马克思承认俄国有可能不经受资本主义制度的痛苦。在列宁看来，克里文柯没有理解马克思的意思，"马克思是说，米海洛夫斯基先生没有理由把他看做是俄国特殊发展观的反对者，因为马克思对赞成这种观点的人也很尊敬，而克里文柯先生却曲解成似乎马克思'承认'这种特殊发展。"[1]列宁一方面承认六七十年代的俄国优秀人物的巨大历史功绩，另一方面认识到他们所处的时代跟19世纪90年代相比已经发生了很大的变化，他们在那个时代相信俄国的村社制度，相信农民社会主义革命的可能性，但是现在农村早已完全分裂了，俄国旧的农民社会主义也随之分裂，一方面让位给工人社会主义，一方面堕落为庸俗

---

[1] 《列宁全集》第一卷，北京：人民出版社2017年版，第231页。

的激进主义。列宁指出,"关于农民生活的特殊方式、关于我国十分独特的发展道路的学说……已经不能否认商品经济成了经济发展的基础,已经不能否认商品经济变成了资本主义,可是又不愿看见一切生产关系的资产阶级性质,不愿看见在这个制度下的阶级斗争的必然性。"① 俄国自由民粹派始终拒绝承认俄国资产阶级对人民劳动的控制和剥削。

以《俄国财富》为代表的俄国自由民粹派企图把民粹主义学说与俄国资本主义的发展拼凑在一起,企图在现有资本主义制度基础上改善和恢复小生产者经济。这一理论从人民生活的特殊方式这一观念出发,相信村社农民具有共产主义的本能,认为农民可以直接进行社会主义革命。在理论上,他们主要研究村社的土地占有形式,忽视了农村的政治经济结构,把消除人民的灾难寄希望于社会和国家,制定出一个代表小资产阶级利益的纲领。在实践上,他们从农民具有共产主义本能转向同沙皇政府作斗争,得出一个代表激进资产阶级利益的纲领,于是农民社会主义变成了代表小资产阶级利益的激进民主主义。俄国自由民粹派的思想已经堕落为折中主义和机会主义纲领,已经丧失完整的理论基础。列宁强调,民粹主义的错误在于,"他们只向工人传播同专制制度作斗争的思想,却不同时向工人说明我国社会关系的对抗性……不同时向工人说明俄国工人的历史使命是为全体劳动人民的解放而斗争"②。

列宁对俄国社会主义者提出了要求,应当在俄国现实的社会经济关系中寻找立脚点,应当具体地研究俄国经济对抗的一切形式,应当详细说明俄国当前的生产关系体系,应当说明劳动者所遭受的剥削和剥夺,说明摆脱这个制度的出路。尽管马克思主义者对各种问题也存在着不同的意见,但是他们具有共同的信念,具有相同的政治目标。"社会民主党人的政治活动是要协助俄国工人运动发展和组织起来……作为这种活动的基础的,是马克思主义者的共同信念;俄国工人是俄国全体被剥削劳动群众唯一的和天然的代表。"③ 只有工人能够成为争取工人阶级解放的唯一战士,只有大机器工业能够产生这场斗争所必需的物质条件和社会力量。列宁在批判自由民粹派的基础上坚信俄国无产阶级革命必将取得胜利:"当工人阶级的先进代表领会了科学社会主义思想,领会了关于俄

---

① 《列宁全集》第一卷,北京:人民出版社2017年版,第229页。
② 《列宁全集》第一卷,北京:人民出版社2017年版,第257页。
③ 《列宁全集》第一卷,北京:人民出版社2017年版,第263页。

国工人的历史使命的思想时,当这些思想得到广泛的传播并在工人中间成立坚固的组织,把他们现时分散的经济战变成自觉的阶级斗争时,俄国工人就会起来率领一切民主分子去推翻专制制度,并引导俄国无产阶级(和全世界无产阶级肩并肩地)循着公开政治斗争的大道走向胜利的共产主义革命。"①

第三节　列宁对俄国合法马克思主义的批判

19 世纪 90 年代,列宁与合法马克思主义的关系经历了从短暂联合到思想分歧的阶段。90 年代上半期,列宁积极声援司徒卢威对丹尼尔逊的批评,批评克里文柯对司徒卢威的攻击。90 年代下半期,列宁与合法马克思主义者在思想上分道扬镳,列宁在一系列文章中批评合法马克思主义者对资本主义市场理论和土地理论的错误理解。

一、列宁与司徒卢威在 19 世纪 90 年代初期的短暂联合

19 世纪 90 年代上半期,司徒卢威在批判俄国自由民粹派的基础上研究资本主义的特征及其在俄国的发展趋势。这与列宁的思想路径是一致的。如前所述,列宁公开发表的第一篇文章《农民生活中新的经济变动》就是对俄国自由民粹派市场理论的批判。与此同时,司徒卢威公开加入批判俄国自由民粹派的阵营。

1893 年 10 月,司徒卢威在《社会政治中央导报》第 3 卷第 1 期上发表短评《论俄国资本主义发展问题》,批判俄国民粹主义的世界观。司徒卢威指出,随着资本主义的向前发展,民粹主义的世界观即将失去基础,一是退化为妥协的虚弱的改良派,二是脱离空想主义,承认现实是不可避免的,产生与现实相符合的理论和实践。1894 年,俄国民粹派代表克里文柯批评司徒卢威把"拥护村社和份地"的人当作"民族社会主义"。拥护村社就是反对强制干涉土地分配,拥护份地就是主张农民赎买土地,也就是农民全部土地无偿归农民所有,但是这并不是社会主义,而是农民土地所有制,这种所有制不是社会主义,而是资本主义社会的基础。列宁明确指出,社会主义是被剥削者反对剥削者的斗争,是完全

---

① 《列宁全集》第一卷,北京:人民出版社 2017 年版,第 264 页。

消灭剥削制度的斗争。以《俄国财富》为代表的俄国自由民粹派企图把民粹主义学说和俄国资本主义发展拼凑在一起,企图在现有资本主义制度基础上改善和恢复小生产者经济的政治纲领。

1894 年,丹尼尔逊在《俄国财富》第 6 期上发表的《从社会经济观看我们的社会觉醒》《关于我国经济发展的条件》等文章中回应司徒卢威的观点,明确指出资本主义不仅敌视村社经济,而且破坏村社生存的基础,但是没有产生在西欧和北美那样突出的联合作用,认为应当为俄国寻找"一条不同于西欧过去和现在的发展道路"①。丹尼尔逊忽视资本主义社会所固有的经济斗争,寄希望于国家实行劳动社会化和取消统治阶级,没有发现俄国资本主义的发展使农村人口日益减少,而这正是资本主义的一般规律。在司徒卢威看来,这种避开资本主义而通过村社实现劳动社会化的观点毫无疑问是一种空想。列宁赞同司徒卢威对丹尼尔逊的批评,认为丹尼尔逊对资本主义的使命了解得极不正确,极其狭隘,资本主义的进步性在于联合工人进行斗争,组织工人反抗剥削者,夺取政权,从少数人手中夺取生产资料,并使生产资料社会化。丹尼尔逊"由于不懂阶级斗争而成了空想主义者,因为忽视资本主义社会的阶级斗争,从而就会忽视这个社会的社会政治生活的全部实际内容,就会为了实现自己的愿望而不可避免地沉溺在天真的幻想之中"②。

1894 年,对于列宁和司徒卢威来说是重要的一年,司徒卢威出版第一本著作《俄国经济发展问题的评述》,列宁出版第一部全面批判俄国自由民粹派的著作《什么是"人民之友"以及他们如何攻击社会民主党人》。此外,在这一年的年底,司徒卢威与列宁在一次非正式的马克思主义讨论会上相识,并且开始交往。1895 年夏,司徒卢威在《致我的批评者》一文中不再试图改进马克思的思想,而是宣称赞同马克思的基本学说。他强调资本主义阶级意识的作用高于创造文化的作用,认为俄国自由民粹派是小资产阶级代表,对资本主义的理解日益接近列宁的观点。列宁在司徒卢威的影响下接受了社会民主主义的基本原则:为了同沙皇专制主义斗争,为了使俄国获得政治自由,必须与包括资产阶级在内的所有反对派合作。1895 年,列宁在《民粹主义的经济内容及其在司徒卢威先生的书中受到的批评》中虽然声援司徒卢威对民粹派做出批评,但

---

① 《列宁全集》第一卷,北京:人民出版社 2017 年版,第 273 页。
② 《列宁全集》第一卷,北京:人民出版社 2017 年版,第 273 页。

同时也批评了司徒卢威的资本主义观。1895年秋，列宁从西欧回到俄国，宣布自己是社会民主主义者，认为工人阶级最主要的敌人是专制制度而不是资本主义，号召联合资产阶级共同反对专制制度。1895年12月，列宁被捕，之后被流放至西伯利亚，直到1900年结束流放。

1896年，司徒卢威以俄国社会民主主义者党代表团成员的身份参加了在伦敦召开的国际社会主义者大会。他以笔名P.伊诺罗泽夫在《社会实践》杂志1896年第2期上发表《俄国的工人运动》一文："政治自由的必要性日益明显。总有一天，这种必要性将以这样巨大的力量推动社会的先进分子前进，以致任何的自由主义都不能使之满足。正是由于国家的工业落后和工业资产阶级的政治落后，政治上的追求便会穿上社会民主主义的服装。"① 1897年，司徒卢威、杜冈—巴拉诺夫斯基与萨马拉的马克思主义者在谷物价格与俄国农业的关系方面发生争论，列宁支持司徒卢威的观点。1897年司徒卢威主编《新言论》杂志②，宣传社会民主主义的观点，在编辑《新言论》时期，司徒卢威的思想更加接近革命的马克思主义。列宁曾在1899年4月致亚·尼·波特尼索夫的信中写到："《新言论》杂志所以获得巨大的成就，就正是由于编辑部把它当作派别的机关刊物，而不是当作文集出版的。"③ 1898年，俄国社会民主工党在明斯克召开成立大会，确立党的名称，并公布了司徒卢威起草的《俄国社会民主工党宣言》。1899年，俄国合法马克思主义者弗·亚·波谢领导俄国《生活》杂志④，刊登了列宁的《农业中的资本主义》和《答普·涅日丹诺夫》两篇文章。

在西伯利亚流放期间，列宁与司徒卢威通过书信或者间接通过列宁的家人进行交流，主要是讨论俄国社会发展方面的问题。1895至1899年，在列宁写作《俄国资本主义的发展》一书的过程中，司徒卢威不仅

---

① 《列宁全集》第四十四卷，北京：人民出版社2017年版，第564页。

② 《新言论》杂志（Новоеслово）是俄国科学、文学和政治刊物（月刊），1894—1897年在彼得堡出版。最初是自由主义民粹派的刊物。1897年春在亚·米·卡尔梅柯娃的参加下，由合法马克思主义者彼·伯·司徒卢威等出版。撰稿人有格·瓦·普列汉诺夫、维·伊·查苏利奇和马·高尔基等。杂志还刊载过恩格斯对《资本论》第三卷的增补和列宁的《评经济浪漫主义》、《论报纸上的一篇短文》等著作。1897年12月被查封。——参阅《列宁全集》第三卷，北京：人民出版社2017年版，第599页。

③ 《列宁全集》第四十四卷，北京：人民出版社2017年版，第24页。

④ 《生活》杂志是俄国文学、科学和政治刊物（月刊），1897—1901年在圣彼得堡出版。——参阅《列宁全集》第三卷，北京：人民出版社2017年版，第391页。

帮助列宁找到写作所必需的材料，而且帮助列宁校正书稿。列宁原定的书名是《大工业国内市场形成的过程》，在司徒卢威的提议下，列宁将书名确定为《俄国资本主义的发展》，原定的书名作为副标题。司徒卢威创办的《开端》杂志发表了这本著作的第三章"地主从徭役经济到资本主义经济的过渡"的前六节。列宁非常肯定同司徒卢威的合作，他在《怎么办》一书中写到，"我们所以能非常迅速地战胜了民粹主义并且使马克思主义思想（虽然是在庸俗化的形势下）广泛传播起来，也就是因为我们实行了这个联盟。"①这个联盟之所以能形成，其必要的前提是双方向工人阶级揭示资产阶级利益与工人阶级利益的敌对性。这个短暂的联盟在1899年之后发生了破裂，其原因在于大多数合法马克思主义者已经成为伯恩施坦主义者，把工人阶级的斗争缩小为狭隘的工联主义运动。

二、列宁对俄国合法马克思主义的批判

1895年，列宁对司徒卢威的《俄国经济发展问题的评述》一书做出评论，即《民粹主义的经济内容及其在司徒卢威先生的书中受到的批评》。与司徒卢威仅仅是在若干问题上赞同著作界中已成定论的观点②不同，列宁决定"从一个在一切（不仅在若干）'基本问题上赞同著作界中已成定论的观点'的人的角度来批判司徒卢威先生的书"③。

1898年9月，列宁在致亚·尼·波特尼索夫的信中提到了司徒卢威："关于司徒卢威的文章，我们对它的评价是不一致的，当然，应当说单凭一篇文章是无法确切地评论作者的观点的"④，并且认为在司徒卢威的文章中看到了解决手工业摆脱人民生产这一任务的提纲，而俄国马克思主义者还没有解决这个任务。一年之后，列宁的观点发生了变化，他在1899年4月27日致亚·尼·波特尼索夫的信中批评了司徒卢威、布尔加科夫的马克思主义观："我觉得司徒卢威和布尔加科夫所迷恋的马克思主义中的这股'新的批评的潮流'（约·伯·肯定是赞成布尔加科夫的）极为可疑，因为'批判'、'教条'等等高调根本不会有什么积极的

---

① 《列宁全集》第五卷，北京：人民出版社2017年版，第15页。
② 著作界中已成定论的观点指的是马克思主义。司徒卢威在《俄国经济发展问题的评述》的序言里曾说："他虽然在若干问题上赞同著作界已成定论的观点，但认为自己丝毫没有受某种学说的词句和条规的约束。"
③ 《列宁全集》第一卷，北京：人民出版社2017年版，第298页。
④ 《列宁全集》第四十四卷，北京：人民出版社2017年版，第16页。

批判效果。"①

列宁从阶级的角度揭示民粹主义的来源和实质,俄国民粹派是小生产者、小资产者利益的代表。"民粹主义的实质在更深的地方:不在独特发展的学说,也不在斯拉夫主义,而在代表俄国小生产者的利益和思想。"② 司徒卢威虽然批判了民粹主义的主观主义哲学观,但是在哲学上陷入了客观主义:"这是客观主义的语言,而不是马克思主义者(唯物主义者)的语言。……司徒卢威先生这本书的主要缺点就是没有完全弄清这一差别……"③ 列宁明确指出,司徒卢威对民粹主义的批评主要有两个缺点,一是过于抽象,二是没有把社会思想归结为社会经济关系。俄国自由民粹派的主观主义、俄国合法马克思主义的客观主义和马克思的唯物主义存在着根本的区别。主观主义者局限于历史是由"活的个人"创造的这种空洞的观点,拒绝分析这些个人的活动是由哪些社会环境决定的以及如何决定的。客观主义强调历史进程的必然性,从为现实辩护的立场上证明现实的必然性,强调历史趋势不可避免。唯物主义者强调现有社会经济形态和它所产生的对抗关系,从揭露阶级矛盾出发明确自身的立场,呼吁其他阶级反抗统治阶级。因此,唯物主义者比客观主义者更加彻底和深刻,他不仅指出历史进程的必然性,而且阐明社会经济形态和阶级关系。

司徒卢威和列宁反对主观主义历史观,论证了阶级斗争理论的重要意义。司徒卢威认为阶级斗争理论不仅为"个人因素"找到"社会根源",而且用"社会根源"来说明社会演进的基本过程。列宁赞同司徒卢威的这个观点,阶级斗争理论制定了社会经济形态的概念,它以生产资料的谋得方式为出发点,把生产关系作为社会的基础。个人在社会经济形态内的活动,归根结底是各个阶级的活动,不同阶级之间的斗争决定着社会的发展。司徒卢威批驳了俄国主观主义者的社会学理论,但他重复了米海洛夫斯基的错误,没有研究某一个具体的社会形态的具体进步,陷入了模糊的空虚的教条中。他把社会分化看成是社会分工的扩大,也就是等级差别的消灭和经济差别的形成。列宁反对把社会分化等同于社会分工,从资本主义工场手工业向大机器工业过渡是社会分化的削弱,

---

① 《列宁全集》第四十四卷,北京:人民出版社 2017 年版,第 24 页。
② 《列宁全集》第一卷,北京:人民出版社 2017 年,第 366 页。
③ 《列宁全集》第一卷,北京:人民出版社 2017 年版,第 362 页。

但是机器大工业为个人发展提供了更加有利的条件。因此，不是只有分工才为个人的发展创造了条件，而是资本主义为个人的发展创造了条件。在国家的定义方面，司徒卢威与马克思也存在着分歧。司徒卢威说，"国家首先是秩序的组织；它在社会经济结构决定一些集团从属于另一些集团的社会中，则是个统治（阶级统治）的组织"①。按他的观点，国家在氏族社会中就有了，并且在消灭阶级之后仍将存在，因为国家的特征是强制权力。列宁反对司徒卢威用学究式的观点批评马克思的国家观。首先，司徒卢威把强制权力当作国家的特征是完全错误的，因为在人类的共同生活中，无论在氏族制度还是在家庭中都有强制权力，但是在那里并没有国家。其次，对于现代国家而言，司徒卢威的论断更不能成立，因为国家的特征是把权力集中在自己手中的特殊阶级，而不是秩序的组织。

关于资本主义的市场问题在合法马克思主义者之间存在着较大的分歧。1894年至1899年，杜冈—巴拉诺夫斯基、布尔加科夫、司徒卢威和列宁就这个问题进行了论战，主要涉及2本著作和4篇文章。

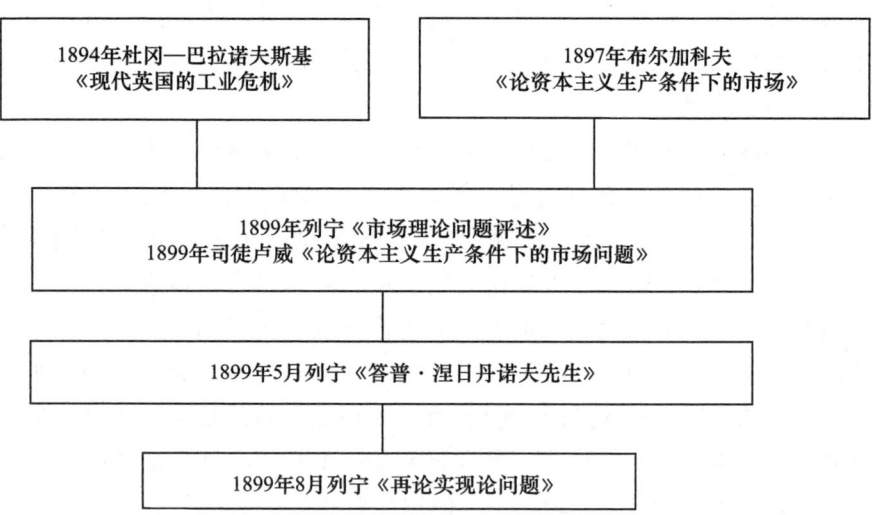

1899年4月，列宁在致亚·尼·波特列索的信中提到了这场论战："对于司徒卢威论市场的文章我已把答复寄给他了。……这个答复将刊登

---

① 〔俄〕司徒卢威：《俄国经济发展问题的评述》，李尚谦等译，北京：商务印书馆1992年版，第380页。

在《科学评论》杂志上,并且彼·伯·也准备在这个杂志上作答。"① 列宁对司徒卢威这篇文章最不满意的地方就是他把抽象的理论问题和具体的历史问题混为一谈。在这场论战中,杜冈—巴拉诺夫斯基批评布尔加科夫把马克思同他之前的经济学家割裂开来,布尔加科夫批评杜冈—巴拉诺夫斯基没有正确地理解马克思之前的经济学家的学说,司徒卢威则批评杜冈—巴拉诺夫斯基和布尔加科夫没有正确理解马克思的实现论。1899年8月,列宁在《科学评论》②杂志第8期上发表《再论实现论问题》,对这场关于实现论的论争做出了总结。

第一,合法马克思主义者没有正确地理解马克思的学说。列宁说,"司徒卢威同上述作者进行论战,与其说是由于实质性的意见分歧,不如说是由于司徒卢威错误地理解了他们所捍卫的理论的内容。"③ 资产阶级经济学家的市场理论与马克思的实现论有根本的区别,前者认为产品是用来交换的,因此生产和消费相适应,后者研究社会总资本在资本主义社会的再生产和流通,以及产品的实现过程。在这个过程中不仅生产与消费无法协调,而且表现出来的是资本主义所固有的矛盾。

第二,资产阶级经济学家们不仅把抽象实现论与资本主义产品实现的具体历史条件相混淆,把抽象的地租论与资本主义农业发展的具体条件相混淆,还把简单商品流通和资本主义商品流通相混淆。马克思的实现论说明社会总资本的再生产和流通如何进行,这个理论的前提是把对外贸易从国外市场中抽象出去,假设资本主义各个生产部门之间的产品是按比例分配的,但是决不能断言资本主义社会的产品总是按比例分配或者能够按比例分配。列宁认为,司徒卢威把实现论看作按比例分配的理论是不确切的,也必然会引起误解,而布尔加科夫把实现论和价值论相比是完全正确的。

第三,关于马克思同李嘉图和亚当·斯密的关系问题,马克思批评李嘉图重复亚当·斯密的错误,不仅继续把每个国家的土地和劳动的全部产品分为计件工资、利润和地租,而且忽视了不变资本。司徒卢威反

---

① 《列宁全集》第四十四卷,北京:人民出版社2017年版,第25页。
② 《科学评论》杂志是俄国科学杂志(1903年起是一般文学杂志),1894—1904年在彼得堡出版。开始是周刊,后改为月刊。杂志刊登各派政论家和科学家的文章,1900年曾把列宁列入撰稿人名单。——参阅《列宁全集》第三卷,北京:人民出版社2017年版,第608页。
③ 《列宁全集》第四卷,北京:人民出版社2017年版,第60页。

对马克思的批评，但是也重复了这个错误。问题的关键不是所有产品的实现都采取收入的形式，而是一部分产品的实现不能采取收入的形式，也就是补偿不变资本的那部分社会产品。

第四，司徒卢威完全不理解马克思划分不变资本和可变资本对于实现论的必要性，完全任意地和错误地把实现论理解为产品按比例分配的理论，虽然提出必须区分马克思理论中的社会学范畴和经济学范畴，但是他自己也没有区分，而且这种区分也没有什么实际用处。

第五，司徒卢威批评列宁对实现论的错误理解，认为列宁不是把实现论理解为社会总资本的再生产和流通，而是把实现论理解为产品交换理论、生产和消费相协调的理论，但是司徒卢威的批评是错误的。因为列宁正是在社会总资本的再生产和流通过程的意义上理解实现论的，"实现问题也就是分析社会产品的各部分如何按价值和物质形态补偿的问题"①。

第六，资本主义生产与消费之间的矛盾不是理论上的矛盾，而是现实中的矛盾。司徒卢威认为现实不是在孤立的资本主义国家中进行的，而是在世界经济中进行的。列宁说，"马克思的实现论之所以具有极大的科学价值，正是因为它说明了这种矛盾是怎样表现出来的，并且把这种矛盾摆到首要地位"。②

司徒卢威幻想马克思的理论成为复活资本主义的理论，成为为资产阶级辩护的理论，相反，马克思的理论提供了最有力的武器去反对这种辩护论。列宁在批判合法马克思主义的基础上对马克思的实现论作出了总结：实现论"必须建立在资本主义社会是一个闭关自守的社会的基础上，也就是说，必须把资本主义同其他国家扩张的过程、国与国之间的商品交换过程抽象掉……"③ 马克思的理论不仅阐明了社会总资本的再生产和流通，也说明了资本主义的固有矛盾。只有正确理解马克思的实现论，才能不仅认识资本主义的历史进步性，同时也认识到资本主义的历史短暂性。马克思在《资本论》第二卷里所阐述的实现理论是论证社会资本再生产和流通是如何进行的，他的必要的前提之一是假设在资本主义生产的不同部门之间，产品是按比例分配的。马克思在第三卷中着

---

① 《列宁全集》第二卷，北京：人民出版社2017年版，第69页。
② 《列宁全集》第二卷，北京：人民出版社2017年版，第70—71页。
③ 《列宁全集》第二卷，北京：人民出版社2017年版，第78页。

重指出的是社会消费对于再生产的决定性意义。因此，列宁指出，"资本论"第三卷和第二卷的原理不但没有任何矛盾，而且是互相补充的。

1894 至 1895 年，尼·康·米海洛夫斯基在《俄国财富》杂志 1894 年第 10 期、1895 年第 1—2 期连载的文章《什么是进步》一文中对司徒卢威的观点做出了批驳。1895 年，列宁在圣彼得堡出版《说明我国经济发展状况的资料》一中对米海洛夫斯基和司徒卢威的观点做出了分析，这篇文章收录在 1908 年出版的文集《十二年来》①。

1917 年，列宁在为布哈林的《世界经济与帝国主义》一书所作的序言中再次批判地总结合法马克思主义的资本主义观，"当时他们根据资本主义的进步性，根据俄国资本主义的必然取得最后胜利，时而得出辩护性的结论（崇拜资本主义，同资本主义妥协，以歌颂代替斗争），时而得出非政治性的结论（即否认政治，或者否认政治的重要性，否认全面的政治动荡的可能性等等）……"②

如前所述，考茨基的《土地问题》一书引起极大的关注，也在俄国知识分子中间引起争论，主要代表是列宁和布尔加科夫。"这个问题在所有国家甚至在观点一致和自称为马克思主义者的著作家中间，也引起过激烈的争论，并且今后还会继续争论。"③ 1899 年，列宁在《开端》杂志第 4 期上发表书评《考茨基〈土地问题。现代农业倾向和社会民主党的土地政策概述〉》。1900 年，列宁对考茨基的《土地问题》和布尔加科夫的《资本主义和农业》作出总结性的评述，在《农业》杂志 1900 年第 1—2 期上发表《农业中的资本主义》。

列宁多次高度评价考茨基的《土地问题》，"考茨基的这本书是《资本论》第三卷出版以后当前最出色的一本经济学著作。在此以前马克思主义还缺少一部系统地考察农业中的资本主义的著作。现在考茨基用他的巨著……填补了这个空白。……这大概是关于土地问题的第一部有系统的科学研究著作"④。列宁肯定了考茨基的研究方法："考茨基……从来没有在错综复杂的事实面前茫然失措，从来没有忽略最细小的现象同

---

① 《列宁全集》第二十六卷，北京：人民出版社，第 94 页。
② 布哈林：《世界经济与帝国主义》，蒯兆德译，北京：中国社会科学出版社 1983 年版，第Ⅳ页。
③ 《列宁全集》第四卷，北京：人民出版社 2017 年版，第 85 页。
④ 《列宁全集》第四卷，北京：人民出版社 2017 年版，第 79 页。

整个资本主义农业制度以及同资本主义的整个演进的联系。"① 列宁称赞考茨基对封建农业的研究，"考茨基对封建农业的概述写得很精采：写得清晰、明确，善于抓住主流和本质，而不为枝节问题所干扰：这正是作者所固有的特色"②。考茨基不是研究某个局部问题，如农业中大生产和小生产的关系，而是研究具有普遍意义的问题，即资本与农业的关系，资本与农业生产形式和所有制形式的关系。列宁详细阐述了考茨基的研究路径，肯定了考茨基对马克思的学说，并作了简明通俗但又非常确切的叙述。

列宁对布尔加科夫的《资本主义和农业》一书给予了严厉的批判。他驳斥了布尔加科夫关于小农经济富有生命力的错误观点，指出资本主义制度下农业小生产日益破产，群众贫困化和农业危机不可避免。列宁在1899年4月27日致亚·尼·波特尼索夫的信中批评布尔加科夫对考茨基著作的错误理解，"在他的文章里我还没有看到对考茨基的任何一点有根据的反驳，而只看到对考茨基的思想和主题的大量的歪曲"③。布尔加科夫虽然承认资本主义农业在发展初期的巨大意义，但是否认研究资本主义前农业经济的必要性，因此他不可能了解把资本主义经济和封建经济联系起来的那些过渡形式的性质，也就不可能了解资本主义经济的性质。布尔加科夫错误地认为考茨基没有提出谁是农业技术进步的体现者的问题，在列宁看来，考茨基不仅提出了这个问题，而且明确阐明现代农业技术进步的体现者是大大小小的农村资产阶级，大的农村资产阶级在这方面比小的农村资产阶级起着更重要的作用。因此，布尔加科夫的错误在于"没有深入研究农业中个别事实的意义，就急于把这些事实归结为总的经济规律"④，这个规律是资本主义总趋势的规律，而绝不是一切个别情况的规律。

从理论观点上看，列宁赞同考茨基对农业资本主义历史短暂性的论证：资本主义愈向前发展，经营商业性（商品性）农业的困难也就愈大，土地所有权的垄断、继承权等也妨碍着农业的合理化，城市愈来愈重地剥削农村，使农村不能恢复地力，农业的工业化过程一方面表现于

---

① 《列宁全集》第四卷，北京：人民出版社2017年版，第80页，第85页。
② 《列宁全集》第四卷，北京：人民出版社2017年版，第90页。
③ 《列宁全集》第四十四卷，北京：人民出版社2017年版，第24页。
④ 《列宁全集》第四卷，北京：人民出版社2017年版，第89页。

小农从事工业雇佣劳动，另一方面表现于农产品加工生产部门日益发展，某些农业部门被加工工业所排挤。虽然农业的危机在扩大，而且以整个资本主义总危机而告终，但是绝不能说农业会毁灭，农业处在不断被改造的状态中，处在以资本主义生产方式为特点的状态中。"资本主义性质愈来愈发展的大农业生产占有大面积土地；租佃与抵押增加，农业的工业化，这就是为农业生产社会化准备基础的几个因素……"①

关于布尔加柯赞同的土地肥力递减规律，列宁揭示了它的错误："'土地肥力递减规律'完全不适用于技术正在进步和生产方式正在变革的情况"，"它抛开了技术水平和生产力状况这些最重要的东西"。② 只有在技术水平不变的情况下，连续投入追加劳动和追加资本，才会出现收益相对减少的现象，但决不能据此说明这是普遍的规律。从农业生产的发展历史看，只要耕种得当，增加投资，把科学技术成果应用于农业，土地肥力不但不会衰竭，反而愈用愈肥，收获量也大幅度提高。事实有力地否定了土地肥力递减规律。

三、关于俄国资本主义发展的论战及其影响

如前所述，俄国各个派别在19世纪90年代关于俄国资本主义发展趋势的论战产生深远的影响。在这场论战中不仅有以丹尼尔逊、沃龙佐夫、米海洛夫斯基为代表的俄国自由民粹派，也有以司徒卢威为代表的俄国合法马克思主义者，还有以普列汉诺夫和列宁为代表的俄国革命的马克思主义者。这场论战涉及的主要问题是资本主义的历史作用、俄国资本主义的命运、保存农村村社的必要性和可能性、资本主义市场等问题。

俄国各派知识分子关于俄国资本主义问题的论战不仅体现在他们的著作中，而且也体现在他们与恩格斯的书信中。1894年至1895年，丹尼尔逊在致恩格斯的信中批评司徒卢威，认为司徒卢威的观点同事实和理论相矛盾，且不了解一切工业部门彼此都密切联系的这一事实。1894年5月至1895年3月，普列汉诺夫在致恩格斯的信中多次批评丹尼尔逊对资本主义的拒斥，对沙皇政府抱有幻想，请求恩格斯批驳丹尼尔逊对《资本论》的曲解。恩格斯在与俄国各派政论家的通信中始终坚持马克思主义的方法论分析俄国资本主义问题，既肯定俄国自由民粹派对资本

---

① 《列宁全集》第四卷，北京：人民出版社2017年版，第83页。
② 《列宁全集》第五卷，北京：人民出版社2017年版，第89页。

主义破坏性的认识，也批评他们对资本主义道路的恐惧和拒斥，既肯定俄国合法马克思主义者对资本主义必然性的认识，也纠正他们对资本主义消极性的忽视，同时也为革命的马克思主义者提供了理论指导。与此同时，恩格斯在致俄国、德国、法国、意大利、美国等社会主义者的书信①中多次强调根据本国的条件运用马克思主义提出并回答了马克思主义民族化的问题。"马克思的历史理论是任何坚定不移和始终一贯的革命策略的基本条件；为了找到这种策略，需要的只是把这一理论应用于本国的经济条件和政治条件。"② 恩格斯曾对俄国文学家阿·沃登说，他希望俄国人——不仅仅是俄国人——不要生硬搬套马克思和他的话，而是根据自己的情况像马克思那样去思考问题。③ 恩格斯晚年关于马克思主义民族化的思考成为世界各国人民探索本国社会主义道路的思想来源。

这场关于俄国资本主义问题的论战不仅在俄国三大派别之间进行，甚至流亡西欧的置身于这三大派别之外的俄国知识分子也在给恩格斯的信中多次提到这场论战，并请求恩格斯对这一论战发表看法，扩大国际社会主义运动的影响。犹太社会主义者联盟的代表在致恩格斯的信中指出丹尼尔逊"引用了马克思和恩格斯的话，运用了大量的统计材料，但却得出了与这两位伟大的政治经济学家完全相反的结论"④。流亡比利时的俄国知识分子约·彼·哥登别尔格（梅什柯夫斯基）在致恩格斯的信中写道："在我们俄国，正在进行一场关于'俄国资本主义的命运的争论'，……我请求你把您的批评意见告诉我"⑤。1895年，俄国著名政论家、经济学家和社会民主主义者伊·阿·古尔维奇（И. А. Гурвич）⑥ 在致恩格斯的信中提到沃龙佐夫的著作在俄国激进分子中间受到广泛的讨论⑦。恩格斯起初不

---

① 主要是1885年恩格斯致俄国社会主义者查苏利奇的信，1886年12月恩格斯致美国社会主义者威士涅威茨基夫人的信，1893年3月恩格斯致法国工人运动活动家保尔·拉法格的信，1894年1月恩格斯致意大利劳动社会党领导人菲·屠拉梯的信，1895年3月恩格斯致德国经济学家韦尔纳·桑巴特的信等。

② 《马克思恩格斯与俄国政治活动家通信集》，北京：人民出版社1987年版，第489页。

③ А. Воден. «На заре "легального марксизма"», напечатанной в журнале «Летописи марксизма» No 4, 1927 г. С. 92.

④ 《马克思恩格斯与俄国政治活动家通信集》，北京：人民出版社1987年版，第670页。

⑤ 《马克思恩格斯与俄国政治活动家通信集》，北京：人民出版社1987年版，第671页。

⑥ 伊·阿·古尔维奇（Исаак Аронович Гурвич，1860—1924）：俄国政论家、经济学家、社会民主主义者。主要研究俄国无产阶级和农民状况。

⑦ 《马克思恩格斯与俄国政治活动家通信集》，北京：人民出版社1987年版，第762页。

想参与这场论战，1895年2月在完成校对和出版《资本论》第三卷之后改变了想法，"为了能够参加这场论战，我必须阅读全部著作，仔细研究再作回答"①。但是由于身体状况未能完成，1895年8月恩格斯在伦敦病逝。

俄国各个派别的政论家多次在自己的著作中强调俄国资本主义问题的重要性以及俄国思想界关于俄国资本主义发展趋势的论战。1882年，沃龙佐夫在论文集《俄国资本主义的命运》的序言中开门见山地说明了研究俄国资本主义问题的重要意义："……呼吁我们学识渊博的资本主义和民粹主义的政论家们研究俄国经济发展的规律，研究国家生活其余一切表现的基础。"② 1895年，普列汉诺夫在《对我们的反对者讲几句话》中也描述了这场论战的盛况："关于这个问题说得很多，而且如此热烈，以至于在社会生活中小心谨慎的人也为双方的激烈争论而惶恐不安……"③ 普列汉诺夫多次强调关于俄国经济发展问题已经成为最重要的社会问题，"在有关俄国的经济发展的争论中，这是我们祖国的最重要的利益之所系"④。基泽韦捷尔回忆了19世纪90年代俄国的社会氛围："那是一个民粹主义者与马克思主义者无休止地进行激烈论战的时代。……在90年代的马克思主义者与民粹主义者之间的争论则囊括了最广泛的社会圈子，并在一时间几乎成为俄国社会思想需求的全部内容。"⑤

本书第三章至第六章对俄国自由民粹派、俄国合法马克思主义和俄国马克思主义者关于俄国资本主义发展问题的主要观点以及三大派别之间的分歧做了较为深入的研究。在此对这场持续二十年的论战做个总结：

第一个阶段是1880至1885年。以俄国自由民粹派代表丹尼尔逊在1880年发表的文章《我国改革后的社会经济概况》和沃龙佐夫在1882年出版的论文集《俄国资本主义的命运》为开端，1883年普列汉诺夫在《我们的意见分歧》中对俄国革命民粹派和俄国自由民粹派做出回应，标志着俄国马克思主义者的出场。1884年俄国民意党人拉甫罗夫和吉荷

---

① 《马克思恩格斯与俄国政治活动家通信集》，北京：人民出版社1987年版，第751页。
② Воронцов В. П. Судьбы капитализма в России. C-петербург. 1882. С. 1.
③ 《普列汉诺夫哲学选集》第二卷，北京：三联书店出版社1961年版，第819页。（译文参考《普列汉诺夫全集》俄文第七卷有些改动）
④ 《普列汉诺夫哲学选集》第二卷，北京：三联书店1961年版，第828页。
⑤ В. П. Балуев. Либеральноенародничестванарубеже XIX – XX веке. М. Наука. 1995. С. 146. 参阅曹维安：《简论俄国的自由民粹派》，载《陕西师范大学学报（哲学社会科学版）》，2001年第3期，第70页。

米洛夫对普列汉诺夫的这本著作做出批判。普列汉诺夫在1885年出版的《论一元论历史观之发展》中对这场论战做出总结，并对俄国自由民粹派米海洛夫斯基、尤沙柯夫等人的观点逐一批驳。

第二阶段是1894至1895年，论战各方唇枪舌剑、长篇大论、频繁回击，即使在今天阅读他们的文本时依然能感受到他们之间的激烈交锋。1892年至1893年，以米海洛夫斯基、尤沙柯夫为代表的俄国自由民粹派开始在《俄国财富》杂志上发表文章讨论俄国资本主义问题，俄国自由民粹派代表丹尼尔逊出版了专著《我国改革后的社会经济概况》。1894年有5份重要文献：米海洛夫斯基在《俄国财富》杂志发表的系列文章《文学与生活》，俄国合法马克思主义者司徒卢威出版的第一本专著《俄国经济发展问题评述》，列宁批判俄国自由民粹派的专著《什么是人民之友以及他们如何攻击社会民主党人》，米海洛夫斯基对司徒卢威的著作发表的书评《司徒卢威和他的〈俄国经济发展问题的评述〉》，普列汉诺夫再次批判米海洛夫斯的文章《再论米海洛夫斯基，再论三段式》。1895年有4份重要文献：列宁批判俄国合法马克思主义的著作《民粹主义的经济内容及其在司徒卢威的书中受到的批评》，普列汉诺夫的著作《论一元论历史观之发展》，米海洛夫斯基关于普列汉诺夫著作的书评《文学与生活（别尔托夫的〈论一元论历史观之发展〉）》，以及普列汉诺夫对米海洛夫斯基的回应《对我们的反对者讲几句话》。1897年至1899年有3份重要文献：列宁批判俄国自由民粹派的文章《我们拒绝什么遗产》，普列汉诺夫批判唯心史观的著作《论个人在历史上的作用问题》以及列宁对这场论战的总结性著作《俄国资本主义的发展》。为更好地总结俄国各个派别这场旷日持久且异常激烈的论战，我们用下图表示他们之间的思想交锋和文本关系：

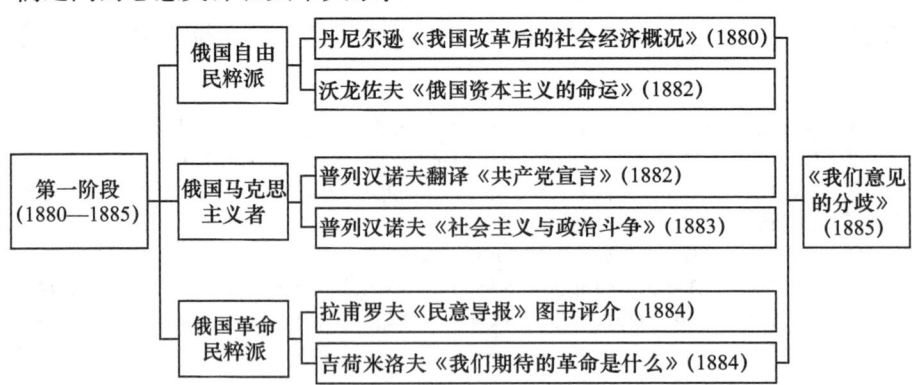

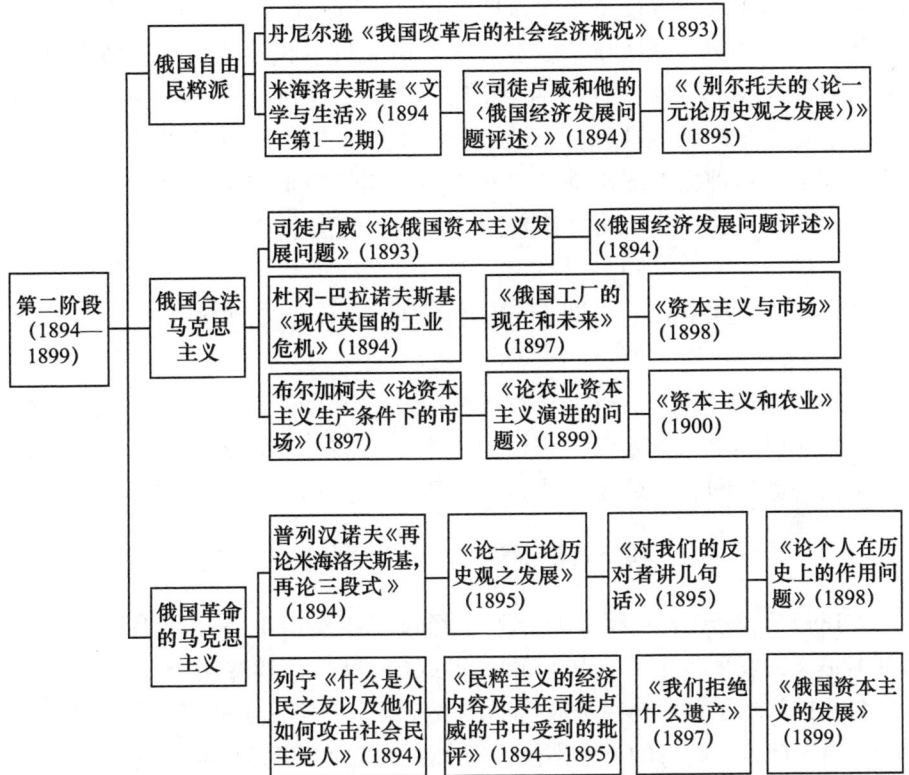

1907年9月，列宁为总结马克思主义与俄国自由民粹主义、俄国合法马克思主义之间的斗争收集了自1895年以来的文章和小册子，以《十二年来》文集单独出版。他在序言中提到俄国民粹派和俄国马克思主义者的论战，"著作界的活跃景象和马克思主义者同当时几乎完全主宰着进步著作界的民粹派老首领（如尼·康·米海洛夫斯基）所进行的激烈论战，是俄国大规模工人运动高涨的先声"①。1911年2月，为纪念俄国农奴制改革五十年周年，列宁在《思想》杂志第3期上发表了《关于纪念日》一文，总结了马克思主义，特别是马克思的经济理论对民粹主义者的影响："民粹主义者……认为，农民不带土地的解放是资本主义的原则。民粹主义者（特别是尼古拉·一逊）把马克思的学说作为这种观点的根据……马克思主义从80年代开始（也许还要早些），就已经是西欧先进社会学说中如此无可争辩的实际的主导力量，以致在俄国，那些同

---

① 《列宁全集》第十六卷，北京：人民出版社2017年版，第86页。

马克思主义敌对的理论也不能长期公开反对马克思主义。"① 1913 年，德国革命家罗莎·卢森堡在其最重要的著作《资本积累论》中详细分析了俄国思想界在 19 世纪八九十年代的这场论战，肯定了俄国马克思主义者在这场论战中的巨大胜利："这次相当出色的、使 90 年代的俄国社会主义知识分子精神振奋的论战，以马克思主义学派的绝对胜利而告终，宣告了马克思主义作为历史经济理论正式进入俄国学术界。"②

第四节 列宁的俄国资本主义发展观

19 世纪 90 年代，列宁从资本主义国内市场、俄国农业资本主义、俄国工业资本主义等方面研究俄国资本主义的发展趋势，回答了俄国资本主义的命运问题，最终在俄国确立马克思主义的资本主义观。

一、列宁对俄国资本主义发展状况的研究

1895 年底至 1899 年 1 月，列宁经过三年多的准备完成书稿《俄国资本主义的发展：大工业国内市场形成的过程》。1899 年 3 月，列宁以笔名弗拉基米尔·伊林在圣彼得堡出版该书。在第一版的序言中，列宁明确指出这部著作的目的是考察俄国资本主义国内市场是如何形成的问题。

市场是商品经济的范畴，商品经济在自身的发展中转化为资本主义经济，因此要弄清楚国内市场的形成过程，首先应当从简单商品经济出发来探索它如何逐渐转化为国内市场的。与俄国自由民粹派对社会分工的否定不同，列宁把社会分工作为商品经济和资本主义全部发展过程的基础。由于社会分工，加工工业与采掘工业相分离，制造业与农业相分离，使农业本身也变成工业，即变成生产商品的经济部门。这种商业性的农业出现在所有的资本主义国家中，也出现在农奴制改革后的俄国。商品经济的发展使工业部门同农业分离，也就意味着愈来愈多的人口同农业分离，导致工业人口不断增加，农业人口不断减少。列宁认为，小生产者的破产，并不能说明国内市场缩小。因为新的生产资料的占有者向市场提出对新工具、原料、运输工具等的需求，不仅扩大自己的生产，而且增加对消费的需求。因此，小生产者的破产不是缩小而是建立国内

---

① 《列宁全集》第二十卷，北京：人民出版社 2017 年版，第 164 页。
② 《列宁全集》第五十九卷，北京：人民出版社 2017 年版，第 396—397 页。

市场。

列宁阐明了俄国资本主义工业发展三个阶段的相互联系，即小商品生产、资本主义工场手工业和大机器工业。首先分析了工业资本主义的最初阶段，把家庭协作看作资本主义协作的基础，认为资本主义协作在农民小手工业中发挥了巨大作用，具有重要的进步意义，有力地反驳了民粹派关于劳动组合在农民小手工业中占优势的理论。在资本主义发展的低级阶段，手工业者通常没有从农民中分化出来，手工业同农业的结合不仅在农民分化加剧和加深的过程中发挥着极其重要的作用，而且巩固和发展资本主义关系。其次考察了俄国各地的织造业、纺织业、木材加工业、畜产品加工业、矿物加工业、金属加工业、首饰业和手风琴业等工场手工业的形成和发展过程，发现一切行业的共同特点是保持手工生产和系统而广泛地实行分工，不仅工人之间的分工，而且是地区之间的分工。在所有按工场手工业类型组织起来的手工业中，工人不是独立的，而是依附于资本的，极大多数工人都是雇佣工人。因此，俄国工场手工业具有极其明显的资本主义性质。

根据马克思的理论，大机器工业是资本主义的最高阶段，因此，从手工工场向工厂的过渡，在资本主义发展问题上具有特别重要的意义。列宁主张区分这两个阶段，从而了解资本主义所起的改革和进步作用。以丹尼尔逊为代表的民粹派混淆这两个阶段，把大机器工业的发展问题归结为工厂统计问题，把资本主义的劳动社会化归结为工厂工人人数的增加。列宁论证了大机器工业是资本主义工业发展的高级阶段。它的基本标志是在生产中使用机器体系。列宁详细地分析了手工业、作坊和大工业在这一发展中的状况，认为马克思对西欧存在的这些问题的分析和有关大工业在这个过程中的作用的结论，也适用于俄国的发展情况。

关于俄国工业资本主义的发展，列宁得出以下结论：首先，大机器工业从根本上改变了工人的生活条件，使他们最终摆脱了旧的依附关系。其次，俄国在1861年农奴制改革后已经开始成为工业国。俄国无产阶级和半无产阶级占俄国总人口的一半以上。而且俄国工业人口的增长超过了城市人口的增长。因此，俄国按其经济特征和居民的阶级构成来说已经成为一个资本主义国家。正如我国学者商德文教授所说："列宁的功绩是从小商品生产的基本发展趋势，即不断发生资本主义分化的趋势方面，从工艺（小工艺与家庭手工业）与农业分离，从工艺增长趋势上考察了资本主义工业发展的一系列形式和阶段。同时，列宁又从工业同农业的联系上……论证了资本主义工业发展三个阶段的区别和联系，并光辉地证实了马克思的结论。"①

列宁根据新罗西亚地方自治局、萨马拉省地方自治局、彼尔姆省地方自治局、奥廖尔省地方自治局、沃罗涅日省地方自治局、下诺夫哥罗德省地方自治局等的统计资料分析了俄国农民分化的过程："在下等'农户'中，劳动力变成了商品，而在上等农户中，生产资料变成了资本"②。列宁认为，这两种变化恰恰说明国内市场的建立过程，这个过程已经为适用于一切资本主义国家的那个理论，即马克思的经济理论所确定。列宁研究了俄国各省的农民分化，认为俄国农民已经处于商品经济中，农民的社会经济结构存在着商品经济和资本主义所固有的矛盾，包括竞争、经济斗争、生产集中、无产阶级贫困化等。尽管农业和农民还受到旧传统即宗法式生活传统的压制，但是资本主义生产力的发展和社会关系的改变逐渐表现出来。因此，农民的分化，农民资产阶级的形成和发展建立了资本主义的国内市场。随着农民经济脱离地主经济，在农奴制时代占优势的徭役经济③逐渐向资本主义经济过渡。在农民迅速分化为农村资产阶级和农村无产阶级以及地主从工役经济制度向资本主义经济制度过渡的同时，农业也转向商品生产的形式，列宁考察了谷物业、畜牧业等各种商业性农业的社会经济关系，认为商业性农业的发展促进了资本主义国内市场的建立，打破了俄国农业长期的停滞状态，从根本上摧毁农民的人身依附关系，推动了俄国农业技术的改造和生产力的发展。这种经济现象证明，农村公社中的经济关系，绝不是一种特殊的制度，而是普通的小资产阶级制度。俄国公社农民也不是资本主义的敌对者，而是资本主义的最深厚的和最牢固的基础。

关于俄国农业资本主义，列宁得出以下结论：第一，俄国农民当时所处的社会经济环境是商品经济的环境。第二，俄国农民的分化为资本

---

① 商德文：《列宁经济理论的形成和发展（1893—1913）》，北京：北京大学出版社1983年版，第41页。

② 《列宁全集》第二卷，北京：人民出版社2017年版，第42页。

③ 徭役经济的实质，就在于某一个农业单位即某一块世袭领地的全部土地，分为地主土地和农民土地，后者作为份地分给农民，农民（除份地外，还得到其他生产资料，如森林或者牲畜等等）用自己的劳动、农具和牲畜耕种这块土地，从而养活自己。——参阅《列宁全集》第三卷，北京：人民出版社1983年版，第160页。

主义的发展创造国内市场，资本主义的发展加剧了农村固有的矛盾。俄国农民逐步分化为两类：一类是农村资产阶级或富裕农民，一类是农村无产阶级，即有份地的、从事商品性和货币性生产的雇佣工人阶级。中等收入的农民是中间环节。第三，农奴制改革后农业发展的基本特点是农业越来越具有商业和企业的性质。农业资本主义对农村生产力的发展产生了极大的影响，建立了以使用机器和工人的广泛协作为基础的大规模农业生产。列宁在肯定这一过程的进步性的同时，也认识到了这一过程的矛盾性。"在强调资本主义在俄国农业中的进步历史作用时，我们丝毫没有忘记这种经济制度的历史暂时性，也没有忘记它固有的深刻的社会矛盾。"①

二、列宁的俄国资本主义发展观

如前所述，俄国是世界上第一个出版《资本论》三卷本外文译本的国家，在翻译和出版《资本论》的同时，俄国各派知识分子围绕《资本论》进行了热烈的讨论。19世纪70年代，尼·伊·季别尔、尤·茹科夫斯基、尼·康·米海洛夫斯基等俄国经济学家和哲学家围绕《资本论》发生激烈的思想辩论。19世纪八九十年代，以丹尼尔逊、沃龙佐夫为代表的俄国自由民粹派、以司徒卢威、杜冈—巴拉诺夫斯基、布尔加科夫为代表的俄国合法马克思主义者围绕俄国资本主义命运的问题进行了广泛而持久的争论。俄国各派知识分子虽然承认《资本论》的伟大成就和理论贡献，但是不能正确地理解《资本论》的方法论，特别是不能正确运用《资本论》研究俄国资本主义问题，但是他们的争论促进了马克思主义在俄国的传播。他们不仅强调《资本论》在俄国的重要影响，而且说明运用《资本论》研究俄国问题的重要意义。正如司徒卢威所说，"马克思的思想无论在哪里都没有像在俄国这样迅速地被接受，它不仅为政论界所接受，而且也为所谓的'科学'界所接受"，"马克思的理论对认识俄国经济发展的问题有着巨大的意义"②。在《资本论》备受俄国知识分子关注的同时，俄国的土地所有制以及农村公社等问题也进入马克思《资本论》研究的视野。恩格斯在《资本论》第三卷序言中曾

---

① 《列宁全集》第三卷，北京：人民出版社2017年版，第284页。
② 彼·伯·司徒卢威：《俄国经济发展问题的评述》，李尚谦等译，北京：商务印书出版社1992年版，第39页，第148页。

说,"由于俄国的土地所有制和对农业生产者的剥削具有多种多样的形式,因此在《资本论》第三卷地租这一篇里,俄国应该起在第一卷研究工业雇佣劳动时英国所起的那种作用。"①

《资本论》在俄国的传播与解读,尤其是俄国知识分子19世纪下半期关于《资本论》的辩论,亟需列宁回答俄国资本主义命运的问题。正如列宁所说,"《资本论》一出现,'俄国资本主义的命运'问题就成了俄国社会主义者的主要理论问题,最热烈的争论都集中在这个问题上,最重要的纲领性原理的解决都以这个问题为转移。"②列宁根据唯物主义历史观和《资本论》的理论批判俄国自由民粹派和俄国合法马克思主义的错误认识,不仅回答了俄国资本主义命运的问题,而且解决了《资本论》如何运用于俄国的问题,最终在俄国确立马克思主义的俄国资本主义发展观。

列宁从俄国各派知识分子对《资本论》的解读以及围绕俄国资本主义问题的论战中认识到必须建立马克思主义的俄国资本主义发展观。列宁俄国资本主义发展观的形成可以分为三个阶段:一是1893至1897年在《论所谓市场问题》《什么是人民之友以及他们如何攻击社会民主党人?》《评经济浪漫主义》《我们拒绝什么遗产》等著作中对俄国自由民粹派的批判;二是1894至1895年在《民粹主义的经济内容及其在司徒卢威先生的书中受到的批评》中与俄国合法马克思主义的短暂联合;三是1895至1899年列宁在写作《俄国资本主义的发展》一书的过程中对合法马克思主义的批评,主要体现在《市场理论问题述评》《再论实现论问题》《农业中的资本主义》《土地问题和马克思的"批评家"》等文章中。

列宁首先通过批判俄国自由民粹派的主观社会学确立唯物主义历史观在研究社会问题中的方法论意义。俄国自由民粹派的形而上学的社会学没有研究过任何一种社会形态,甚至没有明确社会形态这个概念,没有对任何一种社会关系进行实际的研究和客观的分析,总是先验地臆造一些永远没有结果的理论。"马克思关于社会经济形态发展的自然历史过程这一基本思想,从根本上摧毁了这种以社会学自命的幼稚说教。"③列

---

① 《马克思恩格斯文集》第七卷,北京:人民出版社2009年版,第10—11页。
② 《列宁全集》第一卷,北京:人民出版社2017年版,第232页。
③ 《列宁全集》第一卷,北京:人民出版社2017年版,第107页。

宁反对俄国自由民粹派把马克思恩格斯的唯物主义称为经济唯物主义，因为马克思恩格斯的理论是借助非经济因素找到的，他们的基本思想是把社会关系分成物质的社会关系和思想的社会关系，思想的社会关系是物质的社会关系的上层建筑，而物质的社会关系是不以人的意志和意识为转移而形成的，是人维持生存的活动的形式。列宁认为，唯物主义历史观不仅仅是探究政治法律形式，而是探究生产关系，以及社会形态的自然历史过程。这个思想第一次使人们有可能以严格的科学态度对待历史问题和社会问题，并且第一次把社会学提高到科学的水平，第一次使科学的社会学的出现成为可能。

列宁从市场理论入手批判俄国自由民粹派的经济理论，在早期文章《论所谓市场问题》的开头中写到："在人民大众很穷而且愈来愈穷的时候，资本主义能否在我们俄国发展并充分发展起来呢？"① 俄国民粹派对此的回答是：资本主义的发展需要广大的国内市场，农民的破产破坏了国内市场，资本主义制度无法建立；由于群众的贫困化，俄国资本主义软弱无力，没有根基，不能成为俄国社会经济的基础。列宁首先以《资本论》为根据批评俄国自由民粹派代表克拉辛、丹尼尔逊对《资本论》的错误理解，他们"没有本领说明我国的资本主义，而把自己关于资本主义的论断建筑在纯粹的虚构的上面"②。之后，俄国自由民粹派的代表尤沙柯夫、克里文柯、卡雷舍夫提出了自由民粹派的经济纲领，主要有三点：一是改组农民银行，整顿官地租佃以利于人民经济，二是扫除目前束缚村社的一切障碍，过渡到共耕制（农业社会化），发展村社加工业，三是发放低利贷款，组织劳动组合式的经营，发明更便宜的发动机和实行其他技术改良。列宁指出了这个纲领的虚幻性和不切实际性："他们要的是没有资本主义的商品经济，要的是没有剥夺也没有剥削，只有在仁慈的地主和自由派的行政官员庇护下勉强维持生活的小市民的资本主义"③，他们不承认一切生产关系的资产阶级性质，不愿看见在这个制度下的阶级斗争的必然性。

在批判俄国自由民粹派的过程，列宁与合法马克思主义曾有过短暂的联合。1894年底1895年初，列宁发表《民粹主义的经济内容及其在

---

① 《列宁全集》第一卷，北京：人民出版社2017年版，第56页。
② 《列宁全集》第一卷，北京：人民出版社2017年版，第99页。
③ 《列宁全集》第一卷，北京：人民出版社2017年版，第206页。

司徒卢威先生的书中受到的批评》一文对合法马克思主义予以声援。列宁赞同司徒卢威对丹尼尔逊的批评："司徒卢威先生批评尼·一逊先生时，重点是批评'这位俄国政治经济学家完全不懂马克思关于阶级斗争和国家的学说'，这是十分正确的。……尼·一逊先生由于不懂阶级斗争而成了空想主义者，因为忽视资本主义社会的阶级斗争，从而就会忽视这个社会的社会政治生活的全部实际内容，就会为了实现自己的愿望而不可避免地沉溺在天真的幻想之中。"①但是，列宁并不赞同司徒卢威把民粹主义的实质归结为俄国经济独特发展理论或者是对这种发展的信仰。在列宁看来，"民粹主义的实质在更深的地方：不在独特发展的学说，也不在斯拉夫主义，而在代表俄国小生产者的利益和思想。"② 因此，司徒卢威在批判民粹主义的主观主义的同时陷入了客观主义，正如列宁所说，"这是客观主义的语言，而不是马克思主义者（唯物主义者）的语言。这两种概念（观点体系）是有差别的，我们应当加以说明，因为司徒卢威先生这本书的主要缺点就是没有完全弄清这一差别，这表现在他的大部分论断中"③。

列宁以《资本论》为根据批判俄国自由民粹派和俄国合法马克思主义的资本主义观，批判俄国自由民粹派"没有本领说明我国的资本主义，而把自己关于资本主义的论断建筑在纯粹的虚构的上面"④，批判俄国自由民粹派经济纲领⑤的虚幻性和不切实际性。俄国合法马克思主义者错误理解马克思的理论，幻想马克思的理论成为复活资本主义的理论，成为为资产阶级辩护的理论，相反，马克思的理论提供了最有力的武器去反对这种辩护论。马克思的理论既阐明了社会总资本的再生产过程和流通过程，也指出了资本主义所固有的矛盾，因此不仅要认识到资本主义的历史进步性，同时也认识到资本主义的历史短暂性。正是通过对资本主义作用的辩证分析，列宁在批判俄国自由民粹派对资本主义拒斥的基础上认识到资本主义的历史必然性，在批判俄国合法马

---

① 《列宁全集》第一卷，北京：人民出版社2017年版，第272—273页。
② 《列宁全集》第一卷，北京：人民出版社2017年版，第366页。
③ 《列宁全集》第一卷，北京：人民出版社2017年版，第362页。
④ 《列宁全集》第一卷，北京：人民出版社2017年版，第99页。
⑤ 俄国自由民粹派的经济纲领主要有三点：一是改组农民银行，整顿官地租佃以利于人民经济，二是扫除目前束缚村社的一切障碍，过渡到共耕制（农业社会化），发展村社加工业，三是发放低利贷款，组织劳动组合式的经营，发明更便宜的发动机和实行其他技术改良。

克思主义对资本主义美化的基础上认识到资本主义的历史暂时性,从而在马克思主义发展史和俄国思想史的双重视域下确立了马克思主义的资本主义观。

总的来说,列宁的俄国资本主义发展观的核心观点是俄国已经走上资本主义发展道路,资本主义在俄国的发展已经成为了现实,必须让资本主义在俄国得到充分发展,资本主义本身所固有的矛盾在发展过程中不断激化,然后发动社会主义革命。正如南斯拉夫学者普雷德拉格·弗兰尼次基所说:"这本书不仅极其深刻地分析了俄国资本主义的发展,……而且使列宁本人通过对这一问题的研究,能够比所有其他马克思主义者更深刻地看清俄国社会的真实动向和这个社会的结构,而这又是列宁能够如此正确地和清楚地估计当时俄国历史具体形势的一个前提。"①

三、列宁与"俄国的《资本论》"

列宁的《俄国资本主义发展》一书不仅是《资本论》的直接继续,而且在一定程度上可以称之为"俄国的《资本论》"。正如列宁在该书第一版序言所说:"这部书……是继《资本论》第三卷之后最新经济学著述中最值得注意的杰作。"② 我国学者刘怀玉教授在《苏俄资本主义理解史》一书中写到,列宁这本著作的"主要贡献是运用马克思《资本论》基本理论模型与方法,充分肯定了俄国资本主义发展的历史必然性及其进步意义,同时也深刻地揭示了俄国资本主义发展的消极、黑暗、矛盾的方面"③。

列宁写作《俄国资本主义的发展》这本书并非仅仅出于纯学术的兴趣,而首先是为了社会行动。当时的俄国还是一个大量封建主义残余、政治专制主义残余和刚刚兴起的资本主义并存的国家。在这样一个充满矛盾的国家,对列宁来说,主要的问题在于:在俄国进行社会主义斗争

---

① 〔南斯拉夫〕普雷德拉格·弗兰尼茨基著:《马克思主义史》,胡文建等译,哈尔滨:黑龙江大学出版社2015年版,第5页。
② 《列宁全集》第三卷,北京:人民出版社2017年版,第6页。
③ 张一兵主编,刘怀玉、刘维春、陈培永著:《资本主义理解史》第三卷《苏俄马克思主义的资本主义观》,南京:江苏人民出版社2009年版,第19页。

有没有现实基础？回答这个问题，必须首先回答俄国资本主义的发展和工人阶级形成的问题。列宁在大量经验材料的基础上，详细地分析俄国当时的社会结构和社会变动，从而准确地判断俄国社会力量的对比、移动和改变。列宁在该书中大量运用了俄国各个派别知识分子的思想材料，特别重视他们所积累的大量实际材料，对俄国民粹派的十几篇文献①和俄国合法马克思主义者的著作②做出了大量的批注。列宁在写作《俄国资本主义的发展》一书时吸收了合法马克思主义者批判自由民粹派的材料。列宁还积极使用俄国地方自治局的各种统计资料，以科学的态度对待官方编纂的文献。列宁重视地方自治局③的统计资料，从中可以采集到科学研究所需要的"原材料"。

1899年3月列宁的这本著作出版后，列宁的同时代人为这本著作写了书评，波·阿维洛夫、巴·斯克沃尔佐夫、巴·别尔林、波·韦谢洛夫斯基等从不同角度分析了19世纪八九十年代俄国关于资本主义命运的论争，肯定了列宁对俄国资本主义发展状况的研究。波·阿维洛夫指出，"伊林的书非常系统地和成功地表达了一个明确的观点，一个明确的经济发展公式。"④ 巴·别尔林指出，"作者虽然运用了大量的事实材料，但并没有陷在这些材料之中，没有被这些材料所束缚，这是由于理论这个指针始终正确地指引着他的道路。"⑤ 在这些评论中，列宁特别关注帕·尼·斯克沃尔佐夫的文章《商品拜物教》(《科学评论》1899年第12期)。在斯克沃尔佐夫看来，列宁虽然探讨了马克思的经济理论，但是依

---

① 主要有卡雷舍夫的《国民经济概述》《根据地方自治局的统计资料所作的俄国经济调查总结》《俄国国民经济资料》、维·斯·普鲁加文的《弗拉基米尔省尤里耶夫县的村社、手工业和农业》《弗拉基米尔省手工业》、谢·安·哈里佐勉诺夫的《萨拉托夫省统计资料汇编》、亚·伊·丘普罗夫的《收成和粮食对俄国国民经济某些方面的影响》、潘·阿·维赫利亚耶夫的《特维尔省统计资料汇编》、瓦·安·约诺夫的《萨拉托夫省私有经济和农民经济方面的特有现象》、费·安·舍尔比纳的《沃罗涅日省12个县综合汇编》、尼·费·安年斯基的《下诺夫哥罗德省地方自治局统计处处长关于巴甫罗沃区手工业者状况问题的报告》、康安维尔涅尔的《1890年莫斯科省博戈罗茨克县的手工业》、德·尼·日班科夫的《斯摩棱斯克省的工厂卫生调查》等。

② 主要有杜冈—巴拉诺夫斯基的《资本在我国手工工业发展中的历史作用》和多卷本报告《俄国工业发展统计总结》等。

③ 地方自治局是沙皇政府为适应资本主义发展的需要而在农奴制改革后设立的，曾对俄国农村开展大规模的多层次的调查研究，以了解改革后农民的经济状况。

④ 《马列著作编译资料》第6辑，北京：人民出版社1979年版，第82页。

⑤ 《马列著作编译资料》第6辑，北京：人民出版社1979年版，第95页。

然没有弄懂。"伊林先生无疑有权提出自己的在资本主义社会中社会产品实现的理论并用它来解释社会关系,但他没有丝毫权利把自己的理论冒充为马克思的理论。"① 1900年3月,列宁完成了批判斯克沃尔佐夫的文章《非批判的批判》,发表在《科学评论》杂志1900年第5期和第6期上。对于斯克沃尔佐夫的攻击,列宁从研究方法、实际资料、意见分歧等三个方面进行详细的回应。总的来说,"斯克沃尔佐夫先生只是想方设法来批判甚至摧毁我的论点,但一句话也没有触及问题的本质"。

1907年6月俄国六三政变②之后,列宁匿居芬兰,在7月补充和修订了《俄国资本主义的发展》,8月出版了第二版,并在第2版序言中回顾了写作这本著作的时代背景:"本书是在俄国革命的前夜,即在1895—1896年大罢工爆发后一个稍呈沉寂的时期中写成的。"③ 列宁预测俄国革命有两个发展方向:如果与农奴制有着密切联系的旧地主经济保存下来,俄国将发展为纯粹资本主义的容克经济;如果地主土地占有制及相应的上层建筑被摧毁,工人阶级将进一步实现社会主义改造任务。列宁在此基础上提出俄国土地变革的两条道路:一是地主和资产阶级主张改良的地主式的发展道路,二是无产阶级和农民主张革命的农民式的发展道路。后者成为布尔什维克的土地纲领的思想来源,也是列宁对东方社会的发展道路做出的预见。列宁不仅正确地理解《资本论》的方法论和经济理论,又创造性地运用马克思的学说研究和解决俄国社会和经济问题,在批判俄国自由民粹派和合法马克思主义的错误的俄国资本主义观的基础上建立了马克思主义的俄国资本主义观,并将之用于俄国革命的实践,不仅推动马克思主义俄国化的思想进程,而且使俄国马克思主义进入列宁主义的新阶段。

俄国知识分子在长期的思想探索中找到了马克思主义,并将其作为分析俄国现实的理论武器,正如列宁所说,"俄国在半个世纪里,经受了闻所未闻的痛苦和牺牲,表现了空前未有的革命英雄气概,以难以置信的毅力和舍生忘我的精神去探索、学习和实验,经受了失望,进行了验证,参照了欧洲经验,真是饱经苦难才找到了马克思主义这个唯一正确

---

① 《马列著作编译资料》第6辑,北京:人民出版社1979年版,第93页。
② 六三政变是指1907年6月3日(俄历)沙皇政府颁布了解散第二届国家杜马和修改国家杜马选举条例的宣言。标志着第一次俄国革命的结束和斯托雷平反动时期的开始。
③ 《列宁全集》第二卷,北京:人民出版社2017年版,第11页。

的革命理论。"① 这种经历是当时世界上任何一个国家都没有的，俄国思想界半个世纪以来所经历的徘徊、动摇、选择和接受的思想历程最终证实了马克思主义的正确性。

---

① 《列宁全集》第三十九卷，北京：人民出版社2017年版，第6页。

第七章 《资本论》与19世纪下半期的俄国工人运动

从马克思和恩格斯同时代的俄国革命知识分子对《资本论》的热烈讨论，到俄国各派知识分子运用《资本论》对俄国资本主义道路的不同理解，再到俄国马克思主义小组对马克思和恩格斯著作的集中翻译和出版，《资本论》三卷本俄文版在俄国的传播深刻地改变了俄国思想文化界的世界观、历史观和价值观。

第一节 《资本论》与俄国进步知识分子

自《资本论》第一卷德文第1版出版后，俄国知识分子在积极组织翻译出版《资本论》第一卷俄文第1版的同时，还在1869至1872年发表了关于《资本论》的评论。马克思恩格斯与他们的俄国朋友经常在通信中谈到《资本论》，对俄国知识分子接受马克思主义产生着重要影响。

一、《资本论》对俄国知识分子的影响

马克思和恩格斯在与世界各国友人的通信中常常提到《资本论》的理论和方法论，潜移默化地影响着19世纪七八十年代俄国知识分子逐步接受马克思主义。正如我国学者刘怀玉教授在《苏俄资本主义理解史》一书中所说，"晚年马克思和恩格斯与俄国先进知识分子（诸如拉甫罗夫、洛帕廷、丹尼尔逊、柯瓦列夫斯基、查苏利奇、普列汉诺夫等人）之间的频繁、热诚而深入的书信与私人交往，更使得经典马克思主义作家的资本主义研究进程与俄国知识界对它的了解宣传几乎是'同步发生'的。"[①]

---

① 刘怀玉、刘维春、陈培永著：《资本主义理解史》第三卷《苏俄马克思主义的资本主义观》，南京：江苏人民出版社2009年版，第3页。

19世纪70年代初期，俄国知识分子围绕着俄国农村公社和土地问题展开了争论，如契切林和别利亚耶夫的论战。马克思密切关注契切林和别利亚耶夫等人就俄国村社问题展开的热烈争论，并在1873年3月致丹尼尔逊的信中指出："如果您能告诉我一些关于契切林对俄国公社土地占有制的历史发展的看法以及他在这个问题上和别利亚耶夫的论战的情况，我将非常感谢。"①

19世纪70年代下半期，马克思恩格斯在与俄国友人、英国友人的书信中多次提到俄国思想界关于《资本论》的辩论。1878年8月，俄国革命民粹派代表彼·拉甫罗夫在致恩格斯的信中写到："您有没有注意去年俄国报刊上围绕他的名字而进行的激烈的论战？茹科夫斯基和契切林反对马克思，季别尔和米海洛夫斯基支持马克思。而且这些都是长篇大论的文章。我看其他任何地方评论马克思著作的文章都没有这么多。"② 1878年11月15日，马克思在致丹尼尔逊的信中也提到了这场辩论："有关契切林和其他一些人对我的反驳，除了您1877年寄给我的东西（一篇季别尔写的文章，另一篇似乎是米海洛夫斯基写的文章，两篇都登在《祖国纪事》上，是为答复这个自命为百科全书派的怪人茹科夫斯基先生而写的）以外，我什么也没有看到。在此地的柯瓦列夫斯基教授曾对我说，《资本论》引起了相当热烈的论战。"③

1878年10月，英国牧师摩里茨·考夫曼④请求马克思审阅他写的一篇关于《资本论》的文章，马克思在10月10日给摩里茨·考夫曼的回信中提出增加一段话，真挚地感谢俄国教授们对《资本论》的维护："《资本论》的'俄文'译本，因为恰恰是在俄国，年轻的大学教授公开地接受和维护了我的理论。"⑤ 12月，摩里茨·考夫曼的这篇文章发表在《余暇》杂志上，之后收录在他关于社会主义史的一本著作中，书名为《乌托邦；或社会发展略图。从托马斯·莫尔爵士到卡尔·马克思》，

---

① 《马克思恩格斯全集》第三十三卷，北京：人民出版社1973年版，第577页。
② 即季别尔在1885年出版的著作《大卫·李嘉图和卡尔·马克思的社会经济学研究》。
③ 《马克思恩格斯全集》第三十四卷，北京：人民出版社1975年版，第333页。
④ 摩里茨·考夫曼：英国牧师，写有许多关于社会主义学说的书籍。——参阅《马克思恩格斯全集》，北京：人民出版社1975年，第585页。
⑤ 《马克思恩格斯全集》第三十四卷，北京：人民出版社1973年版，第323页。

1879 年在伦敦出版①。

19 世纪 80 年代，俄国革命者、俄国政论家、俄国作家等不同思想派别的知识分子在与马克思恩格斯的通信中多次提到《资本论》给俄国带来的巨大影响。俄国女作家敏·卡·哥尔布诺娃②深受马克思恩格斯的著作，特别是《资本论》的启发和影响，她在 1880 年 7 月致恩格斯的信中写到："《资本论》在俄国广泛传播，不仅在学者中间，而且更多的是在对社会科学和人民的处境多少有点兴趣的人们中间传播；很多男教师和女教师都在读《资本论》，就是说，那些对自己的职业持严肃认真态度的人在读《资本论》。"③ 可见，《资本论》不仅是少数学者的研究对象，而是在社会各个阶层中广泛传播。她还在信中请教恩格斯关于国民教育的看法，恩格斯打算查找英国国民教育局和教育部的报告，并且帮忙联系朋友了解法国的国民教育情况，同时表达了对俄国国民教育的关注："我们最深切地关心在俄国这样的国家中一切有助于国民教育的事情，以及哪怕是间接地有助于那里的运动的事情，因为俄国正处在全世界历史性危机的前夜，那里建立了具有前所未闻的自我牺牲精神和毅力的从事运动的党。"④

1880 年 10 月 25 日，民意党执行委员会在致马克思的信⑤中高度称赞马克思的著作对俄国先进知识分子的影响，"对于西欧思想和生活的进程始终感觉敏锐的俄国先进知识分子，曾经怀着兴奋的心情欢迎您的科学著作的出版。在这些著作中科学对俄国生活中的优秀思潮表示赞许，而《资本论》则成了知识分子的案头必备之书。"民意党执行委员会特别强调马克思对俄国革命的关注，"您，尊敬的同志，曾经怀着多么巨大的兴趣注视着俄国革命运动的一切阶段，我们高兴地指出，俄国革命已经度过了艰苦的时期。革命的经验锻炼了战士，既从理论上明确了问题的提法，也确定了实现它的具体道路。"民意党人预见到马克思的名字

---

① M. Kaufmann. *Utopias*; *or*, *Schemes of Social Im-provement. From Sir Thomas More to Karl Marx*. London, 1879.

② 敏那·卡尔洛夫娜·哥尔布诺娃（Горбунова, МиннаКарловна, 1840—1931）：俄国经济统计学家，民粹派倾向的女作家。

③ 《马克思恩格斯与俄国政治活动家通信集》，北京：人民出版社 1987 年版，第 348—349 页。

④ 《马克思恩格斯全集》第三十四卷，北京：人民出版社 1973 年版，第 425—426 页。

⑤ 民意党执行委员会在 1880 年 10 月 25 日写给马克思的一封信《致卡尔·马克思》，最初发表于《往事》杂志 1917 年第 1 期。

"很快就同俄国的国内斗争牢不可破地融合在一起"①。

1881年2月,俄国女革命家维·查苏利奇在致马克思的信中指出,"这就是您的《资本论》在我们关于俄国土地问题和我国农村公社问题的争论中所起的作用。您了解得比谁都清楚,在俄国这个问题是多么重要,多么引人注目。"② 我国学者张雷声教授认为这段话表明了两层意思:一是《资本论》在俄国关于农村公社的争论发挥了重大的作用,二是俄国村社问题对于整个俄国十分重要。该信促使马克思系统地阐述他长期关于俄国村社的研究和看法。总言之,《资本论》在俄国的传播引起了巨大的影响和争议。1884年3月6日,恩格斯在查苏利奇的信中称赞了俄国革命者对马克思著作的翻译和传播:"您已经翻译了或者已经答应翻译马克思的几乎全部著作;您也已经把我的著作中最好的一部分翻译出来了;我们其余的德文书不是理论上较弱,就是其中所涉及的问题或多或少只限于德国的范围。"③

马克思在与其他国家友人的书信中也多次提到《资本论》在俄国的影响。1880年11月5日,马克思在致美国工人运动活动家弗·阿·左尔格④的信中总结了《资本论》在俄国的传播:"在俄国——《资本论》在那里比在其他任何地方都有更多的读者,受到更大的重视——我们得到了更大的成功。在那里,我们一方面有批评家(大多数是年轻的大学教授,其中有些是我的朋友,还有一部分是评论家),另一方面有恐怖主义者的中央委员会,它最近在彼得堡秘密印发的纲领引起了在日内瓦出版《土地平分》(这是从俄文按字面译成德文的)的旅居瑞士的俄国无政府主义者的极大愤慨。"⑤ 1882年12月14日,马克思在致劳拉·拉法格的信中写到:"有几本在神圣的罗斯而不是在国外印刷的新出版的俄文著作证明,我的理论正在那个国家迅速传播。"⑥ 1907年,列宁在《〈约·菲·贝克尔、约·狄慈根、弗·恩格斯、卡·马克思致弗·阿·左尔格等书信集〉俄译本序言》中援引马克思的这段话时写到:"由于《资本论》在俄国

---

① 《俄国民粹派文选》,北京:人民出版社1983年版,第524页。
② 《马克思恩格斯与俄国政治活动家通信集》,北京:人民出版社1987年版,第377页。
③ 《马克思恩格斯与俄国政治活动家通信集》,北京:人民出版社1987年版,第469页。
④ 弗·阿·左尔格(1828—1906):国际工人运动、美国工人和社会主义运动的卓越活动家。马克思主义的积极宣传家,马克思和恩格斯的朋友和战友。
⑤ 《马克思恩格斯全集》第三十四卷,北京:人民出版社1979年版,第452—453页。
⑥ 《马克思恩格斯全集》第三十五卷,北京:人民出版社1975年版,第407页。

大受欢迎,他感到十分高兴,并站在民意党人一边反对当时刚刚产生的土地平分派。"①

1883年,马克思恩格斯的俄国学生,俄国第一个马克思主义者普列汉诺夫在《社会主义与政治斗争》一文中强调了《资本论》对于社会主义的意义:"社会主义的宣传对于各文明国家的思想发展的全部进程都产生了极大影响。……而社会主义宣传对于新学说的拥护者们而言,不言而喻,是影响得更加强烈。……但是因为社会主义的科学论证只是在《资本论》问世以后才完成,那么不言而喻,这一批评的结果远不是时常令人满意的。"② 普列汉诺夫称赞马克思恩格斯是当之无愧的社会主义的创始人,"这一功勋无疑地是属于卡尔·马克思和弗里德里希·恩格斯。……他们的学说是它的头脑,正如无产阶级是它的心脏"③。

二、劳动解放社与《资本论》的传播

1883年9月,在巴·鲍·阿克雪里罗得④的倡议下,普列汉诺夫、维拉·查苏利奇、列·戈·捷依奇⑤、伊格纳托夫⑥等人在日内瓦创立俄国第一个马克思主义组织——劳动解放社(Освобождение труда)。

1883年9月,劳动解放社在日内瓦发表《关于出版现代社会主义丛书》的声明,这是劳动解放社的第一个纲领性文件。它阐述了劳动解放社的基本原则、宗旨和任务,为俄国社会思想领域中的马克思主义方向奠定了基础。"劳动解放社的目的是在俄国宣传社会主义思想和培养组织俄国工人社会主义政党的力量。"⑦ 1885年1月,普列汉诺夫在《我们的意见分歧》一书的序言中强调劳动解放社的任务:"(1)把马克思和恩格斯学派的最重要著作以及为不同教育程度的读者所写的有创见的著作译成俄文,来传播科学社会主义的思想;(2)从科学社会主义及俄国劳

---

① 《列宁全集》第十五卷,北京:人民出版社2017年版,第214页。
② 《普列汉诺夫哲学著作选集》第一卷,北京:三联书店出版社1959年版,第55页。
③ 《普列汉诺夫哲学著作选集》第一卷,北京:三联书店出版社1959年版,第70页。
④ 巴·鲍·阿克雪里罗得(П. Б. Аксельрод):1849或1850年出生,1928年逝世。1874年参加"到民间去"运动,之后流亡到西欧。
⑤ 列·戈·捷伊奇(Л. Г. Дейч,1855—1914):俄国和国际工人运动的活动家,传记作者,孟什维克的代表之一。
⑥ 华西里·阿格纳托夫(1854—1885):曾参加"到民间去"运动,把遗产用来接济同志并捐作革命经费。
⑦ 《普列汉诺夫哲学著作选集》第一卷,北京:三联书店出版社1959年版,第410页。

动人民利益的观点，批判我们革命者中流行的各种学说，和探讨俄国社会生活中的最重要问题。"① 劳动解放社翻译出版了马克思和恩格斯的《雇佣劳动和资本》(1883)、《科学社会主义的发展》(1884)、《关于自由贸易的演说》(1885)、《哲学的贫困》(1886)、《路德维希·费尔巴哈和德国古典哲学的终结》(1892)、《路易·巴拿马的雾月十八日》(1894)、《恩格斯论俄国》(1894)等著作。② 这些著作被秘密运回俄国，在19世纪八九十年代至20世纪初期深刻影响了俄国左翼社会民主主义组织，对俄国青年接受马克思主义发挥了重要作用。

与此同时，劳动解放社积极关注《资本论》第二卷的翻译进展。1883年11月，查苏利奇在致恩格斯的信中询问《资本论》第二卷的翻译和出版计划，担心沙皇政府禁止在圣彼得堡出版《资本论》第二卷，提议在国外翻译和出版。"我们侨居国外，所以只有当俄国政府愚蠢到禁止这本书在俄国传播的情况下，我们才能着手在国外做这件事，不过俄国政府对《资本论》是经常这样干的。……如果《资本论》第二卷在彼得堡不能出版，那末公民，您是否同意让我们尽快地开始翻译它？"③ 与此同时，查苏利奇向恩格斯寄去了劳动解放社的声明，并向恩格斯说明劳动解放社翻译这些著作的目的。"同时我给您寄去一份我们的声明，它将向您说明，我们的小组以及翻译马克思的《雇佣劳动与资本》所抱的目的。我翻译的《社会主义的发展》正在印刷中"④。之后，小组成员列·戈·捷伊奇翻译出版了马克思的著作《雇佣劳动与资本》，并为之写了序言，还附有恩格斯在1878年发表的马克思传记和《资本论》的部分章节，并收入《俄国社会主义革命丛书》。

1884年，查苏利奇翻译出版《科学社会主义的发展》，也就是恩格斯的著作《社会主义从空想到科学的发展》。恩格斯非常高兴译著的出版，他在给查苏利奇的回信中写到："您说，正是您自己在着手翻译我的《发展》，这个消息使我非常高兴。我急切地等待着您的译著问世，并且非常珍视您给予的光荣"⑤。查苏利奇将恩格斯的著作《反杜林论》中的

---

① 《普列汉诺夫哲学著作选集》第一卷，北京：三联书店出版社1959年版，第127页。
② 参阅 https://ru.wikipedia.org/wiki/Освобождение_труда.
③ 《马克思恩格斯与俄国政治活动家通信集》，北京：人民出版社1987年版，第456页。
④ 《马克思恩格斯与俄国政治活动家通信集》，北京：人民出版社1987年版，第456页。
⑤ 《马克思恩格斯与俄国政治活动家通信集》，北京：人民出版社1987年版，第457页。

《暴力论》这一章作为《科学社会主义的发展》俄译本的附录发表。"《科学社会主义的发展》将会有数以千计的人阅读，同时将对人们的思想产生巨大的影响，对此我是深信不疑的。也许，这会使您感到惊讶，但是我国民意党人和民粹派的一些青年小组正是现在对理论问题的兴趣比任何时候都大。在我们这里，人们只需要'内容严肃的'书，而在俄国，许多内容似乎严肃的作品正在大量印行。在俄国，我们的创举，即宣传科学社会主义所受到的欢迎，预示着我们的成功将远远超出我们的意料。"① 这本译著出版后，恩格斯称赞查苏利奇"译得好极了"，并称赞"俄语是多么美的语言啊"。

1884年3月，查苏利奇在给恩格斯的信中提出翻译《哲学的贫困》一书，"我们请求您允许我们出版马克思的《哲学的贫困》一书的俄译本，并请您将为准备付印的德文版所写的序言（这件事是苏黎世的同志们告诉我们的）寄给我们"。虽然蒲鲁东主义在当时的俄国还很盛行，但是查苏利奇认为，马克思的《哲学的贫困》能解答人们的疑惑，即使刚开始阅读的人不多，但出版它是非常有益的。"毫无疑问，出版这本书将是十分有益的。蒲鲁东在我国受到极大的尊敬，因此，有好多青年在着手研究社会问题时，都是从研究他的著作开始的，他的卷帙浩繁的著作使他们绞尽脑汁，同时也使他们陷入他的种种矛盾之中。但是《哲学的贫困》当然不会有广大的读者——最多不过几百个人而已。"② 恩格斯为出版《哲学的贫困》俄译本提供帮助，他把德文版和法文版的注释寄给查苏利奇，建议把马克思在柏林《社会民主党人报》（1865）上发表的文章《论蒲鲁东》作为序言，恩格斯又另外给德文版专门写了一篇序言《马克思和洛贝尔图斯》，驳斥那些关于马克思在《资本论》里剽窃洛贝尔图斯的谬论，证明马克思在《哲学的贫困》里就批判过洛贝尔图斯。他对劳动解放社的翻译工作非常满意，"您告诉我在俄国研究社会主义理论著作的兴趣日益浓厚，这使我非常高兴。这种几乎完全从德国各学派中消失的理论精神和批判精神，看来，实际上在俄国找到了容身之地。……您已经翻译了或者已经答应翻译马克思的几乎全部著作；您也已经把我的著作中最好的一部分翻译出来了；我们其余的德文书，不是

---

① 《马克思恩格斯与俄国政治活动家通信集》，北京：人民出版社1987年版，第467页。
② 《马克思恩格斯与俄国政治活动家通信集》，北京：人民出版社1987年版，第466页。

理论上较弱,就是其中所涉及的问题或多或少只限于德国的范围"①。由于小组成员捷伊奇被捕,查苏利奇离开了日内瓦几个月,直到 1884 年 10 月才重新给恩格斯写信,希望等恩格斯为《哲学的贫困》德文版的序言写好之后再出版俄译本,因为序言对于俄国读者来说也是不无教益的。1885 年,《哲学的贫困》德文版第 1 版出版,查苏利奇根据这个版本校对俄译本,4 月俄译本的第一部分已经印好,但是查苏利奇决定推迟出版,因为她觉得第二部分翻译得不好,决定对它从头到尾作一番修改。1886 年,出版了马克思的《哲学的贫困》俄译本,并把译本寄给恩格斯。

在查苏利奇翻译《哲学的贫困》《社会主义从空想到科学的发展》《沙皇俄国的对外政策》的同时,普列汉诺夫和阿克雪里罗德也在进行着翻译和写作工作。1885 年,阿克雪里罗得在日内瓦出版《工人运动和社会民主主义》,1888 年出版《60 年代初期及现在的工人运动》。1890—1892 年出版《社会民主主义的政治作用和德国国会的近期选举》等。普列汉诺夫在 1885 年翻译出版了马克思的著作《关于贸易自由的演说》,在 1892 年翻译出版了恩格斯的著作《路德维希·费尔巴哈和德国古典哲学的终结》,在俄译本的附录中收入了马克思的《关于费尔巴哈的提纲》,以及马克思和恩格斯合著的《神圣的家族》的部分章节。

劳动解放社成员翻译的马克思和恩格斯的许多著作可以直接在俄国用石印出版,这是因为它与俄国国内的一些秘密组织有联系,如莫斯科大学生创办的"翻译者和出版者协会"等。1882 年,莫斯科具有革命思想的大学生秘密成立"翻译者和出版者协会",协会成员主要有 П. А. 阿尔古诺夫、В. Т. 拉斯波平、Л. Ф. 雅诺维奇等。协会的任务是翻译和出版马克思恩格斯的著作以及其他作者的作品,主要出版了《共产党宣言》《雇佣劳动与资本》《法兰西内战》。1884 年在莫斯科出版的《社会主义知识》刊登了恩格斯的著作《社会主义从空想到科学的发展》的俄译本,当时译为《空想社会主义和科学社会主义》,还有《英国工人阶级状况》的序言和前四章。这个协会与劳动解放社为传播马克思主义的著作做出了贡献,形成国内外遥相呼应的局面。列宁非常肯定劳动解放社的贡献:"'劳动解放社'在因躲避书报检查而在国外出版的著作,第

---

① 《马克思恩格斯与俄国政治活动家通信集》,北京:人民出版社 1987 年版,第 469 页。

一次有系统地用各种实际的结论来解说了马克思主义思想"①。

在劳动解放社的影响下，俄国许多城市成立了研究马克思、恩格斯著作的小组，对俄国工人阶级的思想意识和政治教育发挥了重要作用。但是马克思主义在当时还没有与俄国工人运动相结合，各地建立的马克思主义小组成为当时宣传马克思主义最便捷的组织形式。

第二节 《资本论》与俄国工人阶级

19世纪40年代以前，工人运动和社会主义相脱离，工人没有意识到自己的力量和历史使命。1848年《共产党宣言》的发表。1857—1858年经济危机的爆发，促使马克思加速了自己对经济学的研究，马克思几易其稿，最终完成了《资本论》的写作。马克思在《资本论》中第一次真正揭示了资本主义剩余价值的规律和工人阶级被剥削被压迫的根源，提出了"剥夺者被剥夺"以及对资本主义的尖锐批判，因此被称为"工人阶级的圣经"。

一、《资本论》：工人阶级的圣经

1867年，德国工人运动活动家威·白拉克②在全德工人联合会上作了关于《资本论》的报告，称赞"马克思的著作《资本论》对工人阶级作了不可估量的贡献"。之后，欧洲大陆其他国家的工人阶级也对《资本论》做出了积极的响应。1868年，在第一国际的布鲁塞尔代表大会上，《资本论》再次引起热烈讨论，与会代表建议在所有国家开展学习《资本论》。1868年，国际工人运动的著名活动家、第一国际德国支部的组织者约翰·菲力浦·贝克尔③在《先驱》杂志第8期上的文章中第一次把《资本论》称为"社会主义的圣经"："现在我们终于开始刊登提到

---

① 《列宁全集》第二十卷，北京：人民出版社2017年版，第225页（俄文版）。

② 威廉·白拉克（1842—1880）：德国出版商和书商，全德工人联合会不伦瑞克支部创始人（1865），1867年起领导全德工人联合会中的反对派，社会民主工党（爱森纳赫派）创始人（1869）和领导人之一。马克思和恩格斯的朋友和战友。——参阅《马克思恩格斯文集》第十卷，北京：人民出版社2009年，第840页。

③ 约翰·菲力浦·贝克尔（1809—1886）：德国工人运动和国际工人运动的著名活动家，《先驱》杂志的编辑（1861—1871），《先驱者》杂志的编辑（1877起）；马克思恩格斯的朋友和战友。

过的著作的摘要，鼓励有抱负的人物，特别是所有的工人联合会购买这部社会主义的圣经，这部福音书全书。"① 贝克尔称赞《资本论》"是我们的剑，我们的铠甲，是进攻和防守的武器"②。1873 年，马克思在《资本论》第一卷第 2 版的跋中描述了《资本论》在德国工人阶级中间的传播："《资本论》在德国工人阶级广大范围内迅速得到理解，是对我的劳动的最好的报酬。"③

与此同时，《资本论》第一卷德文版先后被译成各种文字，1872 年出版俄文版，1875 年出版法文版，1886 年出版英文版。马克思非常赞同《资本论》不同译本的出版，他在法文版序言和跋中说："您想定期分册出版《资本论》的译本，我很赞同。这本书这样出版，更容易到达工人阶级的手里，在我看来，这种考虑是最为重要的"④。《资本论》在欧洲工人运动中逐渐得到广泛的传播，《资本论》是"社会主义的圣经""共产主义的圣经""工人阶级的圣经"的说法也被广泛采用。1877 年，德国工人运动著名活动家、世界上第一本《马克思传》的作者弗兰茨·梅林⑤在《关于德国社会民主党史。历史探索》一文中首次把《资本论》称为共产主义的圣经。⑥ 1886 年，恩格斯在《资本论》英文版序言中正式使用这一表述说明《资本论》对工人阶级的指导意义："《资本论》在大陆上常常被称为'工人阶级的圣经'。任何一个熟悉工人运动的人都不会否认：本书所作的结论日益成为伟大的工人阶级运动的基本原则……各地的工人阶级都越来越把这些结论看成是对自己的状况和自己的期望所作的最真切的表述。"⑦ 马克思在《资本论》作为标题单独出版的时候也曾表示，这部著作的出版，"无疑就像一枚炮弹落到德国土地上"⑧。

无论从《资本论》写作背景，还是从《资本论》的研究对象和研究内容来看，《资本论》不仅是为工人阶级撰写的经济理论巨著，而且成

---

① 《马克思恩格斯文集》第五卷，北京：人民出版社 2009 年版，第 900—901 页。
② 《第一国际》第一卷，北京：三联书店 1980 年版，第 124—125 页。
③ 《马克思恩格斯文集》第五卷，北京：人民出版社 2009 年版，第 15 页。
④ 《马克思恩格斯文集》第五卷，北京：人民出版社 2009 年版，第 24 页。
⑤ 弗兰茨·梅林（1846—1919）：德国历史学家和政论家，80 年代成为马克思主义者，《新时代》杂志编辑，德国社会民主党左翼领袖。
⑥ 参阅《马克思恩格斯文集》第五卷，北京：人民出版社，2009 年，第 900—901 页。
⑦ 《马克思恩格斯文集》第五卷，北京：人民出版社 2009 年版，第 34 页。
⑧ H. 格姆科夫：《我们的一生：马克思恩格斯传记》，天津：天津人民出版社 1983 年版。

为工人阶级解放的强大理论武器。在《资本论》第一卷出版之后就有读者说，马克思的著作是恩格斯的《英国工人阶级状况》的续篇。① 西方马克思主义的创始人之一柯尔施说，"这种革命意志在马克思著作的每一个句子之中都是潜在的——然而是存在的，潜在于每一个决定性的章节中，尤其是在《资本论》第一卷一再地喷发出来。"② 我国著名学者顾海良教授也特别强调《资本论》在国际工人运动中的重要作用："'工人阶级的圣经'在全世界都被看作是对《资本论》的一种最高的评价……《资本论》第一卷在欧洲工人运动中得到广泛的传播，工人运动的领袖们认为《资本论》第一卷是'工人阶级的圣经'，恩格斯在英文版序言中沿用了这个说法。他想表达的就是'工人阶级的圣经'是指对工人运动有着重要的指导意义，是工人运动思想的重要的指导，比较确切地说明了《资本论》第一卷对工人运动指导思想的影响和它具有的理论上的崇高地位。"③ 波兰学者科拉科夫斯基认为《资本论》是工人阶级的意识，"这一阶级意识是它自身的条件以及它与资产阶级社会的对立……"④ 马克思逝世后，恩格斯无私地和不知疲倦地全力支持欧洲各国和美国的工人领袖，并且逐渐把国际工人运动的领袖们看作为对理论问题和时事政治问题交流意见的伙伴，这种交流对他和马克思来说，早已成为共同创作活动中不可缺少的一个组成部分。恩格斯遵照马克思的精神修订《资本论》第二卷和《资本论》第三卷，分别于1883年和1894年出版《资本论》德文第二卷和《资本论》德文第三卷。《资本论》三卷本对资本主义生产过程全过程的描述，不仅在世界观和方法论方面具有重要意义，而且把工人阶级的世界观看作一种科学理论，即与哲学、经济学和社会政治学说有机联系的统一体加以阐述的。尤其是，《资本论》第三卷的问世，标志着科学论证工人阶级历史使命的任务全部完成了。

如前所述，《资本论》第一卷第1版出版后，俄国知识分子对其极为

---

① 参阅 E. 考普夫《创造性地运用马克思主义政治经济学——马克思恩格斯生前〈资本论〉影响史和对〈资本论〉的主要攻击》，载《马克思主义和现实》，2015年第6期，第63页。
② 〔德〕柯尔施：《马克思主义和哲学》，王南湜、荣新海译，重庆：重庆出版社1989年版，第25页。
③ 解读《资本论》：工人阶级的圣经——教育部社会科学委员会副主任、北京大学马克思主义学院教授顾海良访谈（2018.6.29）http://v.ccdi.gov.cn/2018/06/28/VIDEOzTNI4fzeKrYicPAcPdd180628.shtml.
④ 〔波〕科拉科夫斯基：《马克思主义的主要流派》（第一卷），唐少杰译，哈尔滨：黑龙江大学出版社2015年版，第329页。

关注，积极组织翻译和出版，使俄国成为最早出版《资本论》外文译本的国家。列宁曾强调指出，在 19 世纪 70 年代，马克思恩格斯作为工人运动的精神领导者的作用与日俱增，"因为工人运动本身也在不断地发展"①。随着俄国革命运动的发展，俄国先进知识分子在俄国工人学校、夜校、工会等各种组织中宣讲《资本论》，使俄国无产阶级有了与资产阶级斗争的理论武器。《资本论》给全世界无产阶级带来了福音，对俄国、东欧和中国也产生了深远的影响。俄国布尔什维克通过工人学校、工会组织等向工人阶级宣讲《资本论》，提高工人阶级的理论水平，先进的工人加入布尔什维克，成为优秀的党员和俄国革命者，在列宁的领导下取得十月社会主义革命的伟大胜利，建立世界上第一个社会主义国家。梁启超、孙中山等近代中国的进步人士和革命志士对《资本论》给予很高的评价。新文化运动时期，李大钊在《我的马克思主义观》中介绍了《资本论》的基本思想。杨匏安在《广东中华报》上的一篇文章中指出："所著《资本论》一书，劳动者奉为经典"。在国际工人运动和世界社会主义运动的道路上，《资本论》被译成世界各国各种文字，不断地重印再版，它不仅是"工人阶级的圣经"，也是世界各国争取民族解放和探索本国道路的"圣经"。

二、《资本论》与俄国先进工人

　　1861 年农奴制改革后，沙皇政府大规模修建铁路为资本主义在俄国的发展提供了条件，俄国的重工业和轻工业也迅速发展，工厂的数量大幅度增加，工人的数量也大幅增加，现代工人阶级逐渐形成。1861 年俄国铁路全长是 1488 俄里，1865 年就达到 3543 俄里。1880 年就有 21155 俄里，1890 年达到 27093 俄里。三十年的时间就扩大了 18 倍。与铁路修建有关的重工业也迅速发展，如生铁熔炼、冶金工业、煤矿工业等。轻工业在改革后也有了发展，1866 年俄国有 42 个机器纺纱工厂，到 1876 年就已经有 92 个了。与此同时，工人数量大幅增长，从 1865 年到 1890 年，大工厂和铁路工人的数量由 726000 人增加到 1433000 人。企业的规模也迅速扩大，1866 年俄国大企业中的工人占全部工人总数的 27%，到

---

　　① 《马克思主义研究资料》第二十九卷，北京：中央编译出版社 2015 年版，第 153 页。

1890 年大企业中的工人占全部工人总数的 46%。① 随着俄国工人数量的急剧增加，现代工业无产阶级逐渐形成。由于沙皇政府没有限制资本家对工人的残酷剥削，工人的工作时间极长，劳动特别繁重，工资极少，居住条件十分恶劣，不仅受到严重的经济压迫，而且基本权利被剥夺殆尽。工人为改善生活条件多次爆发罢工。1870 年，彼得堡涅瓦纺纱厂有七百个工人参加了罢工，这是俄国工人阶级第一次罢工。1872 年克连高里姆工厂罢工，1885 年奥列哈沃—祖也沃的工厂罢工，1885 年的伊万诺夫—沃兹涅先斯克城的罢工，在俄国工人运动史上具有重大的意义。②

俄国革命知识分子始终与工人阶级站在一起，积极参加工人的罢工，组织工人阶级开展斗争，在各地成立工人小组，对工人进行宣传和教育。他们广泛阅读进步书籍，特别是马克思恩格斯的著作。《资本论》在俄国革命知识分子中间获得很高的声誉，俄国革命知识分子反复阅读它，许多小组讨论《资本论》的思想观点，围绕《资本论》展开激烈的讨论。莫斯科、彼得堡、萨马拉、萨拉托夫、雅罗斯拉夫里等地的青年学生越来越多地谈论和学习《资本论》。在圣彼得堡大学、莫斯科大学和基辅大学成立了一些自修小组和专门小组，《资本论》在小组中间很受欢迎。1872 年，普列汉诺夫加入了俄国著名的出版商伊·费·费先柯（И. Ф. Фесенко）③ 领导的小组，他在这里听费先柯讲授政治经济学，阅读刚刚在圣彼得堡出版的《资本论》第一卷第 1 版，通过初步的学习逐渐明白从经济关系的角度对社会形态进行分析。1873 年，俄国民粹派革命家薇拉·妃格念尔④加入社会主义革命小组，这个小组是后来的民粹派组织的核心，即"莫斯科人小组"。她在回忆录第二卷《俄罗斯的暗夜》中说，这个小组的章程几乎是国际任何一个支部的章程的翻版，它只是照搬现成的西欧公式，而没有谈到俄国的条件和俄国人民的特点。⑤

---

① 参阅彼·尼·巴特里凯也夫：《俄国现代工业无产阶级的出现：马克思主义在俄国的传播》，孟世超，上海：上海人民出版社 1956 年版，第 4—5 页。

② 参阅彼·尼·巴特里凯也夫：《俄国现代工业无产阶级的出现：马克思主义在俄国的传播》，孟世超，上海：上海人民出版社 1956 年版，第 8 页。

③ 伊·费·费先柯（И. Ф. Фесенко，1850—1926）：俄国印刷厂主，俄国著名的出版商。

④ 薇拉·妃格念尔：(1852—1942)：俄国民粹派革命家。1876 年加入民粹派小组，1879 年成为民意党执行委员会委员，1880 年担任民意党执行委员会国际联络书记。1921—1924 年出版三卷本回忆录。

⑤ 薇拉·妃格念尔：《俄罗斯的暗夜》，谢翰如译，北京：三联书店出版社 1992 年版，第 102 页。

乌克兰历史学家、乌克兰共和国科学院院士季·伊·巴加莱在回忆录里说他在基辅大学读书时曾读到一篇研究马克思的剩余价值理论的文章。①

1875 年，在奥德萨成立了俄国第一个工人组织"南俄工人协会"，彼·扎伊奇涅夫斯基、维·巴·奥布诺尔斯基②是协会的领导人。协会与马克思领导的第一国际取得了联系，以第一国际的章程作为本协会的活动的基础，按照第一国际的章程制定协会的章程，提出用暴力推翻专制制度，认为革命是必要的。协会的任务主要是团结南俄地区的工人，呼吁工人进行经济斗争和政治斗争，把工人从资本和特权阶级压迫下解放出来。南俄工人协会为纪念巴黎公社给法国工人写了一封信，在信中写道：俄国工人为了法国公社社员为之而战斗的同样目标，正在积蓄力量，准备有一天能够用冲锋陷阵来争取劳动者的权利，反抗剥削者，赢得思想、精神和经济的自由。③ 1876 年，南俄工人协会被沙皇政府取缔后，维·巴·奥布诺尔斯基④逃到国外，1878 年回国后与工人活动家斯·尼·哈尔土林⑤在圣彼得堡建立了"俄国北方工人协会"。协会的纲领提出了为工人争取言论、出版、集会等政治自由的要求，提出消灭等级制度、实行免费教育、缩减军队和人民武装等要求。北方工人协会创办了自己的印刷所，刊印了协会机关报《工人曙光》，发行了唯一一期。

1876 年，普列汉诺夫参加俄国工人运动时就开始研读《资本论》，并运用《资本论》分析资本家对工人的剥削。1878 年，普列汉诺夫与哈尔士林关系密切，共同组织奥斯特洛夫子弹工厂的工人参加反对沙皇专制制度和资本家剥削的示威游行。普列汉诺夫对哈尔士林评价很高，称赞他把"革命的热情、深思熟虑和自我牺牲精神"⑥ 结合于一身。3 月，圣彼得堡的新新纱厂爆发罢工，普列汉诺夫向罢工的工人宣讲资本家是如何进行剥削的，是如何积累财富的，呼吁工人同资本家作斗争，工人提出的经济要求部分地得到满足。

---

① 柯托夫：《马克思主义在俄国的传播》，于深译，北京：时代出版社 1955 年版，第 18 页。

② 维·巴·奥布诺尔斯基（1852—1920）：俄国工人运动活动家。

③ *Рабочее движение в России в XIX веке: сборник документов и материалов.* Гл. архивное упр. МВД СССР, Центральные гос. ист. арх. СССР в Москве и Ленинграде; под ред. А. М. Панкратовой. 1861—1884. С. 234 – 235.

④ 维·巴·奥布诺尔斯基（1852—1920）：俄国工人运动活动家。

⑤ 斯·尼·哈尔士林（1857—1882）：俄国工人运动著名的活动家。

⑥ Г. В. Плеханов. Сочинения. Том. 3. Изд. 2-е. Государственное издательство Москва. С. 186.

19世纪80年代，在普列汉诺夫、查苏利奇等人成立宣传马克思主义的组织劳动解放社的同时，俄国国内在这一时期也出现了一些马克思主义小组，如布拉戈耶夫小组、圣彼得堡产业工人联合会、费多谢也夫小组、萨马拉马克思主义小组，圣彼得堡工艺学院学生成立的马克思主义小组。1883年12月，季·米·布拉戈耶夫①在圣彼得堡成立俄国社会民主小组，在圣彼得堡的工人小组中间宣传马克思主义。1885年，在布拉戈耶夫的参与下建立秘密印刷所，印刷两期地下报纸《工人》。1885至1886年，托奇斯基成立了圣彼得堡产业工人联合会，在圣彼得堡的工人中间进行马克思主义的宣传工作，建立自己的印刷厂和图书馆。托奇斯基提出只有通过人民的革命运动才有可能实现革命和政治变革的主张。1889年，圣彼得堡革命民主小组联合成立社会民主协会。在布罗斯涅夫的领导下，协会建立了20多个小组和自修图书馆，每个小组有六七个工人参加学习，要求工人宣传员熟悉马克思恩格斯的著作，掌握欧洲革命和工人问题的知识。1890年，布罗斯涅夫组织领导了托尔通工厂和码头工人的罢工，散发传单，号召工人团结起来和反动势力作斗争。1891年，布罗斯涅夫领导协会第一次在俄国秘密地举行了五一纪念会。协会还与莫斯科、基辅、哈尔科夫等俄国各地的社会民主小组建立了联系。1892年，格·马·克尔日扎诺夫斯基②、列·波·克拉辛③、娜·康·克鲁普斯卡娅④等人在圣彼得堡成立马克思主义小组。⑤ 除莫斯科和彼得堡外，在俄国的其他城市，如喀山、萨马拉、诺夫哥罗德、沃兹涅斯克等也纷纷成立了马克思主义小组，

---

① 季·米·布拉戈耶夫（1855—1924）：保加利亚的马克思主义和社会主义工人运动的奠基者，保加利亚共产党的创始人。侨居俄国时曾就读于圣彼得堡大学。

② 格·马·克尔日扎诺夫斯基（Г. М. Кражижановский，1872—1959）：俄国第一批马克思主义者，列宁的亲密朋友和战友。他是俄国第一座烧泥煤区域性发电站的倡议者和建设者，历任俄罗斯国家电气化委员会主席、国家计划委员会第一任主席、燃料工业人民委员会电业总局局长、苏联科学院副院长、科学院动力研究所创办人和领导人，是苏联社会主义电气化创始人之一。

③ 列·波·克拉辛（Л. Б. Красин，1870—1926）：俄苏政治活动家、社会企业家，布尔什维克革命家、政治家和苏联外交家。

④ 娜·康·克鲁普斯卡娅（Н. К. Крупская，1869—1939）：列宁的妻子和亲密战友，无产阶级政治活动家，苏联杰出的教育家。

⑤ 参阅柯托夫：《马克思主义在俄国的传播》，于深译，北京：时代出版社1955年版，第30—32页。

特别是尼·叶·费多谢耶夫①在喀山成立的马克思主义小组，以及列宁领导的萨马拉马克思主义小组，对于伏尔加河沿岸的革命运动起了很大的影响。列宁赞扬费多谢耶夫是非常有才华的、对自己的事业无限忠诚的革命家。1922年12月，列宁在回忆费多谢耶夫的文章中写到："这以后不久，马克思主义作为一种派别开始发展起来，同很早就由'劳动解放社'在西欧宣告成立的社会民主派遥相呼应。尼·叶·费多谢耶夫是最早宣布自己属于马克思主义派别的那一批人中间的一个。"②列宁特别肯定了费多谢耶夫在伏尔加河流域和俄国中部发挥的巨大作用，并说当时大批人转向马克思主义都是受到他的影响。高尔基也曾加入费多谢耶夫小组，他在《我的大学》里描写了这个小组的情况及其对青年人的影响。

　　1893年秋，列宁到达圣彼得堡后，参加了圣彼得堡的马克思主义小组，跟谢尔古诺夫、巴布什金等先进工人建立了联系。在列宁、亚·尼·波特列索夫③等俄国早期马克思主义者的领导下，俄国各地的马克思主义小组逐渐活跃起来，对工人运动的影响日益增强，对马克思主义的宣传从先进工人的少数小组扩大到工人群众中。1894年，波特列索夫在伦敦拜访普列汉诺夫时商谈在圣彼得堡公开出版马克思主义文集，并把普列汉诺夫的手稿《论一元论历史观之发展》带回俄国。1895年3月初，圣彼得堡、莫斯科、基辅等地社会民主小组代表在圣彼得堡召开会议，决定对马克思主义的宣传从工人小组扩大到群众，出版适合工人阅读的书刊，以及联系在日内瓦的劳动解放社。1895年5月，列宁与普列汉诺夫在日内瓦进行了第一次会面，并在苏黎世阿克雪里罗得家里进行了几次深入的交谈，对马克思主义理论、俄国社会民主小组、俄国革命运动等问题交换了看法。双方在各自的书信中表达了对这次会面的深刻印象。为了躲避沙皇政府的检查，列宁在7月给母亲的信中隐晦地称赞普列汉诺夫是"精通本行业务的专家"④。普列汉诺夫在给友人的信中

---

① 叶·尼·费多谢耶夫（Н. Е. Федосеев，1871—1898）：俄国马克思主义先驱之一，马克思主义在俄国的早期传播者，俄国马克思主义早期小组的领导者。1898年在西伯利亚东郊流放时自杀。
② 《列宁全集》第四十三卷，北京：人民出版社2017年版，第316页。
③ 亚·尼·波特列索夫（А. Н. Потресов，1869—1934）：俄国第一代马克思主义者、最早一批社会民主党人、俄国孟什维克领袖之一。
④ 1895年7月，列宁在给母亲玛·亚·乌里扬诺夫的信中隐晦地说，"开办这个疗养院的大夫是个精通本行业务的专家。"——参阅《列宁全集》第五十三卷，北京：人民出版社2017年版，第12页。

说，从未见过像列宁这样的杰出的革命青年，赞扬列宁"惊人的渊博学识、完整的革命世界观和喷泉般的旺盛精力"①。双方会谈的重要成果就是劳动解放社与俄国国内社会民主小组联合出版工人读物，前者负责编辑出版《工作者文集》，后者负责提供稿件和资金，双方共同加强马克思主义在俄国工人群众中的宣传。1895年9月列宁回到俄国后，10月底就把圣彼得堡的社会民主小组和马克思主义小组联合成统一的组织，12月正式称为"工人阶级解放斗争协会"。列宁一方面为工人起草传单，组织工人罢工，另一方面撰写俄国工人运动的通讯稿，以及悼念恩格斯逝世的著名文章《弗里德里希·恩格斯》。普列汉诺夫在劳动解放社的基础上组织成立俄国社会民主党国外联合会，1896年至1899年一共出版六期《工作者文集》。劳动解放社与圣彼得堡工人阶级解放斗争协会的联合，标志着马克思主义理论与俄国工人运动的结合，促进了俄国无产阶级政党的诞生。

1895年秋，列宁在圣彼得堡联合近二十个马克思主义工人小组成立协会，12月正式定名为"圣彼得堡工人阶级解放斗争协会"。1896年领导了圣彼得堡三万纺织工人罢工，把工人争取经济利益的斗争与反对沙皇专制制度的政治斗争结合起来，把马克思主义宣传与工人运动结合起来。1897年底，列宁在总结圣彼得堡工人阶级解放斗争协会的工作时就强调重视先进工人的教育："……要努力教育先进工人了解手工业者和农村工人的日常生活情形"②，发动先进工人接近比较落后的工人，使比较落后的工人理解阶级斗争、社会主义思想和俄国无产阶级的政治任务，"在无产阶级的先进阶层中间进行鼓动，是把整个俄国无产阶级唤醒起来（随着运动的扩大）的最可靠手段"③。1899年，列宁已经认识到先进工人的力量和重要作用，认为先进工人的思想运动和工人阶级的自发运动必须结合起来。"先进工人同社会民主主义组织的结合是极其自然的和不可避免的。这是重大的历史事件，即90年代的俄国两个深刻的社会运动汇合的结果：一个是工人阶级的自发的群众运动；另一个是接受马克思和恩格斯的理论，接受社会民主党的学说的社会思想运动"④。思想比较

---

① 格·马·克尔日扎诺夫斯基了解普列汉诺夫的这些信，他在回忆中说："就我记得的，他在这封信里也提到弗拉基米尔·伊里奇惊人的渊博学识、完整的革命世界观和喷泉般的旺盛精力。"——参阅克尔日扎诺夫斯基：《伟大的列宁》，北京：人民出版社1956年版，第29页。
② 《列宁全集》第二卷，北京：人民出版社2017年版，第431页。
③ 《列宁全集》第二卷，北京：人民出版社2017年版，第431—432页。
④ 《列宁全集》第四卷，北京：人民出版社2017年版，215—216页。

落后的工人在 19 世纪 90 年代还没有意识到运动的政治性质,也不知道只有革命政党才能进行推翻专制制度的斗争,但是先进工人已经认识到 90 年代的工人运动具有广泛的政治意义,已经知道俄国工人运动并不局限于组织罢工、组建互助会和工人小组。1902 年,普列汉诺夫在《火星》上发表的《俄国工人的革命运动》一文中回忆了与工人们的交往。"他们给我产生的印象是极其强烈的。我看到并且了解的唯一点是,所有这些无疑属于'人民'之列"的人们是很有觉悟的,我能够同他们真诚、诚恳地交谈……"①

随着俄国社会民主运动的发展,俄国革命知识分子开始在大工厂建立工人夜校、星期日学校,通过宣讲马克思恩格斯的著作,提高工人的理论水平,而且通过发挥先进工人的作用,培养俄国工人运动的中坚力量,为俄国社会主义革命奠定坚实的群众基础。19 世纪 90 年代中期,在一些大的工厂建立了技术夜校,例如,在图拉的弹药厂有"技术绘图和识字的夜校",使学员逐步了解工人运动的历史,了解马克思的政治经济学,运用剩余价值理论揭示资本家剥削的秘密。1897 年,苏卢基泽(А. Г. Цулукидзе)② 在巴库建立社会教育夜校。1902 年,在上沃洛乔克建立工人星期日学校。德鲁日尼(Н. Дружнин)是学校的领导者,他秘密地为工人讲授政治经济学。1902 年,在特维尔的莫罗佐夫工厂一些教师为工人开设了夜校课程。1905 至 1907 年革命使布尔什维克党更加重视在工会、教育协会和民众团体中的宣传工作。在战争时期,一些合法组织积极运用马克思主义教育工人阶级。以《资本论》的俄文译者伊·伊·斯克沃尔佐夫—斯捷潘诺夫为代表的布尔什维克去工人学校讲授马克思主义。1906 至 1912 年,阿兰洛夫(С. И. Аралов)在夜校教授地理并负责党务工作,他认为学员对历史和经济问题很感兴趣,他使用马克思的《资本论》作为主要教材。许多教师利用自己的课程宣传无产阶级专政、阶级斗争、马克思恩格斯学说以及布尔什维克的纲领。莫斯科面包工会的秘书长在 1910—1913 年经常去听课,每周进行两到三次交谈。③

马克思主义的传播不仅取决于工人阶级的生活状况和工人阶级的斗

---

① Г. В. Плеханов. Сочинения. Том 3. Изд. 2-е. Государственное издательство Москва. С. 140.
② 苏卢基泽(А. Г. Цулукидзе,1876—1905):俄国革命者,文艺学家。
③ З. Х. Саралиева. "Капитал" К. Маркса и рабочее движение России (1895—1917). М. «Мысль». 1975. С. 153–154.

争，也取决于各个不同阶级的自觉性。布尔什维克党的宣传活动在工人的业余学校、工会和教育小组中进行。俄国许多工人在社会民主主义运动中获得了在工人夜校和工人星期日学校学习的机会。列宁提出了这样的问题，"是否有过建立合法的工人团体的尝试？……是否有过为了社会民主党的利益而利用合法团体的尝试？"① 列宁在考察各国工人运动史之后，指出"最先和最容易接受社会主义思想的是条件最好的那部分工人"，也就是工人阶级中的先进分子。他们不仅可以取得工人群众的充分信任，而且可以全身心地投入教育和组织无产阶级的事业中，他们不仅完全自觉地接受社会主义，甚至独立地提出了社会主义理论。列宁把思想先进、热爱学习和坚定意志的工人称为"工人知识分子"："工人强烈的求知欲和追求社会主义的热情却日益增长，工人中间的真正英雄人物也不断出现，他们虽然生活环境极坏，在工厂中从事着使人变蠢的苦役劳动，但是有顽强的个性和坚定的意志来不断学习，学习，再学习，使自己成为觉悟的社会民主党人，成为'工人知识分子'。"② 列宁提出要不断扩大工人知识分子的队伍，满足他们崇高的精神追求，在他们中间产生领导俄国社会民主工党的干部。

列宁把俄国工人分为三个层次：水平低的工人、中等水平的工人和先进工人知识分子。先进分子虽然最早认识到工人运动的政治意义以及社会主义理论与工人运动结合的必要性，但是他们人数较少。中等水平的工人虽然在知识和理论上不如先进分子，但是他们人数众多，是最广大的工人群众。这些中等水平的工人虽然还不能独当一面地领导社会民主主义的工人运动，但是他们热情地追求先进思想，学习社会主义理论，阅读社会主义的著作和报刊，积极参加工人小组和开展鼓动工作，因此党的报刊应该帮助他们弄懂复杂的理论问题或实际问题，提高他们的水平，从他们中间培养出先进工人。工人阶级中水平低的那部分人由于知识有限，几乎完全看不懂社会主义报纸，对于他们，列宁主张通过其他宣传手段，如通俗小册子、口头鼓动、报道当地事件的小报等来逐渐地影响他们，启发他们的觉悟，进行合法的教育工作。

列宁说明了俄国革命宣传与先进工人的关系，提出俄国社会民主党人的机关报应当具有先进工人的水平，应当关注"全世界社会民主党中

---

① 《列宁全集》第七卷，北京：人民出版社2017年版，第58页。
② 《列宁全集》第四卷，北京：人民出版社2017年版，第234页。

的一切策略问题、政治问题和理论问题"①，应当满足工人知识分子的需求，帮助他们独立地领导俄国工人运动，独立地领导俄国革命运动。一些先进的工人很快成长为革命者，他们在监狱和流放时仍然坚持学习马克思恩格斯著作，说明他们坚强不屈的意志以及对真理和胜利的信念。他们在学习马克思主义理论的同时加强学习外语，弥补教育的缺失，甚至产生了新词"监狱大学""全俄大学"，他们把监狱变成革命者的思想学校。革命者得以阅读《经济学简明教程》《政治经济学原则》《达尔文理论和社会主义》等书籍，正如他们所说，在监狱里"我们自己学习马克思主义，学习革命运动史等等。从这一点说，很多人没有白坐监狱"②。

苏联学者柯托夫在《马克思主义在俄国的传播》一书中描述了《资本论》在俄国青年知识分子和俄国革命者中的影响。俄国当时各个马克思主义小组都在学习《资本论》。"在莫斯科大学、彼得堡大学、基辅大学里，在一些自修小组和专门小组里，人们学习着马克思的这部著作。"《资本论》在俄国革命青年中很受欢迎："马克思的《资本论》在俄国革命者中间赢得了很大的声誉。庞大的革命知识分子都在反复阅读着这一著作。许多小组都在讨论马克思在《资本论》中所阐述的思想；同时，围绕着这些思想，展开了激烈的争论。"③ 莫斯科、圣彼得堡、萨马拉、萨拉托夫、雅罗斯拉夫里等城市的青年学生都在学习《资本论》。乌克兰、白俄罗斯等其他民族地区的先进人士也在研究《资本论》。乌克兰历史学家、乌克兰共和国科学院院士季米特里·伊凡诺维奇·巴加莱（1857—1932）在他的回忆录里写到，1877 年他在基辅大学求学时期曾读过一篇研究马克思的剩余价值理论的文章。

苏联解体后，当代俄罗斯学界对《资本论》在 19 世纪七八十年代俄国工人运动中的作用问题以及马克思主义对 19 世纪七八十年代俄国社会运动的影响问题有新的认识和反思，普遍认为苏联史学界对俄国工人阶级的发展成熟程度估计得有些过高。1999 年，俄罗斯著名历史学家鲍·伊藤贝格在《祖国历史》杂志组织的"俄罗斯的解放运动：持当代观点

---

① 《列宁全集》第四卷，北京：人民出版社 2017 年版，第 234 页。
② 《列宁全集》第四十二卷，北京：人民出版社 2017 年版，第 235 页。
③ 〔苏〕柯托夫《马克思主义在俄国的传播》，于深译，北京：时代出版社 1955 年版，第 18 页。

还是维护传统"的圆桌讨论会上对以 H. A. 特罗伊茨基为代表的传统观点提出了批评。苏联时期，H. A. 特罗伊茨基提出 80 年代初工人运动"已经拥有了这样的规模和组织程度，就足以使它作为独立无产阶级流派从民主主义总潮流中突显出来"的观点，B. Г. 巴扎诺夫提出 70 年代的民粹主义者将马克思的《资本论》用作革命宣传武器的观点，C. 克拉钦夫斯基在《智慧姑娘纳乌莫芙娜的故事》中提到《资本论》的突出作用等，鲍·伊藤贝格不同意这些论断，认为"对当时罢工运动无偏见的分析，可以使我们得出相反的看法——工人斗争的组织性是谈不上的"，"如果考虑到首批工人组织——南俄工人协会和俄国工人北方协会——不仅人数太少，而且还受到民粹主义思想的强烈影响，那么对工人的无产阶级自我意识就绝不能估计过高"[①]。

---

① В. А. Твардовский, Б. С. Итенберг. Н. К. Михайловскийи. К. Маркс Диалого "Русскомпути". Отечественная история. «Отечественная история»1999. NO. 1，C. 6.

参考文献

一、中文著作

安启念：《东方国家的社会跳跃与文化滞后——俄罗斯文化与列宁主义问题》，北京：中国人民大学出版社 1994 版。

曹维安：《俄国史新论：影响俄国历史发展的基本问题》，北京：中国社会科学出版社 2002 年版。

《俄国民粹派文选》，北京：人民出版社 1983 年版。

高放、高敬增：《普列汉诺夫评传》，北京：中国人民大学出版社 1985 年版。

顾海良：《马克思"不惑之年"的思考》，北京：中国人民大学出版社 1993 年版。

《国际共产主义运动历史文献》，第 6—8 卷，北京：中央编译局出版社 2011 年版。

《国际共产主义运动历史文献》，第 9—11 卷，北京：中央编译局出版社 2013 年版。

《国际共产主义运动历史文献》，第 12—17 卷，北京：中央编译局 2015 年版。

《回忆马克思恩格斯》，北京：人民出版社 1957 年版。

金雁：《倒转红轮：俄国知识分子的心路回溯》，北京：北京大学出版社 2012 年版。

《列宁全集》第 2 版增订版，北京：人民出版社 2014—2016 年版。

《列宁专题文集（论资本主义）》，北京：人民出版社 2009 年版。

刘长军：《列宁〈俄国资本主义的发展〉研究读本》，北京：中央编译出版社 2014 年版。

《马列主义研究资料》，第 3 辑，北京：人民出版社 1983 年版。

《马列著作编译资料》，第 6 辑，第 7 辑，第 10 辑，第 13 辑，北京：人民出版社 1980 年版，1979 年版，1982 年版。

《马克思恩格斯文集》，北京：人民出版社 2009 年版。

《马克思恩格斯与俄国政治活动家通信集》，北京：人民出版社 1987 年版。

《马克思主义来源研究论丛》第 11 辑（特辑马克思人类学笔记研究论文集），北京：商务印书馆 1988 年版。

《马克思主义研究资料》第 8 卷《资本论》版本及传播研究，北京：人民出版社 2014 年版。

《马克思主义研究资料》第 13 卷，经典作家研究 3，北京：人民出版社 2014 年版。

《马克思主义哲学史》第 4 卷《马克思主义哲学在俄国的传播和发展》黄楠森、商英伟主编，北京：北京出版社 1993 年版。

《马克思主义发展史》第 1 卷——马克思主义的创立（1840—1848），郝立新、臧峰宇主编，北京：人民出版社 2018 年版。

《马克思主义发展史》第 2 卷——马克思主义体系的形成和发展（1848—1875），张雷声主编，北京：人民出版社 2018 年版。

马龙闪、刘建国：《俄国民粹主义及其跨世纪影响》，桂林：广西师范大学出版社 2013 版。

彭树智：《无政府主义之父：巴枯宁》，西安：陕西人民出版社 1988 年版。

《普列汉诺夫文集》，第 1—4 卷，王荫庭译，北京：商务印书馆 2021 年版。

《普列汉诺夫著作选集》第 1 卷，北京：三联书店出版社 1962 年版。

秦晖、金雁：《农村公社、改革与革命——村社传统与俄国现代化之路》，上海：东方出版社 1996 年版。

孙来斌：《"跨越论"与落后国家经济发展道路》，武汉：武汉大学出版社 2006 年版。

商德文：《列宁经济理论的形成和发展》（1893—1913），北京：北京大学出版社 1983 年版。

《苏联社会主义经济史》第 2 卷，北京：三联书店 1980 年版。

《苏联共产党和苏联政府经济问题决议汇编》，第 1 卷，北京：中国人民大学出版社 1984 年版。

王东：《辩证法科学体系的"列宁构想"》，北京：中国社会科学出版社 1989 年版。

王荫庭：《普列汉诺夫哲学新论》，北京：商务印书馆 2021 年版。

姚芳：《列宁的马克思主义观及其当代价值》，北京：社会科学文献出版社 2017 年版。

俞良早：《东方视域中的列宁学说》，北京：中共中央党校出版社 2000 年版。

庄福龄主编《马克思主义史》第 1—4 卷，北京：人民出版社 1999 年版。

赵曜：《马克思列宁主义基本问题》，北京：人民出版社 2002 年版。

张建华：《俄国知识分子思想史导论》：北京：商务印书馆 2010 年版。

张建华：《激荡百年的俄罗斯：20 世纪俄国史读本》，北京：人民出版社 2010 版。

张一兵：《回到列宁——关于"哲学笔记"的一种后文本学解读》，南京：江苏人民出版社 2008 年版。

张云飞、袁雷 主编《马克思主义发展史》第 3 卷——马克思主义在论战和研究中日益深化（1875—1895）》，北京：人民出版社 2018 年版。

张静：《马克思恩格斯与俄国问题研究》，北京：人民出版社 2021 年版。

张静：《〈社会主义从空想到科学的发展〉细读》，北京：中央编译出版社 2023 年版。

二、中文译著译文

〔俄〕司徒卢威：《俄国经济发展问题的评述》，李尚谦等译，北京：商务印书出版社 1992 年版。

〔俄〕《论一元论历史观的发展问题》，普列汉诺夫著，王荫庭译，北京：商务印书馆 2012 年版。

〔俄〕《政治经济学原理》，М. И. 杜冈—巴拉诺夫斯基，赵维良，桂力生，王湧泉译，北京：商务印书馆 2017 年版。

〔俄〕巴枯宁：《国家制度与无政府状态》，北京：商务印书馆 2013 年版。

〔德〕考茨基：《土地问题》，叶琳译，北京：三联书店出版（根据 1925 年的俄译本），1955 年版。

〔俄〕别尔嘉耶夫：《俄罗斯思想》，上海：三联书店 1995 年版。

〔俄〕《普列汉诺夫文集》第 1—4 卷，王荫庭译，北京：商务印书馆 2021 年版。

〔俄〕彼·拉甫罗夫：《历史信札》，张静译，北京：人民出版社 2022 年版。

〔俄〕《卡尔·马克思的政治经济学的观点》，考夫曼，张静译，《现代哲学》2022 年第 4 期（双月刊）。

〔德〕罗尔夫·黑克尔：《资本论》第 1 卷的诞生及其不同版本，朱毅译，《国外理论动态》2011 年第 10 期。

〔美〕《俄罗斯史》第八版，尼古拉·梁赞诺夫斯基，马克·斯坦伯克著，杨烨，卿文辉等，主译，上海：上海人民出版社 2018 年版。

〔俄南斯拉夫〕《马克思主义发展史》（第 1—3 卷），普雷德拉格·弗兰尼茨基，胡文建等译，哈尔滨：黑龙江大学出版社 2015 年版。

〔南斯拉夫〕普雷德拉格·弗兰尼茨基《马克思主义史》第 1 卷，北京：人民出版社 2012 年版。

〔苏〕凯尔任采夫：《列宁传》，金铣译，上海：生活·读书·新知三联书店 1975 年版。

〔苏〕瓦·尼·柯托夫：《马克思主义在俄国的传播》，北京：时代出版社 1956 年版。

〔苏〕彼·尼·巴特里凯也夫：《俄国现代工业无产阶级的出现。马克思主义在俄国的传播》，上海：上海人民出版社 1956 年版。

〔苏〕米·约夫楚克，伊·库尔巴娃：《普列汉诺夫传》，宋洪训，纪涛，谢梅馨，李兴耕译，北京：三联书店出版社 1980 年版。

〔苏〕埃·鲍·根基娜：《列宁的国务活动》，梅明等译，北京：中国人民大学出版社 1982 年版。

〔苏〕鲁缅采夫主编：《政治经济学教科书》，毛蓉芳等译，长春：吉林人民出版社 1981 版。

〔苏〕尼·德·康德拉季耶夫著，张广翔，钟建平译，《俄国史译丛：

19世纪初俄国专制制度与改革》,《俄国史译丛：19世纪俄国工厂发展史》,北京：社会科学文献出版社2017年版。

〔苏〕米·约夫楚克,伊·库尔巴娃：《普列汉诺夫传》,宋洪训,纪涛,谢梅馨,李兴耕译,北京：三联书店出版社1980年版。

〔英〕《社会主义思想史》,柯尔著,何瑞丰译,俞大畏校,北京：商务印书馆1977年版。

〔英〕约翰·穆勒著,赵荣潜等译,《政治经济学原理》,北京：商务印书馆1991年版。

〔英〕以赛亚·柏林：《俄国思想家》,彭淮栋译,南京：译林出版社2011年第2版。

〔英〕戴维·麦克莱伦：《马克思以后的马克思主义》,李智译,北京：中国人民大学出版社2004年版。

三、中文期刊

曹维安：《简论俄国的自由民粹派》,载《陕西师范大学学报（哲学社会科学版）》,2001年第3期。

何萍：《马克思主义世界历史理论中的决定论与非决定论——关于马克思、卢森堡、列宁的一个比较研究》,载《哲学研究》,2008年第3期。

黄令显：《从合法马克思主义者到自由主义者——司徒卢威的社会政治活动和思想研究》,苏州科技学院硕士论文,2012年级硕士论文。

余源培：《列宁与马克思学说关系的思考》,载《南京大学学报：哲学·人文科学·社会科学版)》,2010年第5期。

周嘉昕：《政治经济学批判中的唯物辩证法——读伊伊考夫曼〈卡尔·马克思的政治经济学批判的观点〉》,载《贵州师范大学学报（社会科学版)》,2019年第5期。

朱传棨：《列宁与马克思的〈资本论〉》,载《学习与探索》,2013年第5期。

张驰、孙来斌：《普列汉诺夫马克思主义世界观形成的脉络：基于早期文献的分析》,载《理论月刊》,2016年第10期。

张静：《彼·尼·特卡乔夫致弗·恩格斯先生的公开信》,《当代世界社会主义问题》2014年第8期。

张静：《俄国道路的探索：马克思恩格斯与俄国思想家的对话与启示》，载《马克思主义研究》，2017 年第 7 期。

张静：《米海洛夫斯基与马克思关于俄国道路的对话》，载《哲学动态》2017 年第 6 期。

张静：《特卡乔夫与恩格斯关于俄国革命道路的论争》，载《当代世界与社会主义》，2017 年第 6 期。

张静：《赫尔岑俄国社会主义思想起源辨析》，载《当代世界社会主义问题》，2017 年第 3 期。

张静：《反思苏联哲学开启俄罗斯马克思主义哲学的新阶段》，载《中国社会科学报》，2018 年 11 月马克思主义专刊。

张静：《〈资本论〉的传播与列宁资本主义观的形成》，载《马克思主义研究》，2020 年第 9 期。

张静：《俄国资本主义发展趋势及出路——基于晚年恩格斯与俄国各派政论家对话的分析》，载《哲学动态》，2020 年第 8 期。

张静：《尼·伊·季别尔对〈资本论〉的开创性研究及其贡献》，载《当代经济研究》，2021 年第 1 期。

张静 编译：《恩格斯对杜林的社会主义理论的批判》，载《国外理论动态》，2021 年第 12 期。

四、俄文参考文献

А. Воден. *«На заре "легального марксизма"»*, напечатанной в журнале «Летописи марксизма» № 4, 1927 г. Опубликовано в книге: Воспоминания о Марксе и Энгельсе. М.: Государственное издательство политической литературы, 1956.

А. Л. Реуэль. *Русская экономическая мысль 60 – 70 годов19 века и марксизм*. М. 1956.

А. Н. Дубянский. *Зибер и Воронцов о капиталистическом путиразвития России*. Terra Economicus. 2016. Tom. 14. No. 14. C. 107 – 118.

Б. С. Итенберг. *Движение революционного народничества*. М. 1965.

В. А. Твардовский, Б. С. Итенберг. *Н. К. Михайловский и К. Маркс Диалого "Русскмпути"*. Отечественнаяистория. 1996. 6. C48 – 70.

В. В. Зверев. *Реформаторское народничество и проблема молернизацц*

России. М. 1997.

В. П. Балуев. *Либеральное народничество на рубеже XIX - XX веке.* М. Наука. 1995.

В. Ф. Антонов. *Революционное народничество*, издательство "просвещение" Москва, 1965.

Г. В. Плеханов. *Сочинения. Т. 3. Изд. 2 - е.* Государственное издательство Москва.

Г. В. Плеханов. *Сочинения. Т. 10. Изд. 2 - е.* Государственноеиздательство Москва.

Г. В. Плеханов. *Избранные философские произведения. Т. 4.* Издательство соци-ально-экономической литературы. Москва. 1958.

Е. Л. Рудницкая. *Революционный раликализм в России: век девятнацатый.* Москва, 1997.

З. Х. Саралиева. *"Капитал" К. Марксаирабочеедвижениероссии (1895 - 1917).* М. «Мысль». 1975.

Н. К. Михайловский. *Карл Маркс передсудом Ю. Жуковского.* Отечест-венныезаписки. Т. 234. С. 321 - 356.

附录一 本书相关研究成果

《资本论》在俄国的传播与列宁资本主义观的形成①

【内容提要】 列宁的资本主义观是在俄国思想史与马克思主义发展史的双重视域下形成的,一方面是《资本论》在俄国的传播与解读,尤其是俄国知识分子19世纪70年代关于《资本论》的辩论,以及19世纪八九十年代围绕俄国资本主义命运问题的论战,使列宁亟需对俄国资本主义发展的现实问题做出回答;另一方面是列宁根据唯物主义历史观批判俄国自由民粹派的主观社会学和俄国合法马克思主义的客观主义,根据《资本论》的理论,批判俄国自由民粹派对资本主义的拒斥和合法马克思主义对资本主义的美化,最终形成马克思主义的资本主义观。

【关键词】《资本论》,列宁的资本主义观,俄国自由民粹派,俄国合法马克思主义

19世纪70年代至90年代,俄国不同派别的知识分子对《资本论》进行了多种解读并围绕俄国资本主义命运的问题展开了论战。基于这种状况,亟需有人对俄国资本主义向何处去的现实问题作出回答。19世纪末至20世纪初,列宁根据唯物史观和《资本论》的经济理论,批判俄国自由民粹派和俄国合法马克思主义,最终形成了马克思主义的资本主义观。

---

① 本文发表于《马克思主义研究》2020年第9期。

一、俄国关于《资本论》的辩论

自1867年《资本论》第一卷第1版出版以来,俄国知识分子不仅在世界上最早翻译出版了《资本论》的外文译本,而且围绕《资本论》的辩论和解读从来就没有停止过。1873年1月,马克思在新出版的《资本论》第一卷第2版《跋》中特别强调了俄国学者季别尔①关于《资本论》经济理论的研究,以及考夫曼②关于《资本论》方法论的研究。1877年至1879年,俄国经济学家、社会学家和自由主义思想家围绕《资本论》发生了一场辩论,这使俄国成为当时世界上最热烈讨论《资本论》的国家。这场辩论由俄国经济学家茹科夫斯基③的文章引起,之后俄国自由民粹主义思想家米海洛夫斯基④、俄国经济学家季别尔、俄国自由主义思想家契切林⑤加入论战,他们的辩论极大地促进了《资本论》在俄国的传播和解读。

1877年9月,茹科夫斯基在《欧洲通报》1877年第9期上发表文章《卡尔·马克思和他的〈资本论〉一书》,在文章中批评马克思是形式主义者,否认马克思的经济理论与英国古典政治经济学的继承关系,批判《资本论》的剩余价值理论。这篇文章立刻引起了俄国思想界的关注。1877年10月至11月,米海洛夫斯基在《祖国纪事》第10期上发表《卡尔·马克思在尤·茹科夫斯基先生的法庭上》⑥,季别尔在《祖国纪事》第11期上发表《对于尤·茹科夫斯基先生〈卡尔·马克思和他的

---

① 尼·伊·季别尔(1844—1888年):俄国经济学家,俄国第一批马克思经济学著作的通俗化作家之一。参见《马克思恩格斯全集》第十卷,北京:人民出版社2009年版,第866页。

② 伊·伊·考夫曼(1848—1915年):俄国经济学家,写有关于货币流通和信贷问题的著作。参见《马克思恩格斯全集》第十卷,北京:人民出版社2009年版,第871页。

③ 尤·茹科夫斯基(1822—1907):俄国经济学家、政论家,曾担任国家银行行长。参见《马克思恩格斯全集》第十卷,北京:人民出版社2009年版,第895页。

④ 尼·米海洛夫斯基(1842—1904):俄国社会学家、政论家和文学批评家。曾任《祖国纪事》和《俄国财富》的主编,主要著作《托尔斯泰的左右手》(1875)、《残酷的天才》(1882)、《文学与生活》(1894)等。

⑤ 波·尼·契切林(1828—1904):俄国著名的政治学家、法学家、哲学家和历史学家。国内一些著作和论文也译为齐切林。

⑥ Н. К. Михайловский. Карл Маркс перед судом Ю. Жуковского. Отечественные записки. Том234. c321-356.

资本论〉一书的若干意见》①，这两篇文章都是在批评茹科夫斯基对《资本论》错误理解的基础上为《资本论》辩护的。1878年，契切林也加入了这场辩论。他在《国务知识汇编》1878年第六卷上发表了《德国的社会主义者》，这篇文章分为两部分：《Ⅰ拉萨尔》和《Ⅱ马克思》。虽然他与茹科夫斯基一样，对《资本论》持批评态度，但是他承认《资本论》的价值："他的著作——《资本论》是德国社会主义学说的最高表现。虽然到目前为止仅仅出版了第一卷，但是理论体系完全展开了。"② 1879年2月，季别尔在《言论》上发表批评契切林的文章《波·契切林反对卡尔·马克思》③，再次为《资本论》辩护，认为马克思以最准确的官方资料为基础来说明资本的集中、劳动的联合、机器的运用以及人的解放，并且预见到资本主义生产方式的终结。

马克思恩格斯的俄国朋友柯瓦列夫斯基④、拉甫罗夫⑤不仅写信告诉他们《资本论》在俄国引起的激烈论战，而且给他们寄去了俄国评论《资本论》的文章。拉甫罗夫在1878年8月致恩格斯的信中写到："您有没有注意去年俄国报刊上围绕他的名字而进行的激烈的论战？茹科夫斯基和契切林反对马克思，季别尔和米海洛夫斯基支持马克思。而且这些都是长篇大论的文章。我看其他任何地方评论马克思著作的文章都没有这么多。"⑥ 实际上，马克思早在1877年11月就对米海洛夫斯基在《祖国纪事》杂志上的文章做出了回应，这就是著名的《给〈祖国纪事〉编辑部的信》，但是这封信在马克思生前一直没有寄出也没有发表，甚至恩格斯也是在马克思逝世后才发现这封信的。马克思最感兴趣的是米海洛夫斯基提出的关于《资本论》适用范围的问题，并在信中明确表示反对把《资本论》关于西欧资本主义起源的历史概述变成一般发展道路的历史哲学理论，也反对把西欧道路看成一切民族都要走的道路。1883年马

---

① Н. Зибер. Несколько замеяаний по поводу статьи Г. Ю. Жуковского «Карь Маркс и его книга о капитале». Отечественные записи. Т235. Современное обозрение. 1877. No. 11. C1－32.

② Б. Н. Чичерин, Немецкие социалисты. Ч. 2. Карл Маркс. «Сборник Государственные знания», Т. 6, 1878.

③ Н. Зибер. Чичерин contra Маркс. Слово. 1879. No 2.

④ 马·马·柯瓦列夫斯基（1851—1916年）：俄国社会学家和政论家，民粹派思想家。参见《马克思恩格斯全集》第十卷，北京：人民出版社2009年版，第875页。

⑤ 彼·拉·拉甫罗夫（1823—1900年），俄国社会学家和政论家，民粹派思想家。参见《马克思恩格斯全集》第十卷，北京：人民出版社2009年版，第875页。

⑥ 《马克思恩格斯与俄国政治活动家通信集》，北京：人民出版社1987年版，第279页。

克思逝世后，这封信以法文手抄本的形式在俄国流传很久，之后在丹尼尔逊①的努力下第一次公开发表在《民意导报》1886年第5期上。

19世纪70年代的这场辩论在俄国产生深远的影响，正如恩格斯所说："这封信同所有出自马克思手笔的东西一样，在俄国各界人士中引起极大注意，并被作了极不相同的解释……"②19世纪八九十年代，俄国各派知识分子在研究《资本论》和俄国资本主义的著作中都会提到70年代的这场辩论，并且由于对这场辩论的不同理解而发生了激烈的论战。

二、关于俄国资本主义问题的论战

《资本论》在备受俄国知识分子关注的同时，俄国的土地所有制以及农村公社等问题也已经进入马克思《资本论》研究的视野。正如恩格斯在《资本论》第三卷序言中所说，"马克思为了写地租这一篇，在70年代曾进行了全新的专门研究。他对于俄国1861年'改革'以后必然出现的关于土地所有权的统计资料及其他出版物，——这是他的俄国友人以十分完整的形式提供给他的，——曾经根据原文进行了多年的研究，并且作了摘录，打算在重新整理这一篇时使用。由于俄国的土地所有制和对农业生产者的剥削具有多种多样的形式，因此在《资本论》第三卷地租这一篇里，俄国应该起在第一卷研究工业雇佣劳动时英国所起的那种作用。"③遗憾的是，马克思没有能够实现这个计划。

这位向马克思提供俄国研究资料的俄国友人正是《资本论》的俄国译者丹尼尔逊，他在19世纪七八十年代与马克思的通信中深入探讨了俄国农村公社问题、俄国资本主义问题。在马克思的鼓励下，1880年10月，丹尼尔逊以笔名尼古拉·一逊在《言论》④杂志第10期上发表文章《我国改革时期社会经济概况》⑤。1881年2月，马克思怀着极大的兴趣读完了丹尼尔逊的文章，称赞"这篇文章的确是极富于'独创性的'"，

---

① 尼·弗·丹尼尔逊（1844—1918年），俄国经济学家、政论家和民粹派思想家。参见《马克思恩格斯全集》第十卷，北京：人民出版社2009年版，第850页。
② 《马克思恩格斯文集》第四卷，北京：人民出版社2009年版，第461页。
③ 《马克思恩格斯文集》第七卷，北京：人民出版社2009年版，第10—11页。
④ 《言论》杂志（«Слово»）是俄国自由民粹派刊物，1878年在彼得堡创刊，1881年停刊。
⑤ Даниельсон. Н. Ф.（Николай-он）. Очерки нашего пореформенного общественногохозяйства. Слово. 1880. No. 10. C. 77–142.

并对丹尼尔逊的工作提出了建议:"您下一步首先要研究的问题,就是上层阶级在农业中的代表,地主们的债务的惊人增长,并且要指出,他们是怎样在'新的社会支柱'的监督下在社会蒸馏器里面'结晶'的"①。与此同时,俄国自由民粹派的另一位代表瓦·巴·沃龙佐夫②在1882年以笔名瓦·沃·出版论文集《俄国资本主义的命运》。1883年,俄国第一位马克思主义者普列汉诺夫③出版《我们的意见分歧》一书,他在批判俄国自由民粹派的基础上初步阐述俄国马克思主义者的资本主义观。俄国资本主义问题正式成为19世纪八九十年代俄国思想界探讨的重要问题。

  19世纪90年代,以丹尼尔逊为代表的俄国自由民粹派、以彼·伯·司徒卢威为代表的合法马克思主义者④、以普列汉诺夫为代表的革命的马克思主义者等俄国各派知识分子关于俄国资本主义问题进行了持久而深入的论战,不仅体现在他们的著作中,而且也体现在他们与恩格斯的书信中。1893年,丹尼尔逊对1880年发表的文章进行了补充和丰富,以笔名尼·一逊在圣彼得堡出版了专著《我国改革时期社会经济概况》⑤,试图向读者表明俄国的一切经济祸害都是新的生产形式造成的,这种生产形式的发展使俄国的痛苦更为剧烈。1893年10月,俄国合法马克思主义者的代表、俄国自由主义思想家司徒卢威在《社会政治中央导报》第1—2期上发表《评俄国资本主义的发展》一文,批评丹尼尔逊的著作,之后在1894年出版《俄国经济发展问题评述》一书,一方面批判俄国自由民粹派对资本主义的拒斥,另一方面阐述俄国合法马克思主义者的"资本主义观"。1894年至1895年,丹尼尔逊在致恩格斯的信中对司徒卢威的批评做出了回应,认为司徒卢威的观点同事实和理论相矛

---

  ① 《马克思恩格斯与俄国政治活动家通信集》,北京:人民出版社1987年版,第380—381页。
  ② 瓦·巴·沃龙佐夫(1847—1918):俄国经济学家、社会学家和政论家。笔名瓦·沃·(В. В.)。
  ③ 普列汉诺夫(1856—1918):俄国马克思主义政党的创始人之一,主要著作有《我们的意见分歧》《论一元论历史观之发展》《个人在历史上的作用问题》等。
  ④ 合法马克思主义又称"司徒卢威主义"。19世纪末在俄国资产阶级知识分子中流行的一种打着马克思主义旗号的资产阶级思潮,代表人物有司徒卢威、杜冈—巴拉诺夫斯基、布尔加科夫等。
  ⑤ Даниельсон. Н. Ф. (Николай-он). Очерки нашего пореформенного общественногохозяйства. СПБ. 1893.

盾，且不了解一切工业部门彼此都密切联系的这一事实。1894 年 5 月至 1895 年 3 月，普列汉诺夫也在致恩格斯的信中多次批评丹尼尔逊的资本主义观。普列汉诺夫在 1894 年 7 月致恩格斯的信中批评丹尼尔逊对资本主义的拒斥："尼·——逊这样来提出资本主义问题，似乎资本主义在俄国还不存在。事实上，我们已经尝到了资本主义的苦头，此外，还在尝资本主义不够发达的苦头。"① 1895 年 2 月，普列汉诺夫再次批评丹尼尔逊对沙皇政府抱有幻想的危险思想，认为这将给俄国革命运动带来巨大的危害，并请求恩格斯批驳丹尼尔逊对《资本论》的曲解。恩格斯在回信中说，"至于说到丹尼尔逊，恐怕对他无可奈何。……同他所属的这一代俄国人是无法进行辩论的，他们至今还相信那种自发的共产主义使命，似乎这种使命把俄罗斯、真正神圣的罗斯同其他世俗民族区别开来。"②

俄国各派知识分子在这场论战中形成了三种资本主义观：以丹尼尔逊和沃龙佐夫为代表的俄国自由民粹派害怕资本主义带来的破坏性后果，力图使俄国避免资本主义道路；以司徒卢威为代表的俄国合法马克思主义者强调资本主义的历史必然性，但避而不提资本主义的破坏性影响；以普列汉诺夫为代表的俄国马克思主义者虽然在批判俄国自由民粹派的基础上提出俄国已经进入资本主义发展道路的观点，但是既没有对俄国合法马克思主义的观点做出回应，也没有在俄国确立马克思主义的资本主义观。

三、列宁资本主义观的形成

19 世纪 90 年代，列宁从俄国各派知识分子对《资本论》的解读以及围绕俄国资本主义问题的论战中认识到必须建立马克思主义的俄国资本主义发展观。列宁俄国资本主义发展观的形成过程可以分为三个阶段：一是 1893 年至 1897 年在《论所谓市场问题》《什么是人民之友以及他们如何攻击社会民主党人?》《评经济浪漫主义》《我们拒绝什么遗产》等著作中对俄国自由民粹派的批判；二是 1894 至 1895 年在《民粹主义的经济内容及其在司徒卢威先生的书中受到的批评》中与俄国合法马克思主义的短暂联合；三是 1895 至 1899 年列宁在写作《俄国资本主义的发

---

① 《马克思恩格斯和俄国政治活动家通信集》，北京：人民出版社 1983 年版，第 722 页。
② 《马克思恩格斯和俄国政治活动家通信集》，北京：人民出版社 1983 年版，第 750—751 页。

展》一书的过程中对合法马克思主义的批评，主要体现在《市场理论问题述评》《再论实现论问题》《农业中的资本主义》《土地问题和马克思的"批评家"》等文章中。

米海洛夫斯基的主观社会学是俄国自由民粹派的哲学基础，也是列宁批判的主要对象。正如列宁在《什么是人民之友以及他们如何攻击社会民主党人》（1894）中所说："显而易见，马克思关于社会经济形态发展的自然历史过程这一基本思想，从根本上摧毁了这种以社会学自命的幼稚说教。"① 这种形而上学的社会学没有研究过任何一种社会形态，甚至没有明确社会形态这个概念，没有对任何一种社会关系进行实际的研究和客观的分析，总是先验地臆造一些永远没有结果的理论。如前所述，米海洛夫斯基曾在 1877 年为《资本论》的经济理论辩护，并提出《资本论》的适用范围问题，但是他改变了之前的看法。1894 年，米海洛夫斯基在《文学与生活》中指出："《资本论》中有一些有历史内容的光辉篇页，但是这些篇页也是按照此书的主旨，仅限于一个一定的历史时期，它们并不是确立经济唯物主义的基本原理，不过是涉及某类历史现象的经济方面"②。列宁反对米海洛夫斯基把马克思恩格斯的唯物主义称为经济唯物主义，因为马克思恩格斯的理论是借助非经济因素找到的，他们的基本思想是把社会关系分成物质的社会关系和思想的社会关系，思想的社会关系是物质的社会关系的上层建筑，而物质的社会关系是不以人的意志和意识为转移而形成的，是人维持生存的活动的形式。

列宁从市场理论入手批判俄国自由民粹派的经济理论，在早期文章《论所谓市场问题》的开头中写到："在人民大众很穷而且愈来愈穷的时候，资本主义能否在我们俄国发展并充分发展起来呢？"③ 俄国民粹派对此的回答是：资本主义的发展需要广大的国内市场，农民的破产破坏了国内市场，资本主义制度无法建立；由于群众的贫困化，俄国资本主义软弱无力，没有根基，不能成为俄国社会经济的基础。列宁首先以《资本论》为根据批评俄国自由民粹派代表克拉辛、丹尼尔逊对《资本论》的错误理解，他们"没有本领说明我国的资本主义，而把自己关于资本

---

① 《列宁全集》第一卷，北京：人民出版社 1984 年版，第 107 页。
② 《列宁全集》第一卷，北京：人民出版社 2013 年版，第 119 页。
③ 《列宁全集》第一卷，北京：人民出版社 2013 年版，第 56 页。

主义的论断建筑在纯粹的虚构的上面"①。之后,俄国自由民粹派的代表尤沙柯夫、克里文柯、卡雷舍夫提出了自由民粹派的经济纲领,主要有三点:一是改组农民银行,整顿官地租佃以利于人民经济,二是扫除目前束缚村社的一切障碍,过渡到共耕制(农业社会化),发展村社加工业,三是发放低利贷款,组织劳动组合式的经营,发明更便宜的发动机和实行其他技术改良。列宁指出了这个纲领的虚幻性和不切实际性:"他们要的是没有资本主义的商品经济,要的是没有剥夺也没有剥削,只有在仁慈的地主和自由派的行政官员庇护下勉强维持生活的小市民的资本主义"②,他们不承认一切生产关系的资产阶级性质,不愿看见在这个制度下的阶级斗争的必然性。

在批判俄国自由民粹派的过程,列宁与合法马克思主义曾有过短暂的联合。1894年底1895年初,列宁发表《民粹主义的经济内容及其在司徒卢威先生的书中受到的批评》一文对合法马克思主义予以声援。列宁赞同司徒卢威对丹尼尔逊的批评:"司徒卢威先生批评尼·一逊先生时,重点是批评'这位俄国政治经济学家完全不懂马克思关于阶级斗争和国家的学说',这是十分正确的。……尼·一逊先生由于不懂阶级斗争而成了空想主义者,因为忽视资本主义社会的阶级斗争,从而就会忽视这个社会的社会政治生活的全部实际内容,就会为了实现自己的愿望而不可避免地沉溺在天真的幻想之中。"③但是,列宁并不赞同司徒卢威对民粹主义的实质归结为俄国经济独特发展理论或者是对这种发展的信仰。在列宁看来,"民粹主义的实质在更深的地方:不在独特发展的学说,也不在斯拉夫主义,而在代表俄国小生产者的利益和思想"。④ 因此,司徒卢威在批判民粹主义的主观主义的同时陷入了客观主义,正如列宁所说,"这是客观主义的语言,而不是马克思主义者(唯物主义者)的语言。这两种概念(观点体系)是有差别的,我们应当加以说明,因为司徒卢威先生这本书的主要缺点就是没有完全弄清这一差别,这表现在他的大部分论断中"⑤。

---

① 《列宁全集》第一卷,北京:人民出版社1984年版,第99页。
② 《列宁全集》第一卷,北京:人民出版社2013年版,第206页。
③ 《列宁全集》第一卷,北京:人民出版社2013年版,第272—273页。
④ 《列宁全集》第一卷,北京:人民出版社2013年版,第366页。
⑤ 《列宁全集》第一卷,北京:人民出版社2013年版,第362页。

总的来说，列宁一方面根据唯物史观批判俄国自由民粹派的主观社会学和合法马克思主义的客观主义，另一方面根据《资本论》批判俄国自由民粹派拒斥资本主义和合法马克思主义美化资本主义的错误思想，正是在正确运用唯物史观和《资本论》的基础上形成马克思主义的资本主义观。

四、列宁与"俄国的《资本论》"

俄国各派知识分子虽然承认《资本论》的伟大成就和理论贡献，但是不能正确地理解《资本论》的方法论，特别是不能正确运用《资本论》研究俄国资本主义问题，但是他们的争论促进了马克思主义在俄国的传播。他们不仅在著作中强调《资本论》在俄国的重要影响，而且说明运用《资本论》研究俄国问题的重要意义。俄国合法马克思主义的代表司徒卢威在《俄国经济发展问题的评述》一书中写到，"马克思的思想无论在哪里都没有像在俄国这样迅速地被接受，它不仅为政论界所接受，而且也为所谓的'科学'界所接受"，"马克思的理论对认识俄国经济发展的问题有着巨大的意义"①。列宁在总结这场论争时强调指出："新的方法论和新的政治经济学理论的创立，是社会科学的极大进步，是社会主义的巨大进展，所以《资本论》一出现，'俄国资本主义的命运'问题就成了俄国社会主义者的主要理论问题，最热烈的争论都集中在这个问题上，最重要的纲领性原理的解决都以这个问题为转移。"②列宁对俄国自由民粹派和俄国合法马克思主义的批判正是对《资本论》的方法论和经济理论的运用，不仅回答了俄国资本主义命运的问题，而且解决了《资本论》如何运用于俄国的问题。

1895至1899年，列宁在发表一系列批判文章的同时还完成了《俄国资本主义的发展》一书，这本著作不仅是《资本论》的直接继续，而且在一定程度上可以称之为"俄国的《资本论》"，它的出版标志着列宁的俄国资本主义发展观的最终确立。正如第一版序言所说："这部书（我们收到它时，本书大部分已经排好）是继《资本论》第三卷之后最

---

① 彼·伯·司徒卢威：《俄国经济发展问题的评述》，李尚谦等译，北京：商务印书出版社1992年版，第39、148页。

② 《列宁全集》第一卷，北京：人民出版社2013年版，第232页。

新经济学著述中最值得注意的杰作。"① 这本著作的目的是考察俄国资本主义的国内市场如何形成的问题，列宁强调"这个问题早就由民粹派观点的主要代表者（以瓦·沃·先生和尼·—逊先生为首）提出"②，并在此基础上运用唯物史观和《资本论》对俄国资本主义的命运问题做出了回答："承认这种作用的进步性，与完全承认资本主义的消极面和黑暗面，与完全承认资本主义所必然具有的那些揭示这一经济制度的历史暂时性的深刻的全面的社会矛盾，是完全一致的。"③ 正是通过对资本主义作用的辩证分析，列宁在批判俄国自由民粹派对资本主义拒斥的基础上认识到资本主义的历史必然性，在批判俄国合法马克思主义对资本主义美化的基础上认识到资本主义的历史暂时性，从而在马克思主义发展史和俄国思想史的双重视域下确立了马克思主义的资本主义观。

正如南斯拉夫学者普雷德拉格·弗兰尼茨基所说，列宁"比所有其他马克思主义者更深刻地看清俄国社会的真实动向和这个社会的结构，而这又是列宁能够如此正确地和清楚地估计当时俄国历史具体形势的一个前提。"④ 列宁不仅正确地理解《资本论》的方法论和经济理论，又创造性地运用马克思的学说研究和解决俄国社会和经济问题，在批判俄国自由民粹派和合法马克思主义的错误的资本主义观的基础上建立了马克思主义的资本主义观，并将之用于俄国革命的实践，不仅推动马克思主义俄国化的思想进程，而且使俄国马克思主义进入列宁主义的新阶段。

俄国资本主义的发展趋势及出路⑤
——基于晚年恩格斯与俄国各派政论家对话的分析

【摘要】 恩格斯晚年没有直接参与俄国思想界关于俄国资本主义命运的论战，但是在与俄国各派政论家的对话中表明了对这一问题的基本观点：反对俄国自由民粹派和合法马克思主义者对资本主义的片面认识，肯定革命的马克思主义者对资本主义发展趋势的正确理解，强调既要认

---

① 《列宁全集》第3卷，北京：人民出版社1984年版，第6页。
② 《列宁全集》第3卷，北京：人民出版社1984年版，第5页。
③ 《列宁全集》第3卷，北京：人民出版社2013年版，第548—549页。
④ 〔南斯拉夫〕普雷德拉格·弗兰尼茨基著，胡文建等译，哈尔滨：黑龙江大学出版社2015年版，第5页。
⑤ 本文发表于《哲学动态》2020年第8期。

识到资本主义的必然性和进步性，也要认识到它的破坏性和消极性，在此基础上对俄国的出路做出理论判断。恩格斯对马克思主义方法论的坚持以及对马克思主义民族化的思考，成为世界各国社会主义者探索本国道路的思想来源。

【关键词】 恩格斯、俄国资本主义问题、丹尼尔逊、普列汉诺夫、司徒卢威、列宁

马克思逝世后，恩格斯与俄国政治活动家的书信大约有两百封，其中一些书信是与丹尼尔逊①探讨《资本论》第二卷、第三卷的校对、翻译和出版工作，另一些书信则主要是与俄国政论家深入探讨俄国农村公社的命运、俄国资本主义发展趋势和俄国革命前景等问题，并间接参与俄国各派政论家在 19 世纪 90 年代关于俄国资本主义命运的论战。恩格斯晚年在论述俄国问题的两篇文献，即 1890 年应查苏利奇的请求为劳动解放社在伦敦创办的杂志《社会民主党人》而写的《沙皇俄国的对外政策》和 1894 年 1 月为在柏林出版的《〈人民国家报〉国际问题论文集（1871—1875）》所写的《〈论俄国的社会问题〉跋》中没有提到俄国的这场思想论战，但是恩格斯在与俄国各派政论家的通信中表达了对俄国资本主义发展趋势及出路的基本看法。

一、恩格斯与俄国自由民粹派的资本主义观

以丹尼尔逊和沃龙佐夫②为代表的俄国自由民粹派最早提出俄国资本主义命运的问题，他们从主观社会学出发坚持俄国可以避免资本主义道路，认为俄国的农村公社是新社会发展的基础。丹尼尔逊在《言论》杂志 1880 年第 10 期上发表《我国改革后的社会经济概况》③，沃龙佐夫 1882 年在圣彼得堡出版《俄国资本主义的命运》，标志着俄国资本主义问题成为 19 世纪八九十年代俄国思想界的重要问题。1893 年，丹尼尔逊

---

① 尼·弗·丹尼尔逊（Н. Ф. Даниельсон，1844—1918）：《资本论》的俄国译者。笔名尼一·逊。

② 瓦·巴·沃龙佐夫（В. П. Воронцов，1847—1918）：俄国经济学家、社会学家和政论家。笔名瓦·沃·（В. В.）。

③ Даниельсон. Н. Ф. . Очерки нашего пореформенного общественногохозяйства. Слово. 1880. No. 10.

在补充 1880 年的文章的基础上出版《我国改革后的社会经济概况》①一书，引起俄国各派知识分子的热烈讨论，正如恩格斯所说，"这本书发生了很大的影响，甚至引起了轰动，这是当之无愧的。在我所遇到的俄国人中间，这本书成了主要的话题"②。

  19 世纪 90 年代的俄国正处于从农奴制经济向资本主义经济的转变过程中，正如恩格斯所说，"这个国家也和所有其他欧洲国家一样正在完成重大的经济转变，而观察这些转变的进程是非常有意义的。这种经济转变的后果，迟早也会在生活的其他各方面表现出来"③。丹尼尔逊强调资本主义生产的破坏性影响，认为这种经济转变的后果就是俄国农民由于资本主义的发展而遭到日益严重的剥削，他把资本主义生产看作土地贫瘠和农民贫困的原因，从而得出资本主义生产的发展是俄国经济混乱不堪的根本原因。恩格斯反对丹尼尔逊对资本主义生产的认识，认为即使俄国没有资本主义的发展，俄国农民也同样要在生死线上长期顽强地挣扎，因为农民是土地所有者的剥削对象，而且与西欧国家的农民相比，俄国农民还要克服公社的阻力，这是 1861 年以来俄国走上资本主义发展道路的必然结果。

  根据 19 世纪八九十年代俄国资本主义的发展状况，恩格斯在 1892 年 3 月致丹尼尔逊的信中首次明确表明俄国农村公社解体的必然性。"恐怕我们将不得不把公社看作是对过去的一种梦幻，将来不得不考虑到会出现一个资本主义的俄国。"④ 农村公社对个体农民而言不仅已经失去价值，而且成为束缚他们的枷锁。6 月，恩格斯在致丹尼尔逊的信中再次强调这一观点，"俄国的大工业必将扼杀农业公社，假如不发生其他有助于保留这种公社的巨大变化的话"⑤。丹尼尔逊的结论与恩格斯不同，他认为俄国有两种经济方式：一是农民的生产方式，它有坚实的基础并且有可能变得更加牢固，但是它的发展受到了人为的阻碍；二是资本主义生产方式，它是牺牲大多数人民的利益用金钱培植起来的。在他看来，俄国资本主义生产没有国外市场和国内市场，是俄国政府人为保护和培

---

  ① Даниельсон. Н. Ф. Очерки нашего пореформенного общественногохозяйства. СПБ. 1893. C. 295.
  ②《马克思恩格斯与俄国政治活动家通信集》，北京：人民出版社 1987 年版，第 672 页。
  ③《马克思恩格斯与俄国政治活动家通信集》，北京：人民出版社 1987 年版，第 566 页。
  ④《马克思恩格斯与俄国政治活动家通信集》，北京：人民出版社 1987 年版，第 598 页。
  ⑤《马克思恩格斯与俄国政治活动家通信集》，北京：人民出版社 1987 年版，第 614 页。

植的结果，俄国把全部力量用在扩大工业和商业上，是"在被掠夺一空的农民阶级的废墟上培植起来的资本主义工业"①。

俄国自由民粹派以资本主义生产的破坏性为由拒斥资本主义在俄国的发展，以资本主义的人为培植性为由否定资本主义的历史必然性，进而得出资本主义在俄国不具有根基的结论，并认为俄国的出路是发展从历史上继承下来的制度，也就是把农村公社作为新的经济发展的基础。恩格斯承认俄国政府通过关税保护政策等措施促进资本主义大工业的发展，但是这并不能得出资本主义是人为培植的结论。恩格斯纠正丹尼尔逊对资本主义生产的错误认识，运用马克思主义方法论说明资本主义生产的矛盾性：资本主义大工业不是没有国内市场，而是在建立国内市场的同时又在破坏这一市场，资本主义生产所造成的无政府状态在俄国这样一个没有国外市场的国家比那些正在争夺世界市场的国家要表现得更加明显。因此，恩格斯强调既要认识到资本主义大工业在俄国的必然性，也要认识到俄国与其他国家一样要承受这种大工业带来的一切后果。

二、恩格斯与俄国合法马克思主义的资本主义观

19世纪90年代，以彼·司徒卢威②为代表的俄国合法马克思主义者③也加入批判俄国自由民粹派的阵营。司徒卢威在这一时期对俄国自由民粹派的批判以及对俄国资本主义发展趋势的研究主要集中在1894年出版的第一本著作《俄国经济发展问题评述》和发表在《社会政治中央导报》杂志1893年第1—2期的《评俄国资本主义的发展》。司徒卢威肯定马克思的理论对俄国以及世界的巨大意义，"这一理论不仅概括了过去的，而且也有将来的一切可能变化的社会形态；这是从头开始对全部历史过程进行说明的大胆尝试"④。1899年，在司徒卢威的支持下，《资本

---

① 《马克思恩格斯与俄国政治活动家通信集》，北京：人民出版社1987年版，第600页。
② 彼·司徒卢威（1870—1944）：俄国经济学家，曾是合法马克思主义的代表，后转向俄国立宪民主派。
③ 合法马克思主义是19世纪90年代出现在俄国自由派知识分子中的一种思想政治流派，其主要代表人物是彼·伯·司徒卢威、谢·尼·布尔加科夫、米·伊·杜冈—巴拉诺夫斯基等。合法马克思主义者利用马克思经济学说中能为资产阶级所接受的个别论点来为俄国资本主义的发展作论争，试图用资产阶级改良主义理论偷换马克思主义。——《列宁全集》第九卷，北京：人民出版社1983年版，第427—428页。
④ 司徒卢威：《俄国经济发展问题的评述》，李尚谦等译，北京：商务印书出版社1992年版，第40页。

论》第一卷第 2 版在俄国首次翻译和出版①。

司徒卢威承认俄国自由民粹派的著作在这一时期具有重要意义，但是认为他们没有理解马克思思想的实质，在俄国发展道路的问题上与民粹主义展开了针锋相对的争论。他批判俄国自由民粹派把资本主义制度的概念和范畴用于以自然经济为主的农民经济，认为他们的俄国经济独特发展理论的来源是个人在历史上的作用的学说以及对俄国特殊的民族精神和历史使命的信仰。司徒卢威从客观主义出发批判民粹派的资本主义观，认为资本主义是客观发展的，"整个现代的物质文明和精神文明，都与资本主义密切关联；它要么与资本主义一起增长，要么在资本主义基础上一起发展"②。俄国合法马克思主义与俄国自由民粹派的这场争论不仅仅局限于俄国资本主义发展问题，而且在资本主义经济学史上也占有重要位置。第二国际著名理论家罗莎·卢森堡在《资本积累论》一书中把合法马克思主义者与俄国自由民粹派之间的论战称为关于资本主义积累的第三次论战。

由于受当时历史条件的限制，恩格斯没有读过司徒卢威的这本著作，并且恩格斯也没有与司徒卢威有过通信，仅仅是通过丹尼尔逊的书信了解司徒卢威的观点。恩格斯首先对司徒卢威与丹尼尔逊的论战表明了态度："有一点我还是应该同意他（即司徒卢威）：我也认为俄国当前的资本主义发展阶段，是克里木战争所造成的历史条件和 1861 年使土地关系发生变化的办法的必然结果，最后，也是整个欧洲普遍政治停滞的必然结果。"③ 但是恩格斯反对司徒卢威把俄国与美国进行对比，认为俄国与美国存在根本区别：美国是那些从欧洲封建制度下逃出来的小资产者和农民建立起来的资产阶级社会，它从一诞生起就是现代资产阶级国家；而俄国的基础是原始共产主义性质的农村公社，它虽然正在趋于瓦解，但仍然是资本主义革命赖以进行的基础，这个革命是俄国真正的社会革命。因此，俄国一定比美国遭受更大的痛苦。恩格斯敏锐地发现司徒卢威在认识到资本主义的客观必然性的同时忽视了资本主义生产给俄国带

---

① К. Маркс. Капитал: Критика политической экономии. Т1. Изд-2. Под редакции П. Струве. С-Петербург. 1899.

② 彼·伯·司徒卢威：《俄国经济发展问题的评述》，李尚谦等译，北京：商务印书馆 1992 年版，第 228 页。

③ 《马克思恩格斯与俄国政治活动家通信集》，北京：人民出版社 1987 年版，第 672 页。

来的巨大阵痛,并在批评司徒卢威对资本主义的片面认识的基础上对俄国的出路做出理论判断:更高的社会形态,也就是社会主义不可能从农村公社直接发展出来,而是在资本主义生产形式及其所造成的社会对抗中产生的。俄国只能必择其一:或者从农村公社到社会主义,或者向资本主义发展。前一种显然不可能完成,因为从农村公社到社会主义相隔许多中间历史阶段且农村公社正在趋于瓦解,而资本主义在俄国正在展示出新的前景,因此除了后一种路别无他法。

此外,恩格斯明确反对司徒卢威对马克思人口理论的理解。根据司徒卢威的观点,资本主义是在马尔萨斯人口过剩理论①的基础上发展起来的,人口过剩就实质来说不完全是马克思所理解的与技术进步密切相关的资本主义人口过剩,农业俄国的人口过剩不是资本主义的而是非资本主义性质的人口过剩,这也是俄国经济贫困的主要原因。恩格斯在1895 年 1 月致丹尼尔逊的信中特别强调马克思在《资本论》第一卷第 23 章"资本主义积累的一般规律"中对马尔萨斯人口理论的批评,反对司徒卢威把俄国农民贫困的原因归结为人口增长,认为俄国农民贫困的根本原因不是人口增长,而是地主和富农的阶级压迫。因此,俄国合法马克思主义者的理论偏颇在于仅仅认识到资本主义在俄国的历史必然性,没有认识到资产阶级和无产阶级的阶级对立,没有认识到资本主义的阶级性。

三、恩格斯与革命的马克思主义者的资本主义观

1883 年,俄国第一位马克思主义者普列汉诺夫②出版《我们的意见分歧》一书,不仅标志着他完成从民粹主义到马克思主义的思想转变,而且也运用马克思主义理论分析俄国资本主义的发展趋势。普列汉诺夫首先回应俄国民粹派提出的俄国资本主义命运问题:"俄国是'必须'还是'毋须'经过资本主义的'学校'呢?这一问题的解决对于我们正确提出社会主义政党的任务有极大的重要意义。"③ 普列汉诺夫根据《共

---

① 马尔萨斯的人口理论包括人口制约原理、人口增值原理和人口均衡原理。主要内容是人口与生活资料之间存在某种正常的比例,即人口的增长必然要受到生活资料的限制,生活资料增加,人口也随之增加,人口的繁衍会受到贫困、罪恶等抑制。
② 普列汉诺夫(1856—1918):俄国马克思主义政党的创始人和领袖之一,最早在俄国和欧洲传播马克思主义的思想家,俄国和国际工人运动著名活动家。
③ 《普列汉诺夫哲学著作选集》第一卷,北京:三联书店出版社 1962 年版,第 139 页。

产党宣言》对资产阶级历史作用的科学阐释，批评沃龙佐夫对资本主义文化历史意义的轻视，根据《资本论》对资本主义发展进程的科学研究，批评俄国自由民粹派关于俄国可以避免资本主义的错误认识。他在肯定俄国资本主义发展的巨大成就的基础上得出俄国已经进入资本主义发展阶段，并认识到不能跳跃和废除资本主义的自然发展阶段，但是可以缩短和减轻资本主义进程的痛苦。

1885年，查苏利奇将普列汉诺夫的著作《我们的意见分歧》寄给恩格斯，并请恩格斯就劳动解放社与俄国民粹派的分歧发表一些意见。恩格斯极其肯定普列汉诺夫对马克思主义的理解，"在俄国青年中有一派真诚地、无保留地接受了马克思的伟大的经济理论和历史理论，并坚决地同他们前辈的一切无政府主义的和带有一点斯拉夫主义的传统决裂"①。1889年，恩格斯在俄国马克思主义者与俄国民粹派的思想斗争上明确表明自己的态度："必须同各地的民粹派作斗争，不管是德国的、法国的、英国的还是俄国的"②。普列汉诺夫在1894年5月致恩格斯的信中批判俄国自由民粹派的资本主义观。无论是丹尼尔逊关于俄国完全可能实现社会主义方式组织生产的结论，还是沃龙佐夫关于俄国没有国外市场就没有资本主义的结论，在普列汉诺夫看来都是空想。"如果说，在马克思的时代，我国革命者还能从俄国将不经过资本主义发展阶段这个思想中汲取一定力量的话，那末现在，这种思想则变成一种很危险的空想了。现在完全有必要和这种思想作斗争了。"③ 关于俄国自由民粹派提出的"俄国是否可以避免资本主义道路"的问题，普列汉诺夫认为这个问题本身就是主观主义的问题，因为俄国在客观上已经走上了资本主义道路，已经饱受资本主义的苦难，而且还要承受资本主义不够发达的苦头，这才是俄国经济灾难深重和政治状况糟糕的原因。

恩格斯非常赞同普列汉诺夫对丹尼尔逊的批评，但他在1895年2月的回信中无可奈何地说，"同他（即丹尼尔逊）这一代俄国人是无法进行辩论的，他们至今还相信那种自发的共产主义使命，似乎这种使命把俄罗斯、真正神圣的罗斯同其他世俗民族区别开来。"④ 在恩格斯病逝前

---

① 《马克思恩格斯与俄国政治活动家通信集》，北京：人民出版社1987年版，第489页。
② 《马克思恩格斯与俄国政治活动家通信集》，北京：人民出版社1987年版，第550页。
③ 《马克思恩格斯与俄国政治活动家通信集》，北京：人民出版社1987年版，第714页。
④ 《马克思恩格斯与俄国政治活动家通信集》，北京：人民出版社1987年版，第751页。

夕，普列汉诺夫完成书稿《论一元论历史观之发展》，这个一元论历史观既是在特定历史条件下对唯物主义历史观的代称，也是对马克思实现的哲学革命的强调。普列汉诺夫批判俄国自由民粹派"是从很抽象的观点来看待这些矛盾的，而且就是由于这一点他的研究按其精神同马克思的观点没有任何共同点"①，俄国自由民粹派在理论上对主观社会学的宣扬以及在实践上关于俄国可以避免资本主义的断言已经成为马克思主义在俄国传播的思想障碍。恩格斯在读了普列汉诺夫的书稿《论一元论历史观之发展》后指出，"您争取到使这本书在本国出版，这本身无论如何是一次巨大胜利。这是又一个阶段，即使我们不能保住这块刚刚争得的新阵地，但这仍不失为一个打破冻冰的先例。"② 这也是恩格斯在逝世前夕对普列汉诺夫著作的最后评价。

在普列汉诺夫完成书稿《一元论历史观之发展》的同时，列宁也完成了两本重要的著作：《什么是"人民之友"以及他们如何攻击社会民主党人？》《民粹主义的经济内容及其在司徒卢威先生的书中受到的批评》，一方面声援普列汉诺夫对俄国自由民粹派的批判，另一方面在分析俄国自由民粹派与俄国合法马克思主义者的论战的基础上批判俄国合法马克思主义，对俄国各派政论家关于俄国资本主义发展趋势的问题做出总结。列宁赞同司徒卢威批评丹尼尔逊完全不懂马克思关于阶级斗争和国家的学说，但是反对司徒卢威把民粹主义的实质归结为俄国经济独特发展理论或者是对这种发展的信仰，准确地揭示民粹主义的实质在于代表俄国小生产者的利益和思想。与此同时，列宁也批评俄国合法马克思主义忽视资本主义的破坏性和消极性，指出司徒卢威的主要缺点在于没有完全弄清客观主义和马克思主义的区别，"承认这种作用的进步性，与完全承认资本主义的消极面和黑暗面，与完全承认资本主义所必然具有的那些揭示这一经济制度的历史暂时性的深刻的全面的社会矛盾，是完全一致的"③。

四、影响与启示

这场关于俄国资本主义问题的论战不仅在俄国马克思主义者、俄国

---

① 普列汉诺夫：《论一元论历史观的发展问题》，王荫庭译，北京：商务印书馆2017年版，第286页。
② 《马克思恩格斯与俄国政治活动家通信集》，北京：人民出版社1987年版，第746页。
③ 《列宁全集》第二卷增补版，北京：人民出版社2013年版，第549页。

合法马克思主义者与俄国民粹派之间进行，甚至流亡西欧的置身于这三大派别之外的俄国知识分子也给恩格斯写信请求他对这一论战发表看法，扩大国际社会主义运动的影响。犹太社会主义者联盟的代表在致恩格斯的信中指出丹尼尔逊的结论与《资本论》不相符，"他引用了马克思和恩格斯的话，运用了大量的统计材料，但却得出了与这两位伟大的政治经济学家完全相反的结论。……现在谁也不知道，作者的观点与现代科学社会主义是否相容，如果不相容，那末如何驳倒它们呢？"① 流亡比利时的俄国知识分子约·彼·哥登别尔格（梅什柯夫斯基）在致恩格斯的信中写道："在我们俄国，正在进行一场关于'俄国资本主义的命运的争论'，……我请求你把您的批评意见告诉我"②。恩格斯起初不想参与这场论战，"我的俄国朋友们坚持要求我出来反驳那些不仅曲解而且错误地引证马克思的话的俄国书刊，而且他们肯定地说，我的干预足以使一切正常起来。但是我总是拒绝……"③ 1895 年 2 月，恩格斯在完成校对和出版《资本论》第三卷之后改变了想法，"为了能够参加这场论战，我必须阅读全部著作，仔细研究再作回答"④，但是由于身体状况未能完成，1895 年 8 月恩格斯在伦敦病逝。

　　恩格斯在与俄国各派政论家的对话中始终坚持马克思主义的方法论，运用马克思主义理论辩证地分析俄国各派对资本主义的认识，既肯定俄国自由民粹派对资本主义破坏性的认识，也批评他们对资本主义道路的恐惧和拒斥，既肯定俄国合法马克思主义者对资本主义必然性的认识，也纠正他们对资本主义消极性的忽视，促使他们更加清楚地认识到自身观点的片面性，也为革命的马克思主义者提供了理论指导。1894 年至 1899 年，列宁对俄国自由民粹派和俄国合法马克思主义者进行集中的批判，一方面根据唯物主义历史观批判俄国自由民粹派的主观社会学和俄国合法马克思主义的客观主义，另一方面根据《资本论》的经济理论批判俄国自由民粹派对资本主义的否定和俄国合法马克思主义对资本主义的美化。在这一期间列宁还完成了他在 19 世纪 90 年代最重

---

① 《马克思恩格斯与俄国政治活动家通信集》，北京：人民出版社 1987 年版，第 670 页。
② 《马克思恩格斯与俄国政治活动家通信集》，北京：人民出版社 1987 年版，第 671 页。
③ 《马克思恩格斯与俄国政治活动家通信集》，北京：人民出版社 1987 年版，第 736—737 页。
④ 《马克思恩格斯与俄国政治活动家通信集》，北京：人民出版社 1987 年版，第 751 页。

要的著作《俄国资本主义的发展》，不仅彻底解决了俄国思想界关于俄国资本主义发展趋势的争论，而且最终在俄国确立马克思主义的资本主义观。

恩格斯在纠正俄国各派对马克思的经济和社会理论的不同理解，以及运用马克思主义分析本国社会现状所得出的不同观点时，提出并回答马克思主义民族化的问题。1885年4月恩格斯在致查苏利奇的信中再次强调这个问题，"马克思的历史理论是任何坚定不移和始终一贯的革命策略的基本条件；为了找到这种策略，需要的只是把这一理论应用于本国的经济条件和政治条件。但是，要做到这一点，就必须了解这些条件……"①。俄国文学家阿·沃登②曾回忆他在1893年与恩格斯的谈话③，"恩格斯希望俄国人——不仅仅是俄国人——不要生硬搬套马克思和他的话，而是根据自己的情况像马克思那样去思考问题，只有在这个意义上，'马克思主义者'这个词才有存在的理由"④。与此同时，恩格斯晚年在致德国、法国、意大利、美国等社会主义者的书信⑤中也多次强调根据本国的条件运用马克思主义。恩格斯关于马克思主义民族化的思考成为世界各国人民探索本国社会主义道路的思想来源，正如列宁所说，"一切民族都将走向社会主义，这是不可避免的，但是一切民族的走法却不会完全一样，在民主的这种或那种形式上，在无产阶级专政的这种或那种形态上，在社会生活各方面的社会主义改造的速度上，每个民族都会有自己的特点"⑥。

---

① 《马克思恩格斯与俄国政治活动家通信集》，北京：人民出版社1987年版，第489页。
② 阿·沃登（АлексейМихайловичВоден，1870—1932）：俄国文学家、哲学家和翻译家。
③ А. Воден. «На заре "легального марксизма"», напечатанной в журнале «Летописи марксизма» № 4, 1927 г. Опубликовано в книге: Воспоминания о Марксе и Энгельсе. М.: Государственное издательство политической литературы, 1956.
④ А. Воден. «На заре "легального марксизма"», напечатанной в журнале «Летописи марксизма» № 4, 1927 г. С. 92.
⑤ 主要是1886年12月恩格斯致美国社会主义者威士涅威茨基夫人的信，1893年3月恩格斯致法国工人运动活动家保尔·拉法格的信，1894年1月恩格斯致意大利劳动社会党领导人菲·屠拉梯的信，1895年3月恩格斯致德国经济学家韦尔纳·桑巴特的信等。
⑥ 《列宁全集》第二十八卷，北京：人民出版社1984年版，第163页。

尼·伊·季别尔对《资本论》的开创性研究及影响①

【摘要】 尼·伊·季别尔是俄国最早对《资本论》进行专门研究的经济学家，1871 年出版第一部研究李嘉图与马克思的专著，1876 年至 1878 年连续发表 7 篇阐释《资本论》经济理论的论文，1877 年至 1885 年三次为《资本论》辩护。马克思在《资本论》第一卷第 2 版《跋》，以及致俄国友人的书信中多次肯定季别尔对《资本论》经济理论的研究。季别尔对《资本论》的辩护与解读，不仅是《资本论》世界传播史的重要内容，也是 21 世纪俄罗斯经济学研究的重要问题。

【关键词】 《资本论》；马克思经济学说；俄国；为《资本论》辩护

尼·伊·季别尔（Н. И. Зибер，1844—1888）是俄国著名经济学家，《资本论》在俄国最早的专门研究者，以及马克思经济学说在俄国最早的捍卫者和传播者之一。马克思在《资本论》第一卷第 2 版《跋》，以及致俄国友人的书信中多次肯定他的研究。季别尔对《资本论》经济理论的阐释、辩护和研究不仅影响着 19 世纪俄国各派知识分子对俄国资本主义发展趋势的理解，而且成为 21 世纪俄罗斯经济学研究的重要问题。

一、马克思对季别尔研究的回应

1867 年，马克思在汉堡出版《资本论》第一卷第 1 版。1871 年，尼·伊·季别尔②以论文《李嘉图的价值和资本理论的最新的补充和解释》③获得基辅大学政治经济学硕士学位，这篇论文连载刊登在《基辅大学学报》1871 年第 1 期、第 2 期、第 4 期至第 11 期上，并在 1871 年单独出版，是季别尔的第一部专著。他在这部著作中第一次研究了《资

---

① 该文发表在《当代经济研究》2021 年第 1 期，第 60—66 页。
② 尼·伊·季别尔（1844—1888）：俄国经济学家，俄国第一批马克思经济学著作的通俗化作家之一。参见《马克思恩格斯文集》第十卷，北京：人民出版社 2009 年版，第 866 页。
③ Н. И. Зибер. «Теория ценности и капитала Д. Рикардо в связи с позднейшими дополнениями и разъяснениями». [J]. «Киевские Университетские Известия» 1871. No. 1 – 2, 4 – 11.

本论》，特别是研究了马克思的经济学说与李嘉图的经济学说的继承关系。1872年12月12日，马克思在致丹尼尔逊的信中特别提到了季别尔对《资本论》的研究，"我很希望看到基辅教授季别尔评论李嘉图等人的价值和资本学说的著作，那里也谈到了我的书"①，马克思指的正是季别尔的专著《李嘉图的价值和资本理论的最新的补充和解释》。12月27日，丹尼尔逊给马克思寄去了季别尔的著作，以及研究俄国土地所有制问题的资料。

1873年1月，马克思在汉堡出版《资本论》第一卷第2版德文版。马克思在第2版的《跋》中特别提到了季别尔的这本著作，并给予了高度的评价。"1871年，基辅大学政治经济学教授尼·季别尔先生在他的《李嘉图的价值和资本理论》一书中就已经证明，我的价值、货币和资本的理论就其要点来说是斯密—李嘉图学说的必然的发展。使西欧读者在阅读他的这本出色的著作时感到惊异的，是纯理论观点的始终一贯。"② 针对当时西欧报刊上对《资本论》的批评，尤其是法国巴黎的《实证论者评论》批评马克思形而上学地研究经济学，马克思在《资本论》第一卷第2版的《跋》中援引季别尔在其第一部专著第4章《卡尔·马克思的价值和货币理论》中对《资本论》研究方法的正确评价，"就理论本身来说，马克思的方法是整个英国学派的演绎法，其优点和缺点是一切最优秀的理论经济学家所共有的"③。

1874年2月，丹尼尔逊在致马克思的信中特别提到季别尔将要发表一系列研究《资本论》经济理论的文章："季别尔开始在《知识》杂志第一期上刊登一系列文章，标题是《马克思的经济理论》。写这些文章的目的，在于通俗地阐述这个理论创始人的经济观点，并批评地加以分析。至于批判部分，我认为他（即季别尔——本文作者注）在许多方面是正确的。"④ 1876至1877年，季别尔在《知识》杂志1876年第10期、第11期、1877年第2期连载三篇研究马克思经济学说的论文《卡尔·马克思的经济理论》。1878年，季别尔在《言论》杂志第1期、第3期、第9期、第12期连载四篇论文《卡尔·马克思的经济理论》。这些论文

---

① 《马克思恩格斯与俄国政治活动家通信集》，北京：人民出版社1987年版，第185页。
② 《马克思恩格斯文集》第五卷，北京：人民出版社2009年版，第19页。
③ 《马克思恩格斯文集》第五卷，北京：人民出版社2009年版，第19页。
④ 《马克思恩格斯与俄国政治活动家通信集》，北京：人民出版社1987年版，第227页。

是俄国学界对《资本论》的最早的专门研究。

针对俄国思想界对《资本论》的不同理解，季别尔在 1877 年、1880、1882 年三次为《资本论》辩护：1877 年批评俄国经济学家尤·茹柯夫斯基对《资本论》的错误理解，1880 年批评俄国著名政治家波·契切林对马克思经济理论的错误认识，1882 年批评俄国自由民粹派代表瓦·沃龙佐夫对俄国资本主义前途的错误判断。这三次辩论推动了俄国知识分子对《资本论》的研究、解读和接受。

二、1877 年为《资本论》辩护

1877 年，俄国经济学家尤·茹柯夫斯基①在《欧洲通报》第 9 期上发表评论《资本论》的文章《卡尔·马克思和他的〈资本论〉一书》。茹柯夫斯基的这篇文章首先引起了俄国思想家尼·康·米海洛夫斯基②的回应，他立即在《祖国纪事》第 10 期上发表《卡尔·马克思在尤·茹柯夫斯基先生的法庭上》。季别尔也随之做出回应，他在《祖国纪事》1877 年第 11 期上发表为《资本论》辩护的文章《对于尤·茹柯夫斯基先生〈卡尔·马克思和他的资本论〉一书的若干意见》。季别尔首先谈到了俄国学界对《资本论》的广泛关注："确实，最近一段时间出现了很多关于这本书的评论：季别尔（Зибер）、叶格尔（Егерь）、扎姆捷勒（Заммтерь）、卡利别拉（Кальберла）等人纷纷用自己的力量对马克思的著作做出评价。大部分评论说，《资本论》的作者具有非凡的天赋、渊博的学识等其它一些极其重要的和引以为荣的特征……"③ 他的文章主要从三个方面批评了茹柯夫斯基对《资本论》的错误理解：一是马克思不是形式主义者，二是剩余价值理论，三是理论论证与结论的关系。

其一，茹柯夫斯基指责马克思没有研究社会的物质方面，错误地把马克思的方法看作是形式主义的方法，错误地把马克思看作形式主义者。

---

① 尤·茹柯夫斯基（Ю. Г. Жуковский, 1822—1907）：俄国资产阶级庸俗经济学家和政论家，国家银行行长。曾撰写《卡尔·马克思和他的〈资本论〉一书》，攻击马克思主义（删去）。参见《马克思恩格斯文集》第十卷，北京：人民出版社 2009 年版，第 895 页。

② 尼·康·米海洛夫斯基（Н. К. Михайловский, 1842—1904）：俄国社会学家、政论家和文学批评家，自由主义民粹派的思想家，社会学中的主观方法的维护者；《祖国纪事》和《俄国财富》的编辑。参见《马克思恩格斯文集》第十卷，北京：人民出版社 2009 年版，第 887 页。

③ Н. Зибер. Несколько замеяаний по поводу статьи Г. Ю. Жуковского«Карь Маркс и его книга о Капитале». [J]. Отечественные записи. Современное обозрение. 1877. No. 11. C. 1.

季别尔在研究《资本论》方法论的基础上批评茹柯夫斯基的错误认识，首先援引了马克思在《资本论》第一卷第1版序言的观点来说明马克思对社会经济的研究："一个社会即使探索到了本身运动的自然规律——本书的最终目的就是揭示现代社会的经济运动规律——，它还是既不能跳过也不能用法令取消自然的发展阶段。但是它能缩短和减轻分娩的痛苦。"① 因此，季别尔认为，马克思在《资本论》中非常直观地和清楚地阐述了自己的观点：法律的、政治的和精神的现象不是别的，正是物质或经济关系的上层建筑。马克思对资本主义生产的真正起源、社会经济制度的最新发展过程的研究也足以说明马克思不是形式主义者。显然，茹柯夫斯基关于马克思没有研究社会经济方面的观点是错误的。

其二，季别尔从剩余价值的源泉和剩余价值的产生这两个方面批评茹柯夫斯基对马克思的剩余价值理论的错误认识。从剩余价值的源泉来看，与马克思把劳动力作为剩余价值的源泉不同，茹柯夫斯基把任何可以带来利润的商品，以及任何能够产生新的消费价值并且用于交换的东西都看作是剩余价值的源泉，并举例说，"如果一匹马的费用等于它劳动三个小时，而它却劳动了一整天，那么它创造了剩余价值；如果开垦土地的费用仅仅是它的一部分果实，那么剩余的那部分果实就构成它的剩余价值"②，他错误地指责马克思的剩余价值理论不仅不能揭示剩余价值的来源，甚至也不能揭示资本的来源。季别尔揭示了茹柯夫斯基观点的自相矛盾之处，"一切问题在于，土地、树、马不可能自己产生新的用于交换的消费价值"③。从剩余价值的产生来看，茹柯夫斯基不仅把劳动工具、物质资料等作为剩余价值产生的因素，而且还把劳动方式、劳动组织形式，以及劳动者的知识、智力、心理和道德等也作为剩余价值产生的因素。季别尔强调，马克思清楚论证了一切剩余价值都是由剩余劳动产生的，而包括劳动工具和物质资料的劳动仅仅是产生最终的产品，马克思的观点不仅非常鲜明，而且是劳动理论的自然逻辑结果。

其三，茹柯夫斯基指责马克思对资本的整个过程的研究是从错误的

---

① 《马克思恩格斯文集》第五卷，北京：人民出版社2009年版，第9—10页。
② Н. Зибер. Несколько замеяаний по поводу статьи Г. Ю. Жуковского «Карь Маркс и его книга о Капитале». [J]. Отечественные записи. Современное обозрение. 1877. No. 11. C. 12.
③ Н. Зибер. Несколько замеяаний по поводу статьи Г. Ю. Жуковского «Карь Маркс и его книга о Капитале». [J]. Отечественные записи. Современное обозрение. 1877. No. 11. C. 13.

理论得出错误的结论，也就是从对资本主义的错误研究中得出改变资本主义的错误结论，"形式主义者觉得资本主义进程的原因是简单的，就像他们觉得改变这一进程的方法也是简单的一样。在马克思看来，一切问题就在于确认劳动者的利润权"①。季别尔认为，茹柯夫斯基没有明白马克思的经济学说，马克思论证了机器劳动如何生产，人在社会上如何合作，但是从来没有谈到劳动者的利润权，马克思预见到未来最重要的变化就是物质基础以及在其之上建立的生产方式。季别尔用这样一段话来结束这篇回击茹柯夫斯基的文章："马克思的著作描绘了资本主义生产进程的科学图景，如果从对它的审视中得出那些茹柯夫斯基提到的结论，得出《资本论》的作者在很多情况下做出的结论，那么用俄国的谚语来说就是'脸长得丑就别埋怨镜子'。每个人拿着铅笔从马克思的书上划出那些或多或少受到自己的主观影响的结论时都相信自己得到的结论是正确的。那时剩下的就是纯粹的理论，在这个理论中不仅没有给怀疑者或者反对者留出任何位置，而且可以看到理论本身丝毫不能忍受这样的行为。"②

这场保卫《资本论》的思想辩论引起了俄国政论家们的广泛关注，也引起了马克思的重视。马克思恩格斯的俄国友人彼·拉甫罗夫、柯瓦列夫斯基等在信中描述了这场辩论，"您有没有注意去年俄国报刊上围绕他的名字而进行的激烈的论战？茹柯夫斯基（叛徒）和契切林反对马克思，季别尔和米海洛夫斯基支持马克思。而且这些都是长篇大论的文章。我看其他任何地方评论马克思著作的文章都没有这么多"③。1877年，马克思收到丹尼尔逊寄来的米海洛夫斯基和季别尔为《资本论》辩护的文章后，立即写了回应的文章，即著名的《给〈祖国纪事〉编辑部的信》，马克思在这封信中主要回答了米海洛夫斯基关于《资本论》适用范围的问题。

三、19世纪80年代再次为《资本论》辩护

在季别尔与茹柯夫斯基进行辩论的同时，俄国著名政治家波·尼·

---

① Н. Зибер. Несколько замеяаний по поводу статьи Г. Ю. Жуковского«Карь Маркс и его книга о Капитале». [J]. Отечественные записи. Современное обозрение. 1877. No. 11. С. 32.

② Н. Зибер. Несколько замеяаний по поводу статьи Г. Ю. Жуковского«Карь Маркс и его книга о Капитале». [J]. Отечественные записи. Современное обозрение. 1877. No. 11. С. 32.

③ 《马克思恩格斯与俄国政治活动家通信集》，北京：人民出版社1987年版，第279页。

契切林（Б. Н. Чичерин）①加入了这场辩论，他支持茹柯夫斯基的观点，批评马克思的经济理论。1878 年，契切林在圣彼得堡出版的《国务知识汇编》第六卷上发表《德国的社会主义者》，这篇文章包括两部分，第一部分是关于拉萨尔，第二部分是关于马克思。1878 年 11 月，丹尼尔逊将这篇文章寄给马克思。马克思对契切林的文章做出了批评，"我的一些俄国朋友事先已经给我打过招呼，契切林先生写出的只会是一篇很不像样的作品，然而事实上比我预料的还要糟糕。他显然对政治经济学缺乏起码的了解并且以为，巴师夏学派的陈词滥调一经以他契切林的名义发表，就会变成独创的和无可争议的真理。"②

1880 年，季别尔在《言论》杂志上发表文章《契切林反对马克思》，批评契切林对《资本论》的错误理解，第二次为《资本论》辩护。契切林赞同马克思的辩证法，但是指责马克思的经济学说缺乏深入的论证，且没有明确的结论。契切林与马克思的分歧是价值理论。马克思强调使用价值是商品交换的基础，在《资本论》第一卷中就已经明确阐明了商品的二重性，商品首先是用于交换的劳动产品，且具有自然属性和社会属性两个因素，也就是使用价值和价值，商品的使用价值，也就是商品的有用性，是交换价值的基础，也是消费价值的基础。契切林则强调消费价值是交换价值的基础，认为对有用性进行简单的抽象不仅不能产生任何结果，而且会使价值消失，无法交换，因此他把商品交换的基础视为消费价值，而不是商品的有用性。季别尔从两个方面予以批驳：首先，一切不是用劳动获得的东西根本不具有交换的基础，只能作为礼物来交换；第二，很多购买者为较少用处的东西支付更高的价格。因此，他反对契切林的错误观点，认为马克思以最准确的官方资料为基础来说明资本的集中、劳动的联合、机器的运用，以及人的解放，并且预见到资本主义生产方式的终结。在与契切林的辩论中，季别尔在许多问题上捍卫马克思的观点，如资本的有机构成与价值构成，社会必要劳动、相对价值形式和等价形式，以及货币转化为资本等。季别尔在为马克思的经济

---

① 波·尼·契切林（1828—1904）：俄国法学家和政治活动家，历史学家和哲学家，莫斯科大学教授（1861—1868），立宪君主制的拥护者；他的许多著作都证明，俄国土地公社的产生是沙皇政府赋税政策的结果。参见《马克思恩格斯文集》第十卷，北京：人民出版社 2009 年版，第 894 页。

② 《马克思恩格斯全集》第三十四卷，北京：人民出版社 1972 年版。

学说辩护时，表现出对《资本论》的深厚知识以及卓越的辩论技巧。季别尔发表这篇文章后，1881年1月特意去伦敦看望了马克思，马克思在2月致丹尼尔逊的信中提到了这件事："上月我们这里来了几个俄国客人，其中有季别尔教授（他目前住在苏黎世）和卡布鲁柯夫先生（由莫斯科来的）。他们曾经整天地在英国博物馆里进行研究。"①

19世纪80年代，俄国知识分子不再局限于研究《资本论》的经济理论，而是运用《资本论》研究俄国资本主义问题，试图在《资本论》中找到俄国资本主义命运和前途问题的答案。以瓦·沃龙佐夫、尼·弗·丹尼尔逊为代表的俄国自由民粹派提出拒斥资本主义，认为俄国应当避免资本主义道路。1882年左右，季别尔在流亡者报纸《自由言论》上连续发表三篇文章批评瓦·沃龙佐夫（В. П. Воронцов）的论文集《俄国资本主义的命运》。双方争论的实质在于，俄国应当根据客观规律沿着资本主义道路发展，还是俄国存在特殊的发展道路。季别尔反对沃龙佐夫关于俄国没有资本主义和没有资本主义发展的土壤的观点，在他看来，农村公社是过去的残余，是毫无意义的，是注定要灭亡的。他把俄国的经济、政治和任何进步与欧洲模式的资本主义发展相联系。虽然季别尔在80年代批评了以沃龙佐夫为代表的民粹派对资本主义道路的拒斥，但是民粹派的思想旗手尼·康·米海洛夫斯基对季别尔的研究是极其称赞的，他在《俄国思想》上的一篇文章中回忆了与季别尔的谈话，肯定季别尔是一位令人尊敬的学者以及他在关于俄国资本主义命运的论战中所使用的各种论据。② 2016年，圣彼得堡大学经济学副教授亚·尼·杜比亚斯基（А. Н. Дубянский）称赞季别尔实质上是第一个了解马克思理论的复杂性和辨证性的俄国经济学家，同时研究了季别尔与沃龙佐夫的论争：后者主张俄国走非资本主义道路，希望保留农村公社，反对在俄国建立资本主义大工业生产；前者批驳沃龙佐夫等俄国民粹派关于俄国特殊道路的观点，捍卫马克思主义关于资本主义是社会发展的客观阶段以及资本主义是不可避免的思想。③

1885年3月，季别尔出版了最后一本专著《大卫·李嘉图和卡尔·

---

① 《马克思恩格斯与俄国政治活动家通信集》，北京：人民出版社1987年版，第383页。
② 《普列汉诺夫哲学著作选集》第一卷，北京：三联书店出版1962年版，第829页。
③ А. Н. Дубянский. Зибер и Воронцов о капиталистическом пути развития России. [J]. Terraeconomicus. 2016. No. 4. C. 107 – 118.

马克思的社会经济研究》,这是他长期研究《资本论》的最后成果,也是他对 1871 年专著的修订。3 月 21 日,丹尼尔逊在给恩格斯的信中特别强调了这本著作:"几天前这里发表了尼·季别尔的新作:《大卫·李嘉图和卡尔·马克思的社会经济研究》。这是他从前论述地租理论和评论《资本论》的著作的第二次增订版"①。季别尔在这本专著中极有说服力地论证马克思的经济学说是独一无二的科学:"鉴于货币交换本性的问题如此混乱的状况,马克思的思想上极为鲜明而深刻的关于这个主题的著作,无疑应当受到集中的关注。但是,令现代经济学惭愧的是,在整整四分之一个世纪里,随着这部著作(《政治经济学批判》1859 年)的问世,在报刊上竟未表现出任何认真地估量其优点的意图,尽管当时几乎每天都在不断地对这个问题提出各种极其荒谬的观点。"②

四、对 19 世纪 90 年代俄国的思想影响

季别尔对俄国合法马克思主义者、俄国革命的马克思主义者等不同派别的知识分子产生了重要的思想影响。司徒卢威、普列汉诺夫、列宁在 19 世纪 90 年代的著作中多次援引他的观点。

19 世纪 90 年代,以彼·司徒卢威、杜冈—巴拉诺夫斯基为代表的合法马克思主义者主张学习资本主义,认为资本主义是必须要经历的发展阶段。季别尔也正是从西方主义立场批判俄国自由民粹派的代表沃龙佐夫,强调资本主义的必然性。1894 年,司徒卢威在他的第一本著作《俄国经济发展问题的评述》中特别肯定了季别尔对马克思主义在俄国传播所做出的重要贡献:"马克思的思想无论在哪里都没有像在俄国这样迅速地被接受,它不仅为政论界所接受,而且也为所谓的'科学'界所接受(Н. И. 季别尔、丘普罗夫先生、伊万纽科夫先生、科索夫斯基先生以及若干其他方面的人)"③。但是司徒卢威并不认为季别尔对马克思经济理论有重要的发展,"已故的 Н. И. 季别尔对马克思的理论并没有什么实质性的补充,尽管他十分博学多才"④。合法马克思主义的另一位代

---

① 《马克思恩格斯与俄国政治活动家通信集》,北京:人民出版社 1987 年版,第 483 页。
② 《马克思主义研究资料》第八卷,北京:中央编译出版社 2014 年版,第 214 页。
③ 彼·司徒卢威:《俄国经济发展问题的评述》,李尚谦、李丹、郭奇格译,李尚谦校,北京:商务印书馆 1992 年版,第 39 页。
④ 彼·司徒卢威:《俄国经济发展问题的评述》,李尚谦、李丹、郭奇格译,李尚谦校,北京:商务印书馆 1992 年版,第 169 页。

表杜冈—巴拉诺夫斯基在1898年的博士论文《俄国工厂的过去和现在》中认为19世纪七八十年代的天才经济学家季别尔是"新马克思主义"的先辈①。

1895年，普列汉诺夫在《论一元论历史观之发展》中提到了季别尔在1871年的论文，这也正是马克思在《资本论》第一卷第2版跋中特别称赞的那篇论文。1895年，普列汉诺夫在《给我们的反对者讲几句话》中在批评米海洛夫斯基时提到了季别尔1879年在《言论》报上发表的论文《辩证法在科学中的运用》。这篇文章是季别尔对恩格斯的著作《反杜林论》的解读：恩格斯的这本书值得特别注意，它不仅在使用哲学、社会学和经济学概念方面是彻底的和中肯的，而且在说明辩证矛盾方法的实际运用方面提供了许多新的例证，它们对于理解这个被人推崇又同时被人误解的研究真理的方法是大有助益的。② 但是在普列汉诺夫看来，季别尔没有明确黑格尔在现代经济理论发展中的意义，也没有明确辩证法在不同知识范围中的适用性。

1897年，列宁在《评经济浪漫主义》一文中批评了经济浪漫主义的错误思想，在分析资本主义人口、机器生产、手工业工场等时多次援引季别尔的观点，充分肯定了季别尔对马克思经济学说的研究。列宁在分析资本主义过剩人口时援引了尼·季别尔在《大卫·李嘉图和卡尔·马克思的社会经济研究》一书中关于过剩人口的观点："（1）流动的过剩人口。属于这一类的是工业中的失业工人。随着工业的发展，他们的人数必然增加。（2）潜在的过剩人口。属于这一类的是随着资本主义的发展而丧失了自己的产业并找不到非农业工作的农业人口库。这种人口随时都能给任何企业提供劳动力。（3）停滞的过剩人口。他们的就业'极不规则'，生活状况低于一般水平。"③ 列宁非常赞同季别尔在这本著作中对机器生产的研究，并建议读者阅读其中的第10章《机器和大工业》、第11章《机器生产理论的研讨》对马克思学说的研究。季别尔的观点主要包括两个方面，一是村社的"劳动组合"与机器工业的资本主义社会中的"劳动结合"之间存在根本区别，因为机器工业是资本主义生产的一个阶段，是资本主义社会的一大进步，它不仅提高了生产力和整个社

---

① 《列宁全集》第二卷，北京：人民出版社1984年版，第149页。
② 《普列汉诺夫哲学著作选集》第一卷，北京：三联书店出版1962年版，第829页。
③ 《列宁全集》第二卷，北京：人民出版社1984年版，第149页。

会的劳动社会化,而且破坏了工场手工业的分工,特别是彻底破坏了落后的宗法关系,尤其是农村中的宗法关系;二是机器工业与资本主义工场手工业存在根本区别,家庭手工生产或者资本家作坊中的手工生产不能称为工厂,只能称为资本主义的手工工场,只有机器工业才能称为工厂。列宁特别指出了经济浪漫主义者与季别尔的思想差别:前者从俄国缺少国外市场这一状况出发认为资本主义在俄国的发展面临严重的障碍,后者认为资本主义正在消除俄国历史上遗留下来的各种壁垒,即村社的、部落的、地域的和民族的壁垒,从而不断地扩大国内市场和国外市场。

五、对当代世界的思想影响

苏联学界虽然不重视季别尔对《资本论》的开创性研究,但是公认季别尔是俄国研究《资本论》的第一人。苏联经济学家亚·列乌埃勒(А. Л. Реуэль)在1956年出版的《19世纪六七十年代的俄国经济思想与马克思主义》一书中对季别尔的研究做出了充分的肯定:"季别尔是马克思学说在俄国和乌克兰最早的传播者和阐释者。……在原始经济文化历史方面第一篇马克思主义文章的作者,第一个把李嘉图著作译成俄语的人,第一个用俄语发表洛贝尔图斯与马克思主义的文章的人,第一个向俄国读者介绍恩格斯的《反杜林论》和马克思的《政治经济学批判》的人,第一个从马克思主义立场评价亨利·乔治的思想的人,……他是以怀疑的态度看待公社的鼻祖"①。日本学界在20世纪80年代对季别尔也有一定的研究。1988年,为纪念尼·季别尔逝世100周年,日本爱知大学教授副岛种典在《杰出的俄国经济学家——尼·伊·季别尔》一文中特别分析了季别尔1871年和1885年两本著作之间的关系:"毫无疑问,在这里他发展了马克思的货币理论。同时他根据马克思《政治经济学批判》(1859年)中的货币理论和其他一些材料对古典经济学和后来的庸俗经济学作了评注。我认为,这是第2版最重要的修订。"②

进入21世纪之后,俄罗斯学界重新兴起了马克思与季别尔的思想关系的研究。2007年《资本论》出版150周年时,俄罗斯和乌克兰发表了纪念性的文章,肯定了季别尔对《资本论》的开创性研究,再次强调季

---

① РеуэльА. Л. Русская экономическая мысль 60 – 70-х гг. 19 века и марксизм. [M]. М.: Государственное изд-во политической лит.. 1956:141 – 142.

② 《列宁全集》第二卷,北京:人民出版社1984年版,第214页。

别尔是《资本论》俄国研究的第一人。2012 年，俄罗斯 URSS 出版社第 6 次再版季别尔的著作《大卫·李嘉图和卡尔·马克思的社会经济研究》①。2016 年，《农业经济学》（Terra economicus）杂志第 14 期连载三篇研究季别尔的文章②。2018 年，为纪念季别尔逝世 130 周年，俄罗斯权威杂志《经济学问题》（Вопросыэкономики）连载两篇研究季别尔的文章，其中圣彼得堡大学经济学系终身教授希罗科拉德的文章《在革命前俄国经济思想史中的季别尔和马克思》是代表性成果。正如希罗科拉德所说："可以说，在《资本论》第一卷出版十至十五年，季别尔成为《资本论》思想在俄国的主要宣传者，没有其他人像他那样对所有《资本论》的批评做出回应。季别尔的博学发挥了重要的作用。众所周知，马克思在自己时代是经济思想史的专家。季别尔是 19 世纪 70 年代至 80 年代上半期的俄国最优秀的经济学家，他不仅熟知以前的经济学家的著作，而且在与马克思的反对者的辩论中善于运用它们。"③

除了对《资本论》的深入研究外，季别尔还是李嘉图全集的俄文译者，他不仅专门研究了李嘉图的经济思想，而且还清楚地论证了马克思与李嘉图价值理论的思想关系。正是由于季别尔对《资本论》的开创性研究，李嘉图—马克思的劳动价值论以及马克思的经济理论在俄罗斯经济学界产生了持久和重要的影响。

---

① Н. И. Зибер. Давид Рикардо и Карл Маркс в их общественно-экономических исследованиях. [M] Изд. 6-е. Москва：URSS：ЛИБРОКОМ，2012.

② 这三篇文章分别是弗朗索瓦·阿里斯逊的《季别尔——一位有影响力但孤独的学者》，亚·尼·杜比亚斯基的《季别尔和沃龙佐夫关于俄国资本主义发展道路的论争》，达·叶·拉斯科夫的《季别尔：书斋里的经济学家——人类学家》。

③ Л. Д. Широкорад. Н. Зибер и К. Маркс в истории дореволюционной российской экономической мысли. [J]. Вопросы экономики. 2018. No. 4. С. 95–110.

附录二 《资本论》第一个外文译本封面

《资本论》第一卷第 1 版俄译本（丹尼尔逊，洛帕廷译，1872）

КАПИТАЛЪ

КРИТИКА ПОЛИТИЧЕСКОЙ ЭКОНОМІИ.

сочиненіе

КАРЛА МАРКСА

изданное подъ редакціею Фридриха Энгельса.

Переводъ съ нѣмецкаго.

ТОМЪ ВТОРОЙ.

КНИГА II. ПРОЦЕССЪ ОБРАЩЕНІЯ КАПИТАЛА.

С.-ПЕТЕРБУРГЪ.
1885.

Титульный лист первого русского издания
II тома «Капитала»

《资本论》第二卷俄译本(丹尼尔逊 译,1885)

КАПИТАЛЪ

КРИТИКА ПОЛИТИЧЕСКОЙ ЭКОНОМІИ

СОЧИНЕНІЕ

КАРЛА МАРКСА

изданное подъ редакціей Фридриха Энгельса

Переводъ съ нѣмецкаго

ТОМЪ ТРЕТІЙ

Книга III

ПРОЦЕССЪ КАПИТАЛИСТИЧЕСКАГО ПРОИЗВОДСТВА
ВЗЯТЫЙ ВЪ ЦѢЛОМЪ.

С.-ПЕТЕРБУРГЪ
1896

Титульный лист первого русского издания
III тома «Капитала»

《资本论》第三卷俄译本（丹尼尔逊译，1896）

《资本论》第一卷第 2 版俄译本
(叶·阿·古尔维奇、列·马·扎克 译,司徒卢威编辑,1899 年)

附录三 《资本论》的俄国传播者

车尔尼雪夫斯基
（Н. Г. Чернышевский，1793—1861）

米·亚·巴枯宁
（М. А. Бакунин，1814—1876）

彼·拉·拉甫罗夫
（П. Л. Лавров，1823—1900）

格·扎·叶利谢耶夫
（Г. З. Елисеев，1821—1891）

车尔尼瓦·伊·波克罗斯基
(В. И. Покровский, 1838—1915)

波·尼·契切林
(Б. Н. Чичерин, 1828—1904)

车尔尼尤·茹科夫斯基
(Ю. Г. Жуковский, 1833—1907)

尼·康·米海洛夫斯基
(Н. К. Михайловский, 1842—1904)

叶·德罗贝尔蒂
(Евгенийде Роберти, 1843—1915)

尼·弗·丹尼尔逊
(Н. Ф. Даниельсон, 1844—1918)

附录三 《资本论》的俄国传播者 | 299

格·亚·洛帕廷
(Г. А. Лопатин, 1845—1918)

尼·尼·柳巴文
(Н. Н. Любавин, 1845—1918)

叶·阿·古尔维奇
(Е. А. Гурвич, 1861—1904)

彼·伯·司徒卢威
(П. Б. Струве, 1870—1944)

尼·伊·季别尔
(Н. И. Зибер, 1844—1888)

伊·伊·考夫曼
(И. И. Кауфман, 1848—1916)

瓦·巴·沃龙佐夫
(В. П. Воронцов, 1847—1918)

维·伊·查苏利奇
(В. И. Засулич, 1851—1919)

格·瓦·普列汉诺夫
(Г. В. Плеханов, 1856—1918)

巴·波·阿克雪里罗得
(П. Б. Аксельрод, 1850—1928)

列·格·捷伊奇
(Л. Г. Дейч, 1855—1941)

杜冈—巴拉诺夫斯基
(Туган-Барановский, 1865—1919)

附录三 《资本论》的俄国传播者 | 301

伊·弗·列宁
（В. И. Ленин，1870—1924）

谢·尼·布尔加科夫
（С. Н. Булгаков，1871—1944）